# 法治护航北斗

孙家栋
2021年3月23日

北斗卫星导航系统丛书　　卫星导航法治文库

顾　问｜杨长风

主　编｜杨君琳

# 美国卫星导航政策法规要览

杨君琳／编译

法律出版社
LAW PRESS · CHINA
——北京——

**图书在版编目(CIP)数据**

美国卫星导航政策法规要览 / 杨君琳编译. -- 北京：法律出版社，2023
(卫星导航法治文库)
ISBN 978-7-5197-7929-0

Ⅰ. ①美… Ⅱ. ①杨… Ⅲ. ①卫星导航-导航系统-法规-研究-美国 Ⅳ. ①D971.221.7

中国国家版本馆CIP数据核字(2023)第095526号

**美国卫星导航政策法规要览**
**MEIGUO WEIXING DAOHANG ZHENGCE FAGUI YAOLAN**

杨君琳 编译

责任编辑 慕雪丹 章 雯
装帧设计 汪奇峰 鲍龙卉

**出版发行** 法律出版社
**编辑统筹** 法商出版分社
**责任校对** 赵明霞
**责任印制** 胡晓雅
**经　　销** 新华书店

**开本** 710毫米×1000毫米 1/16
**印张** 27.5　**字数** 478千
**版本** 2023年12月第1版
**印次** 2023年12月第1次印刷
**印刷** 固安华明印业有限公司

地址：北京市丰台区莲花池西里7号(100073)
网址：www.lawpress.com.cn
投稿邮箱：info@lawpress.com.cn
举报盗版邮箱：jbwq@lawpress.com.cn

销售电话：010-83938349
客服电话：010-83938350
咨询电话：010-63939796


**书号**：ISBN 978-7-5197-7929-0　**定价**：139.00元

凡购买本社图书，如有印装错误，我社负责退换。电话：010-83938349

# 卫星导航法治文库

# 序

“法者，治之端也”。一流的科技发展离不开一流的法治保障。卫星导航系统建设应用是一项庞大的复杂系统工程，涉及科技、国防、网络等诸多领域，关联国内国际两个大局，这为构建中国卫星导航法治体系赋予了大战略意义。

自1994年北斗系统立项启动以来，相关法规制度建设不断加强，特别是围绕《中华人民共和国卫星导航条例》的起草，北斗法治建设与理论研究从无到有，取得重大进展。但我们也要看到，北斗法治建设与科技进步相比，治理理念的嬗变、法规制度的健全、运维模式的变革则是一个更加漫长的过程。随着北斗迈入服务全球的新时代，迫切需要中国北斗人补足法治短板，推动北斗循法而行、依法而治，有效应对挑战、化解风险，促进北斗在法治轨道上向更高层次发展。

他山之石，可以攻玉。美、俄、欧制定了一系列规范卫星导航活动的法律法规。美国不仅有全球最早的卫星导航系统，也早已配套建立了比较完善的卫星导航法律制度。俄罗斯格洛纳斯系统、欧盟伽利略系统，也有较为完备的政策制度体系支撑，并依据发展战略的调整不断更新。规则与技术同行，为促进美、俄、欧全球卫星导航系统安全建设、高效发展和全球推广，为维护卫星导航活动中的国家安全、公共利益和各类主体合法权益提供了不可替代的法律保障。借鉴国外卫星导航法律制度的成功经验，对于推动北斗系统更好发展，进一步夯实法治北斗的制度之基，具有十分重要的意义。

呈现在读者面前的这套卫星导航法治文库，正是力图解决上述问题的有益探索。北京航空航天大学北斗政策法规研究中心杨君琳研究团队历时四年完成的这套文库是中国卫星导航法治领域的重要成果，对于推动法治实践和学术研究具有重要意义。该套文库顺应世界多极化、经济全球化趋势，通过对美、俄、欧盟卫星导航系统法规与政策的研究分析，为我们立足本国国情，更好地推动构建科学完备中国卫星导航法治体系具有重要的参考价值。

一方面，该套文库把握法治建设时代潮流，洞察卫星导航法律制度发展规律。

我国卫星导航系统的发展既要坚持独立自主,又要在应用、技术、后续发展等方面积极开展对外合作,相关法治保障需求极大,也更加需要在把握卫星导航法律制度发展规律的基础上,形成有中国特色的卫星导航法治体系。该套文库资料翔实,系统研究了卫星导航的管理体制机制,建设运维、应用发展、国际合作、安全保护法律制度等,比较分析美、俄、欧卫星导航政策法规的各自特色,在此基础上探讨卫星导航未来立法工作的总体思路和工作要点,以期为构建科学合理的卫星导航法治体系提供理论支撑。

另一方面,该套文库坚持全球视野和开放思维,从战略层面把握卫星导航立法特点,为完善卫星导航国际规则提供中国方案。当前,百年变局与世纪疫情叠加,大国竞争日趋激烈,越来越体现为制度、规则、法律之争。从建设伊始,北斗系统就把向全球提供更好的服务作为追求目标。与之配套,我们应当也必然要为世界卫星导航规则的重塑和变革贡献中国智慧。目前,卫星导航国际规则尚不完善,卫星导航技术的快速发展和应用,与现行国际法规则之间存在一定脱节。该套文库为我们在构建人类命运共同体理念下提出卫星导航国际规则的中国方案,积极探索构建公正合理的卫星导航国际秩序提供了研究基础。

目前,国内关于卫星导航和法治两方面的研究成果均非常丰富,但是围绕卫星导航法治的研究却非常欠缺,研究成果甚少。自承担《中华人民共和国卫星导航条例》研究起草工作以来,杨君琳研究团队在中国卫星导航系统管理办公室的支持指导下,一直致力于卫星导航法律专题问题研究,不断开拓中国卫星导航法治研究的新领域。对他们积极倡导法治北斗、推动中国卫星导航法治建设所取得的成绩,我表示由衷赞赏。当下正是中国卫星导航产业转型的关键时期,政策制度研究任重道远。在此,我愿杨老师团队"情系北斗,胸怀家国",在推动法治北斗的道路上不断前行、勇攀高峰。

是为序。

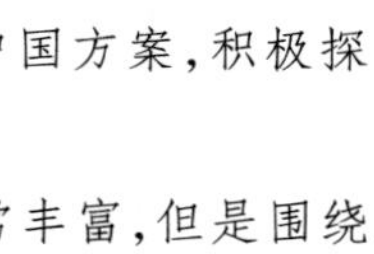

2022 年 6 月

# 目 录
Contents

## 第一部分 美国卫星导航相关联邦法律



## 第二部分 美国相关卫星导航总统政策

## 第三部分　美国卫星导航相关联邦法规及部门政策



## 第四部分　美国卫星导航相关失效重要文件

# 第一部分　美国卫星导航相关联邦法律

美国联邦法律的立法机关是美国国会，每届国会通过的新法均会在此届国会卸任时汇编至美国成文法大全，继而编入《美国法典》（United States Code）[①]。《美国法典》是对美国生效的公法、一般法以及永久性法律的正式汇编。在联邦法律层面，美国主要通过《国防授权法》（NDAA）就 GPS 的运行维护和管理进行规范，交通、通信、商业空间太空等与 GPS 紧密相关领域的法律也就 GPS 相关的内容作出法律规定。GPS 由美国军方建设和运行维护，是军民两用系统，这使《国防授权法》成为美国实施 GPS 立法的重要法律工具。《国防授权法》是一项年度立法，国会通过《国防授权法》来制定国防政策指导方针、国防优先事项，对军事机构进行组织改革，并就如何使用资金提供指导。除国防部外，该立法还涵盖其他机构开展的军事相关计划，例如能源部的核武器计划和联邦调查局的反间谍活动。作为一个国会两党合作的相对罕见的例子，《国防授权法》已经连续 60 年获得通过。与 GPS 相关的联邦法律，大部分都是通过《国防授权法》来制定的。美国国会通过各财年的《国防授权法》、《交通部和相关机构拨款法》、1998 年《商业空间法》、1934 年《通信法》、2018 年《国家授时弹性和安全法》等联邦法律对卫星导航活动进行了规范，主要的立法被汇编至《美国法典》第 10 编"武装力量"、第 49 编"交通"和第 51 编"国家和商业空间计划"。

**1.《美国法典》第 10 编"武装力量"第 2281 条"全球定位系统"[②]，确立了 GPS 建设、运行和维护的基本制度和原则。**该项制度是 1997 年通过的《1998 财年国防

---

① 美国联邦法律的产生程序是：首先由美国国会议员提出法案，这个法案被国会通过后，将被提交给美国总统给予批准，一旦该法案被总统批准（有可能被否决）就成为法律。联邦法律不得与宪法相冲突，其法律效力高于美国州法及附属领地法。每届国会通过的新法均会在此届国会卸任之年汇编入美国成文法律大全，继而进入《美国法典》。《美国法典》是永久性联邦法律的汇编，依据法律规范所涉及的领域和调整对象其被划分为 54 编，每 6 年刊印一版。

② See 10 U. S. C. § 2281.

授权法》第1074条“GPS维护和运行”[①]赋予美国国防部的为军事和民用运行维护GPS的法定权力，被汇编至《美国法典》第10编第2281条。该项立法确定了以下基本制度：一是免费民用服务，即国防部负责在全球范围内持续、免费提供民用GPS服务；二是促进应用，国防部负责与交通运输部协调GPS需求和GPS增强系统，并与商务部和其他部门协调以促进GPS的民用和商用发展；三是拒绝敌对使用，即国防部负责防止敌方在特定地区使用GPS，同时不妨碍其他地方对GPS的和平民用；四是每两年制订并发布一次联邦无线电导航计划，用于阐述美国在该领域的政策和计划。[②] 该条款的注释还包括国防部具体职能的规定，比如有关多制式全球卫星导航系统（GNSS）原型机项目、军事用户设备接收盟国和非盟国信号的能力、GPS保障与运行等内容。

**2.《美国法典》第10编“武装力量”第2279b条“国防部定位导航授时监督委员会”，**[③]**建立了国防部内部定位导航授时监督制度。**该项制度由2015年通过的《2016财年国防授权法》第1603条[④]设立。该项立法建立了国防部定位导航授时监督委员会（以下简称监督委员会），明确了其组织架构、负责监督国防部的定位导航授时职责和工作机制等。该项立法规定监督委员会负责监督国防部定位导航授时工作，包括向民用、商用、科学和国际用户提供定位导航授时服务等内容。监督委员会的具体职责包括性能监督评估（包含互操作性）、脆弱性识别和缓解、架构开发、资源优先级划分等。

**3.《美国法典》第10编“武装力量”第2279d条“外国政府在美国领土上建设卫星定位地面监测站的相关限制”，**[⑤]**规定了在美国领土建立外国政府卫星定位地面监测站的限制措施和程序。**该项制度由2013年通过的《2014财年国防授权法》第1602(b)条[⑥]制定。该项立法明确限制在美国境内建造由非盟国的外国政府控制的GNSS监测站，即禁止军用和民用监测站建设，符合特定豁免条件和程序的可获得民用建设许可。当美国国防部长与美国国家情报总监作出对该项建设许可的豁免符合美国国家安全的重大利益的裁定，且该项建设符合对数据传输、运营人员、选

---

① PUBLIC LAW 105－85. Sec. 1074.

② See 10 U.S.C. § 2281.

③ See 10 U.S.C. § 2279b.

④ See PUBLIC LAW 114－92. Sec. 1603.

⑤ See 10 U.S.C. §2279d.

⑥ See PUBLIC LAW 113－66, Sec. 1602(b).

址、设备、安全措施、竞争效果这六项的特定要求时，外国政府可豁免在美国境内建设运行 GNSS 监测站。

**4.《美国法典》第 49 编“交通”第 301 条“建立全国差分 GPS”，**[①]**明确了美国差分 GPS 的建设和运行机制。**该项制度是由 1997 年通过的 1998 年《交通部和相关机构拨款法》第 346 条“授权交通部建立全国差分全球定位系统（NDGPS）”[②]建立的。该项立法授权交通部接收从国防部退役的地波应急网络（GWEN）站点，完善海岸警卫队海上差分 GPS（MDGPS），并将其扩展为全国差分 GPS（NDGPS），并将 NDGPS 站用于基于 GPS 的气象。

**5.《美国法典》第 49 编“交通”第 312 条“替代授时系统”，**[③]**建立了美国替代授时制度。**该项制度由 2018 年通过的《弗兰克 · 洛比翁多海岸警卫队授权法》[④]建立，该法将 2018 年《国家授时弹性和安全法》作为第 514 条列入其中。LORAN – C 是指美国海岸警卫队运行的地面导航系统，2009 年奥巴马宣布该系统过时，并宣布计划终止该系统。国会就是否保留或升级 LORAN – C 的基础设施为 E – LORAN，作为 GPS 的国家备份问题展开了辩论。2009 年国会通过一项国土安全部拨款措施，允许终止 LORAN – C。海岸警卫队于 2010 年 2 月开始关闭该系统。2014 年 2 月，国会众议院交通委员会在关于导航设备和 2014 年海岸警卫队法案的听证会上重新讨论了这个话题。2016 年和 2017 年国会众议院交通和基础设施委员会举行了两次听证会讨论 GPS 备份问题。2018 年，特朗普签署 2018 年《弗兰克 · 洛比翁多海岸警卫队授权法》，其中包括 2018 年《国家授时弹性和安全法》。《弗兰克 · 洛比翁多海岸警卫队授权法》规定了交通部长应建立、维持和运行陆基、有弹性和可靠的替代授时系统，从而减少关键依赖，为 GPS 的授时组件提供补充和备份，确保在 GPS 授时信号损坏、退化、不可靠或其他不可用的情况下，为军事和民用用户提供未损坏和未降级的授时信号。《弗兰克 · 洛比翁多海岸警卫队授权法》规定，如果交通部长确定海岸警卫队拥有 LORAN 基础设施，包括相关的不动产和任何与 LORAN 有关的频谱，是交通部建立替代授时系统所需的，海岸警卫队应将这些财产、频谱和设备转让给交通部。

---

① See 49 U. S. C. § 301.

② PUBLIC LAW 105 – 66, Sec. 346.

③ See 49 U. S. C. § 312.

④ See PUBLIC LAW. 115 – 282, Sec. 514.

**6.《美国法典》第51编"国家和商业空间计划"第50112条"推广美国GPS标准",[①]确立了GPS全球推广政策。**该项制度由1998年《商业空间法》第104条"推广美国全球定位系统标准"[②]建立。该项立法的目的在于通过促进GPS的全球应用,促进并保持GPS最有效地实现美国国家安全、公共安全、提高科学和经济利益。该项立法提出了三项具体推广措施:一是确保GPS在全球范围内持续运行,免收直接用户费用;二是签订促进与外国政府和国际组织合作的国际协议,促进GPS及其增强系统成为国际公认的标准,消除GPS在全球范围应用的所有外国壁垒;三是向商务部主管通信与信息事务的助理部长提供明确的指示和充足的资源,使该助理部长能够在国际上实现并保持GPS所用电磁频谱的高效管理,保护电磁频谱免受破坏和干扰。

由于卫星导航系统的相关活动涉及方方面面,除上述直接调整卫星导航活动的规定外,无线电通信管理、出口管制、对外投资、民用航空等领域均有与GPS相关的规定。在无线电方面,联邦法律禁止使用、广告或出售干扰获得授权进行无线电通信(包括GPS)的干扰设备。相关规定包括1934年《通信法》中有关无线电干扰的条款,如要求操作或使用无线电发射器的人员必须根据委员会的规则获得许可或授权(47 U. S. C. § 301);禁止在美国境内制造、进口、发布广告、出售或操作信号干扰器[47 U. S. C. § 302a(b)];禁止故意或恶意干扰获得许可或授权或由美国政府运营的电台的无线电通信(47 U. S. C § 333)等。此外,相关规定还包括与刑法相关的规定,如禁止将非法商品出口到美国(18 U. S. C. § 545),禁止故意或恶意干扰包括GPS通信在内的美国政府通信(18 U. S. C. § 1362);禁止故意或恶意干扰包括GPS在内的卫星通信[18 U. S. C. § 1367(a)],这些法律被汇编至《美国法典》第18编。由于篇幅所限,本书未全部收录。

■ 《美国法典》第10编　武装力量　第2281条　全球定位系统

■ 《美国法典》第10编　武装力量　第2279b条　国防部定位导航授时监督委员会

■ 《美国法典》第10编　武装力量　第2279d条　外国政府在美国领土上建设卫星定位地面监测站的相关限制

---

① See 51 U. S. C. § 50112.

② See PUBLIC LAW 105 – 303, Sec. 104.

# 《美国法典》第 10 编　武装力量
# 第 2281 条　全球定位系统

# 《美国法典》第10编第2281条　全球定位系统

(a)军事用途的维护与运行。国防部长应负责保障全球定位系统(Global Positioning System,GPS)能力,并运行基本GPS服务,维护美国的国家安全利益。

为此,国防部长应:

(1)制定适当措施防止敌方使用GPS,使国防部长无须持续使用GPS的选择性可用(Selective Availability,SA)功能,同时不妨碍美国及盟国将GPS用于军事目的;

(2)确保美国武装部队能够有效使用GPS,即使敌方企图阻止美国部队使用该系统。

(b)民用用途的维护与运行。国防部长应提供GPS标准定位服务的维护和运行,在全球范围内为民用、商用和科学等和平用途提供服务,不向用户直接收取费用。

为此,国防部长:

(1)应维护和运行GPS标准定位服务,以满足其和交通部长根据第c条共同制定的《联邦无线电导航计划》中的性能要求;

(2)应与交通部长协调合作,促进政府开发并实施基本GPS的增强系统,以实现或增强系统对交通运输的支持;

(3)应与商务部长、美国贸易代表以及其他相关官员协调合作,促进GPS民用和商用等用途的新开发和扩展;

(4)应制定措施,防止敌方在特定地区使用GPS,且不妨碍该系统在其他地区的和平民用;

(5)可以否决由国防部以外的美国部门或机构负责人在行使其监管权时针对全球定位系统提出的、可能不利于该系统军事潜力的任何限制。

(c)联邦无线电导航计划。国防部长和交通部长应共同制定《联邦无线电导航计划》。该计划应至少每两年修订和更新一次。首次起草该计划时应依据《国际海事卫星通信法》①(International Maritime Satellite Telecommunications Act)第507条(《美国法典》第47编第756条)所提出的适用于此类计划的要求。该计划及其任何修订均应在《联邦公报》(Federal Register)上公布。

(d)定义。在本条中:

(1)"基本GPS服务"(basic GPS services),是指由国防部运行和维护的全球定位系统的下列组成部分:

(A)卫星星座;

(B)产生全球定位系统信号的导航有效载荷;

(C)地面站、数据链路以及相关的指挥和控制设施。

(2)"GPS标准定位服务"(GPS standard positioning service),是指1996年《联邦无线电导航计划》(1997年7月由国防部长和交通部长联合发布)定义的基本全球定位系统提供的民用和商业服务。

## 文中引用

第(c)分条引用的《国际海事卫星通信法》第507条,是指公法87-624号第507条,其曾被编入《联邦法规》第47编电信卷的第756条,后被1994年10月25日生效的公法103-414号第3编第304条第(b)分条第5款(108 Stat. 4298)废除。

## 修订记录

2013年——第(d)(e)分条。公法112-239号将分条编号(e)更改为(d),并废止原第(d)分条(该分条与全球定位系统两年期报告有关)。

2009年——第(d)分条第(1)款。公法111-84号第1032条第(a)分条第(1)款,在序则中,用"由国防部副部长和交通部副部长共同担任国家天基定位导航授时执行委员会主席"替换"由国防部长担任国家天基定位导航授时执行委员会主席",用"参议院军事委员会,参议院商业、科学和交通委员会和众议院军事委员会,

---

① 47 U.S.C. §756已废止。《国际海事卫星通信法》第507条规定:"(1)总统应与将或可能受政府无线电导航计划发展影响的政府机构一道,对所有政府无线电导航系统进行研究,以确定减少此类系统扩散和重叠的最有效方式。这项研究的目的应是制订这样一项计划。(2)总统应在本编生效之日后12个月内,向国会提交一份关于根据本条第(1)分条进行的研究报告。该报告应详细说明调查结果和结论。在这项研究中,包括总统就调查结果和结论采取的任何行动,以及总统就其认为实施政府无线电导航计划必要或适当的立法或其他行动提出的任何建议。"

众议院能源和商业委员会,众议院交通和基础设施委员会”替换“参议院军事委员会和众议院军事委员会”。

第(d)分条第(1)款第(B)分款第(ii)项。公法 111 – 84 号第 1032 条第(b)分条,在“性能要求”前插入“已确认的”,在“计划”后面插入“按照管理和预算办公室 A – 109 通告”。

第(d)分条第(2)款。第 111 – 84 号公法第 1032 条第(a)分条第(2)款,增加了新的第(2)款,并废止了原第(2)款,废止内容如下:“在根据第(1)款第(C)、(D)、(E)、(F)和(G)分款要求编制每份报告时,国防部长应就各部分内容征询国务卿、商务部长和交通部长的意见。”

2003 年——第(d)分条第(1)款第(C)分款。公法 108 – 136 号第 914 条第(a)分条第(1)、(2)款,将分款编号(D)更改为(C),并废止原第(C)分款,废止内容如下:“总统关于继续使用系统的选择性可用(SA)功能的最新决定,可更改或取消使用该功能的预定日期。”

第(d)分条第(1)款第(D)分款。公法 108 – 136 号第 914 条第(a)分条第(3)款,将分款编号(E)更改为(D),并用“进展与挑战”替换“所取得的各项进展”。原第(D)分款更改为第(C)分款。

第(d)分条第(1)款第(E)分款。公法 108 – 136 号第 914 条第(a)分条第(4)款,增加第(E)分款。原第(E)分款更改为第(D)分款。

第(d)分条第(1)款第(F)分款。公法 108 – 136 号第 914 条第(a)分条第(4)款,废止原第(F)分款,增加新第(F)分款,内容如下:“在保护 GPS 免受中断和干扰方面取得的任何进展。”

第(d)分条第(2)款。公法 108 – 136 号第 914 条第(b)分条,在“根据分款”后面插入“(C)”。

1999 年——第(d)分条第(1)款。公法 106 – 65 号在序则中用“以及军事委员会”替换“以及国家安全委员会”。

## 法定注释和相关附件

## 弹性和可抗毁的定位导航授时能力

2021 年 1 月 1 日生效的公法 116 – 283 号第 A 部第 16 编第 1611 条(134 Stat. 4048)规定。

(a)一般规定。在本法颁布之日(2021 年 1 月 1 日)起两年内,按照适用于联合紧急作战需求声明的时间表，国防部长应：

（1）对作战司令部作战计划中最关键的任务要素、平台和武器系统进行优先级排序。

（2）为这些优先任务要素发展、测试和生产足够的设备：

（A）生产弹性和可抗毁的替代定位导航授时信号；

（B）处理由机会信号和机载传感器系统提供的弹性可抗毁数据。

（3）将此类设备集成并部署到优先的作战系统、平台和武器系统中。

（b）计划。

（1）一般规定：在本法案颁布之日起180天内，国防部长应向国会国防委员会（参议院和众议院军事和拨款委员会）提交一份在2021财年开始执行第（a）分条规定的计划。

（2）重新规划和预算草案：根据第（1）款提交的计划可包括国防部长认为执行第（a）分条所需的重新规划或补充预算申请。

（c）合作。在执行本条时，国防部长应与国家安全委员会、国土安全部长、交通部长和任何其他相关联邦部门或机构的负责人协商，确保民用和商业部门采用具有弹性和可抗毁的替代定位导航授时技术与能力以补充全球定位系统。

## 禁止为与全球定位系统有关的某些目的提供资金

2021年1月1日生效的公法116－283号第A部第16编第1661条（134 Stat. 4073）规定：

（a）禁止：为减少商业地面业务使用1526兆赫—1536兆赫波段、1627.5兆赫—1637.5兆赫波段或1646.5兆赫—1656.5兆赫波段所造成的有害干扰，除第（b）分条规定外，本法案授权拨付的资金或以其他方式提供给国防部的2021财年或任何后续财年的资金，均不得用于改进任何全球定位系统的设备和系统或使用全球定位系统的网络。

（b）不禁止的行为：第（a）分条规定的禁止行为不适用于国防部长采取的与以下事项有关的任何行动。

（1）与在本分条规定的兆赫频带内运行者业地面业务的实体进行技术或信息交流；

（2）向此类实体的有害干扰行为进行索赔；

（3）为满足其他弹性需求而对全球定位系统接收器进行升级。

## 限制与经营对全球定位系统造成有害干扰的商业地面通信网络的实体签订合同

2021 年 1 月 1 日生效的公法 116 – 283 号第 A 部第 16 编第 1662 条（134 Stat. 4074）规定：国防部长不得与使用 1525 兆赫—1559 兆赫频段或 1626.5 兆赫—1660.5 兆赫频段从事商业地面业务的实体签订合同、延长或续订合同，除非国防部长向国会国防委员会（参议院和众议院军事和拨款委员会）证明此类行动不会对国防部的全球定位系统设备造成有害干扰。

## 联邦通信委员会第 20 – 48 号命令中的损害估算

2021 年 1 月 1 日生效的公法 116 – 283 号第 A 部第 16 编第 1664 条（134 Stat. 4075）被 2021 年 12 月 27 日生效的美国公法 117 – 81 号 A 部第 16 编第 1682 条（135 Stat. 2118）所修改，其规定：

（a）限制，估算和证明。本法案授权拨付的资金（公法 116 – 283 号）或为 2021 财政年度或任何后续财政年度提供的资金，不得由国防部长用于遵守联邦通信委员会于 2020 年 4 月 19 日通过的命令和授权（FCC 20 – 48）目的的支出，除非国防部长有下列行为。

（1）向国会国防委员会（参议院和众议院军事和拨款委员会）提交一份对国防部全球定位系统受到该命令和授权的有害干扰所涉及的费用范围和可报销的费用范围估算；

（2）向国会国防委员会证明，根据第（1）款提交的估算准确且该估算具有高度确定性。

（b）费用范围。本分条所指的费用范围是指用于下列事项的费用：

（1）升级、维修或更换可能受影响的联邦政府接收器；

（2）修改、维修或更换设备、备件、有关辅助设备、软件、设施、操作手册、培训，或遵守包括与嵌入全球定位系统能力的基础平台或系统相关的规定在内的规定；

（3）供国防部人员设计、验证任何所需维护的措施，确保在 1525 兆赫至 1559 兆赫或 1626.5 兆赫至 1660.5 兆赫电磁频谱频段内进行地面业务前，国防部对受影响的系统具备相同的运行能力。

（c）符合条件的可报销费用范围。就本条而言，符合条件的可报销费用范围包括以下几方面。

（1）与工程、设备、软件、现场采办和施工相关的费用；

（2）国防部长确认为合法的任何交易费用；

（3）与有限期联邦公务员和承包商员工相关的费用；

（4）研究、工程研究的成本，或国防部长确认为是合理发生的其他费用。

（d）估算发布。在提交第（a）分条第（1）款所规定的估算，并提供该分条第（2）款所描述的证明后，国防部长应尽快将该估算提供给根据该分条所述命令和授权运营的任何被许可人。

（e）国防部长要求回收费用的权力。国防部长可直接与任何受第（a）分条所述命令和授权影响的被许可人（或任何未来的受让人、继承人或买方）合作，以寻求收回因该命令和授权的影响而产生的部门费用。

（f）赔偿。

（1）一般规定。国防部长应为任何受第（a）分条所述命令和授权约束的被许可人（或任何未来的受让人、继承人或买方）建立并推进一项程序，该程序仅在《拨款法案》规定的范围内，对根据本分条向国会国防委员会提交并证明的费用范围和符合条件的可报销费用向国防部提供赔偿。

（2）资金使用。国防部长应按照《拨款法案》预先规定的范围和金额，将本分条下收到的任何资金用于第（b）分条所述的费用范围和第（a）分条第（1）款中确定的符合规定的可报销的费用范围。

（3）报告。在国防部长建立第（1）款要求的程序之日后90天内，国防部长应向国会国防委员会提交一份关于该程序的报告。

## 关于开发多制式全球卫星导航系统接收器的原型机项目

2019年12月20日生效的公法116－92号第A部第16编第1607条（133 Stat. 1724）规定：

（a）多制式全球卫星导航系统（GNSS）原型机项目。空军部长应实施原型机项目，开发多制式M－码全球卫星导航系统接收器。该接收器能够接收覆盖的信号，提高军事定位导航授时设备抵御GPS所受威胁的弹性和能力，并通过减少因攻击所获得的利益，遏制敌方攻击全球范围内的GPS的可能性。

（b）要素。在实施第（a）分条所述项目时，空军部长应：

（1）针对该项目接收器原型机可以接收到的每个覆盖信号，评估使用该信号所带来的相对利益和风险。评估范围应包括所有现有的或所需的监测基础设施（这些监测基础设施用于提醒国防部用户注意可能已遭破坏的信号信息），以及合理设计的接收器接收此类信号所面临的网络风险和挑战。

（2）确保监测系统能够被纳入美国或美国盟国的所有监测网络。

（3）对非美国的全球卫星导航系统信号与美国现有的定位导航授时设备的兼容性，以及接收此类信号的能力对当前接收器或天线设计的影响程度，进行利益和风险方面的评估。

（4）针对第（a）分条所述的接收器系统开发和部署项目，进行立项必要性评估，在此过程中：

（A）应与国务卿协调，促进美国与可能对拨款开发多制式全球卫星导航系统和M－码项目也有兴趣的美国盟国开展合作；

（B）国防部长应与国务卿协调，确保美国充分了解盟国系统的可靠信号，为美国使用此类信号提供潜在的信任保障。

（c）简报。自本法令颁布之日（2019 年 12 月 20 日）起 120 天内，空军部长应与空军 GPS 用户设备项目办公室协调，就第（a）分条所述项目的实施计划向国会国防委员会（参议院和众议院军事委员会和拨款委员会）提供简报，简报应包括：

（1）成本估算，包括第（a）分条所述接收器系统开发和部署项目的总成本预算及年度资金需求；

（2）项目的时间安排表；

（3）一份阐述如何将项目成果整合到 GPS 军事用户设备项目的未来模块中的计划；

（4）由国防部发起 MITRE 公司完成的“关于在军事用户设备中加入多制式全球卫星导航系统功能的风险、利益和方法的研究报告”中所提出的建议和分析。

（d）报告。自本法令颁布之日（2019 年 12 月 20 日）起 150 天内，国防部长应向国会国防委员会提交一份报告，报告应包含以下内容：

（1）阐述国防部长将如何遵守《约翰·S. 麦凯恩 2019 财年国防授权法案》第 1609 条（第 115－232 号公法；《美国法典》第 10 编第 2281 条注释）；

（2）概述与北大西洋公约组织国家、欧盟国家或日本共同采取的，可支持国防部长遵守上述规定的潜在合作行动；

（3）评估通过软件定义的有效载荷，将 GPS M－码功能托管或整合在盟国的全球卫星导航系统的可能性；

（4）评估将全球卫星导航系统功能整合到国防部武器系统中所需的新的或增

强的监测能力。

(e)限制性规定。在根据第(c)分条提供简报、根据第(d)分条提交报告之前，承付或支出的资金不得超过根据本法令授权拨付的款项或以其他方式获得的、用于采办全球定位系统军事用户设备的增量2计划的2020财年经费的90%。

(f)可靠信号能力的豁免权。(公法115－232号第1609条已修订)

(g)定义。在本节中：

(1)“盟国系统”是指：

(A)欧洲联盟伽利略卫星导航系统(Galileo)。

(B)日本准天顶卫星系统(QZSS)。

(C)经国防部长与国家情报总监协商后指定的以下系统：

(i)印度区域卫星导航系统(NAVIC)；

(ii)任何类似的相关广域增强系统。

(2)“覆盖信号”是指：

(A)来自以下全球卫星导航系统的信号：

(i)盟国系统；

(ii)非盟国系统；

(B)加密信号和开放信号。

(3)“加密信号”是指采用加密或其他内部方法来验证信号信息的全球卫星导航系统信号。

(4)“M－码”一词就全球卫星导航系统信号而言，是指能够提供增强的定位导航授时能力，且抵抗现有的和新兴的威胁(如干扰)能力的军用代码。

(5)“非盟国系统”是指：

(A)俄罗斯格洛纳斯全球卫星导航系统(GLONASS)；

(B)中国北斗卫星导航系统(Beidou)。

(6)“开放信号”是指不采用加密或其他内部方法来验证信号信息的全球卫星导航系统信号。

## 接收盟国和非盟国信号的能力

2018年8月13日生效的公法115－232号第A部第16编第1609条(132 Stat. 2110)[经2019年12月20日公法116－92号第A部第16编第1607条第(f)分条，1726]规定：

(a)接收可靠信号的能力。

(1)要求。除第(2)款另有规定外,空军部长应自采办 GPS 军事用户设备的增量 2 计划开始,采取适当的风险缓解措施,确保 GPS 军事用户设备能够接收到来自欧盟伽利略卫星和日本准天顶卫星的可靠信号。

(2)豁免。对于第(1)款规定的 GPS 军事用户设备的能力要求,国防部长可根据具体情况逐案进行豁免,但前提是,国防部长向国会国防委员会(参议院和众议院军事委员会和拨款委员会)提交一份报告,报告包含以下内容:

(A)国防部长为何不能从采办这类终端的增量 2 计划开始整合该能力的原因;

(B)一项增加支持多制式全球卫星导航系统信号能力的计划,包括时间安排表,以便在未来增加此类用户终端时发挥实质性军事效用。

(3)授权限制。国防部长不得将第(2)款规定的豁免权委托给国防部副部长级以下的官员。

(b)接收其他信号的能力。空军部长应自采办 GPS 军事用户设备的增量 2 计划开始之时,确保 GPS 军事用户设备能够接收非盟国的定位导航授时信号,但前提是,国防部长经与美国战略司令部司令协商,确定:

(1)接收此类信号的利益大于风险;

(2)这些风险可以通过适当手段降低。

(c)外事交往。国防部长和国务卿应共同参与同美国相关盟国的交往,从而:

(1)确保 GPS 军事用户设备能够接收盟国的定位导航授时信号;

(2)增强定位导航授时能力,适时协商其他可能的协议。

## 指定负责协调军码 GPS 接收卡现代化工作的国防部部门

2018 年 8 月 13 日生效的公法 115 – 232 号第 A 部第 16 编第 1610 条(132 Stat. 2111)(经 2019 年 12 月 20 日公法 116 – 92 号第 A 部第 16 编第 1602 条,133 Stat. 1722)规定:

(a)委任。自本法令颁布之日(2018 年 8 月 13 日)起 30 天内,国防部长应与各军事部门部长、国防部长认为合适的国防机构负责人协调,从国防部长办公室中指定一个部门,负责与各军事部门、各国防机构、国防部其他相关单位进行协调,就 M – 码的现代化工作制订统一的解决方案。

(b)角色和职责。第(a)分条所指定的部门应承担以下角色和职责:

(1)确定需要 M – 码接收卡(M – code capable receiver cards)的国防部单位和

国防部项目，并确定：

（A）国防部需要的接收卡总数，包括上述国防部单位、项目和各军事部门分别需要的数量；

（B）国防部开展 M－码现代化工作每个项目的时间安排表（按财政年度给出）；

（C）每个此类项目的成本预估。

（2）系统地收集集成测试数据、经验总结和设计方案，并与国防部其他单位共享此类信息，包括需要 M－码接收卡的每个国防部项目。

（3）确定国防部在开展 M－码现代化工作时如何避免不必要的重复工作，如果确定的方法可行，还应确定通过避免重复工作可以减少的潜在成本。

（4）协调 M－码接收卡的集成、测试和采办，以确保国防部实现其购买力的最大化，减少不必要的重复工作，并尽可能节约资源。

（c）支持。国防部长应确保各军事部门、国防机构和国防部其他单位向第（a）分条指定的部门提供适当的支持和资源，帮助其履行第（b）分条所规定的角色和职责，并应明确首席信息官和国防部定位、导航与授时计划监督委员会在 M－码现代化任务中的角色。

（d）报告。国防部长应在 2019 年 3 月 15 日之前，向国会国防委员会（参议院和众议院军事委员会和拨款委员会）提供一份关于 M－码现代化工作的报告，并在此后每年提交一次，直至 2021 年结束。就报告所覆盖的期间而言，每份报告应包括以下内容：

（1）国防部采办 M－码接收卡的成本预估及时间安排表（按财政年度给出）。

（2）国防部开展 M－码现代化工作的项目内容。

（3）国防部已采办的 M－码接收卡的数量、有待采办的此类接收卡的数量，以及第（2）款所述的每个项目的 M－码现代化工作完成比例。

（e）定义。在本节中：

（1）“M－码接收卡”是指能够接收军用代码的 GPS 接收卡。军用代码提供增强的定位导航授时能力，且抵抗现有的和新兴的威胁（如干扰）的能力也更强。

（2）“M－码现代化工作”是指由国防部负责的与 M－码接收卡有关的开发、集成、测试和采办项目的总称。

## 全球定位系统Ⅲ空间段、全球定位系统运行控制段及全球定位系统军事用户设备采办项目季度报告

2015 年 11 月 25 日生效的公法 114 - 92 号第 A 部第 16 编第 1621 条(129 Stat. 1109)规定:

(a)报告。本法案颁布后(2015 年 11 月 25 日)90 天内以及此后每 90 天,空军部长应向美国总审计长提交一份有关"GPS Ⅲ空间段、GPS 运行控制段及 GPS 军事用户设备采办项目"的报告和相关支持证明文件。

(b)报告要素。第(a)分条要求的报告应包括该分条所述采办项目的以下内容:

(1)项目的成本、进度和运行情况。

(2)项目要求变更说明。

(3)影响项目成本、进度和运行的任何技术风险。

(4)评估处理这些风险的方法以及与处理这些风险有关的费用估定。

(5)对项目各段同步程度的评估。

(c)总审计长简报。总审计长应就空军部长根据第(a)分条提交的报告向国会国防委员会(参议院和众议院军事委员会和拨款委员会)提供简报:

(1)如属首次报告,则报告日期不得迟于收到该报告后 30 日。

(2)如属非首次报告,则由总审计长酌情择日提供简报。

(d)终止。第(a)分条规定的要求应在该分条所述采办项目具备初始运行能力之日取消。

## 对外国政府在美国境内建设卫星定位地面监测站的限制

2013 年 12 月 26 日生效的公法 113 - 66 号第 A 部第 16 编第 1602 条第(b)分条(127 Stat. 943)对外国政府在美国境内建设全球卫星导航系统地面监测站进行了限制,该规定已根据 2017 年 12 月 12 日公法 115 - 91 号第 A 部第 16 编第 1602 条第(b)分条第(1)款(131 Stat. 1722)移至第 16 编第 2279c 条(现为第 2279d 条)第(a)分条。

## 全球定位系统的资金使用

2011 年 4 月 15 日生效的公法 112 - 10 号第 A 部第 8 编第 8068 条规定:"国防

部在本财政年度及以后财年用于 GPS 的资金,可用于资助与该系统现代化项目的卫星段和地面控制段相关的民用需求。”

## 采办全球定位系统用户设备的资金使用限制

2011 年 1 月 7 日生效的公法 111 – 383 号第 A 部第 9 编第 913 条(124 Stat. 4328),经 2015 年 11 月 25 日公法 114 – 92 号第 A 部第 16 编第 1605 条(129 Stat. 1099)修订,规定:

(a)总则。除第(b)分条和第(c)分条另有规定外,2017 财年以后,本法案或其他法案授权国防部拨的款项或以其他方式提供的资金均不得用于购买 GPS 用户设备,除非此类设备能够从 GPS 接收军用代码(M – 码)。

(b)例外。第(a)分条规定的限制不适用于购买装有 GPS 设备的乘用车或商用车的情形。

(c)豁免权。如果国防部长认为出现以下情况,则可以豁免第(a)分条中的限制:

(1)没有能够从 GPS 接收军用代码的适当用户设备。

(2)在用户设备的购买方面,国防部不要求用户设备具备从 GPS 接收军用代码的功能。

(d)豁免权授权限制。国防部长不得将第(c)分条规定的豁免权委托给各军事部门部长级以下官员或国防部负责采办、技术和后勤的副部长级以下的官员。

## 为全球定位系统的跨部门支持授权

2000 年 11 月 1 日生效的公法 106 – 405 号第 8 条(114 Stat. 1753),经 2006 年 10 月 17 日公法 109 – 364 号第 A 部第 9 编第 911 条(120 Stat. 2354)修订,规定:“兹授权根据 2004 年 12 月 8 日发布的《美国天基定位导航授时政策》而设立的下列组织(及其任何后继组织,只要后继组织履行该组织的职能)在履行职能和开展活动时可以获得多机构拨款和其他形式的支持:

“(1)名为‘国家天基定位导航授时执行委员会’(National Space – Based Positioning, Navigation, and Timing Executive Committee)的跨部门委员会。

“(2)第(1)款所述委员会的支持办公室,即‘国家天基定位导航授时协调办公室’(National Space – Based Positioning, Navigation, and Timing Coordination Office)。

“(3)名为‘国家天基定位导航授时咨询委员会’(National Space – Based Positioning, Navigation, and Timing Advisory Board)的联邦咨询委员会。”

## 增强型全球定位系统项目

1998 年 10 月 17 日生效的公法 105 – 261 号第 A 部第 2 编第 218 条(112 Stat. 1951)规定:

(a)增强型全球定位系统(enhanced GPS)优先发展政策。发展增强型 GPS 是国家安全的当务之急。

(b)开发要求。为满足《1996 财政年度国防授权法案》(公法 104 – 106 号,110 Stat. 243)第 279 条第(b)分条和《美国法典》第 10 编第 2281 条所述要求,国防部长应根据第(a)分条规定的优先发展要求,开发增强型 GPS。增强型 GPS 应包括以下要素。

(1)现代化的卫星系统,包括增强的信号功率和其他改进,如区域级的定向信号增强。

(2)强化的接收机和用户设备,使军事用户能够直接获取加密的全球定位系统信号。

(3)在交通部长的资金支持范围内,增加民用频率并为民用用户提供其他增强功能。

(c)有关资金的国会共识。国会应意识到:

(1)国防部长需要确保,未来几年国防项目拥有足够的资金按照第(a)分条所规定的优先级开发和部署增强型 GPS。

(2)交通部长需要提供足够的资金,支持全球定位系统增加民用频率并为民用用户提供其他系统增强功能。

(d)增强型全球定位系统的开发计划。国防部长应在 1999 年 4 月 15 日前向国会提交一份执行第(b)分条规定的计划。

(e)延迟生效对未配备 GPS 功能的系统的采办限制。[公法 103 – 160 号第 152 条第(b)分条已修订]

(f)从 1999 财年的授权拨款中获得资金。在根据第 201 条第 3 分条(112 Stat. 1946)授权拨付的资金中,应拨出 4400 万美元用于建立和执行增强型 GPS 项目。

## 全球定位系统的保障与运行

1997 年 11 月 18 日生效的公法 105 – 85 号第 A 部第 10 编第 1074 条第(a)、

(b)分条(111 Stat. 1907)规定:

(a)调查发现。国会经过调查得出以下结论:

(1)GPS(由卫星的星座和相关设施组成,能够非常精确地定位地球上用户的位置)对美国实现国家安全和外交政策目标、保障国际交通运输的安全和效率,以及促进经济增长、贸易和生产力的提升作出了重大贡献。

(2)GPS 的基础设施(包括基础设施的空间段和地面段)对维护美国和盟国的军事力量以及保护美国国家安全利益至关重要。

(3)除了军事用途外,GPS 还有重要的民用、商业和科学用途。

(4)由于民用、商业和科学用户对 GPS 的需求不断增加,出现了以下情形:

(A)美国出现了一个新的行业,即向 GPS 的各类用户提供 GPS 设备和相关服务。

(B)GPS 设备和服务在技术上实现了快速的进步,这显著降低了 GPS 的成本,提高了 GPS 的技术能力和军事效用。

(5)美国的以下做法符合美国的国家利益:

(A)支持 GPS 继续保持多用特性。

(B)促进全球更广泛地接受和使用 GPS 以及有助于将该系统用于民用的技术标准。

(C)与其他国家协调,确保:

(i)有效地管理 GPS 使用的电磁频谱;

(ii)保护该电磁频谱,防止 GPS 信号的中断及对 GPS 系统所使用的电磁频谱的干扰。

(D)鼓励所有国际市场开放,获取 GPS 和配套的设备、服务和技术。

(b)国际合作。国会敦促总统通过采取以下措施,促进美国及其盟国的安全、公共安全和商业利益:

(1)在行政部门内采取协调一致的行动,使 GPS 及其增强系统作为全球范围的一种资源。

(2)积极签订国际协议,建立能够保护 GPS 免于中断和干扰的信号和服务标准。

(3)努力消除外国政府和平利用 GPS 的障碍和其他限制。

(4)要求美国不得同意涉及 GPS 或其增强系统非军事用途的所有拟议国际协议,除非该协定经国务卿、国防部长、交通部长以及商务部长(作为根据 1996 年 3 月 28 日生效的 NSTC - 6 总统决议指令设立的跨部门全球定位系统执行委员会成员)

审查后，方可批准签署。

## 使用全球定位系统

1996年2月10日生效的公法104－106号第A部第2编第279条(110 Stat. 243)规定：

(a)有条件地禁止使用选择性可用(SA)功能。除非第(b)分条另有规定，否则1996年5月1日以后国防部长不得[通过使用选择性可用(SA)功能]禁止非国防部用户获取GPS的全部能力。

(b)计划。国防部长向参议院军事委员会和众议院国家安全委员会提交了增强GPS的计划后，第(a)分条不再适用，该计划应阐述以下内容：

(1)开发和采办有效能力，在不妨碍美国军队和民用用户访问和使用GPS的情况下，阻止敌对军事力量使用GPS，同时明确这些能力可投入使用的具体日期。

(2)开发和采办GPS接收器以及用于武器和武器系统的其他技术，且其能显著提高对干扰和其他形式电子干扰或中断的抵御能力，同时明确这些接收器和其他技术可供美国军队使用的具体日期。

## 有关采办未配备GPS功能的系统的限制

1993年11月30日生效的公法103－160号第A部第Ⅰ编第152(b)条(107 Stat. 1578)，经1998年10月17日生效的第公法105－261号第A部第2编第218条第(e)分条(112 Stat. 1952)，以及2006年1月6日生效的公法109－163号第A部第2编第260条第(a)分条(119 Stat. 3185)规定："2007年9月30日以后，不可对改装或采办任何未配备GPS接收器的国防部飞机、船舶、装甲车辆或间瞄武器系统的项目拨付资金。"2006年1月6日生效的公法109－163号第A部第2编第260条第(b)分条(119 Stat. 3186)规定：第(a)分条所做的修订[修订公法103－160号第152条第(b)分条]应被视为在2005年9月30日结束时生效，并且自2005年10月1日至本法案颁布之日(2006年1月6日)，国防部为改装或采办未配备GPS接收器的国防部飞机、船舶、装甲车辆或间接火力武器系统而拨付或支出的资金应根据第(a)分条的规定进行批准。

# 《美国法典》第 10 编　武装力量
# 第 2279b 条　国防部定位导航授时监督委员会

# 《美国法典》第10编第2279b条
# 国防部定位导航授时监督委员会

(a)成立。在国防部内部设立一个委员会,名为"国防部定位导航授时监督委员会"(以下简称委员会)。

(b)成员。委员会成员如下:

(1)国防部主管政策的副部长;

(2)国防部主管采办、技术和后勤的副部长;

(3)参谋长联席会议副主席;

(4)美国战略司令部司令;

(5)美国北方司令部司令;

(6)美国网络司令部司令;

(7)国家安全局局长;

(8)国防部首席信息官;

(9)各军事部门部长,其为当然委员;

(10)国防部长指定的国防部其他官员。

(c)联席主席。委员会由国防部负责研究与工程的副部长、国防部负责采办与维护的副部长以及参谋长联席会议副主席共同主持。

(d)职责。

(1)委员会应负责监督国防部制定定位导航授时体系,包括其向民用、商用、科学和国际用户提供的定位导航授时服务。

(2)在履行第(1)款规定的对国防部定位导航授时体系的监督责任时,委员会应负责:

(A)性能监督评估(含互操作性);

(B)脆弱性识别和减轻;

(C)架构开发;

(D)实施定位导航授时替代方案;

（E）资源优先级划分；

（F）国防部长根据本条规定的其他职责。

（e）年度报告。在总统根据第 31 编第 1105 条第（a）分条①将预算提交至国会的同时，委员会应向国会国防委员会提交一份关于委员会活动的报告。报告应包括以下内容：

（1）委员会上一财政年度活动的说明和评估。

（2）对本编第 221 条所规定的当前国防项目在未来几年内，委员会拟开展的活动之说明。

（3）关于上一年度国防部定位导航授时体系要求的任何变更，以及对变更原因的说明、变更对该计划能力之影响的描述。

（4）与国防部定位导航授时体系相关的预算中每个项目要素的细目，包括这些项目要素如何与该体系的运行和维护、研发、采办或其他活动相关联。

（f）预算和拨款。

（1）在总统根据第 31 编第 1105 条第（a）分条向国会提交下一个财政年度的预算后 30 天内，美国太空司令部司令应就以下事项向参谋长联席会议主席提交一份评估：

（A）基于该年度预算，联邦政府能否在预算所涵盖的财政年度以及随后 4 个财政年度内满足国防部定位导航授时体系所规定之能力；

（B）如果该司令确定此预算不足以支持联邦政府满足上述规定之能力，则应说明为满足此规定之能力而采取的措施。

（2）参谋长联席会议主席收到美国太空司令部司令根据第（1）款所作评估后 30 天内，应向国会国防委员会提交：

（A）美国太空司令部司令提交给该主席的上述评估；

（B）该主席的评论和意见。

（3）对于国会众议院通过法案授权或划拨用于支持国防部定位导航授时体系活动的资金，如果委员会认为，在该法案涉及期间所拨资金不足以支持此类活动的，则委员会应当将此评估告知国会国防委员会。

（g）异常情况通知。

---

① 31 USC 1105（a）规定："总统应在每年一月的第一个星期一或之后但不迟于每年二月的第一个星期一，提交下一财政年度的美国政府预算。每个预算应包括预算信息以及摘要和支持信息。"

（1）国防部长应在国防部长或委员会获悉国防部定位导航授时体系出现异常后14天内，视情况而定，向国会国防委员会提交关于该异常的书面通知。

（2）在本款中，“异常”一词是指所有计划外的、不合常规的或反常的事件，包括原因不明的和个人或者某个组织或系统有意或无意造成的事件。

# 《美国法典》第 10 编　武装力量

# 第 2279d 条　外国政府在美国领土上建设卫星定位地面监测站的相关限制

# 《美国法典》第10编第2279d条　外国政府在美国领土上建设卫星定位地面监测站的相关限制

(a)限制。

(1)证明文件。

(A)总则。总统不得授权或允许在美国境内建设由外国政府直接或间接控制的全球卫星导航系统地面监测站(包括代表外国政府拥有、运行或控制的地面监测站),除非国防部长和国家情报总监联合向有关国会委员会证明,该地面监测站不具有在美国收集情报或改进任何外国武器系统的能力或潜力。

(B)格式。第(A)款下的每一份证明文件应以非保密格式提交,但可包括一份保密附件。

(2)国家安全豁免。国防部长和国家情报总监可联合豁免第(1)款对地面监测站的证明文件的要求,前提是:

(A)国防部长和国家情报总监共同确定,该豁免符合美国国家安全的根本利益。

(B)国防部长和国家情报总监确保:

(i)该豁免所涉及的地面监测站收集或传输的所有数据均未加密;

(ii)参与建设、运行和维护地面监测站的所有人员均为美国人;

(iii)地面监测站的地理位置不靠近涉及美国国家安全的敏感地带;

(iv)放置在地面监测站中的所有设备经过美国批准;

(v)采取适当行动和措施,确保地面监测站不对美国国家安全构成网络间谍威胁或其他威胁(包括情报威胁、反情报威胁);

(vi)对地面监测站进行任何改进都不会降低GPS技术给用户带来的利益或构成与该利益的竞争。

(3)豁免报告。对于第(2)款规定的豁免,国防部长和国家情报总监应与国务卿协商,共同向有关国会委员会提交豁免报告,报告应包含以下内容:

(A)不能为该豁免所涉地面监测站提供第(1)款所要求的证明文件的原因;

(B)评估根据第(2)款对此类地面监测站行使权力对美国国家安全产生的影响；

(C)说明在美国境内运行此类地面监测站期间可用于减轻对美国安全影响的方法；

(D)国防部长和国家情报总监与国务卿协商后认为与豁免有关的其他适当信息。

(4)通知。在根据第(2)款规定行使权力豁免第(1)款要求的地面监测站证明文件要求的30天前,国防部长和国家情报总监应共同向有关国会委员会提供行使此权力的通知,以及第(3)款要求的关于此类地面监测站的报告。

(5)关于有关国会委员会的定义。在本款中,“有关国会委员会”是指：

(A)参议院武装部队委员会、外交关系委员会和情报特别委员会；

(B)众议院武装部队委员会、外交事务委员会和情报常设特别委员会。

(b)例外情况。第(a)条中的限制不适用于作为美国盟国的外国政府。

(c)定期废止。第(a)条中的限制于2023年12月31日终止。

[根据2017年12月12日公法115－91号第A部第16编第1602条(131 Stat. 1721条)对第2279c条进行了增补；根据2018年8月13日公法115－232号第A部第10编第1081第(a)(18)(A)条(132 Stat. 1984)对第2279d条进行了重新编号。]

# 《美国法典》第 49 编　交通
# 第 301 条　建立全国差分全球定位系统

# 《美国法典》第 49 编第 301 条
# 建立全国差分全球定位系统

1997 年 10 月 27 日生效的公法 105－66 号第 3 编第 346 条(111 Stat. 1449)规定:

(a)在本法令颁布(1997 年 10 月 27 日)后,交通部长代表交通部可在切实可行的范围内,尽快接收其认为必要的地波应急通信网络(Ground Wave Emergency Network,GWEN)的设备和站点,以建立一个全国性的系统,即"全国差分全球定位系统"(Nationwide Differential Global Positioning System,NDGPS)。

(b)在本法令颁布之日(1997 年 10 月 27 日)后,交通部长可在切实可行的范围内尽快建立 NDGPS。在建立 NDGPS 时,交通部长可以:

(1)如果可行,对根据第(a)款移交至交通部的 GWEN 设备和站点进行再利用;

(2)在可行的最大范围内,使用承包商服务安装 NDGPS;

(3)在建立 NDGPS 时,改装海岸警卫队运行的定位系统,从而与根据第(a)款提供的基准站进行整合;

(4)与商务部长合作,确保第(3)款所述基准站与商务部国家大地测量局的连续运行基准站(Continuously Operating Reference Station,CORS)系统兼容并合并;

(5)与商务部长合作,调查国家海洋和大气管理局基于 GPS 建立的大气可降水量综合监测系统对 NDGPS 基准站的使用情况。

(c)交通部长可以:

(1)管理和运行 NDGPS;

(2)在确保不固定任何用户收费标准的前提下提供 NDGPS 服务;

(3)与国防部长合作,确保阻止美国的所有敌对方使用 NDGPS。

(d)在任何情况下,如果交通部长认为承包一个或多个 NDGPS 基准站的维护服务更具成本效益时,交通部长可与承包商签订维护服务合同。

(e)交通部长可以:

(1)与私营部门和大学的相关代表以及州政府官员合作,开展以下工作:

(A)调研对 NDGPS 的改进(包括潜在改进);

(B)制定 NDGPS 的标准;

(C)资助开发新的 NDGPS 应用。

(2)确保 NDGPS 持续升级以改善性能,满足以下需求方的需求:

(A)联邦政府;

(B)州和地方政府;

(C)公众。

# 《美国法典》第 49 编　交通
# 第 312 条　替代授时系统

# 《美国法典》第49编第312条　替代授时系统

(a)一般而言,交通部长应基于可用的拨款,规定建立、维持和运作弹性和可靠的陆基替代授时系统,以:

(1)减少关键依赖性,并为全球定位系统(Global Positioning System,GPS)的授时组件提供补充和备份;

(2)确保在GPS授时信号损坏、降级、不可靠或因其他方式不可用的情况下,为军用和民用用户提供未损坏和未降级的授时信号。

(b)建立要求。

(1)在2018年《国家授时弹性和安全法案》颁布之日起180天内,交通部长应依据《2017财年国防授权法案》第1618条(公法114-328号;130 Stat. 2595)规定的授时要求,研究、制定第(a)分条要求的系统,作为GPS授时组件的补充和备份系统的采办要求。

(2)要求:交通部长应确保,在可行的最大范围内,根据第(a)分条建立的系统将:

(A)是无线的;

(B)是陆地的;

(C)提供广域覆盖;

(D)与协调国际标准时间同步;

(E)具有弹性且极难被破坏或降级;

(F)能够穿透地下和建筑物内部;

(G)能够部署到偏远地区;

(H)结合适用的私营部门专业知识进行开发、建设和运营;

(I)与任何其他类似的定位导航授时系统协同工作并对其进行补充,其他系统包括增强型远程导航系统和NDGPS;

(J)在开始运作的10年内,联邦政府和非联邦政府机构可将其用于公共目的,且联邦政府无须支付净价;

（K）能够适应和扩展以提供定位和导航能力；

（L）在第（c）分条第（1）款指定的日期届满之前，纳入由交通部长与其他联邦机构协调发起和完成的所有 GPS 备份演示计划中提出的建议；

（M）纳入交通部长认为适当的其他要素。

（c）实施计划。

（1）计划要求。在 2018 年《国家授时弹性和安全法案》颁布之日起 180 天内，交通部长应向参议院商业、科学和交通委员会以及众议院交通和基础设施委员会作报告并阐述下列内容：

（A）开发、建造和运行第（a）分条要求的系统的计划；

（B）对为 GPS 的授时组件提供后续补充和备用定位和导航能力的系统的优势的描述和评估。

（2）开始运行的截止日期。第（a）分条要求的系统应在 2018 年《国家授时弹性和安全法案》颁布后 2 年内投入运行。

（3）运行能力的最短持续时间。第（a）分条要求设计的系统应完全运行不少于 20 年。

（d）罗兰设施。

（1）一般而言，如果交通部长认定海岸警卫队所拥有的包括基础不动产和任何与罗兰相关的频谱在内的任何罗兰基础设施有助于建立第（a）分条要求的系统，则指挥官应将此类财产、频谱和设备转让给交通部长。

（2）《综合环境反应、赔偿与责任法案》不受影响。对本分条的解释不得限制或以其他方式影响 1980 年《综合环境响应、赔偿与责任法案》［美国法典 42 编 9620（H）］第 120（h）条关于第（1）款所述联邦政府设施的应用。

（e）合作协议。

（1）一般而言，交通部长可与其他实体签订具有其认为可以满足本条确定的目的和要求且符合公共利益的条款内容的合作协议（如第 31 编第 6305 条中所规定的内容）。

（2）要求，第（1）款下的合作协议至少应要求交通部长。

（A）授权该实体向商业和非商业第三方出售授时和其他服务，但须遵守交通部长与国防部长协商确定的所有的国家安全要求。

（B）要求实体按照本条规定自费开发、建造和运行备用授时系统。

（C）允许实体在此类协议的有效期内对必要的技术进行投资，以满足未来对先进授时弹性和技术的要求。

(D)要求实体在与交通部长签订合作协议之日起至少10年内,与交通部长分享向第三方出售授时服务所获总收益的25%。

(E)要求实体。

(i)在交通部长根据第(d)款提供系统所需的罗兰设施后,如果替代授时系统需要,实体应承担系统完成和运行能力的所有财务风险;

(ii)按照交通部长确定的合理数额提供与该系统有关的运行和付款保证金。

(F)要求实体在协议有效期内对必要的技术进行投资,以满足未来对先进弹性授时的要求。

(3)竞争要求。交通部长应采用类似于第10章第2667条授权的竞争程序,根据本分条选择一个实体签订合作协议。

(4)购买服务的授权。在系统达到运行状态之前,交通部长不得从实体外购买授时系统服务以供交通部使用或提供给其他联邦和非联邦政府机构使用,除非在随后的年度拨款法案中为此类购买提供必要的资金,以便交通部长每年进行此类购买。

(5)决定要求。交通部长不得根据本分条签订合作协议,除非交通部长确定合作协议符合联邦政府的最大经济利益。交通部长应在决定之日起30天内,通知参议院商业、科学和交通运输委员会和众议院运输和基础设施委员会此类决定。

(6)定义。在本分条中,“实体”一词是指具有经证明的技术专长和必要的行政和财政资源的非联邦实体,能够满足交通部长为本分条的目的制定的任何条款和条件。

# 《美国法典》第51编　国家和商业空间计划
# 第50112条　推广美国全球定位系统标准

# 《美国法典》第 51 编第 50112 条
# 推广美国全球定位系统标准

为了促进并维持全球定位系统（Global Positioning System，GPS）最有效地实现美国国家安全、公共安全、科学和经济利益，国会支持总统：

（1）确保 GPS 在全球范围持续运行，且不向用户直接收取费用。

（2）签订国际协议，促进与外国政府和国际组织的合作，以达成以下目标：

（A）促进 GPS 及其增强系统发展，使之成为国际公认的标准；

（B）消除 GPS 在全球范围应用的所有外国壁垒。

（3）向商务部主管通信与信息事务的助理部长提供明确的指示和充足的资源，使该助理部长能够在国际上：

（A）实现并保持对 GPS 所用电磁频谱的高效管理；

（B）保护电磁频谱免受破坏和干扰。

# 第二部分　美国相关卫星导航总统政策

自 1980 年以来，多位美国总统发布了多项 GPS 相关行政命令（executive order）①、总统指令（presidential directive）②、总统备忘录（presidential memorandum）③等总统文件，以确保美国在卫星导航领域的领导地位，这些关于 GPS 的总统文件的部分内容被美国国会逐渐上升为永久性法律，有部分政策被新制定或修订的文件所取代。比如 1996 年《美国全球定位系统政策》，被 2004 年《美国天基定位导航授时政策》取代，后者又被 2021 年《美国天基定位导航授时政策》取代；2010 年《国家空间政策》被 2020 年《国家空间政策》取代。

**1. 2021 年《美国天基定位导航授时政策》（第 7 号空间政策指令）**。2021 年 1 月 15 日美国政府发布的《美国天基定位导航授时政策》（《美国第 7 号空间政策指令（SPD－7）》），取代了 2004 年 12 月 15 日发布的总统指令《美国天基定位导航授时政策》（《第 39 号国家安全总统指令（NSPD－39）》），为以美国国家和国土安全、民用、商用和科学等为目的的天基定位导航授时（PNT）计划和活动确立了执行指南。该指令共九个章节，包括政策目标、天基 PNT 服务的管理、机构的作用和责任、外国获得美国天基 PNT 能力、有害干扰或操纵的通知等。相较于被取代的 2004 年天基 PNT 政策，该指令就管理体制、安全风险防范、贸易政策等进行了重点制度改革，进一步巩固美国在 PNT 领域的垄断地位。

该指令旨在保持美国在提供系统服务和负责任地使用全球卫星导航系统（包

---

① 行政命令是由美国总统作为联邦最高行政首长对联邦所属各机构发布的具有法律效力的指示，是总统执行法律、形成和推行自己政策的重要手段。总统发布行政命令的权力主要有三大来源：一是宪法规定；二是国会立法与授权；三是总统职位的实际运作和总统工作本身的“固有权力”。行政命令不受《联邦行政程序法》调整，但受到法院和国会的制衡。行政命令由总统签署，经管理和预算办公室以及司法部长批准，并记录在联邦登记册中。

② 总统指令与行政命令具有相同的实质性的法律效力。

③ 总统备忘录类似于行政命令，但发布总统备忘录没有正式的程序，不必得到管理和预算办公室和司法部长的批准，也不必记录在联邦登记册中。

括 GPS 和外国系统）方面的领导地位，具体在以下方面提供指导：一是 GPS 及由美国政府开发、拥有和运营的 GPS 增强或改进系统的维护和现代化改造；二是保护和拒止能力的开发、部署、维护和现代化改造；三是外国接入 GPS 和美国政府运行的增强系统，以及美国与国外天基 PNT 服务及其增强系统的合作。

该指令阐述了美国政府关于天基 PNT 的十一项基本政策：一是在全球范围内提供对美国天基 GPS 服务和政府提供的增强系统的连续访问，不收取直接用户费用；二是根据美国法律操作和维护 GPS；三是提高导航战的能力；四是提高美国天基 PNT 服务的性能；五是提高 GPS 及其增强系统、美国政府拥有的 GPS 设备的网络安全；六是保护 GPS 及其增强系统目前使用的频谱环境，并与美国工业界合作，调查可能增加 GPS 和 PNT 复原力的其他无线电频谱区域；七是检测和减轻 GPS 受到有害干扰或操纵的情况；八是维持 GPS 及其增强系统；九是与国际全球卫星导航系统供应商合作；十是促进联邦、州和地方各级负责任地使用美国天基 PNT 服务和应用的能力；十一是保障美国在提供天基 PNT 服务和开发安全、弹性终端用户设备方面的技术领先地位。

该指令进一步优化卫星导航管理体制。2004 年《美国天基定位导航授时政策》确定了美国卫星导航的管理体制，即由国家天基定位导航授时执行委员会（以下简称执行委员会）统筹协调的各部门分工负责制。第 7 号空间政策指令在此基础上，强化了执行委员会的职能和运行机制。

在执行委员会的机构职责上，进一步明确由执行委员会作为跨部门组织，负责在提供天基 PNT 服务、增强天基 PNT 和天基 PNT 替代方案方面，指导和维护整个政府的利益。在执行委员会的组织架构上，将司法部、财政部、能源部、国家情报总监办公室纳入执行委员会；明确执行委员会委员应具备副部长或同等级别；优化执行委员会内设机构的分工和工作机制。同时在执行委员会的协调机制上，着力完善与总统的沟通协调机制。强化国务院、国防部、商务部、交通部、国土安全部、国家航空航天局（六大核心部门）保障、发展和管理卫星导航事项的职责，明确国家情报总监办公室关于监测、获取与 GPS 有关外国威胁的职责。

该指令整合了此前美国总统发布的 2020 年《通过负责任地使用定位导航授时服务来增强国家弹性》和 2020 年《国家空间政策》中关于安全风险防范的有关内容，建立了系统的天基 PNT 安全风险防范体系，明确了负责任地使用 GNSS 的目标，并围绕该目标提出多项举措：一是提出发展“替代 PNT 服务”；二是强化 GPS 频谱环境保护措施；三是制定预防、监测、识别、处置 GPS 安全风险的机制，并由国土安全部承担主要职责;四是明确美国对引入外国PNT服务的谨慎开发态度。

该指令就外国获得美国天基PNT能力的事项作出了规定,明确对美国PNT领域采取出口清单管制措施,包括军火清单和商业管制清单。美国根据《国际武器贸易条例》《出口管理条例》等现行法律法规,对清单内的PNT货物和服务出口颁发许可证。该指令阐明了出口的基本政策,即一方面积极考虑民用、大众市场PNT货物和服务的大多数出口,另一方面基于现行法律法规以及有关国家安全和外交政策的目标和考虑,对敏感的两用或先进的PNT信息、系统、技术和组件的出口开展逐案审议。

**2. 2020年《国家空间政策》**。2020年12月9日美国政府发布的《国家空间政策》,取代了2010年发布的《国家空间政策》,重申美国在空间领域的领导地位和世界上最重要的航天国家的地位。该政策共四个部分,明确了美国空间活动的基本原则、美国空间政策的基本目标、跨部门政策和部门职能,为美国空间活动提供全面指导。

该政策明确了美国空间活动的六项基本原则:一是采取负责任的空间活动;二是鼓励和促进商业空间部门发展;三是扩大美国领导地位,将美国价值观延伸至空间;四是根据相关法律继续开采和利用空间资源;五是继续利用空间从事包括行使固有自卫权在内的国家安全活动;六是所有国家的空间系统都有权在不受干涉的情况下通过空间并在空间内开展活动。

《国家空间政策》的八项基本目标:一是促进和激励私营企业发展;二是鼓励和维护各国负责任、和平地使用空间的权利;三是领导、鼓励和扩大互利空间活动方面的国际合作;四是为空间活动创造一个安全、稳定、有保障和可持续的环境;五是提高商用、民用、科学和国家安全航天器及配套基础设施的国家关键保障功能;六是将人类的经济活动拓展到外层空间;七是培养、促进和发展空间科学和经济能力;八是保护和扩大美国在发展创新型空间技术、服务和操作方面的领导地位。

《国家空间政策》明确了空间领域的跨部门指南,明确太空委员会负责对各部门、机构执行该政策的监督,对基础活动和能力、国际合作、保护空间环境、出口政策、空间核动力和推进、电磁频谱保护、空间系统网络安全、国家关键职能的保证这八个方面就各部门职责及跨部门协作作出规定。其中,该政策明确提出美国必须在全球卫星导航系统的服务、提供和负责任地使用方面保持领导地位,并进一步明确美国在卫星导航系统运行服务、网络安全、干扰监测减轻等方面的基本政策立场。

**3. 2020年《空间系统网络安全原则》(第5号空间政策指令)**。2020年9月4

日美国政府发布的《空间系统网络安全原则》(第 5 号空间政策指令),对包括 GPS 在内的空间系统的网络安全提供了政策指导。这是美国政府发布的首个针对空间系统的网络安全政策,就空间系统的网络安全问题作出了全面、系统的规范指导,其内容涉及美国所有的空间系统,包括政府国家安全空间系统、政府民用空间系统和私营空间系统;涵盖空间系统的全生命周期,包括设计、开发、运行;涵盖空间系统的全要素,包括地面基础设施、飞行器、信息系统、天线、终端、相关的局域网和广域网以及电源等;涵盖空间系统的全供应链,包括产品制造、采办、应用;涵盖空间活动的所有主体,包括参与空间活动的各政府机构和非政府机构及其人员。该指令明确了美国国土安全部和网络安全与基础设施安全局在空间网络防御方面的主导作用。

第 5 号空间政策指令确立了五项空间网络安全原则:一是空间及其基础设施,应当基于风险、网络安全的工程来开发运行;二是运行者应制定或整合空间网络安全计划;三是空间网络安全要求和法规应利用被广泛采用的最佳实践和行为规范;四是空间所有者和运行者应在法律法规允许的范围内合作,促进最佳做法和缓解措施的发展;五是空间安全要求的设计应有效,同时允许空间运行者管理适当的风险,并尽量减少对民用、商业和其他非政府空间运行者的负担。

**4. 2020 年《通过负责任地使用定位导航授时服务来增强国家弹性》(第 13905 号行政命令)**。2020 年 2 月 12 日,美国政府发布《通过负责任地使用定位导航授时服务来增强国家弹性》第 13905 号行政命令。该总统行政命令发布的背景是美国认识到 GPS 提供的定位导航授时服务在很大程度上已成为技术和基础设施(包括电网、通信基础设施和移动设备)、所有运输方式、精准农业、天气预报和应急响应的无形实用工具,因此 GPS 的中断或被操控有可能会对美国的国家和经济安全产生不利影响。该总统行政命令旨在促进关键基础设施所有者和运行者负责任地使用 PNT 服务,确保定位导航授时服务中断或被操控不会破坏美国关键基础设施的可靠性和有效运行。该行政命令由目的、定义、政策和实施四部分组成。

该总统行政命令主要制定了以下措施来增强 PNT 服务的弹性:一是商务部应与特定部门机构(Sector - Specific Agency,SSA)协调,并酌情与私营部门协商,制定并至少向相关机构和私营部门用户提供 PNT 配置文件;二是国防部、交通部和国土安全部根据 PNT 配置文件,更新《联邦无线电导航计划》;三是国土安全部与 SSA 协调制订脆弱性测试计划;四是 SSA、其他执行部门和机构酌情与国土安全部协调,将 PNT 配置文件相关信息纳入相关联邦合同;五是联邦采办监管委员会与 SSA

和其他机构协商，酌情将 PNT 配置文件相关信息纳入相关联邦合同；六是 SSA 和其他机构负责人通过国土安全部长向总统提交报告；七是交通部、能源部、国土安全部负责制订相应计划，评估 PNT 服务负责任地使用的情况；八是美国白宫科技政策办公室制订一项关于研发不依赖于 GNSS 的其他 PNT 服务的国家计划；九是商务部负责提供独立于 GNSS 的世界标准时间来源，供公共和私营部门使用。

**5. 2018 年《国家空间交通管理政策》（第 3 号空间政策指令）**。2018 年 6 月，美国政府发布《国家空间交通管理政策》（第 3 号空间政策指令），旨在应对空间交通管理问题，制定新的空间交通管理方法，消除当前和未来开展空间活动的风险，保持美国在太空疆域的领导地位。该指令进一步明确了国务院、商务部、国防部、交通部、国家航空航天局、国家情报总监等部门机构的具体职责。

该指令提出四项空间交通管理原则：一是为安全、稳定和可持续作业的空间环境创造条件，是所有航天国家的责任，事关所有航天国家的利益；二是美国政府提供的基本空间态势感知数据（SSA）和基本空间交通管理服务（STM）应免费向用户提供；三是应定期修订碎片减缓准则、标准和政策，在国内实施并在国际上推广；四是空间交通管理框架应由最佳做法、技术准则、安全标准、行为规范、发射前风险评估和在轨避碰服务组成。

该指令提出美国应继续引领全世界建立安全、稳定和可持续运行的空间环境，并提出指令的九大目标：一是促进空间态势感知和空间交通管理技术发展；二是减轻轨道碎片对空间活动的影响；三是提升美国在科技、空间态势感知和空间交通管理领域的商业领导力；四是向公众提供来源于美国政府的空间态势感知基础数据和空间交通管理基本服务；五是提高空间态势感知数据的互操作性，并实现更大程度的空间态势感知数据共享；六是制定空间交通管理标准和最佳做法；七是防止非故意的射频（RF）干扰；八是改进美国国内空间物体登记制度；九是制定未来美国轨道行动的政策和规定。

为遵循基本原则、实现既定目标，该指令提出了各部门机构应当遵循的三项准则：一是设法实现空间运行环境的完整性；二是在拥挤的空间环境中运行；三是实行全球空间交通管理战略。

**6. 2000 年《总统关于美国决定停止降低全球定位系统准确性的声明》**。2000 年 5 月 1 日，美国总统克林顿发表总统声明，表示停止运用选择可用性技术，停止人为地降低公众可用的 GPS 信号的精度。选择可用性（SA）是故意将误差引入 GPS 卫星的精确授时，从而降低民用用户的定位和授时精度。它旨在为美国和盟军军队在危机或冲突时期提供航行优势。SA 的移除将给民用用户带来大约 20 米的预测误差。在不对用户或政府造成任何额外费用的情况下，停止降低 GPS 准确性将为全球数百万使用 GPS 的个人和企业带来好处。性能的提高还有望加速在美国的使用和世界各地的企业、政府和个人对其的接受和使用，从而提高生产力、效率、安全性、科学知识和生活质量。

**美国相关卫星导航系统政策**

- 2021 年《美国天基定位导航授时政策》(第 7 号空间政策指令)
- 2020 年《国家空间政策》
- 2020 年《空间系统网络安全原则》(第 5 号空间政策指令)
- 2020 年《通过负责任地使用定位导航授时服务来增强国家弹性》(第 13905 号行政命令)
- 2018 年《国家空间交通管理政策》(第 3 号空间政策指令)
- 2000 年《总统关于美国决定停止降低全球定位系统准确性的声明》

# 2021 年《美国天基定位导航授时政策》
# （第 7 号空间政策指令）

# 2021年美国天基定位导航授时政策
# （第7号空间政策指令）

2021年1月15日

**为副总统、国务卿、国防部长、总检察长、内政部长、商务部长、交通部长、能源部长、国土安全部长、管理和预算办公室主任、国家情报总监、总统国家安全事务助理、国家航空航天局局长、参谋长联席会议主席、联邦通信委员会主席提供的备忘录。**

本空间政策指令为以美国国家和国土安全、民用、商用和科学等目的的天基定位导航授时（PNT）计划及活动提供了执行指南和指导，对2020年2月12日第13905号行政命令《通过负责任地使用定位导航授时服务来增强国家弹性》中规定的指导方针和2020年12月9日《国家空间政策》中包含的全球卫星导航系统（GNSS）的部门间指导进行了补充。本政策指令取代了2004年12月15日《美国天基定位导航授时政策》（NSPD－39，第39号国家安全总统指令）。

## 第1节　范　　围

本政策指令为以下方面提供了指导：

（a）全球定位系统（GPS）的维护和现代化改造，以及由美国政府开发、拥有和运行的GPS增强系统或改进系统；

（b）通过实施和运行GPS相关能力，确保美国和盟国获取和使用GPS以实现国家、国土和经济安全，并阻止敌方使用美国天基PNT服务；

（c）美国参与的关于外国天基PNT服务和外国使用GPS及其增强系统的国际合作倡议。

## 第2节　定　　义

就本政策指令而言：

（a）“PNT服务”是指为计算，或增强经度、纬度、高度的计算，或时间和频率数据的传输，或其任何组合提供参考的系统、网络或能力。

(b)“主用 PNT 服务”是指由用户或系统运行商选择的,作为首选 PNT 信息源的独立 PNT 服务。主用 PNT 服务具备足够的准确性、可用性、完整性或对用户重要的其他特性。

(c)“增强系统”是指为使用天基 PNT 信号的用户提供补充信息的系统,与使用单独的、未经增强的天基信号相比,这些补充信息能够使用户获得增强的性能。这些性能的改进包括更高的精度、可用性、完整性和可靠性,针对关键应用还可提供独立的完整性监视和预警功能,增强系统本质上依赖于主用 PNT 服务来运行。

(d)“替代 PNT 服务”是指具有完全独立于其他 PNT 服务或具有与其他 PNT 服务联合运行能力的 PNT 服务。组合使用多种不同的 PNT 服务可以增强安全性、弹性、保证性、准确性、可用性和完整性。替代 PNT 服务允许用户在服务中断或被操纵的情况下转换主用 PNT 信号源。

(e)“互操作性”是指结合使用多种独立的 PNT 服务及其增强服务,从而在用户层面实现比依赖单一服务或信号更好的能力。

(f)“兼容性”是指多种独立的 PNT 服务及其增强服务可单独使用或相互结合使用,其服务或信号不会彼此形成干扰,也不会对美国和盟军使用 PNT(通常称为导航战)产生不利影响。

(g)“导航战”或“NAVWAR”指的是通过协调使用空间、网络和电子战,采取有意的防御和进攻行动,来保障和防止 PNT 信息的使用。可以通过协调使用信息作战、空间作战和网络空间作战,包括电子战、太空攻防作战、计算机网络作战等,产生预期效果。

## 第 3 节　背　　景

GPS 提供的多用途服务是保障美国国家安全、经济增长、运输安全和国土安全不可或缺的一部分。这些服务很大程度上是无形的,但同时也是全球经济基础设施的一个重要组成部分。

(a)负责任地使用天基 PNT。

(i)如 2013 年 2 月 12 日《第 21 号总统政策指令》(PPD - 21,《关键基础设施的安全性和弹性》)以及第 13905 号行政命令所述,GPS 是美国多个重要基础设施部门的关键组成部分,PNT 服务的长时间中断或拒止造成的级联效应会对所有部门产生不利影响。陆、海、空的自动驾驶器已经开始依赖 GPS 来实现导航、位置感知和其他功能。此外,许多信息系统依靠 GPS 授时信号实现固定和移动通信。因此,

GPS 的长时间中断、长时间欺骗或操纵 GPS 信号，可能会造成严重的经济损失，甚至影响生命安全。

(ii) GPS 对美国国家安全仍然至关重要。它的应用几乎融入了美国军事行动的方方面面。美国和盟军将继续为负责任地使用 GPS 和替代 PNT 服务提供装备和培训，以支持任务行动。

(iii) 军事、民用、商业应用、系统和基础设施对 GPS 的依赖越加广泛且日益增长，这导致在 GPS 信号中断或被操纵时，许多系统的性能具有天然的脆弱性。GPS 用户必须对可能存在的信号丢失有所计划，并采取合理的措施核实或验证接收到的 GPS 数据和测距信号的完整性，特别是那些很小的减损也可能导致生命危险的应用。此外，无论是否为军事能力而设计，PNT 服务及其增强系统提供的所有定位导航授时信号本身都可为敌方（包括敌军和恐怖组织）所用。

(b) 空间应用。GPS 的应用现已扩展到外太空。GPS 的地面服务域，即从地面到 3000 公里高空的服务域，已成为空间发射业务的组成部分。尽管视距可见度降低，接收信号功率降低，但 GPS 的使用正在扩大到空间服务域（SSV），从 3000 公里延伸到地球同步轨道（GEO）。卫星依靠 GPS 进行导航、姿态控制、空间态势感知，以及无线电掩星等新空间科学应用。根据 2017 年 12 月 11 日的《第 1 号空间政策指令》（SPD－1，《重振美国载人航天探索计划》）和 2018 年 6 月 18 日的《第 3 号空间政策指令》（SPD－3，《国家空间交通管理政策》）的规定，PNT 服务还从地球同步轨道延伸到月球轨道，在空间交通管理和未来地月服务域的应用中发挥重要作用。对于这些支持新兴应用所必需的要求，各机构应通过标准的 GPS 要求流程进行协调。

(c) 外国天基 PNT：新出现的外国天基 PNT 服务可能会增强或削弱 GPS 的未来效用。美国将继续鼓励发展基于 GPS 的外国天基 PNT 服务，并在非军事领域负责任地使用这些服务，与盟国和利益一致的国家进行合作。多种多样 PNT 服务的使用可以提高服务性能的准确性、可用性和弹性。但是，美国政府不保证外国 PNT 服务的可靠性或真实性。尽管外国天基 PNT 服务可用于补充民用 GPS 服务，但面对日益增长的网络威胁，接收器制造商应继续提高 GPS 服务的安全性、完整性和弹性。因此，在多星座设备中引入外国 PNT 时，应避免外国全球卫星导航系统（GNSS）对基本用户能力造成损害。美国将对使用外国天基 PNT 服务的相关风险和潜在利益保持关注，并继续促进和支持负责任地使用卓越的天基 PNT 服务——GPS。

(d)美国的政策和管理框架。

(i)美国继续改进和维护 GPS 及其增强系统,满足日益增长的国家安全、国土安全和经济安全要求以及其他的民用要求,并使各种商业和科学应用成为可能。与此同时,美国继续提高阻止敌方获得天基 PNT 服务的能力,特别是那些公开提供的并可被敌方或恐怖分子轻易使用的服务,因为其威胁到了美国的安全。美国正在处理天基 PNT 依赖性的风险问题,并促进负责任地获取 PNT 服务以及在关键基础架构之间进行集成和部署。美国鼓励开发 PNT 服务及其安全相关服务的替代方法,这些方法可以包括新技术和服务,如正在开发的量子传感、相对导航以及私营或公营的替代 PNT 服务。

(ii)天基 PNT 服务的多样化需求和多种应用,需要稳定、灵活应变的政策和管理机制。因此,美国政府将继续支持关于 GPS 及其增强系统的政策和管理框架,以满足不断增加和变化的国内要求和全球要求。

## 第 4 节　政策目标和指导

本政策指令的目标是保持美国在提供全球卫星导航系统服务领域的领导地位,并负责任地使用全球卫星导航系统(包括 GPS 和外国系统)。为此目的,美国政府应:

(a)在全球范围内提供对美国天基 GPS 服务和政府提供的增强系统的持续访问,不收取直接用户费用,并提供公开、免费访问必要信息的机会,以开发和建立使用这些服务的设备。

(b)根据美国法律运行和维护 GPS,以满足民用、国土安全和国家安全需要,并使其符合已公布的性能标准和接口规格。

(c)提高导航战能力,以防止敌方使用美国政府的天基 PNT 服务,同时不会过度干扰军事或国土安全行动区域以外对民用或商用 PNT 服务的访问。

(d)提高美国天基 PNT 服务的性能,包括开发更强大的信号,使其有更强的抵御干扰和操纵的能力,符合维护美国和盟国国家安全、国土安全和促进民用的目的。

(e)提高 GPS 及其增强系统、美国政府拥有的 GPS 设备的网络安全,并通过系统升级,采用空间系统网络安全原则、接口规格和规定用户设备网络安全的其他指南,促进私营部门采用可以保障网络安全的 GPS 驱动装置。

(f)保护 GPS 及其增强系统目前使用的频谱环境,并与美国工业界合作,调查可能增加 GPS 和 PNT 复原力的其他无线电频谱区域。

(g)对国家检测和减轻 GPS 受到有害干扰或操纵的能力进行投资,并支持相应的国际活动,为关键基础设施、关键资源和基本任务功能确定和实施适当的替代来源。

(h)维持 GPS 及其增强系统供美国关键基础设施使用,按照 PPD - 21 方案加强生命安全功能和业务效率。

(i)与国际全球卫星导航系统供应商合作,确保兼容性,鼓励与利益一致的国家的互操作性,促进行政部门制度透明,并使美国相关产业能够进入市场。鼓励国外开发基于 GPS 的 PNT 服务和系统,并将 GPS 作为集成多个 PNT 服务的系统的基本要素。应设法确保所有外国系统与 GPS 及其增强系统的兼容,确保其不干扰 GPS 军事和民用信号,并确保解决共同的安全问题,以防止敌方使用美国天基 PNT 服务。

(j)根据第 13905 号行政命令,促进联邦、州和地方各级负责任地使用美国天基 PNT 服务和提高其应用能力。

(k)提高美国在提供天基 PNT 服务和开发安全、弹性终端用户设备方面的技术领先地位。

## 第 5 节　天基 PNT 服务的管理

(a)国家天基定位导航授时执行委员会(以下简称执行委员会)是一个跨部门组织,负责在提供天基 PNT 服务、增强服务和天基替代方案方面,指导和维护整个政府的利益。该执行委员会由国防部和交通部的主管副部长或其指定的代表共同担任执行委员会主席。

(b)除联合主席外,执行委员会的成员应为副国务卿级别或相当于国务院、财政部、司法部、内政部、农业部、商务部、能源部、国土安全部、国家情报总监办公室、参谋长联席会议、国家航空航天局的副部长级别或其指定代表,以及其他被联合主席邀请的执行部门和机构(署)的负责人。国家电信和信息管理局局长是当然成员,其职责是就电信和信息政策问题向总统提出建议。

(c)总统行政办公室,包括管理和预算办公室、国家太空委员会工作人员、国家安全委员会工作人员、科学和技术政策办公室,以及国家经济委员会工作人员,可应联合主席的邀请,作为观察员参加会议,并就总统政策所涉问题向执行委员会提供咨询意见。应邀请国家天基定位导航授时咨询委员会主席(或指定代表)担任代表非政府组织的咨询角色。联合主席还可邀请联邦通信委员会主席参加执行委员会。执行委员会应根据行政督导小组的建议，每年至少召开一次会议[如第5节第(e)条所述]。

(d)执行委员会应就维护、完善美国天基PNT服务相关政策问题通过总统国家安全事务助理或国家太空委员会执行秘书，向总统和其成员机构提出建议。执行委员会还将就维护和改进美国天基定位导航授时基础设施的政策、架构、要求和资源分配等问题，向战略决策部门和机构提供建议并协调相关事务，其中事务涉及GPS及其增强系统、服务的安全性，以及与外国PNT服务的关系。具体而言，执行委员会应：

(i)确保国家安全、国土安全和民用需求在决策过程中得到充分、合理的考虑，并根据需要，整合这些领域对天基定位导航授时能力的不同需求，并消除这些需求之间的冲突。

(ii)协调各个部门和机构做出的天基PNT项目的计划、预算和政策及其对天基PNT项目的需求。

(iii)每四年向国家太空委员会执行秘书提交一份报告，评估当前的和计划中的民用天基PNT服务，预计这些服务是否仍可与外国的天基PNT服务竞争。

(iv)促进、审查和实施美国天基PNT基础设施和服务的现代化计划，包括开发、部署和运行新的或升级的国家安全和公共安全服务。

(v)与科学和技术政策办公室协调，促进对下一代技术和劳动力发展的研究和开发，确保美国在天基PNT技术方面继续保持领先地位。

(vi)与国务院协调，审查国际合作机构提出的提议并向其提供建议，并与商务部协调，审查国家无线电通信频谱管理和保护问题。

(vii)保留和接受国家天基定位导航授时咨询委员会(以下简称咨询委员会)的咨询意见。咨询委员会应由美国政府以外的专家组成，并授权作为联邦咨询委员会。咨询委员会应就天基PNT技术应用的发展，征求国家和地方政府、工业界和学术界的意见，并就政策和服务影响向执行委员会提供咨询建议。

(e)执行委员会应设立行政督导小组，该小组由组成执行委员会的机构指定的官员组成。行政督导小组应根据需要召开会议，确定需要执行委员会审议的任务和议题。行政督导小组会议的议程应事先得到小组成员或其指定人员的批准。行政督导小组应建立共识，以协商一致为基础开展工作，代表执行委员会解决问题，同时在跨部门成员及国家天基定位导航授时协调办公室之间，确定天基PNT相关任务的优先级，并消除冲突任务。当行政督导小组成员无法就提案、预算建议或政策达成共识时，或在发生影响美国天基 PNT 体系结构或服务的重大事件时，小组应建议召开执行委员会的补充会议，以解决相关问题。

（f）国家天基定位导航授时协调办公室（NCO）应支持执行委员会和行政督导小组的会议和职能。该办公室应由国防部以外的机构的高级行政服务部门指派的一名专职主任领导，并由国防部指派一名副主任。参加执行委员会的机构应根据应适用的法律适当地指派工作人员加入国家天基定位导航授时协调办公室，根据完成任务所需的规定期限，合理运用专业技术知识。执行委员会应确定国家天基定位导航授时协调办公室的资源，包括资金、地点、人员配备和构成，与本政策指令一致。

（g）国家天基定位导航授时协调办公室应担任执行委员会的秘书处，并履行执行委员会和行政督导小组授权的职责。各机构应向国家天基定位导航授时协调办公室提供适当的信息，以确保关于天基 PNT 方案、计划、政策、预算分配和影响共同利益或机构间依赖关系的活动在机构间的透明度。国家天基定位导航授时协调办公室将协调战略信息和教育材料的开发和传播，从而支持美国天基 PNT 服务的可信度和使用率。

（h）执行委员会应就 GPS 及其增强装置的部门间资源分配提出建议并进行协调。国防部长的主要职责是提供用于发展、采办、运行、维护 GPS 和 GPS 的现代化的资源。交通部长应继续向国防部长提供评估、开发、采办、实施、运行、维护 GPS 民用信号性能监测和专门用于民用的，与机构间协议一致的任何其他指定的 GPS 民用（非军事）应用。GPS 增强和其他独特的 PNT 能力开发，应由需要这些服务或能力的机构提供资金，包括年度外的采办和业务费用。由民间机构提议和资助的新技术特征不得不适当地削弱或取代现有的或计划的 GPS 所具有的国家安全职能。常规预算程序用于解决资源问题。

（i）在本政策指令发布后的 120 天内，执行委员会应发布一份实施计划，在 5 年内颁布本政策指令的所有规定。此外，执行委员会将根据本政策指令的规定，更新执行委员会、行政督导小组和国家天基定位导航授时协调办公室的章程。

## 第 6 节　外国获得美国天基 PNT 能力

（a）根据《国际军火交易条例》或《出口管理条例》和所有现行法律和条例，美国军火清单或商业管制清单所列的所有美国 PNT 能力的出口将继续获得许可。出口管制措施应予以更新，确保在不损害美国导航战、国家安全或国土安全的前提下，减少或消除破坏或限制民用 GPS 使用过程中的弹性与全球性的不必要的管制措施。

（b）总的指导原则是将继续支持目前全球市场上可获得或计划可获得的民用、大众市场天基 PNT 出口。敏感的两用或先进的 PNT 信息、系统、技术和部件的出口将根据现行法律法规，基于相关国家安全和外交政策目标和相关考虑进行逐案审议。

## 第 7 节　机构的职能和职责

各机构应在以为实现目标而拨出的资金到位的前提下，分配实现本政策目标所需的资源。

（a）国务卿应：

（i）与国防部长、交通部长和其他有关机构的负责人合作，向外国政府和其他国际组织推广使用 GPS 及其增强服务和标准，并鼓励发展基于 GPS 的外国民用卫星服务和系统。

（ii）牵头与外国政府和国际组织就民用定位导航授时事宜进行谈判，并在与国防部长协调的情况下，可就军用定位导航授时事宜开展对外谈判，包括但不限于协调多个部门审议以下事项：

A. 在美国代表团就 GPS、其他全球和区域卫星导航系统相关增强系统的规划、管理和使用进行双边和多边磋商时，向代表团作出的指示；

B. 与外国政府和国际组织就 GPS、其他全球和区域卫星导航系统及其增强系统的规划、运行、管理或使用达成的国际协议、安排和公开声明。

（iii）与国防部长一起参加与盟国的 PNT 对话，特别是与北约成员的对话。

（b）国防部长应：

（i）负责 GPS 的开发、采办、运行、安全和持续现代化，同时促进民用和国土安全事宜在相关活动以及可能影响其权益的决策中的重要性与参与度。

（ii）开发、获取、运行、实测、评估和维护导航战和其他所需的能力，以便：

A. 在有敌方干扰或其他干扰的情况下，保持 GPS 服务的有效使用；

B. 制定有效措施，打击敌方阻止、破坏或操纵 PNT 服务的行为；

C. 酌情与其他机构协调，查明、定位并减少对 GPS 军事行动使用产生不利影响的故意干扰或操纵。

（iii）确保更新换代的军事和导航战能力尽早投入使用。

（iv）在包括 GPS 拒止的实战条件下，训练、装备、测试和演习美国军事力量和国家安全能力。与交通部长和国土安全部长合作，并酌情与国务卿合作，制定指导方针，在不中断或影响国土安全以及民用领域在国内外的服务和运行的情况下，促进上述活动和导航战能力训练、测试与演习。

（v）促进盟国军队使用 GPS 国家安全服务，以加强美国和盟国在军事力量和能力之间的互操作性，并保持其作为军事天基 PNT 能力的卓越性。

A. 与本政策指令第 6 节的指南相一致，应向盟军提供 GPS 国家安全服务、用户设备、信息和技术；

B. 与盟国合作监视国家安全服务和用户设备的使用情况，以限制敌方使用这些能力对抗美国和盟国军事力量。

（vi）继续承诺停止使用“选择可用性”功能。

（vii）与交通部协调，维持生命安全向后兼容性的承诺，使民用空域的民用和军用 GPS PNT 服务能够继续得到国际认可。

（viii）促进联邦政府访问适当级别的国家安全服务和用户设备，以满足应急响应和其他国土安全目的的关键需求，在例外情况下，出于民事目的，包括根据既定谅解备忘录进行的国家或地方应急响应。

（ix）发展更为强大的国家安全专用定位导航授时能力，包括但不限于更灵活多样、功能更强大的信号和服务。

（x）与交通部长协调，根据交通部实施 GPS 数据和信号认证的战略和未来要求，提供 GPS 项目成本预算，并反应与联邦无线电导航计划或其后续计划一致的战略。

（xi）继续牵头与外国国防组织就 GPS 军事服务的获取或相关信息事宜开展合作谈判。

（xii）酌情与其他部门和机构合作，评估在 GPS 卫星上搭载二次有效载荷的效用和可行性，包括但不限于旨在为所有用户提供更强大的全球搜救能力的二次有效载荷。二次有效载荷不得对 GPS 及其信号或服务的性能、进度或成本产生不利影响。二次有效载荷的评估、开发、采办、整合和运行所需的资源应由发起机构负责。

（xiii）与国务卿和商务部长协调，并与已被通知的执行委员会成员机构协调，保持国防部在与其他无线电导航卫星服务（RNSS）的无线电频率兼容性协调方面的主导地位，保持这些服务已经或计划在 GPS 使用的 RNSS 无线电频带中运行。

(c)商务部长应：

(i)促进美国工业可以获取到外国市场的天基 PNT 货物和服务，同时对美国的国家安全问题采取风险管理办法。

(ii)投资研究和开发下一代技术，以加强 GPS 的商业应用。

(iii)在 GPS 及其相关增强系统的要求审查中，代表美国与其他机构的商业利益。

(iv)与国务卿、国防部长、交通部长和国家航空航天局局长协调，通过适当的国内和国际频谱监督管理办法，力求保护 GPS 及其增强系统使用的无线电频谱。

(v)与国防部长、交通部长、国土安全部长和国家航空航天局局长协调，推进美国政府与美国产业界之间的适当合作，找到双方都能接受的解决方案，以维持现有的和不断发展的天基定位导航授时服务的使用，同时开发基于无线电频谱的其他技术和服务。

(vi)与国家航空航天局局长合作，制定并向交通部长提交 GPS 及其增强系统的使用要求，为民用空间系统提供支持。

(vii)酌情与其他机构负责人合作，制定准则从而改善 PNT 装置的网络安全，包括其检测和拒绝篡改或伪造信号的能力，并按照第 13905 号行政命令的指示，促进将天基 PNT 服务和能力负责任地用于支持国家安全、经济增长、运输安全和国土安全的应用。

(d)交通部长应：

(i)牵头制定美国政府所有民事部门和机构提出的民用需求标准。

(ii)与国防部长和国土安全部长协调，对美国民用天基 PNT 服务的性能进行监测。

(iii)按照本政策指令第 6 节的规定，与国务卿协调，促进国际社会参与利用美国天基 PNT 服务开发民用运输应用。

(iv)与本政策指令第 3 节提供的背景相一致，与国务卿和国防部长协调，确保国际运输举措考虑到天基 PNT 服务的双重用途性质，特别是公开提供并可随时被对手或恐怖分子用来威胁美国安全的服务。

(v)与国防部长协调，确保基于美国天基 PNT 服务的公共安全服务应用达到或超过满足任务要求所需的国际公认标准，包括用于航空、海事和水陆运输应用的标准。

(vi)与其他机构的负责人合作,按照第 13905 号行政命令的指示,促进负责任地利用美国和外国的天基 PNT 服务和能力,保证运输安全。

(vii)在 GPS 及其增强系统的开发、获取、管理和运行中代表民用机构。

(viii)与国防部长和国土安全部长以及其他机构负责人协调,运用联邦的力量,并促进州、地方和商业的能力,来监测、识别、定位和确定美国境内天基 PNT 服务的中断和被操控行为,这些行为对天基 PNT 在运输安全、国土安全、民用、商业和科学方面的使用产生不利影响。

(ix)与国防部长协调,确保 GPS 及其增强系统上的现代化民用信号和服务尽早投入使用。

(x)与国防部长协调,酌情评估和促进国际社会接受在民用空域使用 GPS 的军用 PNT 服务。

(xi)促进国际层面在制定天基 PNT 服务监测标准方面的协调一致。

(xii)保持对使用外国天基 PNT 服务的风险和潜在利益的认识。

(xiii)与国防部长和国土安全部长协调,制定并验证有关要求和资金战略,以实施符合联邦无线电导航计划或其后续计划的民用 GPS 和广域扩增的数据和信号认证,以实现国土安全和公共安全目的。

(e)国土安全部长应:

(i)为国土安全目的向交通部长说明天基 PNT 要求。

(ii)与交通部长和其他机构负责人协调,根据第 13905 号行政命令,促进负责任地使用 GPS 和其他 PNT 服务。

(iii)与国防部长和交通部长协调,并与商务部长合作:

A. 确保建立机制以监测、识别、定位和查明美国境内可能对美国关键基础设施和科学目的造成重大破坏的天基 PNT 服务中断和被操纵的原因;

B. 制定程序,以便在天基服务预计会中断或被认为不再可靠时,通知民用部门以及联邦、州、地方、地区和部落机构。

(iv)与国防部长、交通部长和商务部长协调,开发并维护民用应急响应的能力、程序和手段,并定期演练,以确保在 GPS 访问被中断或拒止的情况下系统连续运行。

(v)与交通部长和国防部长协调并酌情与其他部门和机构合作,通过协调利用现有的和计划中的联邦能力,对美国境内影响国土安全,影响民用、商用和科学领域使用 GPS 及其增强系统的任何干扰进行识别、锁定和追踪。

(vi)与交通部长协调,向执行委员会提供基于交通部战略和未来要求的资源配置建议,从而实施数据和信号认证,并制订与联邦无线电导航计划或其后续计划一致的战略。

(vii)在与国防部长、交通部长和国家情报总监的协调下,及时将天基定位导航授时服务受到国内或国际干扰的信息告知国家电信和信息管理局局长、联邦通信委员会主席、国防部长、国家情报总监以及其他部门和机构,以便他们启动适当调查、通报或强制措施。

(f)国家情报总监应查明、监测和评估使用 GPS、PNT 体系结构和相关服务的外国威胁的发展情况,并提供信息以协助国防部长制定对策。

(g)国家航空航天局局长应:

(i)与商务部长合作,制定并向交通部长提交使用 GPS 及其增强系统以支持民用空间系统的技术要求。

(ii)与国防部长、商务部长和交通部长合作,制定支持 GPS 在空间服务域和地月空间以外的更高轨道上支持空间操作和科学的需求。

(iii)与国务卿、国防部长、商务部长和国土安全部长合作,维持并更新搜索、救援以及遇险警报、定位能力以及作为 GPS 卫星二次有效载荷的方案。

## 第 8 节　有害干扰或操纵的通知

各机构在发现或收到美国天基 PNT 服务受到有害干扰或被操纵的国内或国际报告时,应及时向国土安全部长、国防部长、交通部长和国家情报总监报告。通知后:

(a)商务部长和联邦通信委员会主席应与其他机构负责人合作,采取适当的且法律允许的必要行动,减少美国天基 PNT 服务受到的有害干扰或操纵。

(b)如果外国政府或商业活动对美国天基 PNT 服务造成有害干扰或操纵,国务卿应通知或协调通知外国政府和国际组织。

(c)国土安全部长应在适当时候将中断情况通知民用部门和美国政府机构。

## 第 9 节　一 般 规 定

(a)本政策指令中的任何内容均不得被解释为损害或以其他方式影响:

(i)法律授予行政部门或机构或其负责人的权力;

(ii)管理和预算办公室主任与预算、行政或立法提案有关的职能。

(b)本政策指令的执行应符合应适用的法律,并取决于是否有相应拨款。

(c)本政策指令不创造任何实体或程序性的权利或利益,不可作为法律或衡平法对美国、政府部门、机构或实体、政府官员、雇员或代理人和其他人强制执行。

唐纳德·J. 特朗普

# 2020 年《国家空间政策》

# 2020 年国家空间政策

2020 年 12 月 9 日

**为副总统、国务卿、国防部长、总检察长、内政部长、商务部长、交通部长、能源部长、国土安全部长、管理和预算办公室主任、国家情报总监、总统国家安全事务助理、国家航空航天局局长、科学和技术政策办公室主任、参谋长联席会议主席提供的备忘录。**

## 第 1 节　参 考 文 件

本指令取代《第 4 号总统政策指令》(2010 年 6 月 29 日),并引用、促进和再次强调以下政策指令和备忘录。

(a)第 26 号总统政策指令——国家空间运输政策(2013 年 11 月 21 日);

(b)第 13803 号行政命令——重建国家太空委员会(2017 年 6 月 30 日);

(c)第 1 号空间政策指令——重振美国的载人航天探索计划(2017 年 12 月 11 日);

(d)国家空间战略(2018 年 3 月 23 日);

(e)第 2 号空间政策指令——简化空间商业使用条例(2018 年 5 月 24 日);

(f)第 3 号空间政策指令——国家空间交通管理政策(2018 年 6 月 18 日);

(g)第 4 号空间政策指令——成立美国太空部队(2019 年 2 月 19 日);

(h)第 20 号国家安全总统备忘录——发射含空间核系统的航天器(2019 年 8 月 20 日);

(i)第 13906 号行政命令——修订第 13803 号行政命令——重建国家太空委员会(2020 年 2 月 13 日);

(j)第 13905 号行政命令——通过负责任地使用定位导航授时服务来增强国家弹性(2020 年 2 月 12 日);

(k)第 13914 号行政命令——鼓励国际社会支持空间资源回收和利用(2020 年 4 月 6 日);

(1)第5号空间政策指令——空间系统的网络安全原则(2020年9月4日)。

## 第2节 原　　则

美国的政策是确保空间活动符合以下原则。

1. 在太空中采取负责任的行动,以确保空间活动的安全、稳定、有保障和长期可持续性,事关所有国家的共同利益。负责任的空间行为者以开放、透明和可预测的方式开展活动,以维护太空对全人类的利益。

2. 一个强大、创新和有竞争力的商业空间部门是美国在太空领域持续进步和保持领导地位的源泉。美国仍然致力于鼓励和促进具有全球竞争力的国内商业空间部门的持续增长,支持国家利益,并推动美国在创造新市场和创新驱动方面居于领导地位。

3. 在这个太空探索复兴的时代,美国将与拥有相同民主价值观、尊重人权和经济自由的国家一道增强其领导地位。随着美国再次跨出地球,从月球开始一直到火星,这些价值观将与我们一起延伸到所有的太空目的地。

4. 根据国际法的规定,各国不得通过声称具有主权、使用或占领等方法,将包括月球与其他天体在内的外层空间据为己有。美国将根据应适用的法律继续开采和利用空间资源,这些资源对可持续探索、科学发现和商业运营至关重要。

5. 所有国家都有权根据相关法律,为和平目的和全人类利益探索和利用太空。根据这一原则,美国将继续利用太空从事国家安全活动,包括行使固有的自卫权。不受约束地进入太空和自由地在太空活动是一项至关重要的国家利益。

6. 美国认为,所有国家的空间系统都有权在不受干涉的情况下通过太空并在太空开展活动。故意干扰空间系统,及其配套基础设施,将被视为对一国权利的侵犯。为了捍卫这些权利,美国将遏制、反击和击败太空领域中对美国及其盟国国家利益的威胁。任何对美国或其盟国的空间系统的蓄意干涉或攻击,若其直接影响国家权利,我们将根据我们选择的时间、地点、领域和方式进行回应。

## 第3节 目　　标

美国应:

1. 促进和激励私营企业发展,为美国空间商品和服务创造新的国内外市场,加强和维护美国作为国际空间商业全球伙伴的地位。

2. 通过发展外交、经济和安全能力,实施外交、经济和安全战略,鼓励和维护各国负责任、和平地使用太空的权利，以识别和应对威胁空间权利的行为。

3. 领导、鼓励和扩大互利空间活动方面的国际合作，以扩大和扩展太空对全人类的利益；以和平为目的进一步探索和利用太空；保护美国、盟国及伙伴国家的利益；推进美国的利益和价值观；增加获取空间信息和服务的机会。

4. 通过发展和促进负责任的行为、改进收集和分享空间物体信息的做法、保护关键空间系统和配套基础设施、重视网络安全和供应链、采取措施减少轨道碎片与业界和国际合作伙伴合作，为空间活动创造一个安全、稳定、有保障和可持续的环境。

5. 通过开发部署装备和非装备能力，并对连续性作战进行演练，提高商用、民用、科学用途和国家安全用途的航天器及配套基础设施的国家关键保障功能，抵御干扰、退化和防止破坏。

6. 通过实现人类在月球上的永久性存在，将人类经济活动扩展到外层空间，并与私营行业和国际合作伙伴合作，开发基础设施和服务，以实现科学的探索、空间资源的利用和人类的火星任务。

7. 培养、促进和发展空间科学和经济能力，这些能力包括太空和地球资源的发现、管理和利用，太空和地球天气及环境监测和预测，灾害监测、预测、响应和恢复以及行星防御，从而提高全人类的生活质量。

8. 保持和提高美国在发展创新型空间技术、服务和运行方面的领导地位。与利益一致的国际和私人合作伙伴合作，防止将敏感的空间能力转移给那些威胁美国、美国盟友及其配套工业基础利益的人。

## 第 4 节　跨部门空间政策指南

所有执行部门和机构的负责人应根据各自的任务和权限，按照应适用的法律执行本章节提供的指导方针。

在国家太空委员会有派驻代表的机构的负责人应指定一名高级官员，负责监督各自的机构执行国家太空政策的情况。该官员应定期向国家太空委员会报告其机构内部执行本政策的进展情况。

1. 基础活动和能力

基础活动和能力使美国能够实现本政策所设定的原则和目标。

(a)加强美国在空间科学和技术方面的领导地位。机构的负责人应：

i. 通过促进技术发展，提高产业能力，提供强大的供应商体系以及科学、技术、

工程和数学(STEM)教育机会,加强美国的技术领导地位,为美国保持在空间创新领域的领导地位提供支持;

ii. 开展由政府大力支持的基础和应用研究,以提高空间能力并降低成本;

iii. 有针对性地对有前景的技术进行投资,鼓励商业空间创新和创业精神,提高国家在空间活动中的领导地位。

(b)加强并确保美国空间产业基础的安全。为进一步促进国内空间产业基础的安全和弹性,各机构负责人应依照应适用的法律尽可能地:

i. 提高空间相关产业能力的可用性,为国家关键职能提供支持;

ii. 确定对美国空间相关科学、技术和产业基础至关重要的供应商和制造商,并鼓励他们留在或返回美国;

iii. 通过适当的放松管制举措支持具有创业精神的创新型空间公司;

iv. 通过识别外国对手拥有、控制或受其管辖或服从其指示的供应商,并消除对其的依赖性,加强美国空间科学、技术和产业基础供应链的安全性、完整性和可靠性,与美国和国际产业伙伴合作,改进工艺流程,有效地管理和保障供应链;

v. 将网络安全原则纳入空间系统设计、开发、采办和部署所有阶段。

(c)增强确保进入太空的能力。美国能否进入太空首先取决于是否有有保证的发射能力。在遵守应适用的法律的情况下,美国政府的有效载荷应使用美国制造的运载工具发射,为支持以下项目而经过批准使用外国发射器的情形除外。

i. 发射内容涉及国际科学计划的无资金往来协议,通过关于国际航天器的科学文书或其他政府间合作协议。

ii. 发射无美国发射服务可供使用的二次技术实物模型或科学有效载荷。

iii. 通过非美国政府所有的航天器委托运送的有效载荷安排。

iv. 由总统国家安全事务助理与科技和政策办公室主任根据既定的机构间标准和协调准则协调给予个例豁免的其他情况。

v. 各机构负责人应在其职责和应适用的法律允许的范围内尽可能地:

(1)通过合作获取安全、可靠、经济高效且符合美国政府需求的太空发射服务和政府委托有效载荷安排;

(2)对太空发射基础设施的现代化建设进行投资,提高运营效率、增加容量、降低发射成本;

(3)在使用美国制造的运载工具发射时,允许在盟国和利益一致的国家的领土上发射在美国制造的美国政府航天器;

(4)如果美国不具备足够的商业能力和服务，应当支持行业主导的方案，从而快速开发新的现代化发射系统和技术，确保未来能够可靠、弹性和高效地进入空间。

(d)保障关键基础设施的空间部分。空间领域对在美国安全、经济、弹性、公共卫生和安全领域发挥关键作用的基础设施的功能来说至关重要。多个基础设施部门依赖可靠的空间系统来履行其职能。

i. 美国将制定战略、能力和可选项，以应对任何蓄意干扰或攻击美国或其盟国空间系统并直接影响国家权利，特别是国家关键基础设施运行所必需的权利的行为。此类战略、能力和可选项将允许美国在其选择的时间、地点和领域，以其选择的方式作出审慎的回应。

ii. 国防部长、国土安全部长和国家情报总监应酌情与其他机构负责人协商，针对影响国家关键基础设施的空间领域的危害行为，制定并开展有针对性的威胁和风险评估。

(e)维护和加强天基定位导航授时(PNT)系统。美国必须保持其在全球卫星导航系统(GNSS)服务、提供和负责任使用方面的领导地位。为此，美国应：

i. 在全球范围内为和平民用用途提供连续的全球定位系统(GPS)及美国政府提供的增强系统服务，不收取直接的用户费用；

ii. 与国际全球卫星导航系统供应商合作，以确保兼容性，鼓励与利益一致国家的互操作性，促进民用服务提供的透明度，并使美国产业获得市场准入；

iii. 按照公开的性能标准和接口规范运行和维护 GPS 星座等空间基础设施，以满足民用和国家安全需求；

iv. 提高 GPS 及其增强系统和联邦政府拥有的 GPS 设备的网络安全性，促进商业空间部门采用符合空间系统网络安全原则的 GPS 的网络安全系统；

v. 允许以确保 PNT 服务保持弹性并符合应适用的法律的方式，继续使用 GPS 以及盟国的和其他可靠的国际 PNT 服务；

vi. 对国内 PNT 能力进行投资并支持国际活动，以检测、分析、减轻对全球卫星导航系统的有害干扰，并提高抵御干扰的能力；

vii. 针对关键基础设施和任务必需的功能，确定多样化的 PNT 辅助系统或方法，并酌情促进其发展；

viii. 推动联邦、州和地方的各级民用和商业部门负责任地使用美国天基 PNT 服务和能力，包括利用多种辅助的 PNT 系统或方法实现国家关键职能。

(f)发展和留住太空专业人士。太空专业人才发展的主要目标是在太空活动和采办方面取得成功;刺激创新,提高商业、民用和国家安全空间能力;促进空间科学、空间探索和空间发现。为此,各机构负责人应酌情与产业界和学术界合作。

i. 制定入职和职业发展标准;

ii. 努力为现有太空工作人员创造教育和专业发展机会,包括实习和研究职位,并采取跨政府和商业部门的措施以招聘、发展、维护和留住拥有专业技术的太空专业人员,包括工程和科学人员以及经验丰富的空间系统开发人员和操作员;

iii. 促进和扩大空间和技术行业的公私合营,以推广定向投资支持的 STEM 计划中的跨学科教育成果应用;

iv. 促进联邦实验室、大学和商业空间部门之间的科学家、工程师和技术人员的交流,以促进不同理念的交流,并提高美国在空间技术知识和技能方面的能力;

v. 发展从利益一致的国家招募、聘用合格和技术型太空专业人员的手段,以提高美国在空间商业、空间科学、空间探索和空间安全方面的领导地位;

vi. 支持关键科学和工程学科的培训和教育,包括:人工智能和机器学习、自主性、轨道力学、防碰撞方法、机器人学、计算机科学和工程、数字设计和工程、电磁学、材料科学、高超音速学、地球科学、量子相关技术和应用以及网络安全。

(g)改进空间系统开发和采办。机构负责人应:

i. 通过增强估算成本、评估技术风险和成熟度以及利用和了解新兴产业基础能力和产能方面的能力,提高空间系统及时采办和部署的水平;

ii. 通过改进项目需求管理来降低项目风险,在适当的情况下减少成本加成合同的使用,并利用成本效益高的机会在数字、太空或其他相关环境中测试高风险部分、有效载荷和技术;

iii. 通过加设商业空间部门实习和研究职位,创造加强和发展政府工作人员的相关专业知识的机会;

iv. 寻求并签署合作研发协议;

v. 结合快速原型设计、实验和其他举措,加快开发周期,以提高性能和降低成本;

vi. 支持创新,培养和保持美国的创业型研发环境;

vii. 与产业基地合作,改进工艺流程,有效管理和保障供应链;

viii. 在符合政府合同的相关规则的情况下,从国内和其他可靠供应来源采办关键材料和次级部件,如太阳能电池和微电子元件。

(h)加强跨部门机构和商业伙伴的关系。在国家太空委员会执行秘书的协助下，各机构负责人应根据应适用的法律：

i. 通过合作、协作、信息共享、创新采办和协调实现美国共同追求的目标，加强现有伙伴关系，并在机构间成员、美国商业空间和相关部门以及美国学术机构之间建立新的伙伴关系；

ii. 鼓励各机构之间尽可能地与美国商业部门分享能力，交流专业知识，以加强国家实现其战略目标的能力；

iii. 制定实施和应对战略，并利用美国的能力来增加技术创新，实现与科学、公共安全、国家安全和经济增长相关的空间活动取得预期成果的目标。

2. 国际合作

(a)加强美国在太空的领导地位。各机构负责人应与国务卿合作：

i. 在太空相关论坛和活动中展示美国的领导地位，以加强威慑力，并对盟国和伙伴作出其对维护空间活动的安全、稳定、保障和长期可持续性的承诺；

ii. 明确有共同兴趣和利益的领域，如集体自我防御、促进安全和有弹性的空间相关基础设施；

iii. 通过构建外层空间负责任行为框架，包括追求和有效实施最优方法、标准和行为规范，在空间安全、稳定、保障和长期可持续性的提升方面处于领导地位；

iv. 鼓励其他国家采用美国的空间管理办法和商业空间部门规范；

v. 鼓励美国、盟国和伙伴之间实现空间系统、服务和数据的互操作性；

vi. 为包括基于美国政府空间系统的商业应用在内的美国商业空间能力和服务，提供新市场机会；

vii. 在国际上推动采取促进在互惠的基础上全面、公开和及时地获取政府太空环境数据的政策和做法；

viii. 促进国际伙伴之间适当地分担责任、成本和风险；

ix. 利用盟国和伙伴现有的和计划中的太空能力来增强美国的能力。

(b)识别和扩展国际合作领域。各机构负责人应识别在商业、民用和国家安全空间活动范围内开展国际合作的潜在机会，以增进对地球和空间科学的了解，扩大对危险近地天体的探测，确保在太空内和通过太空开展活动的自由，提高地球生活的质量和安全，将人类的存在和经济活动扩展到近地轨道之外，并降低实现国家目标的成本。

i. 国务卿应与各机构负责人合作：

（1）开展外交和公共外交活动，以加强外国对美国国家空间政策和计划的理解和支持，并促进美国的空间能力、系统和服务的国际应用；

（2）鼓励国际社会为回收和利用外层空间资源提供支持；

（3）牵头审议公平、可有效验证并能加强美国及其盟国国家安全和军备控制措施的相关提案和概念；

（4）追求双边和多边透明度，建立信任，鼓励在外层空间采取负责任地行动并和平利用外层空间，以加强空间活动的稳定性、安全性和长期可持续性，提高可预测性，减少误解和意外冲突升级的风险；

（5）与利益一致的国际伙伴合作，建立安全和负责任的行为标准，包括公开性、透明度和可预测性，以便发现、识别和归因与空间活动的稳定性、安全性和长期可持续性要求不一致的空间活动。

ii. 科学和技术政策办公室主任应与国家航空航天局（NASA）局长、商务部长和其他机构负责人（视情况而定）协调，并与科学、商业和国际合作伙伴，牵头制定国家和国际行星保护指南，以适当保护行星体和地球免受生物污染。

3. 保护空间环境以提高空间活动的长期可持续性

（a）保护空间环境

为保护空间环境，负责任、和平和安全地利用太空，并专注于尽量减少空间碎片，美国应：

i. 继续牵头制定和采纳国际、行业标准和政策，如《外层空间活动长期可持续性准则》和联合国和平利用外层空间委员会制定的《空间碎片缓减准则》；

ii. 继续提供基本的空间态势感知（SSA）数据，并提供基本的空间交通协调（包括会合和再入通知），不收取直接用户费用，同时为美国商业和非营利产品和服务提供新机会；

iii. 在开放式架构数据存储库中开发、维护和使用来自商业、民用和国家安全用途的空间态势感知信息，以检测、识别和归因与空间活动的稳定性、安全性和长期可持续性不一致的空间活动；

iv. 制定和实施空间飞行安全标准和最优方法，以协调空间交通；

v. 确保按照国际义务，及时、准确地将美国发射到地球轨道或地球轨道以外的美国空间物体的信息列入由国务卿维护的美国国内空间物体登记册，并在切实可行的情况下尽快在联合国进行国际登记；

vi. 遵照并定期更新《美国政府轨道碎片缓减标准做法》，在航天器采办、运行、发射以及在空间进行测试和实验期间，根据任务要求和成本效益，限制新碎片的产生；

vii. 根据美国法律和国际义务，定期评估地球轨道内外非政府活动的现行准则，并为这些活动的许可提供一个能够及时和迅速反应的监管环境；

viii. 继续从事科技和技术的研发，以确定轨道碎片的特征，减轻其风险，减少危害，并增加对当前和未来碎片环境的了解；

ix. 协调盟国和合作伙伴，评估并推动主动清除碎片作为一种确保关键轨道区域飞行安全的潜在长期方法；

x. 要求主管机构的负责人批准《美国政府轨道碎片缓减标准做法》的例外情况，并通知国务卿；

xi. 通过与商业空间部门和利益一致的国家合作，促进制定预防在轨碰撞的最佳做法，以便维护和改进空间物体数据库；推行通用的国际数据标准和完整性措施；向商业实体和国际实体提供服务、传播轨道跟踪信息，包括对空间物体会合的预测；将空间态势感知扩展到深空。

(b)有效的出口政策

i. 美国应努力阻止先进空间技术流向未经授权者，同时确保美国空间产业的竞争力。机构负责人在其项目实施过程中负责防止不利的技术转让。

ii. 美国政府应：

(1)根据《国际武器贸易条例》(ITAR)、《常规武器转让政策》、《出口管制条例》及其他应适用的法律和承诺，逐一审议签发空间相关出口申请书和许可证；

(2)在不会威胁到国家利益的情况下，鼓励空间相关物品的出口；

(3)使一般可在全球市场上获得的、不具备关键军事功能且运往特定盟国或伙伴的空间相关物品的出口可以获得简化授权。

iii. 根据上述规定以及现行法律法规，运往武器禁运目的地或其他禁运目的地的空间相关物品，其出口许可证申请将被推定为拒绝。

iv. 敏感或先进航天器相关的出口可能需要通过涉外军售流程进行政府间的转让。国务卿应确定当前的武器转让和不扩散政策指令是否为新兴技术和空间能力的转让提供了充分的引导。

(c)空间核动力和推进

i. 美国将开发和使用空间核动力和推进(SNPP)系统，以实现美国的科学目标、国家安全目标和商业目标。美国在开发和利用空间核系统时将坚持安全、稳定、有保障和长期可持续的原则,根据《第 20 号国家安全政策备忘录:关于发射包含空间核系统的航天器的总统备忘录》(2019 年 8 月 20 日),对包含空间核系统在内的航天器发射的授权应遵循基于系统特征、潜在危险等级以及国家安全考虑的分级程序。

ii. 国家航空航天局局长和国防部长应酌情指导和支持空间核系统的设计、开发和利用,以实现各自的任务目标。

iii. 能源部长应酌情与主管机构和其他实体协调,支持空间核动力与推进系统的设计、开发和利用工作,以实现美国的科学目标、探索目标和国家安全目标。能源部长应在完全收回成本的基础上,对美国政府空间系统所使用的空间核系统进行开发、部署并进行安全分析的能力和基础设施予以维护。

iv. 能源部长应与国土安全部长和相关机构负责人合作,为空间核动力与推动系统的发射提供技术和运营支持,以提前准备和应对发射可能带来的所有潜在辐射影响,从而确保公共健康和安全得到保护。

v. 商务部长应与其他相关机构协调,促进负责任地投资、创新和运行美国商业空间核系统。

vi. 交通部长应与其他有关机构协商,颁发空间核系统商业发射的许可。

(d)电磁频谱保护

在与电磁频谱有关的事务中,美国应:

i. 寻求保护,支持美国政府、其盟国和合作伙伴以及美国商业用户利用太空所需的电磁频谱的使用和相关活动以及相关轨道分配;

ii. 维持、保护现有的和应急的空间能力(包括通信、导航和地球观测)所需的电磁频谱;

iii. 在批准采办空间能力之前,明确满足电磁频谱和轨道分配的要求;

iv. 协调稳定和可预测的国家和国际监管框架,确保并支持美国许可的空间服务和系统能够保持竞争力;

v. 消除或减少可能阻碍商业空间通信供应商获得美国许可的监管障碍;

vi. 在为商业、政府或其他共享用途重新分配频谱之前,应与政府空间系统运行者协调,进行全面的运行、技术和政策影响评估并予以公布;

vii. 与商业、民用和国际合作伙伴合作,提高检测、识别、定位和确定射频干扰源的能力和技术,并采取必要措施保障美国关键空间系统运行的电磁环境;

viii. 根据美国国内法规，为使用商业卫星运行的美国政府地面站制定适当的监管审批，该监管审批与适用于类似商业地面站的监管审批相一致；

ix. 优先研究和开发先进技术，创新频谱利用方法以及频谱共享工具和技术，以提高频谱的可获得性、效率和有效性。

(e)美国空间系统的网络安全

在与空间系统的网络安全有关的事务中，美国政府应：

i. 确保空间系统及其配套基础设施（包括软件）的设计、开发和运行采用基于风险的网络安全知情工程；

ii. 与业界合作，为空间系统制订和整合网络安全计划，以减少未经授权使用关键空间系统功能的情况、减少漏洞、保护地面系统、促进网络安全规范的制定，并管理供应链风险；

iii. 与各机构、盟国、合作伙伴和商业空间系统运行者合作，促进最佳做法和缓解措施的制定和采用；

iv. 酌情利用被广泛采用的最佳做法和标准，制定规则和条例；

v. 对空间系统设计和运行进行任务风险评估，以便政府空间系统确定适当的网络安全措施。

(f)国家关键职能的保证

美国政府应与私营和公共部门合作：

i. 通过开发维持服务连续性所需的技术、措施、关系和能力，确保空间支持的国家关键职能；

ii. 采取措施加强对特定航天器和配套基础设施的保护，加强其网络安全和弹性；

iii. 定期进行以实战为重点的演习，以测试在自然干扰或人为干扰所造成的恶化或被拒止的空间环境中，国家关键职能和联邦任务保障是否能够保持连续性；

iv. 将模拟空间系统被破坏纳入跨部门和国家演习；

v. 设计、采办、指挥和控制、演习和运行装备和非装备空间和非空间能力，以解决任务保障和架构弹性问题。

## 第5节　部门指南

美国由三个不同但相互依赖的部门开展空间活动：商业部门、民事部门和国家安全部门。根据所有应适用的法律义务，各机构应遵守以下指南。

**1. 商业空间指南**

在本政策中，“商业”一词是指私营部门和企业提供的商品、服务或活动，这些企业承担合理的投资风险和责任，按照典型市场激励原则进行经营从而控制成本和优化投资回报，并具有向现有或潜在非政府客户提供此类商品或服务的法定资格。

在全球空间市场处于领先地位的美国商业空间部门是实现国家战略目标（包括增进和保障繁荣、自由市场原则、加强国际伙伴关系和合作、技术创新和科学发现）的基础，对美国和盟国的安全至关重要。

（a）促进发展强大的商业空间产业。为促进国内商业空间产业的蓬勃发展，并加强美国作为开展商业空间活动首选国家的地位，各机构负责人应：

i. 在现有法律允许的最大可行范围内，采购和使用符合美国政府要求的美国商业空间能力和服务；

ii. 通过改变现有的商业空间能力和服务，优先考虑与商业产业伙伴的关系以满足政府的要求，但前提是潜在的系统改变对政府来说是一种有成本效益且适时的方法，并且符合系统和任务安全规范及原则；

iii. 考虑采取创造性、非传统的安排，以获取符合美国政府要求的商业空间货物和服务，安排包括政府利用商用航天器的运行能力、向商业卫星运行者采购科学或运行数据以支持政府任务，利用卫星服务或在轨制造以及公私伙伴关系等措施；

iv. 仅在符合国家利益且美国商业（视情况而定）、国际商业能力或服务不具备、没有成本效益或无法及时满足政府要求的情况下，方可开发政府空间系统；

v. 除非国家安全或公共安全需要，否则不得开展妨碍和阻碍美国商业空间活动或与之有竞争关系的美国政府空间活动；

vi. 寻求将常规空间运行职能转移至有收益且成本效益高，符合法律、有保障或安全需求的商业空间部门的机会；

vii. 通过奖励、竞赛和竞争性赠款等激励措施，培养更高的技术创新能力和创业精神并为商业空间部门掠夺外国投资提供替代方案；

viii. 确保在符合应适用的法律和国家安全利益的情况下，在可补偿、不干涉和公平的基础上，将美国政府的空间技术和基础设施最大限度地应用于商业用途；

ix. 在符合应适用的法律和国家安全的情况下，向美国产业界提供通过联邦研发项目产生的商业相关技术，从而保持美国在空间领域的商业领导地位；

x. 在符合国家安全和公共安全的情况下，建立透明的监管流程，从而最大限度地降低商业空间活动的监管负担和不确定性，使其具有灵活性，以适应技术发展、商业创新和市场需求；

xi. 鼓励州和地方政府支持商业空间部门发展，以培养技术熟练的劳动力，使创新潜力多样化，并刺激经济增长；

xii. 通过推广依照美国产业界意见制定的标准和规则，促进公平和开放的全球贸易和商业；

xiii. 在国际合作安排中鼓励购买和使用美国的商业空间服务和能力；

xiv. 鼓励美国商业化人类空间探索的发展，包括后勤供应、交付和近地轨道内外活动的持续商业化，并将微重力作为研究和开发的一个领域；

xv. 根据美国出口管制措施和国家安全目标，促进美国商业空间货物和服务（包括由中小企业开发的商品和服务）向国际市场的出口。

（b）国际贸易协定。美国贸易代表（USTR）对美国加入的国际贸易协定承担主要责任。美国贸易代表应与其他相关机构的负责人协商，领导与空间相关的货物和服务贸易规约的谈判和实施工作。

（c）异常活动的任务授权。商务部长应与国家太空委员会协调：

i. 明确是否有空间活动计划超出履行国际义务所需的现有授权和监督程序的范围；

ii. 如有必要，根据国家安全和公共安全利益，以批准和及时申诉为前提，领导制定针对此类活动的最低负担的、迅速响应的、透明的且适应各类情况的审查、授权和监督流程。

（d）推动空间碰撞预警措施的制定。商务部长应与国务卿、国防部长和交通部长、国家航空航天局局长和其他机构负责人协商，依照应适用的法律，与产业界和外国合作，以便：

i. 维护和改进空间物体识别数据库；

ii. 贯彻执行共同的国际数据标准和数据完整性措施；

iii. 向商业和国际实体传递包括对空间物体交会的预测轨道跟踪信息；

iv. 增进对驻留空间物体的共同认识；

v. 制定和实施交会评估操作的标准规范，以确保所有空间活动在所有轨道区域下的飞行安全；

vi. 针对大型星座、交会和近距离操作、卫星服务、小型卫星、任务结束规划和其他类别的空间活动，制定通用商业操作指南，并根据各自机构的任务和权限提出许可条件。

**2. 民用空间指南**

(a)空间科学、探索和发现。美国将与商业和国际合作伙伴共同领导一项创新且可持续的包括科学发现、技术开发和空间探索在内的计划,以实现人类对整个太阳系的探索,并将新的知识和机会带回地球。美国将从低地轨道以外的任务开始,带领人类重返月球,对月球进行长期探索和利用,之后将前往火星和其他目的地执行人类任务。

(b)国家航空航天局长应根据应适用的法律,与其他相关机构、联邦实验室和商业合作伙伴合作。

i. 领导一项计划,以期在 2024 年前将下一位美国男性和第一位美国女性送上月球,并在 2028 年之前实现在月球持续驻留的目标,随后实现人类首次登陆火星;

ii. 继续与国际合作伙伴合作运行国际空间站,以实现科学、技术、商业、外交和教育目的,同时开发单独的商业平台,以保障美国能够在太空持续驻留和利用低地轨道,并向国际空间站之外过渡;

iii. 发展伙伴关系,促进低地轨道及其以外的新经济活动,从而使国家航空航天局和其他客户能够以更低的成本购买服务和能力;

iv. 根据具体情况与国际和商业伙伴协商,为包括人类在太空驻留在内的各种活动提供支持,从国际空间站向商业平台和服务过渡,保障人类在地球轨道上的持续驻留,并继续为未来人类空间探索的目标提供支持;

v. 继续充当民用空间部门的发射代理,同时最大限度地利用商业空间能力和服务;

vi. 继续发展与商业空间部门的合作伙伴关系,以便能够安全、可靠、经济高效地将机组人员和货物运送到低地轨道和地月轨道目的地以及月球表面;

vii. 与产业界、学术界和国际合作伙伴合作,领导空间探索技术的开发工作,以提高未来人类和机器人探索空间的能力,同时降低任务成本;

viii. 与国际和商业合作伙伴共同保障机器人在太阳系的持续驻留,以便为未来的人类进行太空探索任务做好准备,即进行科学调查,绘制并描述水、矿物质和元素资源的特征,实验新技术;

ix. 发展对太阳、空间天气、太阳系和宇宙进行观测、研究和分析的空间科学,以增进对宇宙的了解,加强科学理解,了解可能支持生命发展的条件,并围绕其他恒星的轨道搜索行星体和类地行星;

x. 与其他机构、商业和国际合作伙伴合作，谋求探测、跟踪、登记和描述近地天体的能力，从而对任何可以预测到的地球撞击进行预警，并识别潜在的资源丰富的行星天体；

xi. 与其他机构和国际合作伙伴合作，制订地球和空间的行星防御行动方案，以减轻预测到的近地天体撞击或轨道的潜在影响。

（c）对地球表面、环境和天气的观测。继续并加强对地球表面、海洋和大气及其相互作用的一系列空间观测、研究和分析计划，并改善地球生活。

i. 国家航空航天局局长应与其他相关机构的负责人协调，开展一项研究计划，以了解地球的互联系统，包括为其他机构开发用于业务的新地球观测卫星。

ii. 商务部长应与国家海洋和大气管理局（NOAA）局长负责民用环境卫星的需求、资金和运行以及数据收集，从而为大气和空间天气预报提供支持。国家海洋和大气管理局可将国家航空航天局作为这类活动和计划的应用环境卫星的采购代理。

iii. 商务部长应经由国家海洋和大气管理局局长，国防部长经由空军部长，与国家航空航天局局长和其他相关机构负责人协调：

（1）继续履行现有职责；

（2）制订一项包括地面运行系统在内的提供地球环境卫星观测能力的计划，以满足当前和未来民用和国家安全要求；

（3）确保所有系统的数据持续共享。

iv. 为支持运行需求，商务部长应与国防部长、国家航空航天局局长和其他相关机构负责人协调：

（1）与学术界、商业部门和国际合作伙伴合作，确保环境卫星使用经济高效、弹性强的方法获取全球气象卫星数据从而进行不间断的环境卫星观测；

（2）在可行的情况下，就未来的卫星和地面系统架构进行协调，以减少空间采办流程和能力的重复；

（3）利用国际合作伙伴关系维护并强化一个地球观测项目，满足包括天气、气候、海洋和沿海观测等在内的民用和国家安全要求；

（4）采购商业环境数据，在适当时将其用于气象和空间天气模型。

v. 科技和政策办公室主任应与总统国家安全事务助理协商，协调国家空间天气战略和行动计划的实施。该战略的目标是：加强对政府和商业系统的保护，使其免受空间天气的影响；传递准确及时的空间天气特征和预报；制定空间天气事件应对、恢复计划和程序。为美国政府地球科学事业作出贡献的机构应与商业部门建立创新型的伙伴关系，使该机构的地球观测数据更容易为公众所发现、获取和使用。

(d)地面遥感

i. 内政部长应通过美国地质勘探局(USGS)局长：

(1)对地球土地、土地覆盖和内陆地表水的自然变化和人为变化进行综合科学预测，包括研究、监测、评估和建模，管理美国全球地表数据档案及其分发；

(2)确定收集、处理、归档，以及向美国政府和其他用户分发地表数据的操作要求；

(3)利用国际和商业伙伴关系帮助保持和加强从空间进行地表观测的能力；

(4)根据国家安全分类指南和共享协议，与国防部长和国家情报总监协调，利用从国家安全空间系统获取的与环境和灾害相关的遥感信息。

ii. 内政部长应经由美国地质勘探局局长，与国家航空航天局局长合作，实施一个可持续的陆地成像计划，用于可操作的陆地遥感观测，满足美国核心用户的需求并利用政府、商业和国际能力。

iii. 国家航空航天局局长、国家海洋和大气局局长和美国地质勘探局局长应：

(1)在可行的情况下，就未来的卫星和地面系统架构进行合作，以确保民用空间采办流程和能力不会出现不必要的重复；

(2)继续根据地球观测卫星收集的数据开发民用应用和信息工具，应尽可能地根据已知标准和开放协议开发此类应用程序和工具，并向公众公开美国政府卫星的数据和应用程序。

iv. 商务部长应基于以下认识许可和管理私营遥感系统：确保美国产业继续引领迅速成熟和高度竞争的商业空间遥感市场，最有利于美国的长期国家安全和外交政策利益。商务部长应根据应适用的法律就此类事项与国务卿和国防部长协商。

**3. 国家安全空间指南**

(a)由于竞争对手试图挑战美国及其盟国在空间的利益，美国寻求的一个安全、稳定和可进入的空间已成为一个作战领域。

(b)空间领域的高实力和安全有助于美国和国际的安全与稳定。美国的当务之急是调整其国家安全组织、政策、战略、声明、安全分类框架和能力，以阻止敌对行

动,展示负责任的行为,并在必要时通过以下方式击败侵略行径并保护美国在空间的利益:

i. 对所有空间活动具有强烈的空间领域意识,能够对潜在的威胁行为进行定性和归因。

ii. 向竞争对手传达美国认为的不可取或不负责任的空间活动,同时宣传、展示和传达负责任的行为规范。

iii. 采取有保证、可信赖的和可证明的应对措施,捍卫国家在空间的重大利益。

iv. 执行弹性空间支持任务,以减少敌方行动的影响或消除其效果。

v. 采取同步的外交、信息、军事和经济战略:

(1)阻止敌方和其他行为者进行可能威胁美国及其盟国和伙伴和平利用空间的活动;

(2)迫使敌方停止威胁美国及其盟国和伙伴和平利用空间的行为,并为此付出代价。

(c)作为美国武装部队的主要分支,美国太空部队将致力于实现以下目标,包括负责组织、训练和装备能够在空间、从空间和向空间投射战斗力以捍卫美国国家利益的部队,保护美国进出空间领域的行动自由,并提高联合部队的杀伤力和效能。美国太空部队和其他武装部队分支(视情况而定)也将向美国太空司令部和其他作战司令部(视情况而定)派遣部队,以提供必要的作战能力和作战支援能力,从而实现快速和持续的进攻性、防御性空间作战行动,为各领域的联合作战提供空间支援。

(d)同步化的国家安全空间。

i. 空间领域是美国首要的情报和军事行动领域。美国情报机构和国防部利用空间能力为国家提供战略性、作战性和战术性情报并取得决定性的军事优势。

ii. 国防部长和国家情报总监应与其他相关机构、联邦实验室的负责人协商,并在适当的情况下与美国产业界合作:

(1)开发、采办和运行空间系统以及配套的信息系统和网络,以维护美国国家安全利益,并为防御和情报行动提供支持;

(2)采办弹性空间能力和服务,以便在竞争和武装冲突期间获得防御和情报行动;

(3)开发和应用先进技术、能力和概念,以便预测并快速响应威胁环境下的变化,提高情报和数据的及时性和质量,为作战行动提供支持;

(4)识别在当前和未来美国空间任务所面临的威胁并对其定性,以便实现有效的威慑和防御;

(5)开发有弹性且高成本效益的架构,加快空间能力的获取和部署,以提高空间赋能任务的弹性,并提高根据战略环境部署或快速重建空间能力的能力;

(6)制定、执行和实施确保关键国家安全空间支持任务正常进行所需的计划、程序、技术和能力;

(7)通过整合和同步作战指挥和控制能力,促进情报机构和国防部之间无缝执行,保护和保卫美国国家安全空间资产;

(8)与国务卿合作,促进负责任的国家安全空间活动行为准则的制定,以保护美国、盟国和合作伙伴在空间的利益;

(9)确保空间能力具有高成本效益弹性,并确保空间支持任务(包括配套信息系统和网络)与其规划用途相一致,同时还要考虑这些系统在应对或缓解威胁方面的价值,其损失或退化的后果,以及是否有其他执行任务的手段可供使用;

(10)加强对颠覆性的新兴商业空间能力的重视,并就这些能力对国家安全的影响向美国和盟国领导层提供评估报告;

(11)将网络安全纳入空间行动和能力之中,以保持美国对空间系统的主动控制,并验证其提供的关键功能、任务和服务的完整性;

(12)与相关跨部门、国际、政府间和商业实体合作,提高、发展、整合、展示和推广空间领域的感知能力,以预测、探测、预警、定性和归因对美国空间系统构成威胁的人为活动和自然活动;

(13)必要时,向商务部和其他机构提供空间态势感知信息,以支持国家安全、民用和人类空间飞行活动,危险近地天体的行星防御以及商业和联合空间活动;

(14)与积极参与空间安全和情报行动的盟国和伙伴合作,以推动和建立交流空间和空间相关信息的机制;

(15)与商务部长和能源部长、国家航空航天局局长以及其他相关机构的负责人合作,定期审查美国空间工业基础发展的健康状况和竞争力,以确定国内空间产业能够满足国家安全空间计划的技术要求、生产要求以及服务要求。

(e)国防部。

i. 国防部长应：

(1)为美国国家安全、美国经济、盟国和合作伙伴保护对空间的利用；

(2)保护飞行自由，维护空间领域中开放、安全和有保障的通信线路；

(3)确保太空军事力量具备足够的能力和实力，以实现对捍卫美国、盟国和伙伴的空间利益具有决定性作用的太空进攻和防御作战行动，同时继续对联合作战予以支持；

(4)开展全方位的空间行动，以遏制冲突。如果威慑失败，则在保护和捍卫美国与盟国和伙伴的重大利益的同时击败侵略行径；

(5)作为国防部和情报机构的发射代理，以维护国家安全为目的提供经济的、及时的进入空间的方法，同时最大限度地利用商业空间能力和服务；

(6)作为国防部和情报机构的发射代理，制订快速发射方案，以加强和重建危机和冲突时期的重要的国家空间能力，并在可行和适当的情况下利用商业能力；

(7)与国务卿和其他相关机构协调，发现、定性、预警、归因和应对威胁美国、美国盟国或合作伙伴的空间利益，国际和平与安全或空间环境长期可持续性的空间相关行为和活动；

(8)定期开展以政策为驱动、以威胁为依据、以战略为重点的涵盖空间态势的军事、外交、信息和经济方面的空间态势审查和评估，包括对美国政府、商业、产业以及国际空间结构的评估，以提供有效和综合的威慑和强制解决方案；

(9)开发、获取和运行空间情报能力，为联合作战提供支持。

(f)情报机构。

i. 国家情报总监应：

(1)加强对基础科学和技术情报收集，对单源、全源情报分析；

(2)与国防部长协调，确保为空间能力的获取、运行和防御提供必要和充分的情报支持；

(3)开发、获取和运行空间情报能力，从而为战略目标、优先情报事项和被分配的任务提供支持；

(4)可靠、及时和有效地收集、处理、分析和传播与外国空间能力和威胁有关的信息，并为信息系统活动提供支持；

(5)整合外国空间能力和空间意图的全源情报,以生产支持空间域感知的增强型情报产品;

(6)支持监测、遵守和核查透明度与信任建立措施,并在可行的情况下支持军备控制协定;

(7)确保情报机构的权益在美国政府的无线电频率审议中得到体现和审核;

(8)在商业、民用和国家安全空间领域中,处理好促进反情报工作、安全伙伴关系和实践。

## 第6节　一般条款

(a)本备忘录中的任何内容均不得被解释为损害或以其他方式影响:

(i)法律授予行政部门或机构或其负责人的权力;

(ii)管理和预算办公室主任与预算、行政或立法提案有关的职能。

(b)本备忘录的执行应符合适用的法律并视拨款情况而定。

(c)本备忘录不为美国政府,政府部门、机构或实体,政府官员、雇员或代理人或其他人创设任何实体性的或程序性的、可依法或衡平法执行的权利或利益。

(d)授权并指示商务部长在《联邦公报》上公布本备忘录。

# 2020 年《空间系统网络安全原则》（第 5 号空间政策指令）

# 2020年空间系统网络安全原则<br>（第5号空间政策指令）

2020年9月4日

**为副总统、国务卿、国防部长、总检察长、商务部长、交通部长、国土安全部长、管理和预算办公室主任、总统国家安全事务助理、国家情报总监、中央情报局局长、国家安全局局长、国家侦察局局长、国家航空航天局局长、科学和技术政策办公室主任、参谋长联席会议主席、联邦通信委员会主席提供的备忘录。**

## 第1节　背　　景

美国认为，不受约束的空间活动自由对促进国家安全、经济繁荣和科学知识的发展至关重要。空间系统具有全球通信、定位导航授时、科学观察、探索、气象监测等关键功能，以及多个重要的国家安全应用。因此，必须要保护空间系统不受网络事件的影响，以防止其为国家关键基础设施的运行提供可靠和高效贡献的能力受到干扰。

空间系统从设计概念化到发射和飞行操作，都依赖于信息系统和网络。此外，航天器与地面网络之间的指挥、控制和任务信息传输依赖于射频无线通信道的使用。这些系统、网络和信道很容易受到恶意活动的攻击，而这些恶意活动可能会拒绝、影响和干扰空间活动，甚至摧毁卫星。

对空间活动有害的恶意网络活动包括传感器数据欺骗、破坏传感器系统、干扰或发送未经授权的引导和控制命令、注入恶意代码以及进行拒绝服务攻击。此类活动的后果可能有任务数据丢失；空间系统或星座的寿命缩短或能力减退；失去对航天器的主动控制；导致碰撞，从而损害系统或产生有害的轨道碎片。

2017年12月颁布的《国家安全战略》指出，“美国必须保持在太空的领导地位和行动自由”。由于各国竞相争夺太空领域，空间系统的开发商、制造商、所有者和操作者在设计、建造、运行和管理空间系统时，要使其能够抵御网络事件和无线电频谱的干扰。

2018 年 6 月 18 日颁布的《第 3 号空间政策指令：国家空间交通管理政策》指出，“卫星和星座所有者应参与发射前的认证过程”，该过程应考虑的因素颇多，包括卫星指挥和控制链路的加密以及地面站点操作的数据保护措施。

2018 年 9 月颁布的《国家网络战略》指出，本届政府将加大力度保护我们的太空资产和配套基础设施，使其免于遭受不断演变的网络威胁的侵害，并将与业界和国际合作伙伴合作，加强现有和未来空间系统的网络弹性。

## 第 2 节　定　　义

在本备忘录中，适用以下定义：

(a)“空间系统”是指提供天基服务的系统组合，包括地面系统、传感器网络和一个或多个航天器。空间系统通常包括三个部分：地面控制网络、航天器和用户或任务网络。这些系统包括政府国家安全空间系统、政府民用空间系统和私人空间系统。

(b)“航天器”是指空间系统在太空中运行的部分。例如卫星、空间站、运载火箭、运载火箭上级部件和宇宙飞船。

(c)“主动控制”是指确保航天器仅执行由授权来源发送的命令，并且这些命令按适当顺序和预定时间执行。

(d)“关键航天器功能（关键功能）”是指运行者为确保航天器预期运行、主动控制和监管而必须予以维护的航天器功能。关键航天器功能的失效或故障可能导致航天器不对经过授权的命令作出响应、丧失关键能力或对未经授权的命令作出响应。

## 第 3 节　政　　策

适用于地面系统的网络安全原则和做法同样适用于空间系统，而其中有某些原则和做法对空间系统是尤为重要的。例如，在发射前将包括远程执行更新和对事件作出远程响应能力在内的网络安全措施整合到航天器的设计中是一项至关重要的工作，这是因为目前大多数在轨航天器是无法让人类进入的。因此，将网络安全整合到研发的各个阶段并确保整个生命周期内的网络安全对空间系统的安全来说至关重要。有效的网络安全实践源于预防、主动防御、风险管理和共享最优方法的传统。

美国必须管理商业空间经济增长和繁荣所面临的风险。为做到这一点和增强国家的弹性,美国的政策是,各行政部门和机构将在政府空间运行和整个商业空间产业内促进各项实践,以保护空间资产及其配套基础设施免受网络威胁,并确保活动的连续性。

本备忘录第4节阐述了空间系统的网络安全原则,以便为美国政府对空间系统进行网络保护提供指南,其是这种网络保护的基础。各机构应按照这些原则和应适用的法律,与商业空间产业和其他非政府空间运行方合作,进一步确定最优方法,制定网络安全知情准则,并在全国空间系统产业基地内促进改善网络安全行为。

## 第4节　原　　则

(a)空间系统及其配套基础设施,包括软件,应使用基于风险的网络安全知情工程进行开发和运行。空间系统的开发应确保持续监控、预测和适应,以缓减可能操纵、拒绝、降低、干扰、破坏、监视或窃听空间系统运行的不断演变的恶意网络活动;应为空间系统配置提供资源并对其进行积极管理,以其在整个空间系统生命周期内实现并保持有效且具有弹性的网络生存能力态势。

(b)空间系统所有者和运行方应为其空间系统制订并实施网络安全计划,计划应包含确保运行者或自动化控制中心系统能够保留或恢复对航天器的主动控制的能力。这些计划还应确保运行者或自动化控制中心能够验证他们所支持和提供的关键功能、任务、服务和数据的完整性、机密性和可用性。空间系统的所有者和运行方应基于风险评估和容忍度,至少应考虑将以下举措纳入他们的计划之中。

(i)防止未经授权使用的关键航天器功能。这一举措应包括使用有效且经验证的认证或加密措施从而为指挥、控制和遥测链路提供保护,并在整个任务期间内对现有的和预期的威胁进行防范。

(ii)采取旨在减少航天器指挥、控制和遥测接收器系统漏洞的物理保护措施。

(iii)防范通信干扰和欺诈的措施,如信号强度监测程序、安全发射器和接收器、认证程序,或旨在整个任务期间内针对现有的和预期的威胁提供安全保护的、有效的、经过验证和测试的加密措施。

(iv)采用审慎的网络安全最优方法,保护地面系统、操作技术和信息处理系统。所采用的最优方法应包括与国家标准与技术研究所的网络安全框架相一致的规范,以降低恶意软件感染和恶意访问系统的风险,包括内部威胁带来的风险。此类规范包括逻辑或物理隔离、定期打补丁、保护物理安全、限制使用便携式媒体、使用杀毒软件、提高员工意识和加强培训等内容，包括内部威胁缓减预防措施。

（v）采用适当的网络安全规范、自动信息系统的物理安全以及信息系统、天线、终端、接收器、路由器、相关局域网和广域网以及电源等系统要素的入侵检测方法。

（vi）通过跟踪制造的产品，要求从可信赖的供应商处采购。识别假冒、欺诈和恶意设备以及评估其他可用的风险缓解措施，管理影响空间系统网络安全的供应链风险。

（c）若通过制定规则、条例和指导实施这些原则，应达到加强空间系统网络安全的目的，包括酌情考虑和采用网络安全最优方法和行为规范。

（d）空间系统的所有人和运行方应在相关法律允许的范围内合作，推动最优方法的制定。他们还应在符合应适用的法律的情况下，尽可能地利用信息共享和分析中心等渠道，在空间产业内共享威胁、预警和事件信息。

（e）安全措施应确保有效，同时允许空间系统的所有人和运行方管理所存在的适当的风险，最大限度地减少不必要的负担，并应当与具体的任务要求、美国国家安全和关键国家职能、航天器尺寸、任务持续时间、机动性以及所有适用的轨道制度相一致。

## 第5节　通用规则

（a）对本备忘录中的任何内容的解释均不得损害或以其他方式影响：

（i）法律授予执行部门或机构或其负责人的权力；

（ii）管理和预算办公室主任有关预算、行政或立法提案的职能。

（b）本备忘录的执行应符合应适用的法律，并视财政拨款的情况而定。

（c）本备忘录不为美国政府，政府部门、机构或实体，政府官员、雇员或代理人或任何其他人，创设任何实体性的或程序性的、可依法或衡平法执行的权利或利益。

（d）商务部长遵照授权和指示在《联邦公报》上公布本备忘录。

唐纳德·J. 特朗普

# 2020年《通过负责任地使用定位导航授时服务来增强国家弹性》（第13905号行政命令）

# 2020年通过负责任地使用定位导航授时服务来增强国家弹性（第13905号行政命令）

2020年2月12日

根据美利坚合众国宪法和法律赋予我作为总统的权力，现命令如下：

## 第1节　目　　的

美国的国家和经济安全取决于关键基础设施的可靠和高效运行。自从美国向全世界提供全球定位系统（GPS），天基系统提供的定位导航授时（positioning, navigation, and timing, PNT）服务在很大程度上已成为技术和基础设施（包括电网、通信基础设施和移动设备）、所有运输方式、精准农业、天气预报和应急响应的无形实用工具。由于定位导航授时服务被广泛采用，它们的中断或被操控有可能会对美国的国家和经济安全产生不利影响。为了加强国家弹性，联邦政府必须鼓励关键基础设施所有者和运行者负责任地使用定位导航授时服务。

## 第2节　定　　义

本行政命令中：

（a）“定位导航授时服务”（PNT）是指为计算或增强经度、纬度、高度、时间或频率数据传递或者其中任何组合的计算而提供参考的所有系统、网络或能力。

（b）“负责任地使用定位导航授时服务”是指在风险知情的情况下审慎地使用PNT服务，包括其采办、整合和部署，以使PNT服务的中断或被操控对国家安全、经济、公共卫生和联邦政府关键职能的影响最小。

（c）“关键基础设施”是指对美国至关重要的系统和资产，无论是有形的还是虚拟的，如果这些系统和资产丧失能力或遭到破坏，将对国家安全、国家经济安全、国家公共卫生或安全或者这些事项的任意组合产生不利影响。

（d）“PNT配置文件”（PNT profile）是根据标准、指南和部门特定的要求对指定系统负责任地使用 PNT 服务的说明，旨在解决 PNT 服务潜在的中断或被操控问题。

(e)“特定部门机构”(Sector - Specific Agency, SSA)是负责提供机构知识和专业知识以及在所有危险环境中领导、促进或支持所指定的关键基础设施部门开展安全和弹性计划及相关活动的行政部门或机构。特定部门机构是指在 2013 年 2 月 12 日《第 21 号总统政策指令》(“关键基础设施的安全性和弹性”)中确定的相关机构。

## 第 3 节　政　　策

美国的政策确保 PNT 服务的中断或被操控不会损害其关键基础设施的可靠和高效运行。联邦政府必须提高美国对关键基础设施依赖 PNT 服务或能够通过 PNT 服务得到增强的认识，必须确保关键基础设施能够承受 PNT 服务的中断或被操控。为此，联邦政府应与公共和私营部门合作，以确定并促进负责任地使用 PNT 服务。

## 第 4 节　实　　施

(a)自本命令发布之日起 1 年内，商务部长应与特定部门机构的负责人协作，并酌情与私营部门协商，制作并至少向相关机构和私营部门用户提供 PNT 配置文件。PNT 配置文件将使公共和私营部门能够识别出依赖于 PNT 服务的系统、网络和资产；确定适当的 PNT 服务；检测 PNT 服务的中断和被操控情况；管理依赖于 PNT 服务的系统、网络和资产的相关风险。PNT 配置文件一经提供，应每两年审查一次，并在必要时进行更新。

(b)国防部长、交通部长和国土安全部长应参考根据本节第(a)条创建的 PNT 配置文件来更新“联邦无线电导航计划”。

(c)自本命令发布之日起 1 年内，国土安全部长应与特定部门机构负责人协调，制订计划来在 PNT 服务中断或被操控的情况下测试关键基础设施系统、网络和资产的脆弱性。根据该计划的测试结果更新本节第 1 条中确定的 PNT 配置文件。

(d)在提供 PNT 配置文件后的 90 天内，特定部门机构负责人以及其他执行部门和机构的负责人应酌情与国土安全部长协商制定协议内容，从而将 PNT 配置文件中的相关信息纳入针对集成或利用 PNT 服务的产品、系统和服务的联邦合同要求中，以鼓励私营部门使用其他的 PNT 服务，开发可靠安全的全新 PNT 服务。特定部门机构负责人和其他机构的负责人应酌情更新要求。

(e)在完成本节第(d)条所述的任何职责后的 180 天内，在符合应适用法律的情况下,联邦采办监管委员会应尽可能地与特定部门机构负责人和其他机构负责人进行协商,酌情将根据本节第(d)条下制定的要求纳入集成或使用 PNT 服务的产品、系统和服务的联邦合同中。

(f)在 PNT 配置文件提交后的 1 年内,并且此后每两年一次,特定部门机构负责人和其他机构负责人应酌情通过国土安全部长向总统国家安全事务助理和白宫科学和技术政策办公室(Office of Science and Technology Policy,OSTP)主任提交报告,说明各自机构的采办对 PNT 配置文件的采用程度,并尽可能地说明关键基础设施所有者和运行者对 PNT 配置文件的采用程度。

(g)自本命令发布之日起 180 天内,交通部长、能源部长和国土安全部长应各自制订计划,与关键基础设施的所有者或运行者接触,以评估 PNT 服务的负责任地使用情况。每个试点项目均应在制订计划后 1 年内完成,其结果将为相关 PNT 配置文件的制定以及研发(R&D)工作提供信息支持。

(h)自本命令发布之日起的 1 年内,白宫科学和技术政策办公室主任应协调制订一项国家计划,该计划应以现有的计划为依据,用于研发和测试不依赖于全球卫星导航系统(GNSS)的其他可靠的、安全的 PNT 服务。该计划还应包括集成和使用多项 PNT 服务以增强关键基础设施弹性的方法。该计划一经发布,白宫科学和技术政策办公室主任应每 4 年或酌情协调日期对该计划进行更新。

(i)自本命令发布之日起 180 天内,商务部长应提供一个不依赖全球卫星导航系统的世界标准时间参考源供公共和私营部门使用,以满足关键基础设施所有者和运行者的需求。

## 第 5 节　一般规定

(a)本命令中的任何内容均不得解释为损害或影响:

(i)依法授予行政部门或机构或其负责人的权力;

(ii)管理和预算办公室主任在预算、行政或立法提案方面的职能。

(b)本命令应根据应适用的法律并在获得拨款的前提下执行。

(c)本命令不会为美国政府,政府部门、机构或实体,政府官员、雇员或代理人或任何其他人,创设任何实体性的或程序性的、可依法或在衡平法执行的权利或利益。

唐纳德·J.特朗普

2020 年 2 月 12 日于白宫

# 2018 年《国家空间交通管理政策》（第 3 号空间政策指令）

# 2018 年国家空间交通管理政策（第 3 号空间政策指令）

2018 年 6 月 18 日

**为副总统、国务卿、国防部长、商务部长、交通部长、国土安全部长、国家情报总监、管理和预算办公室主任、总统国家安全事务助理、国家航空航天局局长、科学和技术政策办公室主任、总统国土安全和反恐副助理、参谋长联席会议主席提供的备忘录。**

## 第 1 节　政　　策

几十年来，美国从空间活动中获益颇多，提升了我们在国家安全、民用和商用领域的能力。如今，我们的社会依赖空间技术和天基能力进行通信、导航、天气预报等活动。鉴于空间活动的重要性，美国认为继续不受限制地进入太空并在太空自由活动对促进国家的安全、经济繁荣和丰富科学知识至关重要。

如今，太空变得越来越拥挤和充满争议，这一趋势对美国空间行动的安全性、稳定性和可持续性提出了挑战。国防部已经追踪了超过 20,000 个空间物体，随着新的、功能更强并能够探测更小的物体的传感器的上线，这个数字将会急剧增加。国防部将公布空间物体目录，并就潜在的会合（两个或多个物体在相同或几乎相同的时间和空间点会合）发出通知。然而，随着空间物体数量的增加，这种有限的交通管理活动和架构将变得不充分。与此同时，太空的争议性也增加了对国防部保护和捍卫美国空间资产和利益的需求。

未来的空间运行环境也将受到空间商业活动数量和多样性显著增加的影响。诸如卫星服务、碎片清除、空间制造、旅游等新兴商业企业以及为小型卫星和超大型卫星星座赋能的新技术产生的速度正日益超过为应对这些新活动而制定的政府政策和程序落实的速度。

为了保持美国在空间领域的领先地位，我们必须制定一种全新的空间交通管理方法，以应对当前的和未来的运行风险。这种新方法必须为空间态势感知、空间交通管理科学技术创新确定优先事项,考虑国家安全,鼓励美国商业空间领域的成长,更新空间交通管理架构,并在整个国际社会推广空间安全标准和最佳实践。

美国已经认识到航天安全是一项全球性挑战,并将继续鼓励安全和负责任的空间活动,同时强调国际透明度和空间交通管理数据共享的必要性。通过这项国家空间交通管理政策以及其他国家空间战略和政策,美国将加强安全,并确保在空间的持续领导地位、卓越能力和行动自由。

## 第 2 节　定　　义

在本备忘录中,适用以下定义:

(a)空间态势感知系指为支持安全、稳定和可持续的空间活动,对空间物体及其运行环境的了解和表征。

(b)空间交通管理系指为提高空间环境中运行的安全性、稳定性、可持续性而对各项活动进行的策划、协调和在轨同步。

(c)轨道碎片或空间碎片系指不再用于任何有用目的的、绕地球轨道运行的所有人造空间物体。

## 第 3 节　原　　则

美国承认并鼓励其他国家承认以下原则:

(a)安全、稳定和运行可持续性是包括商业、民用和国家安全活动在内的空间活动的基础。为安全、稳定和可持续运行的空间环境创造条件事关所有航天国家的共同利益和责任。

(b)及时和可操作的空间态势感知数据和空间交通管理服务对空间活动至关重要。根据国家安全限制,美国政府提供的基本空间态势感知数据和基本空间态势感知服务应在免收直接使用费的基础上提供。

(c)轨道碎片对空间行动构成的威胁越来越大。应当定期修订碎片减缓指南、标准和政策,在国内实施并在国际上采用,以减轻轨道碎片的运行影响。

(d)由最佳实践、技术指南、安全标准、行为规范、发射前风险评估、在轨防撞服务组成的空间交通管理框架对维护空间运行环境至关重要。

## 第 4 节　目　　标

美国应根据本备忘录第 3 节所列原则,继续带领世界为安全、稳定和可持续运

行的空间环境创造条件。为此,行政部门和机构(以下统称为机构)应按照本备忘录第6节的要求追求实现以下目标:

(a)推进空间态势感知和空间交通管理科学技术。美国应继续参与并支持科学技术的研发,以便为空间态势感知和空间交通管理的实际应用提供支持。这些活动包括:提高对空间环境的基本认识(如对小碎片的表征);发展关键空间态势感知输入(如提高空间态势感知能力所需的观测数据、算法和模型)的科学技术;开发新的硬件和软件来为数据处理和观测提供支持。

(b)减轻轨道碎片对空间活动的影响。轨道碎片的数量和位置对空间活动的威胁越来越大。最大限度地减少新碎片和减轻现有碎片的影响符合所有人的利益。考虑到上述情况以及运行中的卫星越来越多的事实,我们越来越有必要更新现有的轨道碎片减缓指南和实践,以便使空间活动更加高效和合规,并制定可在国际上采用的标准。这些趋势也凸显了制定卫星安全设计指南和最佳实践的必要性。

(c)鼓励和提高美国在科学技术、空间态势感知和空间交通管理等方面的商业领导地位。促进美国包括科学技术、空间态势感知和空间交通管理等方面的商业航天领域的持续增长和创新,符合美国的国家利益。为了实现这一目标,美国政府应该简化流程,减少可能抑制商业领域增长和创新的监管负担,使美国商业领域能够在国际市场上继续在与空间交通管理相关的技术、商品、数据和服务方面的领先世界。

(d)向公众提供由美国政府支持的基本空间态势感知数据和基本空间交通管理服务。美国应继续提供基本空间态势感知数据和基本空间交通管理服务(包括交会和再入通知)并免收直接使用费,同时为美国商业、非营利空间态势感知数据和空间交通管理服务发展的新机会提供支持。

(e)提高空间态势感知数据的互操作性,并加强空间态势感知数据共享。空间态势感知数据必须及时准确。在符合国家安全限制的情况下,提高空间态势感知数据的互操作性,使所有空间运行者之间能够更好地共享空间态势感知数据,符合美国的国家利益。美国应寻求在制定更加完善的空间态势感知数据标准和信息共享方面引领世界。

(f)制定空间交通管理标准和最佳实践。作为空间领域的领导者,美国将为制定运行标准和最佳实践提供支持,以促使各方进行安全、负责任地空间行为。实现这一目标的第一步是制定美国领导的、协调空间交通的最低安全标准和最佳实践。

美国监管机构应酌情在国内监管框架中采用这些标准和最佳实践，并利用它们来提供信息，帮助形成国际公认的实践和标准。

(g)防止无意射频干扰。日益严重的轨道拥堵增加了美国空间资产受到无意射频干扰的风险。美国应继续改进频谱使用的政策、流程和技术(包括分配和许可)以应对这些挑战，并确保在当前和未来运行中适当使用频谱。

(h)规范美国国内空间物体登记处。数据透明度和数据共享对安全、稳定和可持续的空间运行至关重要。根据《关于登记射入外层空间物体的公约》规定的国际义务，应根据国家安全限制来简化机构间流程，以确保准确和及时地向联合国提交登记材料。

(i)为美国未来的轨道运行制定政策和法规。关键轨道的日益拥挤以及检修、勘测和装配等机动任务将推动对国家安全、民用和商业领域空间活动政策制定的需求。根据美国法律和国际义务，美国应定期评估现有的非政府轨道活动指南，并为这些活动的许可审批维持一个及时且反应迅速的监管环境。

## 第5节　指　　南

在追求本政策的原则和目标时，各机构应遵守以下指南：

(a)管理空间运行环境的完整性。

(i)提高空间态势感知的覆盖面和准确性。及时、准确和可操作的数据对有效的空间态势感知和空间交通管理至关重要。美国应努力通过空间态势感知数据的共享、空间态势感知数据的购买或新型传感器的提供，最大限度地减少空间态势感知能力的不足，尤其是在小碎片探测传感器可用性和灵敏度有限的地区的覆盖面上。

美国的新型传感器将帮助我们发现大量碎片，并增进我们对太空中各区域空间物体大小分布的了解。但可能无法充分追踪非常小的碎片，因此无法作出可供采取行动的防撞决策或证明这些决策的合理性。因此，可能发生与未知物体的近合甚至碰撞。卫星运行者在作出机动决策时往往缺乏足够的了解来评估其风险水平。美国应提高追踪能力，制定新的办法对此类碎片进行分类，并针对可操作的防撞警告确立一个质量阈值，以最大限度地减少错误警报。

美国应通过政府和商业领域对科学技术的投资，推进美国用于改善空间态势感知的理念和能力，以便为碎片减缓和防撞决策提供支持。

(ii)建立一个开放架构空间态势感知数据存储库。准确和及时地追踪围绕地球运行的物体对保护所有空间活动安全至关重要。根据《美国法典》第 10 编第 2274 节，以国防部目录中可公开发布部分的形式提供的基本空间态势感知数据是免费的，并且应免收直接使用费地持续提供。随着更多的空间追踪数据源变得可用，美国有机会整合民用、商业、国际和其他可用数据，以便为用户提升和完善这一服务。为了更好地与卫星运行者进行数据共享，并实现对增强的空间安全服务的商业开发，美国必须为开放架构数据存储库的创建制定标准和协议。该存储库的基本功能包括：

· 用于确保数据准确性和可用性的数据完整性措施；

· 用于确保不同数据源质量达标的数据标准；

· 用于保护国家安全信息等专有或敏感数据的措施；

· 为提供轨道位置和计划内机动信息而纳入的卫星自主运行星历；

· 用于开发能够利用数据的应用程序的标准化格式。

为了促进这种增强的数据共享，并认识到国防部专注于保持太空中进出和行动自由的必要性，民事部门应根据应适用的法律，对国防部目录中可公开发布的部分以及管理开放架构数据存储库负责。该民事部门应为商务部。

(iii)减缓轨道碎片。最大限度地减少新轨道碎片的产生符合所有空间运行方的利益。空间运行活动在国际上的迅速发展和任务的日益多样化，使目前的美国政府轨道碎片减缓标准做法不足以控制轨道碎片的增加。应更新这些标准实践，以应对当前和未来的空间运行环境中的轨道碎片问题。

美国应该制定一个新的标准做法协议，为 21 世纪的安全空间行动带来更高的期望。该协议应从更新后的轨道碎片减缓标准做法开始，应包括针对大型星座、交会与近旁操作、小型卫星和其他类别空间操作运行实践的章节。这些最重要的实践将为促进美国工业界和国际上高效和有效的空间安全实践提供途径。

美国应积极清除碎片，将此作为确保关键轨道制度下飞行作业安全的必要的长期办法。这一工作不应妨碍继续推进与当前方案相关的碎片减缓国际协议。

(b)在拥挤的空间环境中运行。

(i)最低安全标准和最佳实践。虽然安全运行和碎片减缓最低标准的制定部分源于美国政府的轨道碎片减缓标准做法，但其也吸收了其他标准和最佳实践，这将更好地确保美国空间活动的安全进行。这些安全指南应考虑机动性、追踪性、可靠性和处置性。

美国最终应该通过制定适当的规则或许可措施，将适当的标准和最佳实践纳入联邦法律和法规。这些指南应包含针对卫星运行从设计到结束的各个阶段的协议。

卫星和星座所有者应参与发射前的认证过程，该过程至少应考虑以下因素：

· 防止交会对轨道利用进行协调；
· 星座自主运行方对自行交会的管理；
· 自主运行方的计划内机动通知和卫星轨道位置数据的共享；
· 在轨追踪辅助设备，包括信标或传感增强设备（如果需要这些系统的话）；
· 卫星指令的加密以及针对地面现场操作的控制链路和数据保护措施；
· 基于任务类型和操作阶段的适当的最低可靠性；
· 对美国国家安全或外交政策利益或国际义务的影响；
· 运行寿命结束时自行处置，或自主运行方通过主动碎片清除方法进行处置。

（ii）在轨防撞支持服务。对潜在的碰撞及时发出警告对于保护所有空间活动的安全至关重要。基本的防撞信息服务现在是免收直接使用费地提供给用户使用，而且应该继续这样提供。鉴于更敏感的追踪传感器即将启用，预计将发现大量现有轨道的碎片情况，并将提高追踪当前已在册物体的能力。当前和未来的卫星，包括大型卫星星座，将在比目前追踪到的密度大得多的碎片环境中运行。在这种环境下防止在轨碰撞需要共享目录数据、预测逼近情况，并向卫星运行方发出可供采取行动的警告的信息服务。该服务应提供数据，让运行方能够对建议的机动措施进行评估，从而降低风险。为了提供在轨防撞服务，美国应当：

· 基于不断更新的卫星追踪数据目录提供服务；
· 利用自动化防撞流程；
· 进行及时的、可供采取行动的会合评估；
· 向运行方提供数据，以便评估机动计划。

为了确保在这种未来的运行环境中空间交通安全协调，并认识到国防部专注于保持太空中进出和行动自由的必要性，应以民事部门为这种防撞支持服务的中心机构。该民事部门应为商务部。

（c）全球背景下的空间交通管理战略。

（i）防止轨道交会的协议。随着卫星运行的增加，低地球轨道更加拥挤，美国应该开发一套标准技术来降低日益拥挤轨道上的碰撞风险，特别是对于大型星座来说至关重要。对此，我们需要采用适当的方法，其中可能包括对为星座运行分配的容积进行许可审批以及为通过这些空域的卫星制定流程。

美国应探索确立全球共同最佳实践的战略，包括：

· 解决大型星座占用空域的通用流程，特别是在极其接近现有星座的位置；

· 用于单个航天器通过现有卫星或星座占用的空域的通用流程；

· 一套供已占用空域的自主运行方使用以尽量减少星座运行对空间环境之长期影响（包括卫星的适当处置、可靠性标准和有效防撞）的最佳实践。

（ii）无线电频谱和干扰保护。原来空间交通和射频频谱的使用是独立管理的两个流程。但是关键轨道的日益拥挤导致需要一种更加动态的、完善的方法来协调物理和光谱领域的活动，并引入新的相互依存关系。美国政府在空间交通管理方面的工作应解决以下频谱管理问题：

· 在适当情况下，核实政策与涉及空间服务射频频谱全球获取和运营的现有国家、国际规则和目标之间的一致性；

· 结合空间交通管理系统、标准和最佳实践的制定，研究寻址频谱的优势；

· 促进频谱的灵活使用，并研究空间系统潜在功能的新兴技术；

· 确保卫星间安全通信系统、主动碎片清除系统等依赖频谱的、作为空间交通管理组成部分的系统能够成功获取其任务所需的频谱。

（iii）全球参与。作为一个航天大国，美国应继续制定和推广一系列行为规范、最佳实践和空间安全运行标准，以最大限度地减少空间碎片环境，促进空间活动的数据共享和协调。为了所有航天国家的共同利益，其他航天国家也必须采用最佳实践。美国应鼓励国际社会通过与其他航天国家的双边和多边讨论，以及通过美国加入的机构间空间碎片协调委员会、国际标准化组织、空间数据系统咨询委员会、联合国和平利用外层空间委员会等各种组织，采用新的行为准则和最佳实践。

## 第 6 节　角色和职责

为推进本备忘录第 4 节所述的目标和第 5 节所述的指南，各机构应承担以下角色和职责：

（a）推进空间态势感知和空间交通管理科学技术的发展。国家太空委员会成员或其代表团应在其各自任务有关的方面对科学技术、空间态势感知和空间交通管理进行协调，确定其优先次序并为其提供支持。他们应寻求机会与商业领域和学术界合作，以实现这一目标。

（b）减轻轨道碎片对空间活动的影响。

（i）国家航空航天局局长应与国务卿、国防部长、商务部长和交通部长以及国家情报总监进行协调，并与联邦通信委员会主席进行协商，领导更新美国轨道碎片减缓标准实践工作，并在适当和符合应适用法律的情况下为卫星设计和运行制定新的指南。

（ii）商务部长和交通部长应与联邦通信委员会主席进行协商，在适当和符合应适用法律的情况下评估将这些更新后的标准和最佳实践纳入各自许可程序的适当性。

（c）鼓励和促进美国在科学技术、空间态势感知和空间交通管理等方面的商业领导地位。商务部长应与国防部长、交通部长以及国家航空航天局局长进行协调，努力鼓励和促进美国继续在空间态势感知、空间交通管理和相关科学技术领域发挥商业领导作用。

（d）向公众提供美国政府支持的基本空间态势感知数据和基本空间交通管理服务。

（i）国防部长和商务部长应与国务卿、交通部长、国家航空航天局局长和国家情报总监进行协调，合作制订一项计划，以期直接或通过与工业界或学术界的合作，按照本备忘录第5节第（a）条第（ii）款和第5节第（b）条第（ii）款的规定，提供基本的空间态势感知数据和基本的空间交通管理服务。

（ii）国防部长应对一份具有权威性的空间物体目录负责。

（iii）国防部长和商务部长应评估是否有必要进行法定变更和监管变更，以落实根据本节第（d）条第（i）款制订的计划，并应酌情继续进行此类变更以及任何其他必要的变更。

（e）提高空间态势感知数据的互操作性，并加强空间态势感知数据共享。

（i）商务部长应与国务卿、国防部长、交通部长、国家航空航天局局长和国家情报总监进行协调，为创建开放架构数据存储库制定标准和协议，以提高空间态势感知数据的互操作性，并加强空间态势感知数据共享。

（ii）商务部长应在内部或通过与工业界或学术界的合作制订方案，以评估建立这样一个存储库的技术和经济可行性。

（iii）国防部长应确保向有权访问存储库的个人或实体发布的有关国家安全活动的数据符合国家安全利益。

（f）制定空间交通标准和最佳实践。国防部长、商务部长和交通部长应与国务卿、国家航空航天局局长和国家情报总监协调，并与联邦通信委员会主席协商，制定空间交通标准和最佳实践，包括与发射前风险评估和在轨防撞支持服务相关的技术准则、最低安全标准、行为规范和轨道会合预防协议。

(g)防止无意中带来射频干扰。商务部长和交通部长应与国务卿、国防部长、国家航空航天局局长和国家情报总监协调，并与联邦通信委员会主席协商，以减轻有害干扰的风险，并迅速解决可能发生的任何有害干扰。

(h)完善美国国内空间物体登记处。国务卿应与国防部长、商务部长、交通部长、国家航空航天局局长和国家情报总监协调，并与联邦通信委员会主席协商，在空间态势感知、空间交通管理等方面领导美国政府参与和国际透明度、空间物体登记有关的国际活动。

(i)为美国未来的轨道运行制定政策和法规。国防部长、商务部长和交通部长应与国务卿、国家航空航天局局长和国家情报总监协调，定期评估空间任务中出现的新趋势，并在适当和必要的时候对现有空间态势感知、空间交通管理政策和法规的修订提供建议。

## 第7节　一般规定

(a)本备忘录中的任何内容不得被解释为损害或以其他方式影响：

(i)法律授予行政部门或机构或其负责人的权力；

(ii)管理和预算办公室主任在预算、行政或立法提案方面的职能。

(b)本备忘录的执行应符合应适用的法律，并受专用款项可用性的约束。

(c)本备忘录不为美国政府，政府部门、机构或实体，政府官员、雇员或代理人或任何其他人创设任何实体性或程序性、可依法或衡平法执行的权利或利益。

(d)商务部长已被授权并获得指示在《联邦公报》上公布本备忘录。

唐纳德 · J. 特朗普

# 2000年《总统关于美国决定停止降低全球定位系统准确性的声明》

# 2000年总统关于美国决定停止降低全球定位系统准确性的声明

2000年5月1日

今天,我很高兴地宣布,美国将从今晚午夜开始停止人为地降低公众可用的全球定位系统(GPS)信号的精度。我们称这种精度降低功能为选择可用性。这意味着GPS的民用用户将能够获得比现在精确10倍的定位。GPS是一个两用的星基系统,为全球用户提供准确的位置和授时数据。1996年3月的总统指令纳入了这些GPS目标:"鼓励全世界接受GPS,并将其纳入和平的民用、商业和科学应用;并鼓励私营部门投资和使用美国的GPS技术和服务。"为了实现这些目标,我承诺美国将在2006年停止运用选择可用性技术,并从今年开始对运用选择可用性技术的情况进行年度评估。

停止运用选择可用性技术的决定是一项旨在使GPS更好地响应全球民用、商用用户所采取的最新措施。去年,副总统戈尔宣布,我们计划增加两个新的民用信号来提升民用和商用服务,从而实现GPS的现代化。目前,这一举措正在进行中,我们的预算将为多达18颗准备发射或正在生产的卫星整合一些新功能,进一步推进其现代化。我们将继续向全球用户免费提供这些功能。

我作出的停止运用选择可用性技术的决定,是基于国防部长与国务院、交通部、商务部、中央情报局局长以及其他行政部门和机构协调后提出的建议。他们意识到,停止运用选择可用性技术可以最好地实现全球范围内的运输安全、科学和商业利益。我们除了致力于加强GPS用于和平用途之外,我国政府还致力于充分保护GPS的军事用途。与作出停止运用选择可用性技术的决定并行不悖的是,我们将继续努力升级使用GPS系统的军事效用。威胁评估的结论表明,此时将选择可用性"归零"对国家安全的影响最小。此外,我们还确定了当我们的国家安全受到威胁时,我们具有在目标区域有选择地拒绝GPS信号访问的能力。这种基于区域拒绝使用导航服务的做法符合1996年制定的停止通过选择可用性技术在全球范围内降低民用、商用GPS服务精度的计划。

GPS 最初是作为一个军事系统由国防部开发的，现在已被全球使用。它使世界各地的用户在航空、公路、海洋和铁路导航、电信、应急响应、石油勘探、采矿等各种各样的应用中受益。随着选择可用性技术的停用，民用用户获得的 GPS 精度将会显著提高。例如，响应呼救的应急小组现在可以确定他们应当响应公路的哪一侧，从而节省宝贵的时间。精度提高后，新的 GPS 应用将涌现，并继续改善世界各地人民的生活。

# 第三部分　美国卫星导航相关联邦法规及部门政策

国防部、交通部等美国政府行政机构，以及联邦通信委员会根据联邦法律的明确立法授权，依据其对 GPS 的管理职权，制定与 GPS 相关的行政法规，对 GPS 具体管理事项作出了具体性规定。

**1. 联邦通信委员会相关规定**。在美国，联邦通信委员会(FCC)是由国会监督的独立的美国政府机构，负责实施和执行美国通信法律法规。FCC 通过控制无线电广播、电视、电信、卫星和电缆来协调国内和国际的通信。许多无线电应用产品、通信产品和数字产品要进入美国市场，都要获得 FCC 的认可——FCC 认证。FCC 与商务部下属的国家电信和信息管理局(NTIA)共同管理美国国家无线电频谱资源。国家电信和信息管理局是商务部下属的行政部门机构，是总统在国内和国际电信政策(包括与该国经济和技术进步有关的政策)方面的首席顾问。国家电信和信息管理局负责就电信政策提出建议，并向国会、FCC 和公众提出行政部门对电信事务的看法。由于 PNT 服务是通过卫星发射的无线电信号来提供的，因此无线电卫星导航服务也受 FCC 管辖。

联邦通信委员会发布的有关卫星导航的相关法规，有两条于 1997 年先后被收录到《联邦法规》中。《联邦法规》第 47 编电信/第一章联邦通信委员会/第 B 分章公共运营商服务/第 25 部分卫星通信第 115 条“地球站授权申请”规定了使用外国卫星系统的非联邦接收设备的，包括使用未经美国许可的无线电卫星导航服务(RNSS)卫星运行的仅接收地球站，必须获得 FCC 颁发的许可证。《联邦法规》第 47 编第 25 部分第 137 条规定了许可申请的具体程序，明确该项许可申请由拟使用外国 RNSS 信号的地球站的实体提交，申请材料中需附证明材料。其中还要求申请人证明 GPS 在该外国具有有效的竞争机会，即美国许可的卫星系统在该外国具有有效的竞争机会；没有任何实际或法律上的限制来限制或阻止在该外国市场上使用美国卫星系统。

此外,2011 年 3 月 15 日,FCC 发布了《国家电信和信息管理局关于豁免第 25 部分有关“使用非美国许可无线电导航卫星的单边接收地球站许可规则”的行政部门建议》的公告,即外国 RNSS 信号接收者的许可豁免程序的规定。该公告明确,豁免使用外国 RNSS 信号的接收者申请许可的程序为:第一,由外国 RNSS 信号供应商向美国商务部国家电信和信息管理局提出豁免请求;第二,国家电信和信息管理局审查后,向联邦通信委员会提交豁免建议;第三,FCC 审查其与 GPS 的兼容性后,决定是否予以豁免。豁免标准涉及五个方面:第一,授予豁免符合公共利益;第二,该外国卫星导航系统符合联合国减少空间碎片准则;第三,授予豁免符合美国的国际贸易和其他条约义务;第四,豁免请求仅限于单边接收 RNSS(包括定位)、标准时间和频率卫星服务;第五,该外国卫星导航系统与 GPS 兼容。这项豁免制度在对于伽利略信号在美国的豁免中得以实践,2018 年,FCC 颁布了豁免令,允许美国非联邦仅接收地球站使用伽利略 GNSS 的特定信号进行操作,而无须获得许可或被授予市场准入权。

**2. 国防部发布的相关政策。**国防部主要负责 GPS 的建设运维和军事应用,并协同交通部、国务院等其他联邦部门或机构从事 GPS 民用、商用和国际合作方面的工作。联邦法律规定国防部长具有 GPS 军事用途和民用用途的维护与运行 GPS 的职责。[①] 为履行其职责,国防部制定了一系列与卫星导航相关的部门指令、指示,其中公开的有三部,分别为《国防部第 4650.05 号指令:定位导航授时》、《国防部第 4650.06 号指示:定位导航授时管理》和《国防部第 4650.08 号指示:定位导航授时及导航战》。

国防部第 4650.05 号指令是根据《美国法典》第 10 编第 2281 条和第 39 号国家安全总统令(NSPD-9)制定的。该指令最初的一版于 2008 年制定,几经更新,2021 年 4 月国防部对该项指令进行了修订。国防部第 4650.05 号指令明确了国防部内部关于定位导航授时工作的职责分工和政策,涉及国防部首席信息官、国防部采办与保障副部长、国防部研究与工程副部长、国防部作战试验与论证局局长、国防部副部长(审计长)/国防部首席财务官、国防部情报和安全副部长、国家安全局局长/中央安全局局长、国家地理空间情报局局长、国家侦察局局长、国防部政策副部长、国防部成本评估和项目论证局局长、各军种的部长、参谋长联席会议副主席、美国太空司令部司令、美国战略司令部司令、美国北方司令部司令、美国网络司令部司

① 参见《美国法典》第 10 编第 2281 条全球定位系统第(a)款、第(b)款。

令在定位导航授时方面的具体职责。国防部第4650.05号指令指定国防部首席信息官为定位导航授时政策的首席参谋助理，发展和协调国防部在定位导航授时各方面的立场，使其与外部组织进行沟通。该指令要求国防部定位导航授时监督委员会与提供或支持定位导航授时职能的国防部各部门和组织进行协调，对美国定位导航授时工作中由国防部负责的部分进行监督。

国防部第4650.06号指示是根据《美国法典》第10编第2281条和第39号国家安全总统令（NSPD－9），以及国防部第5144.02号指令和国防部第4650.05号指令中的授权制定的。该指示最初在合并了《国防部第4650.07号指示：精确时间和时间间隔（PTTI）管理》和《国防部第4650.9号指示：天体参考框架（CRF）管理》的基础上，于2016年制定，2021年国防部对其进行了修订。该指示明确了国防部长办公室、各军种部、参谋长联席会议主席办公室（CJCS）、作战司令部、国防部监察长办公室、国防机构等国防部各部门在定位导航授时管理方面的职责清单。该指示明确了国防部定位导航授时执行管理委员会（EMB）、国防部定位导航授时工作组、国防部导航战工作组、国防部精确时间和时间间隔工作组、国防部天体参考框架工作组的职责分工和工作程序。国防部第4650.06号指示建立国防部定位导航授时执行管理委员会，以支撑国防部定位导航授时监督委员会的相关工作。国防部第4650.06号指示规定了国防部在定位导航授时程序、精确时间和时间间隔、天体参考框架管理、参与国内民间组织的论坛、国际上政府组织的和民间组织的定位导航授时论坛方面的具体政策、程序和职责分工。

国防部第4650.08号指示是据国防部第5144.02号指令的授权，以及《国防部第4650.05号指令：定位导航授时》制定的，旨在阐明国防部关于导航战的政策立场，其规定了国防部关于导航战的具体政策、程序以及国防部各部门的职责分工。国防部关于导航战的基本政策：一是国防部应有效地利用导航战能力以确保PNT在支持军事行动方面的优势；二是生成或使用PNT信息的项目必须符合导航战合规要求；三是应在运用PNT信息制定测试、训练、演习和作战计划期间评估导航战合规的有效性；四是未经批准，不得将民用、商业或外国来源作为获取作战、作战支援或作战勤务支援行动PNT信息的主要手段；五是在成功确定符合导航战合规要求的前提下，可授权使用通过民用、商业或外国来源获取的非作战行动的PNT信息；六是若作战司令部已确定与外国军队的导航战互操作性要求，则应将民用、商业或外国来源作为获取作战、作战支援或作战勤务支援行动PNT信息的主要手段的武器或设备，不得转移给外国军队；七是国防部应通过现有的信息和技术转移控制流程，确保美国和盟军获得 PNT 信息优势；八是可以依照规定授权美国联邦民事机构和外国政府实体使用国防部 PNT 服务。国防部第 4650.08 号指示明确由国防部首席信息官负责制定 PNT 和导航战政策并监督政策的实施和协调，为其他联邦机构以及国际合作的 PNT 和导航战支持制定指导方针。

**3. 交通部发布相关政策。**2004 年《美国天基定位导航授时政策》（第 39 号国家安全总统指令）成立国家天基 PNT 执行委员会，由交通部副部长和国防部副部长担任联合主席。根据该政策交通部被指定为 GPS 的民用领导机构，主要负责为所有美国政府民政部门和机构制定民用应用要求。

2021 年 1 月，交通部（DOT）发布的《交通部第 1120.32D 号指令：定位导航授时协调及规划》，就交通部在定位导航授时方面的政策和职责作出了具体规定。该指令阐明了交通部在定位导航授时管理方面的基本政策，即建立 PNT 系统和服务，通过促进安全和有保障的交通、提高流动性和效率、促进经济增长以及支持国家和国土安全，满足公众需求；明确了交通部长、交通政策副部长、研究与技术助理部长等在定位导航授时管理事项上的职责分工；建立了一系列协调定位导航授时事项的机制：一是建立了交通部 PNT 执行委员会，负责制定交通部定位导航授时相关政策、规划民用和两用定位导航授时服务和系统，由交通政策副部长担任主席；二是建立交通部 PNT 扩大执行委员会，负责与商务部、国土安全部（包括美国海岸警卫队）、内政部、农业部、国务院、国家航空航天局、国防部和其他联邦机构进行规划；三是建立交通部 PNT 工作组和 PNT 扩大工作组，负责将定位导航授时问题提交给交通部定位导航授时执行委员会决策。

**4. 国防部、国土安全部、交通部共同发布的政策。**国防部、国土安全部、交通部联合发布的《联邦无线电导航计划》（FRP）是联邦政府关于定位导航授时政策和计划的官方文件。这是根据《1998 年财政年度国防授权法案》的要求，在《美国法典》第 10 编第 2281 条第（c）段提出制订联邦无线电导航计划。该计划旨在阐明美国政府（USG）在 PNT 系统方面所担任的角色、承担的职责以及相关政策，明确由国防部、运输部和国土安全部在其他政府机构的协助下共同编制，至少每两年出版一次。为未来 PNT 能力在 21 世纪中期或更长时间内支持美国的军事、民用和科学活动提供了指引，有利于 PNT 技术开发、演示、实施和安全等方面的研究、分析和评估，有利于指导美国政府有关 PNT 的投资决策。

第一版《联邦无线电导航计划》于 1980 年发布，其根据美国《第 95 – 564 号公法》、《国际海事卫星组织（INMARSAT）1978 年电信法案》编制，作为总统报告的一部分被提交国会。这标志着美国国防部和交通部首次制订了 PNT 系统的联合计划。根据美国《第 107 - 296 号公法》、2002 年《国土安全法》，美国海岸警卫队（USCG）从交通部转入国土安全部（DHS），国土安全部也成为《联邦无线电导航计划》的签署机构之一。2008 年《联邦无线电导航计划》修订版将 2005 年《联邦无线电导航计划》和 2001 年《联邦无线电导航系统》（FRS）文件合并为一个文件。2010 年《联邦无线电导航计划》引入了国家 PNT 架构的概念，在其最终报告和实施计划中定义了 PNT 愿景、战略和行动方向和原则。该架构为开发、实施 PNT 能力和配套基础设施提供投资决策方面的框架指导。2021 年《联邦无线电导航计划》全面介绍了当前和未来美国政府提供的 PNT 系统的政策和计划，涵盖了军民两用的 PNT 系统，以及天基和陆基的 PNT 系统。2021 年《联邦无线电导航计划》由正文六部分和附录组成：第一部分为联邦无线电导航计划简介，该部分界定了无线电导航计划的目的、范围和目标（包括国家 PNT 架构概述），并讨论 PNT 系统选择考虑的要素；第二部分为各部门机构的角色和职责，该部分介绍了国防部、国土安全部、交通部以及其他联邦机构在 PNT 服务计划以及提供 PNT 服务方面的角色和职责；第三部分为基本政策，该部分阐述了美国政府关于其 PNT 系统的有关政策；第四部分为 PNT 用户需求，该部分系统总结了联邦政府提供的民用 PNT 服务的性能需求情况；第五部分为运行方案，该部分概述了美国政府提供民用和军用 PNT 系统或服务的方案，以及国防部、国土安全部、交通部以及其他联邦组织计划和已开展的研发工作；第六部分为 PNT 架构评估和演进，该部分总结了联邦政府实施国家 PNT 架构的活动和方案。

2021 年《联邦无线电导航计划》相较于 2019 年该文件的版本，对交通部的职责作出了部分调整，强调了交通部在 PNT 民用方面的职责，要求其促进美国境内及国际上使用美国天基 PNT。此外，对比此前提出的 PNT 框架，新版本明确弹性 PNT 国家研发计划有三个总体目标：描述、改进和扩大弹性 PNT，其中包含 14 项具体的研发目标，为美国弹性 PNT 发展指明了方向。

## 美国卫星导航相关联邦法规及部门政策

- 《联邦法规》第 47 编　电信　第一章联邦通信委员会/第 B 分章公共运营商服务/第 25 部分卫星通信第 115 条　地球站授权申请
- 《联邦法规》第 47 编　电信　第一章联邦通信委员会/第 B 分章公共运营商服务/第 25 部分第 137 条　通过非美国许可空间站申请美国市场准入

- 《国防部第 4650.05 号指令:定位导航授时》
- 《国防部第 4650.06 号指示:定位导航授时管理》
- 《国防部第 4650.08 号指示:定位导航授时及导航战》
- 《交通部第 1120.32D 号指令:定位导航授时协调及规划》
- 《2021 年联邦无线电导航计划》

# 《联邦法规》第 47 编　电信
# 第一章联邦通信委员会/第 B 分章公共运营商服务/第 25 部分卫星通信第 115 条　地球站授权申请

# 《联邦法规》第47编第一章联邦通信委员会/第B分章公共运营商服务/第25部分卫星通信 第115条　地球站授权申请

(a)

(1)

(i)发射地球站。发射地球站必须获得联邦通信委员会的授权。除本条第(a)分条第(1)款第(ii)项和第(a)分条第(2)款另有规定外,申请必须以电子形式提交联邦通信委员会第312号表格、主表格和附表B提交,并包含本节中规定的信息。

(ii)空间站授权合规证明。如果地球站申请人是为了证明其将遵守与其通信的任何空间站授权相关的条款和条件而申请的,则无须提供对证明来说重复或不必要的技术论证资料等信息。这项规定不适用于10千兆赫以下频段或第25.136条规定的频段的固定卫星服务业务。

(2)如果满足以下所有标准,固定卫星服务发射地球站的许可证申请人可以通过联邦通信委员会第312EZ号表格提交申请:

(i)该申请针对的是将在5925兆赫—6425兆赫频段向地球同步轨道固定卫星服务空间站发射的单个站,或者将在14.0千兆赫—14.5千兆赫、28.35千兆赫—28.6千兆赫和/或29.5千兆赫—30.0千兆赫频段向地球同步轨道固定卫星服务空间站发射的单个或多个站;

(ii)地球站不在船舶、飞机或其他移动交通工具上安装或运行;

(iii)申请符合第25.211条或第25.212条中的所有相关标准,或包含根据本条第(g)分条第(1)款提交的信息,表明拟议地球站的离轴等效全向辐射功率密度不会超过第25.218条规定的相关水平;

(iv)拟议地球站将在5925兆赫—6425兆赫频段发射信号,表明该站的运行已成功与地面系统进行了协调;

(v)必要时,该申请还应包含本章第1.1311条规定的的环境影响声明;

(vi)申请人无意通过《空间站许可清单》之外的、非美国许可的空间站进行通信；

(vii)如果拟议地球站将接收18.3GHz—18.8GHz和/或19.7GHz—20.2GHz频段信号，申请人提出仅通过根据《美国频率分配表》脚注US334完成协调的卫星进行通信，且这些卫星是根据委员会、国家电信和信息管理局已批准的协议所授权的联邦政府系统，且申请人证明其将按照该协议的要求运行。

(3)除非联邦通信委员会另有命令，否则根据本条第(a)分条第(2)款的要求，使用联邦通信委员会第312EZ号表格提交的申请，在已受理备案的公告发布之日后35天即被视为已经获得批准，但前提是在这30天公告期内没有任何人提出异议。

(4)[保留]①

(5)根据本条第(a)分条第(2)款不允许以第312EZ表格提交申请的申请人，必须提交以下信息作为其申请的附件，这些信息将在根据第25.151条发布的公告中作为“资料”使用：

(i)对拟提供服务的详细说明，包括所使用的频段和卫星。申请人必须确定其计划运行的具体卫星，或其计划协调的弧线的东西边界。

(ii)天线的直径或等效直径。

(iii)拟议的功率和功率密度水平。

(iv)任何随机接入技术的确定(如果适用的话)。

(v)明确申请豁免的一项或多项具体规则。

(6)

(i)在地面和空间服务之间以平等权利共享的频段进行传输的地球站的申请人必须根据第25.203条第(b)分条提供的频率协调分析，并且必须包含第25.203条中其他相关规定所要求的通知或演示。

(ii)与非语音非地球同步移动卫星服务相关的用户收发机单元的申请人必须提供第25.135条要求的信息。

(iii)1.6/2.4GHz移动卫星服务用户收发机的申请人必须证明收发机将按照

① 原文为[Reserved]，是联邦法规中的术语，简单地表示它可能在未来某个时间将监管信息插入此位置，用来表示在美国联邦法规的一部分故意留空，而不是由于打印或计算机错误而意外丢失。

第 25. 213 条的相关要求运行。

(iv)根据第 25. 136 条,获得许可的地球站的申请人必须证明发射地球站将满足该条中规定的相关标准,包括第 25. 136 条第(a)分条第(4)款、第(c)分条、第(d)分条第(4)款和/或第(e)分条第(4)款的要求进行的任何演示。

(7)当申请人提交多份基本上相似的申请时,可在首次申请中提交适用于所有拟议站的一般性质的演示,并在其后的申请中以引用的方式将其纳入。

(8)根据国际协议或条约,通过美国许可的固定卫星向非美国许可的卫星传输信号或节目,向外国地点和/或从外国地点传输信号或节目可能会受到限制。联邦通信委员会将维护关于所有此类协议之状态的公开信息。

(9)申请人寻求在共享的政府/非政府频段中运行时,必须提供其拟议地球站天线的半功率波束宽度资料,作为其申请的附件。

(10)除根据第 25. 115 条第(c)分条或第 25. 218 条提交的“一揽子”地球站网络许可申请,根据第 25. 115 条第(e)分条提交的常规 Ka 频段枢纽站申请,根据第 25. 115 条第(f)分条提交的非地球同步固定卫星服务网地球站申请,根据第 25. 136 条提交的单独地球站许可申请,根据第 25. 115 条第(l)款、第 25. 115 条第(m)分条或第 25. 115 条第(n)分条提交的动中通地球站申请,提交的第 25. 257 条定义的综合体中的 29 千兆赫非地球同步移动卫星服务馈线链路站的申请之外,对于不符合本部分另一条规定的“一揽子”许可或网络许可资格的多个固定卫星服务发射地球站,在以下情况下,各方可以在初始申请或许可证修改申请中申请这些地球站的运行权限:

(i)天线将在与地面服务共享的频段上共同发射信号,且位于纬度 1 秒和经度 1 秒之间的区域内。

(ii)天线将主要在分配给固定卫星服务的频段上发射信号,没有为地面服务共同分配主要频段,天线将位于 10 秒纬度和 10 秒经度限定的区域内。

(b)单收地球站。除本节第(b)分条第(1)款和第(8)款规定的情况外,单收地球站许可证的申请必须提交联邦通信委员会第 312 号表格、主表格和附表 B,并附有本条第(a)分条第(5)款第(i)项至第(v)项所规定的证据和信息。根据本章第 1 部分第 Y 子部分应适用的规定,此类申请必须通过国际局备案系统进行电子备案。

(1)在固定卫星服务中与美国许可的空间站或已被正式批准进入美国市场的非美国许可的空间站一起运行的单收地球站,在符合第 25. 209 条第(c)分条限制条件的情况下，可根据第25.203条和第25.251条的程序，在联邦通信委员会进行注册，以保护它们在与固定服务共享的频段中免受地面微波站的干扰。

(2) 联邦通信委员会向单收地球站颁发许可证或予以注册时并不授予其接收和使用从卫星接收的信号或节目的权限。见《通信法》第705条(《美国法典》第47编第605条)。

(3) 注册申请必须附有第25.203条要求的协调证据和其他证据。

(4) 完整的注册申请将公示30日。如果没有人向联邦通信委员会提交异议并送达申请人，则该申请将自动获得批准。若有人提出异议，则根据本章第1.45条的规定，进行额外的答辩。

(5) 单收地球站注册之后，将列出注册指定位置的授权频段。防干扰等级为协调过程中商定的等级。

(6) 从非美国卫星接收信号或节目可能会受到国际协议或条约的限制。联邦通信委员会将维护所有关于此类协议之状态的公开信息。

(7) 注册期限：受本节管辖的单收地球站的注册在申请提交之日起15年内有效。注册续期申请必须在注册到期日前30天至90天内向联邦通信委员会提交第312R号表格(《指定服务无线电站许可证续期申请》)。

(8) 单收地球站许可证或注册修改申请必须按照第25.117条和第25.118条的要求提交。此外，当单收地球站不再运行或在任何6个月期间没有被用于提供任何服务时，注册者必须通知联邦通信委员会。

(9)

(i) 除本条第(b)分条第(9)款第(ii)项规定的情况外，与非美国许可的空间站一起运行的单收地球站必须提交联邦通信委员会第312号表格，申请运行该站的许可证或对该站进行修改。

(ii) 若空间站运行方和地球站运行方遵守本章中所有应适用的规则以及《空间站许可清单》或市场准入许可中的适用条件，则单收地球站的运行方无须申请许可证，就可以接收已被正式批准进入美国市场的非美国许可的空间站传输的信号。

(c)

(1) 10.7千兆赫—12.2千兆赫或14千兆赫—14.5千兆赫的地球同步卫星轨道固定卫星服业务地球站。在10.7千兆赫—12.2千兆赫或14千兆赫—14.5

千兆赫频段内运行的“一揽子”许可证申请可通过提交联邦通信委员会第312号表格或第312EZ号表格提交进行。网络内运行的每个大型(5米或更大)枢纽站天线和每类代表性小型天线(小于5米)均应提供一份附表B;然而,就固定服务而言,10.7千兆赫—11.7千兆赫频段的“一揽子”许可是在不受保护的基础上进行的。

(i)对于“一揽子”运行权限下在11.7千兆赫—12.2千兆赫和14.0千兆赫—14.5千兆赫频段运行的地球站网络许可证申请,如果其符合第25.212条第(c)款或第25.218条第(e)款或第(f)款的要求的话,将例行处理。

(ii)对于“一揽子”运行授权下在11.7千兆赫—12.2千兆赫和14.0千兆赫—14.5千兆赫频段运行的地球站运行网络许可证的申请,如果其不符合第25.212条第(c)款或第25.218条第(e)款或第(f)款的要求,则必须符合第25.220条的要求,且必须通过提交联邦通信委员会第312号表格提交,并为网络内运行的每个大型(5米或更大)枢纽站天线和每类代表性小型天线(小于5米)提供一份附表B。

(2)在3700兆赫—4200兆赫和5925兆赫—6425兆赫频段运行的地球站网络。在3700兆赫—4200兆赫和5925兆赫—6425兆赫频段运行的地球站运行网络许可证的申请必须以电子方式通过提交联邦通信委员会第312号表格、主表格和附表B提交。如果已经圆满完成频率协调的工作,并且拟议的地球站符合第25.211条第(d)款或第25.212条第(d)款的适用规定,申请将得到被例行处理。如果拟议的地球站符合第25.218条第(c)款或第25.218条第(d)款中相关的离轴等效全向辐射功率密度限制,则可以例行处理对已经圆满完成频率协调的申请人进行的申请例行处理。

(i)对于运行工作功率水平不符合第25.211条第(d)款或第25.212条第(d)款应适用规定的地球站天线,或工作等效全向辐射功率密度水平不符合第25.218条第(c)款或第25.218条第(d)款规定的地球站天线,申请人必须提交初步的主申请,详细叙述整个网络。此类主申请必须完全明确地球站天线所提供服务的范围和性质,以及将在网络中运行的每种代表性天线的完整技术细节。单个系统的此类主申请必须明确:

(A)拟接入的地球同步卫星不超过三颗;

(B)所寻求的频率带宽量,每个卫星每个方向上可寻求的频率带宽最多为20兆赫的频谱(系统中的所有地球站都可以访问每个卫星上相同的20

兆赫上行链路和 20 兆赫下行链路频谱，上行链路频谱的 20 兆赫和下行链路频谱的 20 兆赫在每个卫星的位置不必相同）；

（C）地球站站点的最大数量。

（ii）在对主申请发放许可证后，持牌被许可人应在每个地球站站点根据主授权投入运行之前，将该站点的完整技术参数通知联邦通信委员会。在向联邦通信委员会提交通知之前，应完成每个站点（如每个卫星及其相关频谱）的全频率协调。该协调必须根据第 25.203 条进行。此类通知应通过电子方式提交归档，并应符合联邦通信委员会第 312 号表格附表 B 的技术参数要求。

（iii）成功协调此类地球站后，如果地球站运行方在成功完成协调后的 6 个月内没有提交主申请或附表 B，除非在 6 个月期限结束前的 10 天内收到第二份通知，否则将认为该运行方不再需要使用此类频率。此类续期通知必须发送给所有相关方。如果未及时收到主申请或附表 B 或更新通知，协调将失效。如果持牌被许可人仍希望使相关地球站投入运行，则必须重新协调这些地球站。

（iv）在发布的公告表明申请人已向联邦通信委员会发出了修改的通知后，如果符合本节第（c）（2）（vi）段款的要求，则各站点可立即开始运行。在主许可期限内，每个站是否能够继续运行应取决于其是否圆满完成正常的公告流程。如果在 30 天的公告征求意见期结束前收到对该新站的异议，持牌人被许可人应立即停止这些站的运行，直到争议得到解决为止，且持牌人应将解决情况通知联邦通信委员会。如果不符合本节第（c）（2）（vi）段款的要求，则在联邦通信委员会根据终端授权发布公告之前，各站点不得开始运行。

（v）每位持牌人应每年向联邦通信委员会提供其系统中所有运行中的地球站的最新清单。年度清单应包括年内停用的所有地球站的清单，以及截至报告日期为网络提供服务的卫星的标识。

（vi）有附条件授权。

（A）根据本节第（c）（2）（i）段款授权在 3700 兆赫—4200 兆赫或 5925 兆赫—6425 兆赫频段运行的新无线站、根据本节第（c）（2）（i）段款授权的或对现有站进行修改的申请人可在符合本节第（c）（2）（ii）段款的备案受理通知的公告发布后，在其申请待定这段时间运行拟议的站。然而，申请人必须首先证明满足以下条件：

1. 已圆满完成第 25.203 条规定的频率协调程序；

2. 天线结构已经过联邦航空管理局的研究，并确定不会对本章第 17 部分第 B 子部分所要求的航空安全造成危害，或者虽然塔架天线结构之前未经联邦航空管理局研究并经联邦通信委员会批准，但塔架天线结构不超过地面或现有人造结构（天线结构除外）6.1 米；

3. 申请的批准并不代表需要联邦通信委员会规则的豁免（与费用有关的豁免申请除外）；

4. 申请人在遵守本章第 17.4(c) 节规定的相关环境通知程序后，已确定该（这些）设施不会对本章第 1.1307 节定义的环境产生重大影响；

5. 站点不在任何国际边界的 56.3 公里范围内，也不在本章第 1.924 节确定的无线电"安静区"内；

6. 提交的申请与根据第 25.251 条协调的方案一致。

(B) 如联邦通信委员会不受理附表 B 的备案而退还这一附表，则有条件授权立即终止。

(C) 对于依据本节第(c)(2)(vi)(A)段款和第(c)(2)(vi)(B)段款进行的有附条件授权，要保留一份含地球站记录的附表 B，以资证明。有附条件授权并不影响联邦通信委员会就相关申请或附表 B 采取任何行动。

(D) 接受有附条件的授权要完全理解以下说明：如果联邦通信委员会自行酌情判断认为有必要采取行动的，其联邦通信委员会可以随时修改或取消这种授权，而无须举行听证，由根据这种有附条件的授权进行操作的申请人承担与该操作、有附条件授权的终止或修改或随后驳回或拒绝其申请相关的所有风险。

(E) 根据本节运行的每个站均必须张贴附表 B 通知单的副本。

(vii) 建设期。除非联邦通信委员会对特定申请另有约定，否则每个地球站必须在获得运行授权之日起 12 个月内圆满竣工，并投入正常运行。

(3) 在 18.3 千兆赫—18.8 千兆赫、19.7 千兆赫—20.2 千兆赫、28.35 千兆赫—28.6 千兆赫和 29.25 千兆赫—30 千兆赫频段运行的地球站网络通过美国许可的或非美国许可的卫星提供国内或国际服务。

(i) 对于将根据"一揽子"运行授权在 28.35 千兆赫—28.6 千兆赫和/或 29.25 千兆赫—30.0 千兆赫频段向地球同步轨道空间站发射数字调制信号的地

球站,其许可证申请必须通过提交联邦通信委员会第 312 号表格或第 312EZ 号表格(如果有的话)提交,并为网络内运行的每个大型(5 米或大于 5 米)枢纽站天线和每类代表性小型天线(小于 5 米)提供一份附表 B。如果这些地球站符合第(c)(3)(i)(A)段和第(c)(3)(i)(B)段中的标准,则可以进行例行处理:

(A)申请人根据第 25.132(a)(1)的规定证明,网络中发射天线的离轴增益不会超过第 25.209(a)和(b)中规定的相关水平,并且所有数字调制载波进入拟议网络中的任何发射地球站天线的功率谱密度不会超过第 25.212(e)中规定的 3.5 dBW/MHz。

(B)申请包含根据本节第(g)(1)段款提交的信息,表明拟议地球站的离轴等效全向辐射功率密度不会超过第 25.218(i)条规定的相关常规水平。

(ii)对于"一揽子"运行授权下在 28.35 千兆赫—28.6 千兆赫和/或 29.25 千兆赫—30.0 千兆赫频段运行的地球站运行网络许可证的申请,如果其不符合第 25.212 条第(e)款或第 25.218 条第(i)款的要求,则必须符合第 25.220 条的要求,且必须通过提交联邦通信委员会第 312 号表格提交,并为网络内运行的每个大型(5 米或大于 5 米)枢纽站天线和每类代表性小型天线(小于 5 米)提供一份附表 B。

(d)移动卫星服务用户收发机无须单独申请许可。服务供应商可通过联邦通信委员会第 312 号表格、主表格和附表 B 对此类收发机提交"一揽子"申请,指定具体说明"一揽子"许可涵盖的装置数量。1.5/1.6 千兆赫移动卫星服务用户收发机的"一揽子"许可申请必须说明申请人将如何遵守第 25.287 条中的优先权和优先访问要求。

(e)17.8 千兆赫—30 千兆赫频段地球同步轨道固定卫星服务地球站。17.8 千兆赫—19.4 千兆赫、19.6 千兆赫—20.2 千兆赫、27.5 千兆赫—29.1 千兆赫或 29.25 千兆赫—30 千兆赫频段的地球同步轨道固定卫星服务地球站许可证申请如果未根据本节第(a)(2)段款提交通过联邦通信委员会第 312EZ 号表格上提交,则必须通过提交联邦通信委员会第 312 号表格、主表格和附表 B 提交,并且必须包含第(a)(5)段至第(a)(10)段或第(g)段或第(j)段要求的任何信息。

(f)10.7 千兆赫—30.0 千兆赫频段非地球同步轨道固定卫星服务地球站。

1.10.7 千兆赫—30.0 千兆赫频段非地球同步轨道固定卫星服务地球站许可证申

请必须包含第25.146(a)(2)中所述的认证。

2. 单个或"一揽子"许可申请可申请在10.7千兆赫—12.7千兆赫、14千兆赫—14.5千兆赫、17.8千兆赫—18.6千兆赫、18.8千兆赫—19.4千兆赫、19.6千兆赫—20.2千兆赫、28.35千兆赫—29.1千兆赫或29.5千兆赫—30.0千兆赫频段上运行可申请单个或"一揽子"许可；但是，动中通地球站不能在28.35千兆赫—28.4千兆赫频段上运行。对于当前和未来固定服务运行系统，其在10.7千兆赫—11.7千兆赫、17.8千兆赫—18.3千兆赫、19.3千兆赫—19.4千兆赫和19.6千兆赫—19.7千兆赫频段上的"一揽子"许可是不受保护的。

3. 单个许可证申请只能申请12.75千兆赫—13.15千兆赫、13.2125千兆赫—13.25千兆赫、13.75千兆赫—14千兆赫或27.5千兆赫—28.35千兆赫频段的运行。

(g)对于将在5850兆赫—6725兆赫、13.75千兆赫—14.5千兆赫、24.75千兆赫—25.25千兆赫、28.35千兆赫—28.6千兆赫或29.25千兆赫—30.0千兆赫频段的任何部分向地球同步轨道空间站发射信号的地球站，其申请除了必须包含联邦通信委员会第312号表格和相关附表B中确定的操作细节外，还必须包含本条第(g)(1)款或第(g)(2)款规定的每种地球站天线的信息。

(1)就本规则而言，"离轴角"是指地球站天线与目标卫星之间的夹角，单位为度。根据符合第25.132(b)(1)中的要求的进行测量值时，应按照以下要求计算离轴等效全向辐射功率密度的规格。

(i)在负180°至正180°的离轴角下，与地球同步轨道弧相切的平面内的最大同极化等效全向辐射功率密度图。

(ii)在负10°至正10°的离轴角下，与地球同步轨道弧相切的平面内的最大同极化等效全向辐射功率密度图。

(iii)在0°至正30°的离轴角下，与地球同步轨道弧垂直的平面内的最大共同极化等效全向辐射功率密度图。

(iv)在负7°至正7°的离轴角下，与地球同步轨道弧相切的平面内的最大交叉极化等效全向辐射功率密度图。

(v)在负7°至正7°的离轴角下，与地球同步轨道弧垂直的平面内的最大交叉极化等效全向辐射功率密度图。

(vi)对于根据第25.132(b)(1)(iv)的规定进行增益测量的天线，根据本节第(g)(1)(i)至第(g)(1)(v)段款中规定绘制的等效全向辐射功率密度图必须在两个正交平面中的规定角度范围内,其中一个平面与地球同步轨道弧相切,并且天线工作在其最大斜交角下。申请人必须具体进行说明。

(vii)第25.218节中规定的相关离轴等效全向辐射功率密度包络线必须叠加在根据本节第(g)(1)(i)至第(g)(1)(vi)段提交的图上。

(viii)演示时必须包含一个补充表格,在超出相关等效全向辐射功率密度包络的每个离轴角范围时,用于以离轴度为单位指定角坐标(以度为单位)、在超出常规包络的角范围内每0.2°以及该范围每侧1°计算的相应离轴等效全向辐射功率密度。

(2)如果申请人根据第25.132(a)(1)已经证明拟议天线的测量增益图符合第25.209(a)和(b)规定的相关标准,并且天线的输入功率密度不会超过第25.211或第25.212中的相关限制,则该申请人无须根据本节第(g)(1)段款操作该天线来进行演示。

(h)[保留]

(i)申请由固定卫星服务地球站组成"一揽子"许可地球站网络并计划采用竞争协议的地球站申请人必须在其申请中添加一份证明,证明其竞争协议的采用是合理的。

(j)新固定地球站的申请、涉及一个或多个现有地球站天线结构整体高度变更的修改申请均必须包含该天线结构对应的联邦通信委员会天线结构注册号(如果已经分配了的话)。如果未分配此类编号,申请中必须说明根据本章第17部分,是否要求事先通知联邦航空局。如果要求事先通知联邦航空局,则申请中还必须说明申请人或该结构的所有人是否已通知联邦航空局拟进行建设或者变更,并根据本章第17部分申请天线结构注册号。如果申请人坚持认为建设或者变更后的总高度超过地面6.1米无须事先通知联邦航空局,则申请人必须在申请中解释无须事先通知的原因。

(k)

(1)对于符合常规或扩展C频段、常规或扩展Ku频段、常规Ka频段或24.75千兆赫—25.25千兆赫频段常规处理条件的固定卫星服务地球站的申请人,其根据本节第(m)(1)段或第(n)(1)段款提交的船载地球站申请、根据本节第(m)(1)段或第(n)(1)段提交的车载地球站申请以及根据本节第(m)(1)段或第(n)(1)段提交的机载地球站申请,可以指定《已许可的空间站许可清单》作为通信点。一旦此类申请获得批准,地球站运行方可以与《已许可的空间站许可清单》上的任何空间站进行通信,但前提是该运行符合地球站许可证中的技术参数、条件以及对空间站授权的限制或在《已许可的空间站许可清单》中注明的限制。

(2)尽管有本节第(k)(1)段款的规定,接收 17.8 千兆赫—20.2 千兆赫频段信号的地球站不得与《已许可的空间站许可清单》上该频段的空间站通信,直到空间站运行方完成本章脚注 US334 至 2.106 节脚注 US334 中要求的协调为止。

(l)除本节第(a)(1)、(5)、(6)段和第(i)段中的要求外,本段款的要求也适用于在固定卫星服务中配合地球同步卫星在 5925 兆赫—6425 兆赫(地对空)频段进行船载地球站操作的申请:

(1)如果已经圆满完成所有必要的频率协调,并且拟议地球站的信号传输符合第 25.212(d)中应适用的规定或第 25.218(d)中应适用的离轴等效全向辐射功率密度限制,则这些申请应按常规处理。此类申请必须包含本节第(g)段款规定的相关信息。对于在运用地球站可变功率密度控制技术的网络中运行的动中通地球站,其申请人还必须提供第 25.212(g)或第 25.218(d)(4)(以适用的条款为准)中要求的证明。

(2)如果拟议地球站的信号传输不符合第 25.212(d)中应适用的规定或第 25.218(d)中应适用的离轴等效全向辐射功率谱密度限值,则申请必须包含本节第(g)(1)段规定的信息,并符合第 25.220 中的要求。

(3)申请必须包含以下信息:

(i)对于符合相关离轴等效全向辐射功率密度包络的动中通地球站,其申请人必须证明,动中通地球站系统能够自我监控,且当动中通地球站发射机超过相关离轴等效全向辐射功率密度限值等效全向辐射功率谱密度限值时,它能够在 100 毫秒内自动停止或减少发射。对于不符合相关离轴等效全向辐射功率密度包络的动中通地球站,其申请人必须详细证明,动中通地球站系统能够自我监控,且当动中通地球站发射机超过相关离轴等效全向辐射功率密度限值等效全向辐射功率谱密度限值时,它能够在 100 毫秒内自动停止或减少发射。可变功率动中通地球站申请人必须证明:如果一个或多个发射机的总离轴等效全向辐射功率密度超过相关的离轴等效全向辐射功率密度限值等效全向辐射功率谱密度限值,这个或这些发射机能够在收到来自系统网络控制和监控中心的命令后在 100 毫秒内自动停止或减少发射。

(ii)描述船载地球站拟运行地理区域的附表。

(iii)第25.228(e)(2)中提到的联络点信息。

(iv)如果船载地球站超过本章第1.1310节的射频辐射暴露指南规定,其申请人必须随其环境影响评价资料一起提供一份辐射暴露缓解计划,以符合这些指南规定的要求。

(m)除本节第(a)(1)、第(a)(5)段和第(i)段中的要求外,本段款的要求也适用于在固定卫星服务中配合地球同步卫星在14.0兆赫—14.5兆赫(地对空)频段进行动中通地球站操作的申请:

(1)如果已经圆满完成所有必要的频率协调,并且拟议地球站的信号传输符合第25.212(c)(2)中应适用的规定或第25.218(f)中应适用的离轴等效全向辐射功率密度限制,则这些申请应按常规处理。此类申请必须包含本节第(g)段款规定的相关信息。对于在运用地球站可变功率密度控制技术的网络中运行的动中通地球站,其申请人还必须提供第25.212(g)或第25.218(f)(4)(以适用的条款为准)中要求的证明。

(2)如果拟议地球站的信号传输不符合第25.212(c)(2)中适用的规定或第25.218(f)中适用的离轴等效全向辐射功率密度限值等效全向辐射功率谱密度限值,则申请中必须包含本节第(g)(1)段中规定的信息,并符合第25.220节的要求。

(3)申请必须包含以下信息:

(i)对于符合相关离轴等效全向辐射功率密度包络的动中通地球站,其申请人必须证明,动中通地球站系统能够自我监控,且当动中通地球站发射机超过相关离轴等效全向辐射功率密度限值等效全向辐射功率谱密度限值时,它能够在100毫秒内自动停止或减少发射。对于不符合相关离轴等效全向辐射功率密度包络的动中通地球站,其申请人必须详细证明,动中通地球站系统能够自我监控,且当动中通地球站发射机超过相关离轴等效全向辐射功率密度限值等效全向辐射功率谱密度限值时,它能够在100毫秒内自动停止或减少发射。可变功率动中通地球站申请人必须证明:如果一个或多个发射机的总离轴等效全向辐射功率密度超过相关的离轴等效全向辐射功率密度限值等效全向辐射功率谱密度限值,这个或这些发射机能够在收到来自系统网络控制和监控中心的命令后在100毫秒内自动停止或减少发射。

(ii)描述动中通地球站拟运行地理区域的附表。

(iii)第25.228(e)(2)、(f)或(g)(1)(视情况而定)中提到的联络点信息。

(iv)如果动中通地球站超过本章第1.1310节规定的于射频辐射暴露的指南规定,其申请人必须随其环境影响评价资料一起提供一份辐射暴露缓解计划,以符合这些指南规定的要求。

(n)除本节第(a)(1)、(5)段和第(i)段中的要求外,本段的要求也适用于在固定卫星服务中配合地球同步卫星在28.35千兆赫—28.6千兆赫或29.25千兆赫—30.0千兆赫(地对空)频段进行动中通地球站操作的申请:

(1)如果已经圆满完成所有必要的频率协调,并且拟议地球站的信号传输符合第25.212(e)中应适用的规定或第25.218(i)中应适用的离轴等效全向辐射功率密度限制,则这些申请应按常规处理。此类申请必须包含本节(g)段款规定的相关信息。对于在运用地球站可变功率密度控制技术的网络中运行的动中通地球站,其申请人还必须提供第25.212(g)或第25.218(i)(5)中(以适用的条款为准)要求的证明。

(2)如果拟议地球站的信号传输不符合第25.212(e)中应适用的规定或第25.218(i)中应适用的离轴等效全向辐射功率密度限值等效全向辐射功率谱密度限值,则申请中必须包含本节第(g)(1)段款规定的信息,并符合第25.220节的要求。

(3)申请必须包含以下信息:

(i)对于符合相关离轴等效全向辐射功率密度包络的动中通地球站,其申请人必须证明,动中通地球站系统能够自我监控,且当动中通地球站发射机超过相关离轴等效全向辐射功率密度限值等效全向辐射功率谱密度限值时,它能够在100毫秒内自动停止或减少发射。对于不符合相关离轴等效全向辐射功率密度包络的动中通地球站,其申请人必须详细证明,动中通地球站系统能够自我监控,且当动中通地球站发射机超过相关离轴等效全向辐射功率密度限值等效全向辐射功率谱密度限值时,它能够在100毫秒内自动停止或减少发射。可变功率动中通地球站申请人必须证明:如果一个或多个发射机的总离轴等效全向辐射功率密度超过相关的离轴等效全向辐射功率密度限值等效全向辐射功率谱密度限值,这个或这些发射机能够在收到来自系统网络控制和监控中心的命令后在100毫秒内自动停止或减少发射。

（ii）描述动中通地球站拟运行地理区域的附表。

（iii）第25.228（e）（2）、（f）或第（g）（1）（视情况而定）中提到的联络点信息。

（iv）如果动中通地球站超过本章第1.1310节中关于射频辐射暴露的指南，其申请人必须随其环境影响评价资料一起提供一份辐射暴露缓解计划，以符合这些指南要求的范围。

（o）除本节第（a）（1）段、第（a）（5）段和第（i）段中的要求外，本段的要求也适用于在固定卫星服务中配合非地球同步卫星进行动中通地球站操作的申请：

（1）描述动中通地球站拟运行地理区域以及枢纽站和/或网关站位置的附表。

（2）第25.228（e）（2）、（f）或第（g）（1）（视情况而定）中提到的联络点信息。

（3）如果动中通地球站超过本章第1.1310节规定的射频辐射暴露的指南规定，其申请人必须随其环境影响评价资料一起提供一份辐射暴露缓解计划，以符合这些指南规定的要求。

（p）持牌被许可人和受让人应确保遵守本章第1.1307节（b）、第2.1091节和第2.1093节中联邦通信委员会对射频暴露的要求。如果来自拟建设施的射频辐射与来自其他来源的辐射相结合，导致可进入区域的射频功率密度或场强超过本章1.1310中规定的适用限值，则可能需要进行环境影响评价。见1.1307（b）（5）（ii）。

# 《联邦法规》第 47 编　电信
# 第一章联邦通信委员会/第 B 分章公共运营商服务/第 25 部分第 137 条　通过非美国许可空间站申请美国市场准入

# 《联邦法规》第 47 编　电信　第一章联邦通信委员会/第 B 分章公共运营商服务/第 25 部分第 137 条通过非美国许可空间站申请美国市场准入

(a)申请授权与非美国许可的空间站进行通信的地球站申请人、申请宣告性裁决以使用非美国许可的空间站进入美国市场的实体，均必须随其提交的联邦通信委员会第 312 号表格附上一份证据，证明美国许可的卫星系统在以下地区也具有提供类似服务的有效竞争机会：

(1)给非美国许可的空间站颁发许可证的国家。

(2)将开始或终止与美国地球站通信的所有国家。申请人有责任证明给非美国许可的空间站颁发许可证的国家不存在限制或阻止美国卫星系统进入相关外国市场的实际或法律限制。本款要求的证据还必须包含一份声明，说明批准申请符合公共利益。本款不适用于要求授权使用经世界贸易组织某一成员国许可或寻求其许可的非美国许可的卫星，以提供世界贸易组织《基础电信协议》所涵盖的服务。

(b)根据本条第(a)分条提出的所有申请都必须通过国际局备案系统以电子方式进行备案，并且必须在该空间站的许可申请书中随附一份证明，以提供第 25.114 条、第 25.122 条或第 25.123 条要求的该类非美国许可空间站的法律和技术信息，信息内容包括但不限于：填写附表 S 所需的信息。申请人可通过交叉引用包含必要信息的待决申请，或引用先前授予的相关权限来满足这一要求，以便使用所涉空间站在相同频段进行通信来提供同类服务。

(c)对于寻求为美国服务的非美国许可的非地球同步卫星系统，可以根据第 25.157 条将其与美国其他的非地球同步卫星系统同时进行审议，且可以先于美国其他卫星系统运行方在此之后提交的申请进行审议。对于寻求为美国服务的非美国许可的地球同步卫星系统，其相关申请可以根据第 25.158 条进入申请队列，且可以先于其他美国的卫星系统运行方在此之后提交的申请进行审议。但上述内容的前提条件是非美国许可的卫星系统满足以下内容：

(1)已经在轨运行;

(2)已经取得其他行政机构的许可;

(3)已提交国际电信联盟进行协调。

(d)申请授权与非美国许可的空间站进行通信的地球站申请人、申请宣告性裁决以进入美国市场的实体均必须证明该非美国许可的空间站符合联邦通信委员会提出的、所有适用于非美国许可的系统在美国运行的要求,包括但不限于以下内容:

(1)里程碑。

(2)报告要求。

(3)任何其他适用的服务规则。

(4)第25.165条中适用于未在轨运行的非美国许可的空间站的保证金要求。

(5)对于非地球同步卫星运行市场准入的被许可人,如果其已有一份特定频段市场准入申请在联邦通信委员会备案,或者其尚未建造的在特定频段的非地球同步系统的市场准入申请已经获得批准(根据第25.122条或第25.123条的程序进行备案或批准的申请除外),则其不得在该频段申请其他非地球同步系统的美国市场准入。第(d)分条第(5)款不适用于根据第25.122条或第25.123条申请美国市场准入的被许可人。

(e)根据宣告性裁决申请非美国许可空间站的美国市场准入的实体可通过提交一份附加宣告性裁决申请来修正其申请。此类附加申请与美国空间站申请人提交的修正文件将被同等对待,进而来确定这些申请相对于待决申请的审议顺序。

(f)已经根据一项宣告性裁决获得美国市场准入的非美国许可空间站运行方可根据第25.117条第(d)分条和第(h)分条以及第25.118条第(e)分条中规定的程序修改其在美国的运行范围。

(g)如果某一个非美国许可的卫星运行方获得了对已获准为美国服务的非美国许可空间站的控制权,则必须在该交易完成后30天内通知联邦通信委员会,以便联邦通信委员会能够让相关方有机会就该交易是否影响了我们在允许卫星运行方进入美国市场时所做的考虑发表意见。除非联邦通信委员会另有决定,否则被转让给新所有者的非美国许可卫星可以继续在美国提供服务。如果受让人未获得或未成功寻求世界贸易组织成员的许可来提供世界贸易组织《基础电信协议》下所涵盖的服务,则该非美国许可的卫星运行方必须按照本条第(a)分条的规定进行展示。

# 《国防部第 4650.05 号指令:定位导航授时》

# 国防部第 4650.05 号指令:定位导航授时

**起草部门:**国防部首席信息官办公室

**生效日期:**2016 年 6 月 9 日

**第 2 次修订生效日期:**2021 年 4 月 8 日

**可发布性:**获准公开,可在国防部发布网站获取:https://www.esd.whs.mil/DD/

**重新发布和撤销:**国防部第 4650.05 号指令,《定位导航授时》,2008 年 2 月 19 日

**批准人:**国防部副部长罗伯特·沃克

**第 2 次修订批准人:**国防部副部长凯瑟琳·希克斯

目的:本次发布:

· 根据《美国法典》第 10 编第 2281 条和第 39 号国家安全总统令,①为国防部定位导航授时(PNT)体系制定政策并分配职责。

· 通过指定国防部首席信息官为 PNT 政策的国防部在 PNT 政策各方面立场的形成和协调等工作的首席参谋助理,扩大并明确国防部第 5144.02 号指令中赋予国防部首席信息官的权力和职责,以便与外部组织沟通。

· 建立国防部定位导航授时监督委员会(以下简称 PNT 监督委员会),与提供或支持 PNT 体系的国防部各部门和组织进行协调,对美国 PNT 体系中由国防部负责的部分进行监督。

## 第 1 节　发 布 概 况

### 1.1　适用范围

本次发布适用于国防部长办公室、各军事部门、参谋长联席会议主席办公室、作战司令部、国防部监察长办公室、国防机构、国防部现场活动机构以及国防部内的所有其他组织实体(以下统称国防部各部门)。

---

① 第 39 号国家安全总统令《美国天基定位导航授时政策》,2004 年 12 月 15 日。

### 1.2 政策

国防部 PNT 体系：

a. 为美国承担三大主要职能：

（1）确保美国和盟军可在世界任何地方有效使用军用全球定位系统（Global Positioning System，GPS）和其他 PNT 服务，并提供保护；

（2）防止敌方在军事行动区有效使用 PNT 服务；

（3）为军事行动区以外的非作战人员提供民用 GPS 的 PNT 服务。

b. 提供 PNT 信息，且该信息对军事任务的执行、指挥和控制以及作战司令和其他高级决策者持续了解局势所必需之信息网络的有效运行至关重要。

c. 要求在两用 PNT 系统的管理和运行方面与其他联邦部门和机构合作。

d. 要求参与美国国内民间以及国际上政府的和民间组织的 PNT 论坛，在这些论坛中，美国政府必须协调立场以支持为国防部的目标。

### 1.3 变更 2 的摘要

对该文件进行修订是因为美国太空司令部成立，以及美国太空司令部和美国战略司令部之间重新分配了职责。变更如下：

a. 将职责分配给美国太空司令部司令，并相应地调整美国战略司令部司令的职责。

b. 更新组织名称和参考材料以确保准确性。

## 第 2 节 职 责

### 2.1 国防部首席信息官

国防部首席信息官的职责：

a. 落实本指令，包括发布必要的政策、程序和指南。

b. 担任 PNT 政策以及国防部在 PNT 政策各方面立场的形成和协调等工作的首席参谋助理，以便与外部组织沟通。

c. 建立并主持国防部 PNT 执行管理委员会（EMB）和各工作组，以监督为 PNT 监督委员会提供支持的管理过程。

d. 设立 PNT 监督委员会秘书处，为会议提供组织和人员支持，发布委员会指导和决定，并牵头对委员会应提交的报告进行准备和人员协调。

e. 作为 PNT 监督委员会的有表决权的成员，明确并向 PNT 监督委员会汇报开展国防部 PNT 体系时，国防部需要满足的 PNT 政策要求。

f. 确保为国防部 PNT 职能提供支持的各系统符合国防部第 4650.08 号指示中规定的国防部导航战的要求。

### 2.2　国防部采办与保障副部长

国防部采办与保障副部长的职责：

a. 担任 PNT 监督委员会的联席主席，并且具有表决权。

b. 监督运用或提供 PNT 能力以及国防部 PNT 系统相关性能标准的国防部各系统的采办行为。确认在采办活动中，经批准的 PNT 政策在国防部采办与保障副部长的监督下得以落实。

### 2.3　国防部研究与工程副部长

国防部研究与工程副部长的职责：

a. 是 PNT 监督委员会的有表决权的成员。

b. 为国防部在 PNT 研发以及新兴 PNT 能力方面的投资提供监督和指导。

c. 基于技术预测，有效建模，仿真、原型和实验获得的知识成果，通告和影响 PNT 项目要求。

d. 通过监督和管理各服务实验室、国防部研究机构、行业和学术界的 PNT 研究和开发活动，审查和监督整个服务部门的 PNT 研究、系统工程和开发测试流程。

### 2.4　作战试验与鉴定局局长

作为 PNT 监督委员会的无表决权的成员，作战试验与鉴定局局长的职责：

a. 为进行与 PNT 有关的作战试验与评估制定政策和程序，并就这些事项向委员会提出建议。

b. 就漏洞识别（包括网络安全漏洞）和缓解措施向委员会提供建议。

c. 根据对 GPS 体系的监督情况以及通过作战试验与表现评估所得到的认识，向委员会提供建议。

### 2.5　国防部副部长（审计长）/国防部首席财务官

作为 PNT 监督委员会的无表决权的成员，国防部副部长（审计长）/国防部首席财务官负责为委员会会议中以及委员会成果提供相应的专业知识。

### 2.6　国防部情报和安全副部长

作为 PNT 监督委员会的有表决权的成员，国防部情报和安全副部长负责为委员会会议以及委员会成果提供相应的专业知识。

### 2.7　国家安全局局长/中央安全局局长

在国防部情报和安全副部长的授权、指导和指挥下，作为 PNT 监督委员会的有表决权的成员，国家安全局局长/中央安全局局长负责监督和指导与PNT有关的行动以及协调与密码和精确授时事项有关的能力需求。

**2.8 国家地理空间情报局局长**

在国防部情报和安全副部长的授权、指导和指挥下，作为PNT监督委员会的无表决权的参与者，国家地理空间情报局局长负责为委员会会议以及委员会成果提供相应的专业知识。

**2.9 国家侦察局局长**

在国防部情报和安全副部长的授权、指导和指挥下，作为PNT监督委员会的无表决权的参与者，国家侦察局局长负责为委员会会议以及委员会成果提供相应的专业知识。

**2.10 国防部政策副部长**

国防部政策副部长的职责：

a. 作为PNT监督委员会的有表决权的成员，为国防部PNT体系有关的国际事务提供监督和指导。

b. 与国防部首席信息官协调，制定国家安全和国防政策，整合天基PNT政策和计划，以实现国家安全目标。

c. 与国防部首席信息官协调，参与涉及国家安全委员会、国务院以及对天基PNT国家安全政策有关切、负有职责的其他联邦部门、机构以及跨部门团体的天基PNT事务。

d. 与国防部首席信息官协调制定国防部政策，指导美国与外国政府、其军事机构和国际组织建立联盟和防御关系；整合并监督与天基PNT相关的联盟或外国国防机构开展的计划和项目。

**2.11 国防部成本评估和计划鉴定局局长**

作为PNT监督委员会的无表决权参与者，国防部成本评估和计划鉴定局局长负责为委员会会议以及委员会成果提供相应的专业知识。

**2.12 各军事部门的部长**

作为PNT监督委员会的当然成员和有表决权的成员，各军事部门的部长负责为与服务有关的PNT作战和能力需求提供监督和指导，为委员会会议以及委员会成果提供相应的专业知识。

**2.13 参谋长联席会议副主席**

参谋长联席会议副主席的职责：

a. 担任 PNT 监督委员会的联席主席，并且具有表决权。

b. 确定并向 PNT 监督委员会汇报国防部需要满足的 PNT 作战要求。

**2.14　美国太空司令部司令**

美国太空司令部司令的职责：

a. 作为 PNT 监督委员会的具有表决权的成员，为天基 PNT 相关的联合行动以及支持国防部导航战作战的 PNT 联合弹性需求与能力提供监督和指导。

b. 为美国作战司令部提供应急联合弹性 PNT 与导航战的计划和行动支持。

**2.15　美国战略司令部司令**

美国战略司令部司令的职责：

a. 作为 PNT 监督委员会的具有表决权的成员，为影响美国战略司令部所负责的战略任务地区的 PNT 能力的使用推广以及使用电磁频谱支持导航战行动方面，提供监督和指导。

b. 为美国战略司令部司令负责的 PNT 能力制定作战和策略、技术和程序的联合概念。

**2.16　美国北方司令部司令**

作为 PNT 监督委员会的具有表决权的成员，美国北方司令部司令负责对与美国国土防御有关的 PNT 相关的作战和能力需求提供监督和指导。

**2.17　美国网络司令部司令**

作为 PNT 监督委员会的具有表决权的成员，美国网络司令部司令负责对与国防部网络基础设施有关的 PNT 相关的作战和能力需求提供监督和指导。

## 第 3 节　PNT 监督委员会

**3.1　PNT 监督委员会的组成**

PNT 监督委员会由第 2 节确定的具有表决权的成员和无表决权的参与者组成。

a. 有表决权的成员：

(1) 各军事部门的部长。

(2) 参谋长联席会议副主席，担任委员会的联席主席。

(3) 国防部采办与保障副部长，担任委员会的联席主席。

(4) 国防部研究与工程副部长。

(5) 国防部政策副部长。

(6)国防部首席信息官。

(7)国防部情报和安全副部长。

(8)国家安全局局长/中央安全局局长。

(9)美国太空司令部司令。

(10)美国战略司令部司令。

(11)美国北方司令部司令。

(12)美国网络司令部司令。

b. 无表决权的参与者：

(1)国防部副部长(审计长)/国防部首席财务官。

(2)作战试验与鉴定局局长。

(3)国家地理空间情报局局长。

(4)国家侦察局局长。

(5)国防部成本评估和计划鉴定局局长。

### 3.2 PNT 监督委员会的职能

PNT 监督委员会的职能：

a. 作为国防部主要的统一和综合治理机构，确保国防部 PNT 体系的职能符合国家目标以及国家政策和规定，并确保系统、标准和规范相互支持、继续发展，以应对新出现的威胁。PNT 监督委员会的具体职能包括但不限于：

(1)监督国防部的 PNT 体系，包括向民用、商用、科研和国际用户提供的 PNT 服务。

(2)监督运行评估(包括互操作性)。

(3)漏洞识别和缓解。

(4)架构开发。

(5)资源优先级排序。

(6)国防部长或国防部副部长规定的其他职责。

b. 通过对 PNT 相关事项和推荐资源选项进行优先级排序，为策划、项目、预算和执行流程提供支持。PNT 监督委员会对相关事项、调查结果和建议进行严格审查的治理结构，请参见图 1。

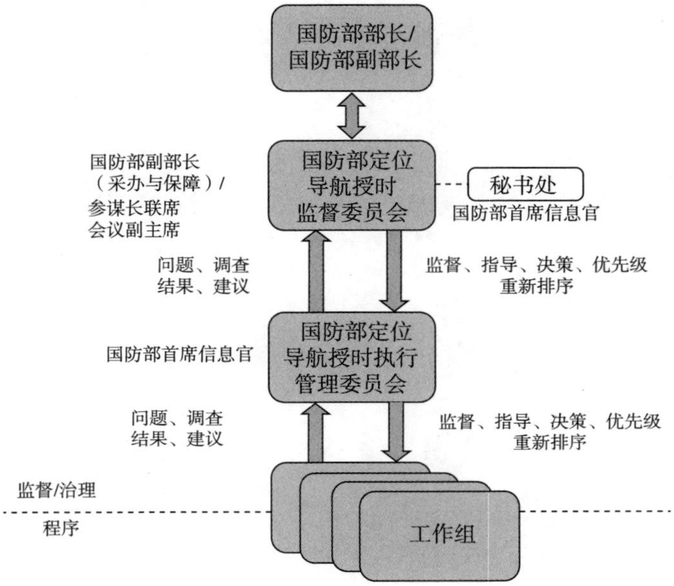


**图 1　国防部定位导航授时监督治理流程**

c. 国防部 PNT 执行管理委员负责提供支持。国防部 PNT 执行管理委员与国防部第 5105.79 号指令建立的治理委员会一样，是一个职能性的治理委员会。PNT 执行管理委员会将向 PNT 监督委员会通报需要负责人一级决策的事项。

d. 责成 PNT 执行管理委员会研究具体问题和事项。如有必要，PNT 委员会的决策和任务将由成员组织代表组成的工作组进行协调，并由下属成员组织（如各项目组和工程办公室）实施。

e. 国防部 PNT 委员会的决策由有表决权的成员协商一致作出。如果无法协商一致，将由 PNT 监督委员会联席主席作出最终决定。异议将被记载在委员会的决策记录中。

## 词　汇　表

| | |
|---|---|
| EMB | 执行管理委员会 |
| NAVWAR | 导航战 |
| PNT | 定位导航授时 |

# 《国防部第 4650.06 号指示:定位导航授时管理》

# 国防部第4650.06号指示:定位导航授时管理

**起草部门:**国防部首席信息官办公室
**生效日期:**2020年7月30日
**第1次修订生效日期:**2021年5月7日
**可发布性:**获准发布,可在国防部发布网站获取:https://www.esd.whs.mil/DD/
**重新发布和撤销:**国防部第4650.06号指令《定位导航授时管理》,2016年6月16日
**批准人:**国防部首席信息官　达纳·迪希
**第1次修订批准人:**国防部代理首席信息官　约翰·舍曼

目的:根据国防部第5144.02号和第4650.05号指令中的授权,本文件:

· 根据《美国法典》第10编第2281条和第7号空间政策指令,制定国防部关于定位导航授时(PNT)体系、PNT网络安全、精密时间和时间间隔(PTTI)以及天球参考架(CRF)管理事项的政策、职责分工和相关程序。

· 制定国防部参与国内民间论坛、国际政府和民间的PNT论坛的政策和职责。

· 制定国防部PNT执行管理委员会(EMB)监督管理程序,为国防部PNT体系监督委员会(以下简称PNT监督委员会)提供支持。

· 根据国防部第4650.05号指令,制定PNT监督委员会工作程序。

· 制定国防部PNT工作组(WG)以及国防部PNT豁免、国防部导航战、国防部PNT网络、国防部精确时间和时间间隔、国防部CRF架等工作组的工作程序。

## 第1节　发布概况

### 1.1　适用范围

本文件适用于国防部部长办公室、各军事部门、参谋长联席会议主席办公室、作战司令部、国防部监察长办公室、国防机构、现场活动机构以及国防部内的所有其他组织实体(以下统称国防部各部门)。

### 1.2 政策

a. 国防部将通过 PNT 监督委员会与执行管理委员会及其下属的工作组，确保包括全球定位系统（GPS）的替代和补充在内的国防部 PNT 体系的能力和应用，在联合部队中最大限度地保持可用性和互操作性。

b. 为确保对国防部 PNT 体系权益的保护，国防部将通过 PNT 监督委员会与执行管理委员会及其下属的工作组来协调国防部参与国内民间组织的以及国际上政府和民间组织的 PNT 论坛时的立场。

c. 根据国防部第 4650.05 号指令，国防部 PNT 体系将：

（1）为美国承担三大主要职能：

（a）提供并保护美国和盟军在世界上任何地方有效使用军用 GPS 和其他 PNT 服务；

（b）防止对手在军事行动区有效使用 PNT 服务；

（c）保障为军事行动区以外的非作战人员提供民用 GPS PNT 服务的能力。

（2）提供 PNT 的信息，且该信息对军事任务的执行、指挥和控制以及作战司令和其他高级决策者持续了解局势所必需之信息网络的有效运行至关重要。

（3）要求在两用 PNT 系统的管理和运行方面与其他联邦部门和机构合作。

（4）要求参与美国国内民间组织的以及国际上政府和民间组织的 PNT 论坛，在这些论坛中，美国政府必须协调立场以支持国防部的目标。

### 1.3 信息收集

本文件的第 2.1.v 段提及的 PNT 能力信息，不要求根据国防部第 8910.01 号手册第 1 卷第 4 段和第 10 段的规定，使用报告控制符号进行许可。

### 1.4 第 1 次修订摘要

本文件的修订之处更新了国防部研究与工程副部长、国防部采办与保障副部长的职责，并对 PNT 网络工作组以及导航战工作组的职责进行了修订。

## 第 2 节 职　　责

### 2.1 国防部首席信息官

国防部首席信息官的职责：

a. 维护并落实本次发布的文件。

b. 与国防部政策副部长一起，就与 PNT 系统有关以及针对国际 PNT 活动的政策进行协调。

c. 与国防部采办与保障副部长一起，就影响 PNT 系统（包括 GPS）采办的政策进行协调。

d. 与国防部研究与工程副部长一起，就影响与 PNT 系统相关的受控技术信息保护的政策进行协调。

e. 就与 PNT 有关的国家和国际事务提供全面指导，并通过实施导航战原则在由 PNT 赋能的行动中取得和保持军事优势。

f. 主持国防部 PNT 执行管理委员会，监督为 PNT 监督委员会提供行政支持的秘书处，并指导执行管理委员会履行第 3 节所述的职能。

g. 建立国防部 PNT 工作组，以便在必要时为国防部 PNT 执行管理委员会提供支持。

h. 必要时，指定代表在国防部 PNT、PNT 豁免、导航战、PTTI、PNT 网络和 CRF 等工作组中任职。（有关工作组的组成和职能的详细信息，请参见第 3 节。）

i. 确认国防部 PNT 政策和能力在国防部各部门之间的协调情况，并根据需要与国防部以外的组织进行协调，包括北大西洋公约组织和联邦民事部门和机构。

j. 整合国防部对联邦无线电导航计划的投入。

k. 批准和发布适用于 GPS 标准定位服务、GPS 精确定位服务和其他服务（视情况而定）的 PNT 服务性能标准。

l. 根据第 39 号国家安全总统令（SPD－7）参加国家天基 PNT 执行委员会。

m. 与国家天基 PNT 执行委员会的其他参与者一道，酌情为国家天基 PNT 协调办公室提供支持。

n. 根据国防部第 5030.19 号指令的要求，与国防部联邦航空工作组政策委员会对共同关心且有共同责任的所有领域进行协调和沟通。

o. 根据需要，与国防部情报副部长及其他联邦部门与机构协调，确保有必要的能力来识别、确定和减轻所有不利于将 PNT 用于军事行动的干扰。

p. 为国防部 PTTI 主要政策和计划的总体拟定、协调和批准提供指导，并作为国防部 PTTI 联合项目方面的最终权威。

q. 要求第 4 节中的国防部 PTTI 管理程序通过国防部 PTTI 管理员得到落实。

r. 就国防部与其他联邦部门、机构和国际组织之间的 PTTI 政策谈判，与国防部 PTTI 管理员一起进行协调。

s. 为国防部 CRF 和地球定向参数（EOP）的主要政策和计划的总体拟定、协调和批准提供指导，并作为国防部 CRF 联合项目方面的最终权威。

t. 通过国防部 CRF 管理员,确保第 5 节中国防部 CRF 管理程序的实施。

u. 为国防部 PNT 目标和立场(与在国内和国际 PNT 论坛上讨论问题相关的立场)的总体拟定、协调和批准提供指导,并作为解决目标和位置问题的最终权威(如需)。

v. 对每个涉及国防部实质性利益事项且国防部首席信息官认为需要根据第 6 节的要求提交指导文件的特定国内和国际 PNT 论坛,指定一个主要负责机构(OPR)。对于根据其他机构间或国防部指南组织的已经限制参与的 PNT 论坛,其一般不需要提交指导文件,且无须为其指定一个主要负责机构。

w. 对国防部各部门进行年度调查,以收集 PNT 能力信息,从而为导航战年度评估提供支持并监督 PNT 的现代化进程。

x. 编制并向国会国防委员会提供 M－码现代化工作报告。就报告所涉期间而言,每份报告应包括:

(1)按财政年度分列的国防部采办 M－码接收机的预计成本和明细表;

(2)开展 M－码现代化工作的项目以及国防部采购的具有 M－码功能的接收卡数量;

(3)尚未采购的接收卡数量;

(4)每个项目中 M－码现代化工作完成的百分比。

### 2.2　国防部采办与保障副部长

国防部采办与保障副部长的职责:

a. 与参谋长联席会议副主席共同主持 PNT 监督委员会。

b. 就 PNT 采办事宜与国防部首席信息官协调,以确认经过批准的 PNT 政策在受国防部采办与保障副部长管理的采办活动中得到了落实。

c. 与国防部首席信息官协调指定为 PNT 系统的开发和采办设立的联合项目办公室以及相关组织。

d. 与国防部首席信息官一起,对与本文件有关且与 PNT 相关的国际合作战略进行协调。

e. 与国防部研究与工程副部长协调,为保护与 PNT 系统的生命周期采办相关的受控技术信息提供支持。

f. 为批准国防部 PNT 系统(包括 GPS)的开发测试制定政策并提供程序。

g. 必要时,指定派驻国防部 PNT 执行管理委员会、PNT、PNT 豁免、导航战、PTTI、CRF、PNT 网络等工作组的代表(有关工作组的组成、职能和程序的详细信息，请参见第3节）。

### 2.3　国防部研究与工程副部长

国防部研究与工程副部长的职责：

a. 制定和维护《国防部PNT科学和技术路线图》，以支持需要PNT技术的未来作战理念。

b. 就国防部与PNT有关的研究项目，与国防部首席信息官进行协调，以确保关键技术不被对手利用。

c. 就国防部与PTTI有关的研究项目，与国防部PTTI管理员进行协调。

d. 就国防部与CRF和EOP有关的研究项目，与国防部CRF/ECP管理员进行协调。

e. 与国防部采办与保障副部长协调，从而为保护与PNT系统的生命周期采办相关的受控技术信息提供支持。

f. 必要时，指定派驻国防部PNT执行管理委员会、PNT、PNT豁免、导航战、PTTI、CRF、PNT网络等工作组的代表。

### 2.4　国防部副部长（审计长）/国防部首席财务官

必要时，国防部副部长（审计长）/国防部首席财务官将指定派驻国防部PNT执行管理委员会，以及PNT、导航战、PTTI、CRF等工作组的代表。

### 2.5　国防部情报与安全副部长

国防部情报与安全副部长的职责：

a. 对PNT相关事务提供情报支持，并在必要时指定派驻国防部PNT执行管理委员会，以及PNT、导航战、PTTI、PNT网络、CRF等工作组的代表（有关工作组如组成和职能的详细信息，请参见第3节）。

b. 与国防部首席信息官协调第2.1.o段规定的事项。

### 2.6　国家地理空间情报局局长

在国防部情报与安全副部长的授权、指导和管控下，除了第2.13段规定的职责之外，国家地理空间情报局局长还负责：

a. 维护地球参考框架（TRF）、地球重力模型和世界磁模型的标准。

b. 与美国海军天文台（USNO）台长协调，以保持CRF和TRF之间总体上的一致性，以及由USNO确定并通过USNO地球定向参数数据系列传播的这两个参考框架之间的数学转换。

c. 与情报部门协调，以确保CRF和TRF之间的一致性，并避免二者之间发生转换错误。

**2.7 国防情报局局长**

在国防部情报与安全副部长的授权、指导和管控下，除了第 2.13 段规定的职责之外，国防情报局局长还负责对 PNT 相关的事项进行全来源情报分析的工作。

**2.8 国家安全局局长/中央安全局局长**

在国防部情报与安全副部长代表国防部长进行的授权、指导和控制下，除了第 2.13 段规定的职责之外，国家安全局局长/中央安全局局长还负责在 GPS 各个部分的开发、集成和运行过程中，与空军部长进行协调，提供、确认和验证安全解决方案。

**2.9 国防部政策副部长**

国防部政策副部长的职责：

a. 与国防部首席信息官协调，共同开发、协调和监控国防部中与天基 PNT 系统相关的政策、战略和规划的实施。

b. 向国防部首席信息官提供与本文件有关的国际事务的监督和指导情况，包括与 PNT 系统和相关技术的出口和技术转让有关的监督和指导情况。

c. 就国防工业基地的制造商和供应商在为国防部开发、制造和交付系统时使用 PNT 技术等方面，向国防部首席信息官提供建议。

d. 与国防部首席信息官协调第 2.1. b 段规定的事项。

e. 必要时，指定派驻至国防部 PNT 执行管理委员会以及 PNT、导航战、PTTI、CRF 等工作组的代表。

**2.10 国防部总法律顾问**

国防部总法律顾问将在 PNT 相关的事务上提供法律建议，并在必要时指定派驻国防部 PNT 执行管理委员会以及 PNT、导航战、PTTI、CRF 等工作组的代表。

**2.11 国防部成本评估和计划鉴定局局长**

国防部成本评估和计划鉴定局局长的职责：

a. 审查 PNT 项目和计划，包括由各军事部门编制的保障成本和作战效能分析书。

b. 必要时，指定派驻国防部 PNT 执行管理委员会以及 PNT、导航战、PTTI、PNT 网络、CRF 等工作组的代表。

**2.12 作战试验与论证局局长**

作战试验与论证局局长的职责：

a. 为 PNT 相关的作战试验与论证制定政策并规定程序。

b. 必要时，指定派驻国防部 PNT 执行管理委员会以及 PNT、导航战、PTTI、PNT 网络、CRF 等工作组的代表。

**2.13 国防部各部门负责人**

国防部各部门负责人将根据参谋长联席会议主席第 5123.01H 号指示以及国防部第 4650.08 号指示的要求，酌情明确并记录与 PNT 相关的作战能力。

**2.14 国防部拥有采办权限的各部门负责人**

除了第 2.13 段规定的职责之外，国防部拥有采办权限的各部门负责人的职责还有：

a. 对 PNT 设备进行研究、开发、测试和评估，并调整和采购此类设备，以在最大限度地利用商业技术的同时实现其在军种间和军种内以及盟军中的通用性。

b. 采办：

(1) 防止对手干扰的 PNT 设备；

(2) 识别、定位和减轻影响 GPS 用于军事行动的干扰的能力；

(3) 在不过度干扰行动区以外民用或商业用途的情况下，拒绝对手使用 PNT 的能力。

c. 根据第 2.1.w 段，对国防部首席信息官为收集 PNT 能力信息清单而进行的调查作出回应。

d. 如有必要，分别以书面形式指定一名派驻国防部 PNT 执行管理委员会的部门首席代表，并指定派驻 PNT、导航战、PTTI、PNT 网络、CRF 等工作组的其他代表（有关工作组的组成和职能的详细信息，请参见第 3 节）。向国防部首席信息官提供部门首席代表的姓名、工作单位和办公室代码。

e. 任命一名国防部下属部门 PTTI 协调员，负责与国防部 PTTI 管理员协调其所属部门的 PTTI 运行和研究项目工作，担任 PTTI 工作组成员，并对该协调员的工作予以监督。向国防部 PTTI 管理员提供该下属部门 PTTI 协调员的姓名和联系信息。

f. 任命一名国防部下属部门 CRF/EOP 协调员，负责与国防部 CRF/EOP 管理员协调其所属部门的 CRF/EOP 运行和研究项目工作，担任 CRF/EOP 工作组成员，并对该协调员的工作予以监督。由其负责将下属部门指定的 CRF/EOP 协调员和相关联系信息通报给国防部 CRF/EOP 管理员。

g. 当被指定为特定国内或国际 PNT 论坛的主要负责机构时，各指定一名首席代表，负责在论坛开始前编制指导文件并向国防部首席信息官提交，同时负责在论坛举办后编制总结报告（有关 PNT 论坛代表团的准备和汇报程序的详细信息和截至日期，请参见第 6 节）。

h. 确保以单独的项目要素和分项式预算的形式呈现 PNT 项目预算信息，以便为 PNT 监督委员会年度报告的编制提供支持。

**2.15 各军事部门的部长**

除了第 2.13 段和第 2.14 段规定的职责之外，各军事部门的部长还要与国防部采办与保障副部长、国防部研究与工程副部长、国防部首席信息官进行协调，指派代表为开发和采办 PNT 系统以及管理系统技术风险的联合项目办公室提供支持。

**2.16 海军部长**

除第 2.13 段、第 2.14 段和第 2.15 规定的职责之外，海军部长还有通过海军海洋学家的职责：

a. 担任国防部 PTTI 管理员、CRF/EOP 管理员。

b. 为国防部其他部门维护 PTTI 服务、制定 EOP 和 CRF 标准。

c. 为国防部其他部门维护 CRF 和时间参考框架的标准。

**2.17 空军部长**

除第 2.13 段、第 2.14 段和第 2.15 段规定的职责之外，空军部长还负责：

a. 及时、同步地开发、采办和更新 GPS 的主要组件。

b. 运行和维护 GPS 星座和地面控制部分。

c. 根据需要，进行 GPS 工程以及其与其他独立系统和增强系统的集成，以监控 GPS 的兼容性和互操作性。

d. 对 GPS 标准定位服务性能标准和精确定位服务性能标准进行更新，并将其提交给国防部首席信息官进行审批和发布。

e. 为空军部门制定空军和太空部队的空间政策、问题集成和战略，并对太空部队在整个空间体系范围内进行的活动予以协调。

f. 通过确保 GPS 与其他无线电卫星导航系统之间的射频兼容性和互操作性，为国防部首席信息官履行国防部第 5144.02 号指令规定的无线电频谱相关职责提供支持。必要时，应在国际电信联盟和其他论坛上捍卫 GPS 频谱。

**2.18 参谋长联席会议主席**

除了第 2.13 段规定的职责之外，参谋长联席会议主席还负责：

a. 与国防部政策副部长和国防部首席信息官进行协调，为国防部在影响北大西洋公约组织和独立国家的 PNT 事项上应采取的立场提供建议。

b. 与国防部首席信息官、国防部政策副部长、国防部采办与保障副部长一起协调参谋长联席会议主席第6130.01号指示的拟定。

c. 根据《第7号空间政策指令》参加国家天基PNT执行委员会。

d. 酌情与国家天基PNT执行委员会的其他成员一道，为国家天基PNT协调办公室提供支持。

**2.19 美国太空司令部司令**

除了第2.13段规定的职责之外，美国太空司令部司令还负责：

a. 提倡支持国防部导航战的联合弹性PNT需求和能力。

b. 为作战司令提供弹性PNT、导航战的应急联合策划和行动支持。

c. 就弹性PNT能力的联合理念、战略、理论、战术、技术和程序，为参谋长联席会议主席提供建议。

d. 参与适用于GPS标准定位服务、GPS精确定位服务和其他服务（视情况而定）的国防部PNT服务性能标准的拟定和维护。

e. 通知国防部PNT用户插入闰秒。

**2.20 美国战略司令部司令**

除了第2.13段规定的职责之外，美国战略司令部司令还要就影响美国战略司令部负责的战略任务区PNT能力的部署和推广以及使用电磁频谱支持导航战等方面提供支持。

**2.21 美国网络司令部司令**

除了第2.13段规定的职责之外，美国网络司令部司令还应在必要时指定派驻国防部PNT执行管理委员会以及PNT、导航战、PTTI、PNT网络、CRF等工作组的代表。

**2.22 美国北方司令部司令**

除了第2.13段规定的职责之外，美国北方司令部司令还应在必要时指定派驻国防部PNT执行管理委员会以及PNT、导航战、PTTI、CRF等工作组的代表。

## 第3节 PNT监督委员会、执行管理委员会和工作组

**3.1 国防部PNT监督委员会**

国防部第4650.05号指令详细说明了国防部PNT监督委员会的组成和职能。

a. 时间表和计划表

PNT监督委员会将至少每季度召开一次会议，以配合年度规划、方案编制、预

算编制和执行的周期。

(1)日历年第一季度

主要的常设议程项为:进行上一年年度报告,确定总统提交的预算的定稿,并提供自上一次会议以来各行动项的最新情况。

(2)日历年第二季度

主要的常设议程项目为:为下一个预算周期制定议题文件主题,并提供自上一次会议以来各行动项的最新情况。

(3)日历年第三季度

主要的常设议程项目为:确定影响预算决定的关键问题,确定其优先次序,并提供自上一次会议以来各行动项的最新情况。

(4)日历年第四季度

主要的常设议程项目为:对未来几年的工作计划(按第3.2.d段的规定由国防部PNT执行管理委员会制定和提交的)进行审批,记录与规划、方案编制、预算编制和执行相关的预算决策,并提供自上一次会议以来各行动项的最新情况。

b. 会议执行

(1)PNT监督委员会秘书处至少在预定的会议前4周制定和分发议程。

(2)所有报告必须在预定会议前3周提交给PNT监督委员会秘书处进行审查,以便各方进行预读准备。

(3)PNT监督委员会秘书处至少在预定会议前1周打包预读材料(自上一次会议以来各行动项的最新情况),并向PNT监督委员会成员分发。

(4)根据国防部第4650.05号指令,PNT监督委员会的所有决定应由具有表决权的成员协商一致作出。如果PNT监督委员会不能达成一致,则由联合主席作出最终决定。反对意见应记录在会议记录中。

c. 会议文件

(1)PNT监督委员会秘书处将在会议后5个工作日内起草并分发会议记录。会议记录将包含会议期间分配的行动项的详细信息、组织任务和完成的暂定日期。

(2)各成员有3个工作日的时间对会议记录进行评论或审批。

(3)PNT监督委员会秘书处将在对收到的意见进行裁断后向成员分发最终会议记录。会议记录将包括会议期间分配的行动项目的详细信息、被分配任务的组织和完成任务的暂停日期。

d. 年度报告

PNT 监督委员会秘书处将编写年度报告提交给国会,供联合主席批准。为了支持报告的编制,国防部各部门负责人应按照第 2.13.h 段的规定,将其 PNT 项目按照分项式预算进行区分。

### 3.2　国防部 PNT 执行管理委员会

PNT 执行管理委员会负责监督 PNT 监督委员会提供支持的治理过程,为 PNT 监督委员会制定议题和提供建议,并在国防部的所有 PNT 政策事务上担任国防部首席信息官的主要咨询机构。

a. 组成

国防部 PNT 执行管理委员会由以下人员组成:

(1)国防部首席信息官,由其担任执行管理委员会主席。

(2)一名主要代表,应以书面形式指定,其应为全职或永久兼职的政府雇员或现役军人,并代表下述官员:

(a)各军事部门的部长;

(b)参谋长联席会议主席;

(c)国防部采办与保障副部长;

(d)国防部研究与工程副部长;

(e)国防部政策副部长;

(f)国防部副部长(审计长)/国防部首席财务官;

(g)国防部情报与安全副部长;

(h)海军作战部长;

(i)美国陆军参谋长;

(j)海军陆战队司令;

(k)美国空军参谋长;

(l)太空军作战部长;

(m)美国太空司令部司令;

(n)美国战略司令部司令;

(o)美国北方司令部司令;

(p)美国网络司令部司令;

(q)国防部总法律顾问;

(r)国防情报局局长;

(s)国家地理空间情报局局长；

(t)国家安全局局长/中央安全局局长；

(u)国防部成本评估和计划鉴定局局长；

(v)作战试验与论证局局长；

(w)国民警卫局局长。

(3)主席在必要时邀请加入该委员会的其他成员。

b. 职能

国防部 PNT 执行管理委员会将：

(1)监督治理过程，以便为 PNT 监督委员会提供支持。

(2)通过定期的会议和系统的协调过程，为 PNT 监督委员会的行动制定议题并给出建议。

(3)作为国防部首席信息官在国防部所有 PNT 政策事务上的主要咨询机构。

(4)就国防部 PNT 事务的总体管理、监督和决策过程，包括对联邦无线电导航计划和其他需要国防部审查的计划(如与国防部 PNT 系统相关的架构产品)进行的两年一次的审查，向国防部首席信息官提供建议。

(5)根据需要建立其他工作组，以便为该执行管理委员会提供支持。

c. 时间表和计划表

国防部 PNT 执行管理委员会将至少每季度召开一次会议，最好比 PNT 监督委员会召开的季度会议提前至少 2 周。

d. 重点领域和工作计划制订

(1)国防部 PNT 执行管理委员会将在下属工作组和 PNT 监督委员会秘书处的协助下，编制一份年度工作计划供 PNT 监督委员会批准。该工作计划将涵盖影响国防部 PNT 体系重点领域全年的预期活动：

(a)保持目前的 PNT 能力；

(b)对目前的 PNT 能力进行现代化改造；

(c)PNT 要求；

(d)PNT 的威胁和脆弱性；

(e)PNT 技术的贸易空间。

(2)根据需要，可以通过 PNT 监督委员会的指示扩大或缩小重点领域。该工作计划将至少在委员会第一次季度会议 30 天前提交 PNT 监督委员会审查和批准。

(3)国防部 PNT 执行管理委员会将作为所有政策和 M－码豁免请求的信息交

换中心。国防部 PNT 豁免工作组将把该工作组的成果提交执行管理委员会批准。

(4)国防部 PNT 执行管理委员会将作为对国防部立场达成共识的论坛。国防部出席国家天基 PNT 执行委员会以及行政督导小组会议的代表将提出这一立场。

(5)国防部 PNT 执行管理委员会还将作为国防部的主要论坛,就国防部在 GPS 国际工作组、民用 GPS 服务接口委员会以及其他类似的国际和机构间会议上提出的立场达成共识。

e. 会议执行

(1)议程需至少在预定会议前 4 周制定和分发。

(2)所有演示必须在预定会议前 3 周提交给 PNT 监督委员会秘书处进行审查,以便各方进行预读准备。

(3)PNT 监督委员会秘书处将至少在预定会议前 1 周打包预读材料(自上一次会议以来各行动项的最新情况),并向执行管理委员会成员分发。

f. 会议文件

(1)PNT 监督委员会秘书处将在会议结束后 5 个工作日内起草、分发会议记录,并将其发送给与会者评审。会议记录应包含会议期间分配的行动的详细信息、被分配任务的组织和完成的暂定日期。

(2)与会者将有 3 个工作日的时间对会议记录进行评论或审批。

(3)PNT 监督委员会秘书处将在会议后 10 个工作日内向成员分发最终会议记录。记录于最终会议记录中的行动项将作为被分配给该行动的成员组织的正式任务。成员组织可以将行动适当分配给执行管理委员会的下属工作组。

### 3.3　国防部 PNT 工作组

a. 组成

国防部 PNT 工作组将:

(1)由国防部首席信息官指定的工作人员代表担任主席,该代表可以是全职或永久兼职的政府雇员或现役军人。

(2)由第 3.2.a.(2)段所列每一位官员的代表组成。国防部 PNT 执行管理委员会的每名负责人必须书面指定一名国防部 PNT 工作组代表。

(3)国防部 PNT 工作组领导成员可以根据需要指派额外的工作组成员(他们可以是全职或永久兼职的政府雇员或现役军人),以帮助各自的国防部 PNT 执行管理委员会负责人确定组织立场。这将确保国防部 PNT 工作组的代表能够随时接触到在 PNT 问题上代表其组织的执行管理委员会负责人。

b. 职能

为了实现其支持国防部 PNT 执行管理委员会工作的目标，国防部 PNT 工作组将：

(1)通过定期的会议和系统的协调过程，对该执行管理委员会的行动给出建议。

(2)为执行管理委员会各负责人参与影响国防部和美国的所有 PNT 事项相关的讨论提供持续的支持。

(3)促进与执行管理委员会负责人的定期信息共享，以便他们在采取决策行动时能够充分了解情况。

(4)在国防部 PNT 工作组同事之间建立起一个协作的环境，并协助国防部首席信息官进行以下工作：

(a)有效管理执行管理委员会的行动；

(b)帮助国防部副部长准备共同主持国家天基 PNT 执行委员会；

(c)履行与第 39 号国家安全总统令(SPD－7)中分配的 GPS 相关的职责。

(5)建立临时工作组以解决国防部 PNT 工作组和执行管理委员会所考虑的具体问题。潜在的重点领域包括 PNT 安全与网络安全、PNT 国际合作以及 PNT 科学技术。

c. 时间表和计划表

国防部 PNT 工作组将根据需要至少每月召开一次会议，为执行管理委员会以及 PNT 监督委员会提供支持。

d. 会议执行

(1)议程将至少在预定会议前 1 周制定和分发。

(2)所有展示必须在预定会议前 3 个工作日内提交给 PNT 监督委员会秘书处进行审查，以便各方进行预读准备。

(3)PNT 监督委员会秘书处将至少在预定会议前 1 个工作日打包预读材料，并向工作组成员分发。

e. 会议文件

(1)由主席的工作人员在 5 个工作日内起草会议记录，并发送给与会者进行评审。会议记录将包含会议期间分配的行动项的详细信息、被分配任务的组织和完成的暂定日期。

(2)与会者将有 3 个工作日的时间对会议记录进行评论或批准。

(3)主席的工作人员在会议后 10 个工作日内向成员分发最终会议记录。被记录在最终会议记录中的行动项将作为被分配该行动任务的成员组织的正式任务。

### 3.4　国防部 PNT 豁免工作组

a. 组成

国防部 PNT 豁免工作组:

(1)由国防部首席信息官指定的工作人员代表担任主席。

(2)由以下部门与组织各派一名代表组成:

(a)联合参谋部;

(b)国防部采办与保障副部长办公室;

(c)国防安全合作局;

(d)国防技术安全管理局;

(e)各军事部门的国际事务组织;

(f)各军种的采办组织;

(3)包括主席在必要时邀请加入的其他成员。

(4)主席和所有成员必须是全职或永久兼职政府雇员,或现役军人。

b. 职能

为了支持国防部 PNT 执行管理委员会的目标,国防部 PNT 豁免工作组将审查提交的豁免申请,并为豁免政策的调整做好准备。

c. 时间表和计划表

PNT 豁免工作组将至少每 2 个月召开一次会议,或按照主席的指示召开会议。

d. 会议执行

(1)议程将至少在预定会议前 1 周制定和分发。

(2)由各军种负责为新提交的材料准备简报,并向国防部首席信息官提交。参谋长联席会议主席第 6130.01F 号指示明确了简报中应包含的信息。所有的展示内容必须在预定会议前 10 个工作日内提交给国防部首席信息官进行审查,以便各方进行预读准备。

(3)由主席的工作人员至少在预定会议前 5 个工作日打包预读材料,并向工作组成员分发。

e. 会议文件

主席的工作人员将在会议后 5 个工作日内提供会议记录。

### 3.5 国防部导航战工作组

a. 组成

国防部导航战工作组：

(1)由国防部首席信息官办公室、参谋长联席会议主席办公室和美国太空司令部指定的工作人员代表担任联合主席。

(2)由以下部门与机构的一名代表组成，负责处理影响规划和运营的导航战事务：

(a)国防部采办与保障副部长办公室；

(b)国防部研究与工程副部长办公室；

(c)国防部政策副部长办公室；

(d)国防部情报与安全副部长办公室；

(e)联合参谋部；

(f)美国陆军；

(g)美国海军陆战队；

(h)美国海军；

(i)美国空军；

(j)美国太空部队；

(k)美国太空司令部；

(l)美国战略司令部；

(m)美国北方司令部；

(n)国家安全局/中央安全局；

(o)国防情报局；

(p)国家侦察局；

(q)国家地理空间情报局；

(r)国民警卫局。

(3)包括主席在必要时邀请加入国防部导航战工作组的其他成员。

(4)主席和所有成员必须是全职或永久兼职政府雇员，或现役军人。

b. 职能

为了支持国防部 PNT 执行管理委员会的目标，国防部导航战工作组负责为导航战相关政策和能力的制定和整合提供建议和协助。国防部导航战工作组负责：

(1)审查与导航战相关的政策、原则、指令和指示,并发表评论。

(2)根据国防部第4650.08号指示的要求,在联合能力整合和开发制度等现有组织流程的范围内,审查美国太空司令部每年对现有和潜在导航战的能力与不足的评估,并提出建议。

(3)在现有的组织流程范围内,审查导航战的部署选择,并提出建议。这包括应要求提供建议并帮助编写总体的导航战作战理念。

(4)审查并推荐导航战情报产品的内容。例如,国防情报局两年一次的导航战评估和战场情报准备。

(5)对美国太空司令部联合导航战中心每两年进行一次的导航战能力评估进行审查,并发表意见。

(6)设立一个联合论坛,促进导航战相关技术和应用的兼容性。

(7)根据国防部第4650.08号指示的要求,为PNT综合军事服务提供模块化的开放系统方法。

(8)为各军事部门的PNT建模和仿真以及每两年制作一次的国防部PNT科学技术路线图提供协作能力支持,以记录不断演进的PNT信息能力。

c. 时间表和计划表

国防部导航战工作组将每月召开一次会议。如果有必要支持执行管理委员会以及PNT监督委员会的工作,可以提高开会的频次。

d. 会议执行

(1)议程将至少在预定会议前1周制定和分发。

(2)所有展示必须在预定会议前3个工作日提交给PNT监督委员会秘书处进行审查,以便各方进行预读准备。

(3)PNT监督委员会秘书处将至少在预定会议前1个工作日打包预读材料,并向工作组成员分发。

e. 会议文件

(1)由主席的工作人员在5个工作日内起草会议记录,并发送给与会者进行审议。会议记录将包含会议期间分配的行动项的详细信息、被分配任务的组织和完成的暂定日期。

(2)与会者将有3个工作日的时间对会议记录进行评论或审批。

(3)由主席的工作人员在会议后10个工作日内向成员分发最终会议记录。被记录在最终会议记录中的行动项将作为被分配该行动的成员组织的正式任务。

### 3.6 国防部 PNT 网络工作组

a. 组成

国防部 PNT 网络工作组：

（1）由国防部首席信息官、参谋长联席会议主席、国防部采办与保障副部长的指定员工代表三方担任联合主席。

（2）由以下部门与机构至少各派一名代表组成：

（a）国防部首席信息官办公室；

（b）国防部政策副部长办公室；

（c）国防部采办与保障副部长办公室；

（d）联合参谋部；

（e）美国空军；

（f）美国陆军；

（g）美国海军；

（h）美国海军陆战队；

（i）美国太空部队；

（j）美国太空司令部；

（k）美国战略司令部；

（l）美国网络司令部；

（m）成本评估和项目评估办公室；

（n）国家地理空间情报局；

（o）国家安全局/中央安全局；

（p）国防情报局；

（q）国民警卫局。

（3）主席和所有成员必须是全职或永久兼职政府雇员，或现役军人。

b. 职能

为了支持国防部 PNT 执行管理委员会，国防部 PNT 网络工作组负责：

（1）在现有的流程范围内，审查与 PNT 相关的网络政策、原则和国防部文件，并提供意见。

（2）在现有的流程范围内，通过以下方式对现有的和潜在的 PNT 网络能力进行审查，并提出建议：

（a）审查各军事部门和机构关于各系统网络可生存性态势的季度报告；

(b)审查作战司令部对具有最大任务风险的网络漏洞的优先级排序。

(3)审查国防部有关PNT网络安全的研究项目,并参与国防部部长办公室PNT科学技术路线图的制定。

(4)酌情向执行管理委员会以及PNT监督委员会汇报各军事部门和机构系统风险减轻与作战司令部任务风险优先事项之间的脱节情况,包括:

(a)设立一个联合论坛,以便确定与网络要求相关的技术和应用的兼容性和减轻效果;

(b)评估当前减轻工作的有效性,以降低任务风险,并为执行管理委员会提供风险减轻建议的优先次序。

c. 时间表和计划表

国防部PNT网络工作组原则上每季度召开一次会议。如果有必要支持执行管理委员会或PNT监督委员会的需要,在三位联合主席的同意和指示下,工作组可以提高开会的频次。三位联合主席将安排和决定会议的地点。

d. 会议执行

(1)议程将在预定会议前至少1周制定和分发。

(2)所有展示必须在预定会议前3个工作日提交给PNT监督委员会秘书处进行审查,以便各方进行预读准备。

(3)由三位联合主席的工作人员至少在预定会议前1个工作日打包预读材料,并向工作组成员分发。

e. 会议文件

(1)会议记录将由联合主席的工作人员在5个工作日内起草,并发送给与会者进行审议。会议记录将包含会议期间分配的行动项的详细信息、被分配任务的组织和完成的暂定日期。

(2)与会者将有3个工作日的时间对会议记录进行评论或审批。

(3)由联合主席的工作人员在会议后10个工作日内向该工作组的成员分发最终会议记录。

### 3.7　国防部PTTI工作组

a. 组成

(1)由美国海军天文台台长担任PTTI(精确时间和时间间隔)工作组的主席。

(2)PTTI工作组成员将由根据第2.13.e段任命的国防部各部门的PTTI协调员组成。

(3)国防部 PTTI 工作组负责人可以指派额外的工作组成员,帮助其国防部 PNT 执行管理委员会负责人确立立场。

(4)主席和所有成员必须是全职或永久兼职政府雇员,或现役军人。

b. 职能

为了支持国防部 PNT 执行管理委员会,PTTI 工作组将:

(1)审查和评论与 PTTI 相关的政策、理论和国防部公告。

(2)在参谋长联席会议主席第 5123.01H 号指示所述的联合能力整合和开发制度等现有组织流程的范围内,审查对现有和潜在的 PTTI 能力的评估的情况,并提出建议。

(3)担任通过定期的会议和系统的协调过程,为国防部 PNT 执行管理委员会行动给出 PTTI 建议的唯一机构。

(4)设立一个联合论坛以促进 PTTI 相关技术和应用的兼容性。

(5)审查和确认国防部各部门现在和未来对 PTTI 的要求。根据国防部第 4650.08 号指示的要求,对 PTTI 要求和 PTTI 系统的实施状态进行年度总结,以便为 PNT 能力评估提供支持。

(6)审查国防部有关 PTTI 的研究项目,并参与国防部长办公室 PNT 科学技术路线图的制定。

(7)对 PTTI 管理员根据第 4 节确定的 PTTI 事项进行审查和评论。

c. 时间表和计划表

国防部 PTTI 工作组将至少每季度召开一次会议。

**3.8 国防部 CRF 工作组**

a. 组成

(1)由美国海军天文台台长担任 CRF(天体参考框架)工作组的主席。

(2)CRF 工作组成员将由根据第 2.13.f 段任命的国防部各部门的 CRF/EOP 协调员组成。

(3)国防部 CRF 工作组负责人可以根据需要指派额外的工作组成员,以帮助国防部 PNT 执行管理委员会负责人确立立场。

(4)美国海军天文台台长和所有成员必须是全职或永久兼职政府雇员,或现役军人。

b. 职能

为了支持国防部 PNT 执行管理委员会,CRF 工作组将:

(1)审查和评论与 CRF 和 EOP 相关的政策、理论和国防部公告。

(2)在现有组织流程的范围内,审查、评估现有的和潜在的 CRF 和 EOP 能力,并向国防部首席信息官提供建议。

(3)作为通过定期的会议和系统的协调过程,为国防部 PNT 执行管理委员会行动提供 CRF 和 EOP 建议的唯一机构。

(4)设立一个联合论坛以促进 CRF 和 EOP 相关技术和应用的兼容性。

(5)审查和确认国防部各部门现在和未来对 CRF 和 EOP 的要求。对 CRF 和地球定向参数要求及其实施状态进行年度总结。

(6)审查国防部有关 CRF 和 EOP 的研究项目,并参与国防部长办公室 PNT 科学技术路线图的制定。

(7)根据第 5 节规定的管理程序,对 CRF/EOP 管理员确定的 CRF 和 EOP 事项进行审查和评论。

c. 时间表和计划表

国防部 CRF 工作组将至少每季度召开一次会议。

## 第 4 节　PTTI 管理程序

### 4.1　国防部 PTTI 管理员

国防部 PTTI 管理员将通过美国海军天文台负责:

a. 要求 PTTI 业务的互操作性。

b. 为国防部维护主要时间和频率标准,并为协调美国政府的所有 PNT 系统维护基本的授时参考基准。

c. 作为时间和频率的权威源。由美国海军天文台主时钟确定的协调世界时为国防部的时间标准。

d. 担任国防部 PTTI 工作组的主席。

e. 使国防部 PTTI 标准与公认的国家和国际标准相协调。

f. 就时间标准的协调向国防部首席信息官提出建议。

g. 编制和发布关于国防部 PTTI 参考标准的详细资料。

h. 就涉及国防部各部门的 PTTI 政策问题向国防部首席信息官提供建议,并参与国防部与其他联邦部门、机构和国际组织之间就 PTTI 政策进行的谈判。

i. 发出闰秒变更通知:

(1)在插入闰秒前 2 个月内,向国防部首席信息官作出通知消息,以便国防部首席信息官将其传送给国防部各部门。在插入闰秒前1个月内，向国防部首席信息官提交后续消息以便其分发。

（2）与美国太空司令部司令进行协调，确保在闰秒插入前一个月内通知作战用户。

j. 与国防部各部门进行协调，对PTTI要求和状态进行年度总结。向国防部首席信息官提供一份总结资料副本。

k. 审查和确认国防部各部门现在和未来对PTTI的要求，并维护包含国防部内精密时频用户及其要求的数据库。

l. 维护PTTI信息网站，包括但不限于主时钟性能特征，传播系统及其特征，访问各种传播系统所需的设备、定义、相关文件和常见问题等要素。确保数据在适当的时候向国防部、美国政府和公众公布。

m. 与国防部研究与工程副部长、国防部相关部门负责人进行协调，以协调国防部有关PTTI的研究项目。

n. 在有偿的基础上，为政府和国防部承包商人员提供时间和频率建议，例如：

（1）对国防部与PTTI相关的采办项目提供咨询服务。

（2）帮助编制《军事关键技术清单》。

o. 协调国防部各单位和实验室提供的各项时间校准和测试服务。

（1）在有偿的基础上，为时间标准、传输设备和系统的校准和测试服务进行维护。

（2）维护校准和测试结果的数据库，以便为国防部用户的系统工程和采办要求提供支持。

p. 与国防部首席信息官进行协调，在以PTTI为主题的国家和国际论坛上代表国防部与会。

q. 担任国防区域时钟项目的技术负责人。

r. 设计和开发授时套件。

s. 建立和维护美国海军天文台的授时套件配置。

t. 建立并运行主时间运行和监控中心，以便为国防区域时钟提供支持。

### 4.2 国防部各部门

国防部各部门负责：

a. 确保国防部各部门的PTTI活动符合美国海军天文台海军部制定的标准，并根据需要维护特定的时标，以便了解每个时标与制定的标准之间的关系。

b. 对 PTTI 技术和程序的协调以及系统定期校准提出技术要求。

c. 对其各自 PTTI 要求的制定、协调和整合规定内部程序。

d. 按照国防部 PTTI 管理员规定的格式，提供关于 PTTI 现在和未来要求的技术信息，以协助国防部 PTTI 管理员开展工作。

e. 确保国防部各部门和用户机构的系统和项目的 PTTI 要求得到了国防部各部门 PTTI 协调员的协调和批准。

f. 规定与运行和研究精度需求相一致的精确时间要求。

**4.3　国防信息系统局局长**

在国防部首席信息官的授权、指导和控制下，国防信息系统局局长担任能力与技术演示器项目的项目负责人，并负责：

a. 能力与技术演示器位置的勘测。

b. 美国海军天文台配置的授时套件的安装和升级。

c. 授时套件的运行和维护。

## 第 5 节　CRF/EOP 管理程序

**5.1　国防部 CRF/EOP 管理员**

国防部 CRF（天体参考框架）/EOP（地球定向参数）管理员将通过美国海军天文台负责：

a. 担任国防部 CRF 工作组的主席。

b. 要求 CRF 和 EOP 业务具有互操作性。

c. 作为标准 CRF 和 EOP 数据和信息的权威来源，向用户提供这些数据和信息。国防天体数据库将是国防部系统、项目和用户的所有天体数据的权威源。

d. 使 CRF 和 EOP 标准与公认的国家和国际标准相协调：

（1）就 CRF 的定义和 EOP 预测模型的协调问题，向国防部首席信息官提出建议；

（2）发布关于国防部 CRF 和 EOP 参考标准的详细信息。

e. 为与 CRF 相关的情报、监视和侦察、空间态势感知和战略系统事项的联合能力整合和开发系统流程提供支持。

f. 就涉及国防部各部门的 CRF 和 EOP 政策问题，向国防部首席信息官提供建议，并参与国防部与美国政府其他部门、机构和国际组织之间就 PTTI 政策进行的谈判。

g. 与国防部各下属部门的 CRF/EOP 协调员进行协调，对 CRF 和 EOP 的要求和状态进行年度总结。向国防部首席信息官提供一份总结资料副本。

h. 审查和确认国防部各部门现在和未来对 CRF 和 EOP 的要求，并维护包含国防部内的 CRF 和 EOP 用户及其要求的数据库。

i. 维护包含 CRF 和 EOP 信息网站，该网站包括但不限于天体测量目录、EOP 数据和模型、应用软件、定义、相关文档和常见问题等信息。

j. 开发、运营和维护国防天体数据库，并与国防信息系统局合作，酌情提供面向公众和国防部专用的访问权限。这包括在非机密和机密网络上的部署。

k. 与国防部研究与工程副部长、国防部各部门 CRF/EOP 协调员进行协调，以协调国防部有关 CRF 和 EOP 的研究项目。

l. 在有偿的基础上，向政府和政府承包商提供 CRF 和 EOP 建议，包括：

（1）向国防部与 PNT 相关的采办项目提供的咨询服务；

（2）帮助编制《军事关键技术清单》。

m. 将美国海军天文台中涉及履行国防部 CRF/EOP 管理员职责的主要工作人员的办公和联系信息通报给国防部首席信息官和国防部各部门。

n. 与国防部首席信息官协调，在以 CRF 和 EOP 为主题的国家和国际论坛上代表国防部与会。

**5.2　国防部各部门**

国防部各部门负责：

a. 与国防部 CRF/EOP 管理员一起，协调各部门的 CRF 和 EOP 的运行和研究项目，并指派代表担任 CRF 工作组的成员。

b. 向各部门所有的 CRF 和 EOP 用户推荐参考美国海军天文台负责人制定的标准。

c. 为国防部系统 CRF 和 EOP 数据的战术、技术、程序和动态维护的协调与实施制定标准。

d. 为 CRF 和 EOP 标准的开发、协调和整合制定部门程序规则。

e. 规定与运行和研究精度需求相一致的 CRF 和 EOP 标准。

f. 按照国防部 CRF/EOP 管理员规定的格式，向其提供当前和未来 CRF 与 EOP 标准的技术信息。

## 第6节 PNT论坛代表团的准备和汇报程序

### 6.1 指定的主要负责机构

国防部首席信息官将指定第2.1.v段规定的主要负责机构。为每个PNT论坛指定的主要负责机构负责：

a. 为国际层面的政府和民间论坛确定国防部代表团中每个成员的姓名、工作单位和办公室代码。国防部代表团的名单将包含在成套的指导文件中，以便国防部进行统筹协调。

b. 至少在每次国内或国际PNT论坛举行前2周内编制指导文件，并向国防部首席信息官提交指导文件。指导文件将明确会议或活动的目的、国防部参与的总体目标、国防部在会议或活动议程中利益相关的具体项目（视情况而定）、预期问题以及对国防部在这些问题上的立场提供的建议。指导文件还将包括相关背景文件的副本。

c. 在每次国内或国际PNT论坛后的2周内，编制一份书面的会后总结报告，总结会议或活动的讨论情况、行动项、议题、决策、国防部目标的完成情况以及后续要求（如果有），并向国防部首席信息官提交这份总结报告。

### 6.2 分发

国防部首席信息官将酌情通过国防部PNT执行管理委员会以及国防部PNT工作组分发指导文件和总结报告。

## 词 汇 表

### G.1. 缩略语

| 缩略语 | 含义 |
| --- | --- |
| CJCS | 参谋长联席会议主席 |
| CJCSI | 参谋长联席会议主席指示 |
| CRF | 天体参考框架 |
| DCAPE | 国防部成本评估和计划鉴定局局长 |
| DIA | 国防情报局 |
| DISA | 国防信息系统局 |
| DoD CIO | 国防部首席信息官 |

| | |
|---|---|
| DoDD | 国防部指令 |
| DoDI | 国防部指示 |
| DOT & E | 作战试验与鉴定局局长 |
| EMB | 执行管理委员会 |
| EOP | 地球定向参数 |
| GC DoD | 国防部总法律顾问 |
| GPS | 全球定位系统 |
| NAVWAR | 导航战 |
| NGA | 国家地理空间情报局 |
| NSA/CSS | 国家安全局/中央安全局 |
| OPR | 主要负责机构 |
| PNT | 定位导航授时 |
| PTTI | 精确时间和时间间隔 |
| SPD－7 | 第7号空间政策指令 |
| TRF | 地球参考框架 |
| USCYBERCOM | 美国网络司令部 |
| USD(A&S) | 国防部采办与保障副部长 |
| USD(C)/CFO | 国防部副部长(审计长)/国防部首席财务官 |
| USD(I&S) | 国防部情报与安全副部长 |
| USD(P) | 国防部政策副部长 |
| USD(R&E) | 国防部研究与工程副部长 |
| USNO | 美国海军天文台 |
| USNORTHCOM | 美国北方司令部 |
| USSPACECOM | 美国太空司令部 |
| USSTRATCOM | 美国战略司令部 |
| WG | 工作组 |
| WWG | 豁免工作组 |

## G.2. 定义

这些术语及其定义适用于本次文件。

| 术语 | 定义 |
| --- | --- |
| 天体参考框架 | 用于定义定位导航授时和相关防御应用所需的自然天体的基本可观测物理参数集。它既包括基本参考系和相关框架(即使用可观测天体实现参考系),还包括被引入防御系统用于定位导航授时、制导、定向、空间域态势感知、防御系统校准和瞄准应用的基本参考框架下的所有天体。最小可观测物理参数集由天体的位置、运动和亮度(作为波长的函数)组成。国防部各部门对 CRF 的利用包括但不限于:确定被研究对象的位置、方向、运动、轨道和意图;国防传感器的精密校准;用于情报收集、瞄准和系统制导的平台和仪器方位的测定。 |
| 地球定向参数 | 用于描述 TRF 和 CRF 之间数学关系的值。这种关系由地球极点的坐标(极移)、绕极点的旋转角度(世界时或一类世界时)、岁差和章动来定义。 |
| 闰秒 | 时间偶尔会以 1 秒为增量进行调整,以确保由原子钟确定的统一时标与地球自转时间之间的差值不超过 0.9 秒。为了使这种累积差异始终小于 0.9 秒,因而在原子时间上增加一个闰秒,以减小两者之间的差异。这个闰秒可以是正的,也可以是负的,这取决于地球的自转。 |
| 主时钟 | 所有 PTTI 产品的基础产品。它是为国防部所有部门提供协调世界时之实时表示的单一权威时钟。美国海军天文台维护时钟用于确保权威时钟的准确性和一致性。 |
| PNT 论坛 | PNT 问题为议程正式主题的会场。 |
| 精确时间 | 精确到 1 微秒以内的频率(时间间隔)要求。 |
| PTTI | 时间和时间间隔(频率)的参考值。 |

## 参 考 文 件

参谋长联席会议主席第 5123.01H 号指示,《联合需求监督委员会章程和联合能力集成与开发系统的实施》,2018 年 8 月 31 日。

参谋长联席会议主席第 6130.01 号指示,《参谋长联席会议主席定位导航授时总体规划》,最新版。

国防部第 4650.05 号指令,《定位导航授时》,2016 年 6 月 9 日,修订版。

国防部第 5030.19 号指令,《国防部对联邦航空的责任》,2013 年 9 月 13 日,修订版。

国防部第 5144.02 号指令,《国防部首席信息官》,2014 年 11 月 21 日,修订版。

国防部第 4650.08 号指示,《定位导航授时以及导航战》,2018 年 12 月 27 日,修订版。

国防部手册 8910.01 第 1 卷,《国防部信息收集手册:国防部内部信息收集程序》,2014 年 6 月 30 日,修订版。

《联邦无线电导航计划》,最新版。

第 7 号空间政策指令,《美国天基定位导航授时政策》,2021 年 1 月 15 日。

《美国法典》第 10 编第 2281 条。

# 《国防部第 4650.08 号指示：定位导航授时及导航战》

# 国防部第 4650.08 号指示:定位导航授时及导航战

**发布部门:**国防部首席信息官办公室

**生效日期:**2018 年 12 月 27 日

**第 1 次修订生效日期:**2020 年 12 月 30 日

**可发布性:**允许对外发布,可在国防部的发布网站获取:http://www.esd.whs.mil/DD/.

**重新发布及撤销:**《国防部第 4650.08 号指示　定位导航授时及导航战》,2015 年 2 月 5 日

**批准人:**国防部首席信息官　达纳·迪希

**第 1 次修订批准人:**国防部首席信息官　达纳·迪希

目的:根据国防部第 5144.02 号指令的授权,本次发布的文件将根据国防部第 4650.05 号指令落实定位导航授时(PNT)政策,并为以下工作制定政策、分配职责和规定程序:

· 根据国防部第 4650.05 号指令、第 5000.02T 号指示和第 5000.82 号指示的要求,在国防部集成定位、导航、授时及导航战。

· 根据国防部第 4650.05 号指令、第 5000.02T 号指示、第 5000.82 号指示和第 8500.01 号指示的要求,确保 PNT 信息源和 PNT 信息相关系统的开发、获取、维持以及与运行使用有关的 PNT 信息的安全。

· 确定导航战的政策合规性与否,并评估生成或使用 PNT 信息的项目的导航战能力。

## 第 1 节　发布概况

### 1.1　适用范围

本文件适用于国防部长办公室、各军事部门(包括日常工作及在国土安全部服役期间的海岸警卫队)、参谋长联席会议主席办公室、联合参谋部、作战司令部、国

防部监察长办公室、国防机构、国防部现场活动机构和国防部内的其他所有实体组织(以下统称国防部部门)。

**1.2 政策**

a. 国防部应有效地利用导航战能力,以确保PNT在支持军事行动方面的优势。国防部应利用导航战能力,通过协调部署空间、网络空间和电磁频谱的运行,确保国防部使用PNT信息并防止对手使用PNT信息。

b. 生成或使用PNT信息的项目必须符合本文件规定的导航战要求,并应根据国防部第5144.02号指令、第5000.02T号指示和第5000.82号指示,在采办项目的每个重大节点向重大节点决策人(MDA)报告导航战的合规情况。

c. 导航战合规的有效性(包括与依赖单一PNT信息源相关的漏洞),应在运用PNT信息制定测试、训练、演习和作战计划期间进行论证。本文件第3节规定了必须在友军和敌方进攻性导航战行动(如干扰、网络威胁)下可以运行的导航战防御能力(如抗干扰天线、辅助PNT源)的合规流程。所有使用PNT信息的系统,无论其是否由作战试验与鉴定局局长(DOT&E)监督,都必须在真实的导航战环境中进行试验并能够在此环境下运行。

d. 根据参谋长联席会议主席第6130.01G号指示(CJCSI),未经豁免,不得将民用、商业或外国来源作为获取作战、作战支援或作战勤务支援行动PNT信息的主要来源。这些系统可作为补充源使用,但需确定其符合导航战的要求。

e. 在成功确定导航战合规的前提下,可授权通过使用民用、商业或外国来源获取非作战行动的PNT信息。

f. 如果作战司令部已确定与外国军队的导航战互操作性的要求,则以民用、商业或外国来源为获取作战、作战支援或作战勤务支援行动PNT信息的主要来源的武器或设备不得转让给外国军队。此项限制与第1.2.d.条对美国使用此类系统的限制类似。即使互操作性要求不禁止此类转让,国防部各部门仍可禁止此类转让,或以其他方式降低风险,以保护联合部队或尽量减少平民伤亡(见第2.9.b.条和第2.10.b.条所述的国防部的部门职责)。

g. 国防部应通过对现有信息和技术转让的控制流程,确保美国和盟军获得PNT信息的优势。

h. 可根据第2.1.e.条的规定授权美国联邦民事机构和外国政府实体使用国防部PNT服务。服务的使用必须按照应适用的美国法律、法规和国防部政策(包括国防部第5230.11号指示中向外国实体披露机密军事信息的国防部政策,以及国防部第 2040.02 号指示关于技术、物品和服务国际转让的规定）获得批准。

**1.3　第 1 次修订概述**

由于美国太空司令部的成立以及美国太空司令部和美国战略司令部之间职责的重新调整，本文件进行了修订。此外，2019 年 8 月 20 日的《国防技术安全局局长备忘录》，增加了国防安全合作局局长在将包含民用、商用或外国全球卫星导航系统技术的武器或设备转移给与美国明确了导航战互操作性要求的外国军队方面的职责。该文件第 2 节增加了国家地理空间情报局局长的职责。此次修订还更新了参考文件和组织标志，并做了其他行政性变更。

## 第 2 节　职　　责

**2.1　国防部首席信息官**

国防部首席信息官的职责：

a. 根据国防部第 5144.02 号指令和 3100.10 号指令，制定并实施作为国防部信息体系一部分的 PNT 相关国防部战略和政策。

b. 根据国防部第 4650.05 号指令和国防部第 4650.06 号指示，通过国防部 PNT 执行管理委员会和监督委员会指派的协调行动，制定 PNT 和导航战政策并监督政策的实施和协调。

c. 监督国防部 PNT 和导航战战略的制定和发布，为国家安全和军事战略提供支持。

d. 为确定导航战政策的合规性和评估生成或使用 PNT 信息的项目的导航战能力等方面分配职责。

e. 为美国联邦机构的 PNT 和导航战支持以及国际合作制定指导方针，包括支持盟军与联合作战、演习、训练和研发工作的加密网络分配政策。国防部首席信息官与以下人员协调制定此类指南：

（1）国防部政策副部长；

（2）国防部采办与保障副部长；

（3）国防部情报与安全副部长；

（4）参谋长联席会议主席；

（5）军事部门负责人；

（6）美国太空司令部司令；

（7）美国战略司令部司令；

(8)美国网络司令部司令;

(9)美国国家安全局局长/中央安全局局长。

### 2.2 国防部采办与保障副部长

国防部采办与保障副部长的职责:

a. 将国防部首席信息官对 PNT 和导航战的指导方针纳入生成或使用 PNT 信息的系统的采办和保障项目。

b. 负责监督与采办和保障有关的由国防部采办与保障副部长担任重大节点决策人的项目中的 PNT 和系统级架构问题。

c. 确保采办和保障项目符合本指令规定的导航战合规要求。

d. 与作战试验与鉴定局长和国防部首席信息官协调,确保生成或使用 PNT 信息的所有国防部系统在真实的导航战环境中进行测试。

e. 与国防部首席信息官协调,根据具体情况对采办文件和其他支持性指导方针进行更新,以在系统采办决策点纳入对导航战合规性进行判定的要求。

f. 在担任重大节点决策人时,确定并确认生成或使用 PNT 信息的所有平台和系统在每个重大采办阶段点的导航战合规性。

### 2.3 国防部研究与工程副部长

国防部研究与工程副部长的职责:

a. 将国防部首席信息官对 PNT 和导航战的指导方针纳入生成或使用 PNT 信息系统的研发项目。

b. 对由国防部采办和保障副部长担任重大节点决策人的采办项目的测试和评估计划进行审核,以确保其充分验证平台或系统是否符合导航战要求。

### 2.4 国防部政策副部长

国防部政策副部长的职责:

a. 向国防部首席信息官提供与本文件相关的国际事务的监督和指导方针,包括与 PNT 系统和相关技术的出口与技术转让相关的监督和指导方针。

b. 与国防部首席信息官就第 2. 1. e. 条确定的事项进行协调。

### 2.5 国防部人事和战备副部长

根据国防部第 1322. 18 号指令,国防部人事和战备副部长为在兵役和联合训练中实施 PNT 和导航战训练提供政策监督、指导和建议。

### 2.6 作战试验与鉴定局局长

作战试验与鉴定局局长的职责:

a. 与国防部采办和保障副部长以及国防部首席信息官协调,确保生成或使用PNT信息的所有国防部系统在作战试验与鉴定局局长的监督下在真实的作战级导航战环境中进行测试。

b. 审核并批准在作战试验与鉴定局局长监督下的所有国防部系统的作战试验和论证计划,以确保其充分评估PNT和导航战的有效性、适用性和生存能力。

### 2.7 国家侦察局局长

在国防部情报与安全副部长的领导和管理下,国家侦察局局长负责:

a. 根据情报界第115号指令和参谋长联席会议主席第5123.01H号指示,记录导航战电磁战支援(ES)的要求,与参谋长联席会议主席、作战司令部司令、军事部门负责人和国家安全局局长/中央安全局局长协调电磁战支援的要求。

b. 提供技术援助和专业技能,以支持军事部门负责人开发和部署导航战的电磁战支援相关能力和相关条令。

c. 对于完全由国防部之外的其他部门资助的国家侦察局项目,根据本文件第3节考虑并记录国家侦察局系统等效活动的完成情况。

### 2.8 国防情报局局长

在国防部情报与安全副部长的领导和管理下,国防情报局局长负责:

a. 评估对美国、盟军及联合PNT与导航战能力构成威胁的因素。向参谋长联席会议主席、作战司令部司令和军事部门负责人提供情报,以支持导航战活动。与军事部门、联合导航战中心和作战试验与鉴定局局长协调PNT威胁简介和场景,从而为演习、训练和测试提供便利。

b. 对敌方PNT系统和使用所有类型PNT数据或信号的所有敌方设备的弱点进行评估,并对敌方的所有导航战攻击能力进行评估。

c. 与参谋长联席会议主席、作战司令部司令和军事部门负责人协调,确保根据需要向美国盟军和联合行动伙伴分发威胁因素评估和情报产品,为盟军和联合作战、演习、训练提供便利。

### 2.9 国家地理空间情报局局长

在国防部情报与安全副部长的领导和管理下,国家地理空间情报局局长负责:

a. 评估对美国、盟军及联合PNT和导航战能力构成威胁的因素。

b. 向参谋长联席会议主席、作战司令部司令和军事部门负责人提供情报,支持导航战活动。

c. 与军事部门、联合导航战中心和作战试验与鉴定局局长协调PNT威胁简介和场景，为演习、训练和测试提供便利。

d. 对敌方的 PNT 信息系统和导航战能力的弱点进行评估。

e. 与参谋长联席会议主席、作战司令部司令和军事部门负责人协调，确保根据需要向美国盟军和联合行动伙伴分发威胁因素评估和情报产品，为盟军和联合作战、演习和训练提供便利。

**2.10　国家安全局局长/中央安全局局长**

在国防部情报与安全副部长的领导和管理下，国家安全局局长/中央安全局局长负责：

a. 帮助国防部各部门发展和管理 PNT 信息保障工作，包括加密和集成 PNT 设备设计。

b. 为国防部部门提供现有和发展中的系统及相关信号的持续电子情报分析，以确保对收集到的信号进行正确的识别和编目。

c. 与国防部首席信息官、空军部长和国家侦查局局长协调，领导与美国盟军和联合行动伙伴合作进行的国防部导航战电磁战支援活动。

d. 制订导航战电磁战支援实施计划，为第 2.1.c. 条中提及的 PNT 和导航战战略计划提供支持。

e. 根据国防部第 5230.11 号指令与国防部首席信息官、参谋长联席会议主席和军事部门负责人协调，制定保护 PNT 信息和相关加密的程序。

f. 执行盟军和联合行动伙伴的加密网任务，为经参谋长联席会议主席确认的盟军和联合作战行动、演习、训练、研发工作提供支持。

**2.11　国防安全合作局局长**

在国防部政策副部长的领导和管理下，国防安全合作局局长负责：

a. 确保作战司令部司令和安全合作执行机构定期收到关于向外国军队转让 PNT 和导航战技术及能力的相关政策简报。

b. 采取必要行动，防止或限制通过对外军售转让本文件第 1.2.f. 条所明确的武器或设备。

**2.12　国防技术安全局局长**

在国防部政策副部长的领导和管理下，国防技术安全局局长应采取必要行动，防止或限制通过直接商业销售转让本文件第 1.2.f. 条和国防部第 2040.02 号指示中规定的武器或设备。

**2.13　军事部门负责人**

军事部门负责人负责：

a. 当某官员在军事部门负责人的领导和管理下担任重大节点决策人或其他采办决策人时，要负责确保该重大节点决策人或其他决策人（视情况而定）根据国防部第 5000.02T 号指示和第 5000.82 号指示及本文件第 3 节的规定，确定并确认所有生成或使用 PNT 信息的平台和系统在每个采办决策点符合导航战要求。

b. 当某官员在军事部门负责人的领导和管理下担任重大节点决策人时，要负责确保该重大节点决策人审核测试和评估计划，以确保其充分验证平台或系统符合导航战要求的情况。

c. 确定 PNT 贡献和导航战环境假设（包括所有有意和无意的电磁干扰，包括红蓝电磁攻击元素），并确保其在适用的军事概念、计划和条令中根据本指令予以提出。与其他军事部门、联合导航战中心、国家地理空间情报局和国防情报局协调 PNT 威胁简介和场景，为演习、训练和测试提供便利。与美国太空司令部和美国战略司令部就应用 PNT 两年期评估中阐述的标准化导航战威胁条件进行合作，以确定相关的导航战环境。

d. 根据参谋长联席会议主席第 3170.01H 号指示，从各军事部门中指定一名代表，负责确定并倡导 PNT 和导航战要求，以规定并正式确定联合导航战要求。

e. 使用经过验证的作战概念，在真实的导航战作战环境中进行测试、训练和演习。评估美国、盟军和联合导航战能力与潜在对手经过评估的 PNT 和导航战能力进行对比。

f. 向国防情报局局长和国家地理空间情报局提出要求，用于评估：

（1）美国、盟军和联合 PNT 系统与接收机的弱点，以及对其构成威胁的敌方导航战攻击能力；

（2）敌方 PNT 信息系统和导航战能力的弱点。

g. 与参谋长联席会议主席和国家安全局局长/中央安全局局长进行协调，制定用于在其整个生命周期内保护 PNT 键控设备的程序，包括用于销毁安全受控的 PNT 设备的程序。

h. 确保生成或使用 PNT 信息的所有项目的安全分类指南可以保护特定 PNT 技术和集成方法。

i. 确保生成或使用 PNT 信息的所有系统或平台均采用开放式架构设计，以便根据国防部第 5000.02T 号指示规定的模块化开放系统方法指引和《2017 财年国防授权法》第 805 条最大限度地集成多个 PNT 源。对于未被指定为主要系统组件的 PNT 子系统，因为需要解决不断发展的技术和威胁，因此其应具有和《2017 财年国防授权法》第805条所定义的主要系统组件相同的属性。

j. 在每个重大节点采办决策作出之后，向国防部首席信息官报告服务重大节点决策人关于考虑开发或生产的每个平台或系统符合导航战要求的决定。

**2.14 参谋长联席会议主席**

参谋长联席会议主席的职责：

a. 确保PNT和导航战的假设及考量因素根据本指令在联合概念、计划和条令下进行处理。

b. 确保联合测试、训练和演习在真实的导航战作战环境中进行。

c. 与国家安全局局长/中央安全局局长协调，监督盟军和联合行动伙伴加密网络任务，为盟军和联合作战、演习、训练、研发工作提供支持。

d. 根据参谋长联席会议主席第5123.01H号指示，协调并正式确定整个国防部的联合PNT和导航战要求及能力。

e. 确保生成或使用PNT的系统和平台的所有要求文件包括本文件第3.2.a.条所述的系统生存能力关键性能参数(KPP)。

**2.15 美国太空司令部司令**

美国太空司令部司令的职责：

a. 与相关的国防和联邦部门及机构协调全球定位系统(GPS)/PNT和导航战相关测试、训练、演习和活动，以便：

(1)制定在国家空域系统中协调和优先安排GPS与导航战测试的流程。

(2)优先安排在国家空域系统中进行的GPS和导航战测试及训练活动，并化解冲突活动之间的冲突。

(3)确保将对测试、训练和演习/活动区域之外的GPS用户的影响降至最低。

b. 行使与国防部天基PNT资产的运行控制有关的指挥权。

c. 倡导能够支持国防部导航战行动的联合弹性PNT要求和能力。

d. 支持与作战司令部及导航战行动相关的联合训练和规划，为其他作战司令部提供应急联合弹性PNT和导航战规划和行动，并将联合导航战中心用作导航战卓越中心。

e. 与国家安全局局长/中央安全局局长协调，执行盟军和联合行动伙伴的GPS加密网任务，为盟军和联合作战、演习、训练、研发工作提供支持。

f. 作为PNT和导航战行动的联合倡导者，整合和协调整个国防部的PNT和导航战能力，并每隔两年向国防部首席信息官提供一次PNT和导航战作战能力评估报告。

g. 对国防部、敌方和联合导航战能力及弱点进行PNT作战现场评估，以确定能力差距、评估作战风险、获取知识，以便在联合部队和联合作战中取得PNT优势。

h. 协同军事部门负责人及负责特殊作战行动和低强度冲突的助理国防部长，向国防情报局局长和国家地理空间情报局长提出要求，以便评估：

（1）美国、盟军和联合PNT系统与接收机的弱点，以及对其构成威胁的敌方导航战攻击能力。

（2）敌方PNT信息系统的弱点以及对其构成威胁的敌方导航战能力。

i. 与后勤部门、美国特种作战司令部和其他作战司令部合作，根据每两年一次的国防部PNT评估中阐述的标准化导航战威胁，确定相关条件水平，以便评估和测试PNT能力。

j. 美国北方司令部评估PNT和导航战相关威胁对美国关键基础设施的影响。

### 2.16　美国战略司令部司令

美国战略司令部司令为影响由其负责的核指挥、控制和通信任务区的PNT能力部署和宣传以及使用电磁频谱支持导航战等活动提供支持。

### 2.17　美国网络司令部司令

美国网络司令部司令的职责：

a. 倡议PNT和导航战能力，为国防部信息网络的运行提供支持。

b. 确保采取必要的行动以保护国防部信息网络运行的安全，使其免于遭受针对国防部信息网络PNT资产的任何恶意攻击的影响。

c. 与美国太空司令部司令和其他作战司令（如需要）协调，确保网络能力的开发、实际测试，并为联合部队导航战的任务需求提供支持。

## 第3节　导航战合规程序

### 3.1　讨论

下述导航战合规程序的设置目的在于：明确规定对使用PNT信息的任何计划或系统必须采取的措施，以确定其是否达到导航战合规性的要求。如果系统能够在特定任务要求的时间段内，在预期的物理、电磁和网络环境中，以任务要求的精度水平，持续提供可信的PNT信息，则该系统符合导航战要求。图1为导航战合规流程各个部分的图示。

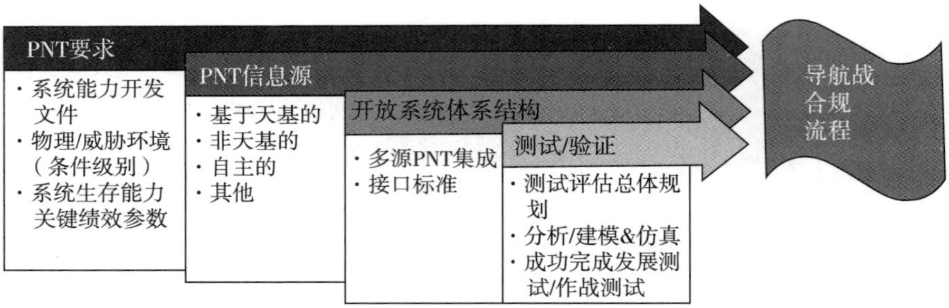


**图1　导航战合规流程的各个部分**

### 3.2　能力开发和系统集成

a. 生成或使用 PNT 信息的每个项目或系统必须在其开发的文件中纳入以下系统生存能力关键性能参数：项目或系统使用的 PNT 能力必须保持战术弹性，并在预期的物理、电磁和网络环境下以未来任务要求的准确度在至少“x”的时间段内持续提供可信的 PNT 信息（x 表示平台或系统利用准确的 PNT 以在预期的导航战环境中圆满完成其任务所需的时间长度）。

b. 每个项目或系统应确定平台或系统可能需要运行的最坏的导航战环境。下表可用作该测定的模型。情况等级应详细地描述，以便能够评估和测试计划由国防部平台或系统使用的 PNT 能力，从而在规定的导航战和物理环境中成功运行并展示战术弹性。在开发和运行测试过程中，这些情况等级应在从低到高威胁等级范围内与标准化威胁等级协同使用。

| 等级 | 条件 | PNT 能力 |
|---|---|---|
| 0 | 低：在没有精确 PNT 的情况下完成任务。 | 无特殊 PNT 保护：未经认证的商用 GPS 标准定位服务（SPS）、SPS 模式下的军用非键控 GPS 接收机、任何 GNSS 开放服务信号或国防部以前未考虑和接受使用的其他 PNT 源。 |
| 1 | 中等：在没有精确 PNT 的情况下，以性能略微降低的水平完成任务（速度更慢，武器选择减少，有部分附带伤害）。 | 有限 PNT 使用：键控 P（Y）和 M 码设备、其他可信信号（经认证）或可能可用的被认可的机会信号。 |

续表

| 等级 | 条件 | PNT 能力 |
|---|---|---|
| 2 | 高：在没有精确 PNT 的情况下，以性能降低的水平完成任务（速度更慢，精确武器选择有限，有附带伤害，战友残杀）。 | 在有挑战性的环境下有保障的 PNT：内置 PNT 源的键控 M 码或 P(Y) 码接收机，通过与国防部的协议备忘录授权的外国 GNSS，或经批准的地面射频导航信号。 |
| 3 | 极高：在没有精确 PNT 的情况下，以极低的性能完成任务（速度非常慢，没有使用精确武器，附带伤害/战友残杀的危险迫在眉睫）。 | 在恶劣环境下有保障的 PNT：键控 GPS M 码或 P(Y) 代码接收机（假设使用辅助技术和人工智能增强）或在其有效性能范围内运行的内置 PNT 源。 |

c. 生成或使用 PNT 信息的每个项目或系统必须确定，在最坏的环境下，哪一种最大限度地使用模块化开放系统方法集成的 PNT 能力组合能够满足能力开发文件中规定的系统生存能力关键性能参数。

### 3.3 开发和作战试验以及论证

a. 审核生成或使用 PNT 信息的项目的系统试验和论证计划，以确保其充分验证平台或系统是否符合导航战要求的评估。国防部研究与工程副部长应对由国防部采办和保障副部长担任重大节点决策人的采办项目的试验和论证计划进行审核。对于重大节点决策人为服务层级的采办项目，由负责的后勤机构对其试验和论证计划进行审核。

b. 进行系统试验和论证（如真实自然环境测试、建模与仿真、实证分析），充分验证生成或使用 PNT 信息的所有系统或平台符合第 3.2. a. 条提及的系统生存能力关键性能参数。

### 3.4 战地 PNT 能力的改进和国防采办系统之外的采办

任何正在进行 PNT 能力改进或升级的平台或系统，或在国防采办系统之外采购的平台或系统，均应遵守第 1.2. c. 条、第 1.2. d. 条和第 1.2. e. 条的规定。能力开发人员和国防部各部门必须考虑并向负责的后勤机构证明与第 3.2 条和第 3.3 条的规定相等同的活动的完成情况，以确保 PNT 能力符合导航战要求。国防采办执行官或国防部部门首席信息官必须向国防部 PNT 执行管理委员会通知符合导航战要求的情况。通知模板见国防部第 O－4650. 11 号手册。通知必须满足第 1.2. d. 条或第 1.2. e. 条的要求，具体如下：

a. 作战、作战支援和作战勤务支援

如果项目或系统使用的 PNT 能力能够在预期的物理、电磁和网络环境下在任务所需的所有时间段和精度水平上提供可信的 PNT 信息，则该系统符合导航战要求。

b. 非作战行动

当 PNT 能力包含民用、商用或外国来源时，若 PNT 能力能够在预期的物理、电磁和网络环境下在任务所需的所有时间段和精度水平上提供可信的 PNT 信息，则系统符合导航战要求。

## 术 语 表

### G.1. 首字母缩略词

| | |
|---|---|
| CCDR | 作战司令部司令 |
| CDRUSCYBERCOM | 美国网络司令部司令 |
| CDRUSSPACECOM | 美国太空司令部司令 |
| CDRUSSTRATCOM | 美国战略司令部司令 |
| CJCS | 参谋长联席会议主席 |
| CJCSI | 参谋长联席会议主席指示 |
| CRYPTO | 加密 |
| DIA | 国防情报局 |
| DIRNSA/CHCSS | 美国国家安全局局长/中央安全局局长 |
| DoD CIO | 国防部首席信息官 |
| DoDD | 国防部指令 |
| DoDI | 国防部指示 |
| DoT&E | 作战试验与鉴定局局长 |
| ES | 电磁战支援 |
| GPS | 全球定位系统 |
| JNWC | 联合导航战中心 |
| KPP | 关键能力参数 |
| MDA | 重大节点决策人 |
| NAVWAR NGA | 导航战 |

| | |
|---|---|
| NGA | 国家地理空间情报局 |
| NRO | 国家侦察局 |
| PNT | 定位导航授时 |
| R&D | 研发 |
| USD(A&S) | 国防部采办和保障副部长 |
| USD(I&S) | 国防部情报与安全副部长 |
| USD(P) | 国防部政策副部长 |
| USD(R&E) | 国防部研究与工程副部长 |

## G.2. 定义

除非另有说明,以下术语及其定义仅适用于本文件。

| 术语 | 定义 |
|---|---|
| 作战勤务支援 | 定义见《国防部军事和相关术语词典》。 |
| 作战支援 | 定义见《国防部军事和相关术语词典》。 |
| 电磁战支援 | 定义见《国防部军事和相关术语词典》。 |
| 综合 PNT | 多个 PNT 来源、导航战以及联合与后勤条令的组合,旨在为在导航战环境下作战的军事用户提供可靠的 PNT 信息。 |
| 导航战 | 定义见《国防部军事和相关术语词典》。 |
| 导航战合规性 | 某 PNT 系统,在预期的物理、电磁和网络环境下,在特定任务要求的时间段内,以任务要求的精度水平持续提供可信的 PNT 信息。 |
| 导航战环境 | 运行 PNT 系统的预期物理、电磁和网络条件。 |
| 导航战互操作性要求 | 根据参谋长联席会议主席第 6510.06C 号指示,当作战司令部确定一个国家需要 GPS 加密以实现军事互操作性时建立。 |
| 战略计划 | 要求制定与特定武装和非武装解决方案的时间表相匹配的战略,以提供确定优先事项和预测技术发展的方法并协调工作的框架。 |
| 可信 PNT 信息 | 可被持续证实或验证的 PNT 信息。 |

## 参 考 文 件

参谋长联席会议主席第5123.01H号指示:《联合需求监督委员会(JROC)章程和联合能力集成与开发系统(JCIDS)的实施》,2018年8月31日。

参谋长联席会议主席第6130.01G号指示:《定位导航授时总体规划》,2019年6月3日。

参谋长联席会议主席第6510.06C号指示:《涉外通信安全发布》,2013年11月8日。

国防技术安全管理局局长备忘录:《禁止使用配备全球定位系统标准定位服务的精确制导武器》,2019年8月20日。

国防部第1322.18号指令:《军事训练》,2009年1月13日,修订版。

国防部第3100.10号指令:《空间政策》,2012年10月18日,修订版。

国防部第4650.05号指令:《定位导航授时》,2016年6月9日,修订版。

国防部第5144.02号指令:《国防部首席信息官》,2014年11月21日,修订版。

国防部第5230.11号指令:《向外国政府和国际组织披露机密军事信息》,1992年6月16日。

国防部第2040.02号指示:《技术、物品和服务的国际转让》,2014年3月27日,修订版。

国防部第4650.06号指示:《定位导航授时管理》,2016年6月16日。

国防部第5000.2T号指示:《国防采办系统的运行》,2015年1月7日,修订版。

国防部第5000.82号指示:《信息技术的采办》,2020年4月21日。

国防部第8500.01号指示:《网络安全》,2014年3月14日,修订版。

国防部第O-4650.11号手册:《定位导航授时安全》,2017年5月26日,修订版。

情报机构第115号指令:《情报机构能力要求流程》,2012年12月21日。

参谋长联席会议主席办公室:《国防部军事和相关术语词典》,现行版。

公法114-328号第805条:《2017财年国防授权法》,2016年12月23日。

# 《交通部第1120.32D号指令：定位导航授时协调及规划》

# 交通部第1120.32D号指令：定位导航授时协调及规划

2021年1月11日

本法令规定了职责，以推动制定交通部定位导航授时（PNT）政策和要求。指令确立了一个常设的管理层机构，作为交通部中心，以协调交通部PNT计划、制定PNT政策，与国防部（DOD）、国土安全部（DHS）和其他联邦机构对接PNT项目，推动国内外接受美国PNT系统。

**1. 撤销**

《交通部第1120.32C号指令：导航和定位协调与规划》，1994年10月6日发布，被本文件取代并被撤销。

**2. 参考文件**

a.《美国法典》第49编第101条；

b. 1981年《海事法》（公法97－31号，修订版），该法将海事管理局（MARAD）纳入交通部；

c.《美国法典》第49编第301条，该条规定了交通部长的职责，其中包括对交通部内部导航事务的总体领导责任；

d.《圣劳伦斯海道法》（《美国法典》第33编第981条及后续章节）；

e.《美国法典》第49编第103条，授权联邦铁路管理局执行所有铁路安全法律；

f.《美国法典》第49编第40103条，授权联邦航空管理局（FAA）为商业和军事用途提供导航系统；

g.《第39号国家安全总统令：美国天基定位导航授时政策》，2004年12月15日发布（NSPD－39）。

**3. 背景资料**

1970年，为协调交通部导航规划，制定了《国家导航计划》（NPN）。国会对无线电导航规划的兴趣促成了《国际海事卫星通信法》（《美国法典》第47编第751条及后续章节）的颁布。总统根据《国际海事卫星通信法》向国会报告称，无线电导航规划应由主要的任务组织实施，并应公布一份军用/民用联合《联邦无线电导航计划》

(FRP)。无线电导航通过无线电波的传播进行导航从而确定位置或获取与位置有关的信息。PNT 系统包括地面和天基无线电导航、授时和其他支持 PNT 服务和应用的技术。

1979 年,国防部与交通部签订的跨部门协议,正式确定了 PNT 联合规划流程。1981 年,国防部和交通部用《联邦无线电导航计划》取代了《国家导航计划》,用该计划规划通用的民用/军用无线电导航服务。1993 年《国防部与交通部关于民用全球定位系统协议的备忘录》确立了民用全球定位系统(GPS)的政策和程序。

2003 年国土安全部成立后,《联邦无线电导航计划》由交通部长、国防部长和国土安全部长签署,每两年发布一次。《第 39 号国家安全总统令》宣布成立国家天基 PNT 执行委员会,由交通部副部长和国防部副部长担任联合主席。根据《第 39 号国家安全总统令》,交通部被指定为 GPS 的民用领导部门,主要负责为所有美国政府民事部门和机构制定民用要求。

**4. 政策**

交通部的政策是建立 PNT 系统和服务,通过促进安全和有保障的交通、提高流动性和效率、促进经济增长以及支持国家和国土安全,满足公众需求。《联邦无线电导航计划》颁布这些政策,用于运行和管理那些由联邦提供的供军事和民事部门使用的 PNT 服务。

**5. 职责**

a. 交通部长。交通部长负责制定交通部 PNT 政策,为交通部 PNT 执行委员会提供指导,批准 PNT 系统开发和采用计划,并制定多模式 PNT 实施项目所需的交通部活动。

b. 交通部政策副部长。主管交通部政策的副部长负责主持交通部 PNT 执行委员会,与国防部首席信息官共同主持国家天基 PNT 行政督导小组,统筹协调交通部 PNT 政策和规划指南,并通过交通部 PNT 执行扩大委员会与其他民事机构协调,以确保这些机构的需求在 PNT 规划过程中得到适当体现。

c. 研究与技术助理部长。研究与技术助理部长负责监督交通部 PNT 活动和编制《联邦无线电导航计划》,组建 PNT 项目办公室,负责交通部 PNT 执行委员会的秘书工作,管理交通部 PNT 工作组活动,并推荐选定的交通部人员到 PNT 相关的国防部办公室或管理部门工作。

(1)民事部门 PNT 拓展工作。助理部长应确保交通部实施面向民用 PNT 用户的拓展工作计划,以便决策能够体现用户意见;对没有其他联邦机构或委员代表的

PNT 服务民用用户保持拓展计划，确保在标准制定程序中充分满足民用 PNT 要求和用途；担任民用 GPS 服务对接委员会（CGSIC）主席，开展系统工程分析和经济研究，并就 PNT 系统满足用户需求的可行性以及融资和成本回收提出建议，协调应对多模式 PNT 技术问题。

（2）沃尔普国家交通系统中心（以下简称沃尔普中心）主任。沃尔普中心主任应根据要求和资金，维持和配备导航能力，以便进行 PNT 经济和系统工程分析，评估新的和现有的 PNT 技术和系统，并向交通部 PNT 工作组和 PNT 执行扩大委员会提供协助。

d. 交通部运行管理和秘书处。交通部运行管理和秘书处应评估、分析并记录 PNT 要求，对可能应用于其运行的 PNT 系统开展必要的研究和开发活动，实施其履行公共责任所需的 PNT 系统，与其他交通部部门一起参与通用系统的实施，并在负责交通政策的副部长的政策指导下，与国防部、国土安全部和国际实体协调 PNT 事务。

**6. 组织**

a. 交通部 PNT 执行委员会。交通部 PNT 执行委员会负责制定和规划交通部民用和两用 PNT 服务和系统政策。交通部 PNT 执行委员会由交通部政策副部长担任主席。

（1）交通部 PNT 执行委员会由以下各部门和组织的一名政策级代表组成：法律顾问办公室、预算和计划助理部长办公室、首席信息官办公室、联邦航空管理局（FAA）、联邦公路管理局（FHWA）、联邦汽车运输安全管理局（FMCSA）、联邦铁路管理局（FRA）、联邦公共交通管理局（FTA）、海事管理局（MARAD）、国家公路交通安全管理局（NHTSA）、管道和危险品安全管理局（PHMSA）、圣劳伦斯海道开发公司（SLSDC）及智能交通系统联合项目办公室（ITS JPO）。

（2）交通部 PNT 执行委员会应根据需要召开会议，制定协调一致的 PNT 政策建议供交通部长考虑，就《联邦无线电导航计划》和交通部各部门提供关于交通部 PNT 事务提供政策和规划指南，并解决 PNT 工作组无法解决的多模式 PNT 问题。

b. 交通部 PNT 执行扩大委员会。交通部 PNT 执行扩大委员会应与商务部、国土安全部（包括美国海岸警卫队）、内政部、农业部、国务院、国家航空航天局、国防部和其他联邦机构（视情况而定）共同实施规划。PNT 执行扩大委员会应提供其与政府机构委员会协调的协调中心，就其他政府机构拟定的关于 PNT 相关事务的报告和规则制定提供统一的部门意见，并为交通部 PNT 工作组和交通部 PNT 扩大工作组提供指导。

c. 交通部 PNT 工作组。交通部 PNT 工作组和交通部 PNT 扩大工作组是工作级组织，负责协调提交给交通部 PNT 执行委员会决策的 PNT 问题。这两个工作组由研究与技术助理部长办公室内部的 PNT 和频谱管理主任担任主席。

（1）交通部 PNT 工作组由来自第 6（a）（1）条所列各交通部部门的一名代表、沃尔普中心和其他交通部代表或顾问组成。交通部 PNT 工作组应至少每季度召开一次会议，可根据需要与国防部 PNT 工作组共同召开会议，应推动交通部运营管理部门制定的 PNT 要求、计划、研发和实施计划的协调。

（2）交通部 PNT 扩大工作组应与商务部、国土安全部（包括美国海岸警卫队）、内政部、农业部、国务院、国家航空航天局和其他联邦机构（视情况而定）共同实施规划。

（3）交通部 PNT 工作组和扩大工作组应按照交通部 PNT 执行委员会的指示，重点关注其他政府机构、行业和用户群体的多模式 PNT 问题。

#《2021 年联邦无线电导航计划》

# 2021 年联邦无线电导航计划

国防部、国土安全部、交通部联合发布

**注意**

美国政府不为产品和制造商背书。本文中出现的所有的产品名称或制造商名称,仅仅是因为它们是本报告必须提及的。

《联邦无线电导航计划》(FRP)反映了联邦政府定位导航授时(Positioning, Navigation and Timing,PNT)政策和计划的官方文件,它应《1998 财年国防授权法案》要求的制定,编纂于《美国法典》第 10 编第 2281 节(c)款。该文件由国防部、交通部和国土安全部在其他政府机构的协助下共同制定,至少每两年进行一次更新发布。2021 年版 FRP 反映了当前和未来由联邦提供的 PNT 系统的政策和计划,涵盖了通用 PNT 系统(军民两用系统)。军事专用的系统及其政策参见当前版本的参谋长联席会议主席指令 6130.01 号《参谋长联席会议主席(CJCS)定位导航授时总计划(MPNTP)》。

FRP 的内容包括以下几个部分:角色和职责、政策、有代表性的 PNT 用户需求(虽然 FRP 概述了不同用户群的 PNT 性能需求,但它不是联邦政府的正式要求文件)、运行方案、国家 PNT 架构等章节,以及附录部分的系统参数和说明、PNT 信息服务、大地测量参考系和基准。FRP 每两年更新一次,政策和计划方面的信息也因此得以更加高效、及时地更新。

## 概　　述

《联邦无线电导航计划》(FRP)反映了联邦政府在定位导航授时(PNT)领域的官方政策和规划。在国家 PNT 架构中,FRP 覆盖了联邦运行的常用陆基 PNT 系统和天基 PNT 系统。军事专用的系统在参谋长联席会议主席第 6130.01 号指令《参谋长联席会议主席(CJCS)定位导航授时总计划(MPNTP)》中阐述。FRP 不涉及主要执行侦测和通信功能的系统。本文件所述的政策和运行方案涵盖以下 PNT 系统:

· 全球定位系统(GPS);
· GPS 增强系统;
· 仪表着陆系统(ILS);
· 甚高频(VHF)全向信标(VOR);
· 测距设备(DME);
· 战术空中导航(TACAN);
· 无方向性信标(NDB);
· 互联网时间服务(ITS);
· 无线电台 WWVB① 信号;
· 双向卫星时间传递(TWSTT);
· 网络时间协议(NTP);
· 广播式自动相关监视(ADS – B)。

联邦政府运行 PNT 系统,是确保安全交通运输、促进美国国内商业发展的必要之举。政府运行 PNT 系统的目标之一是以一种具有弹性和成本效益的方式提供这项服务并平衡成本和所需的安全与有效的运营能力。依据《美国法典》第 49 编第 101 条,交通部(DOT)负责确保交通运输安全高效。国防部(DoD)负责维护国防专用导航。根据《美国法典》第 10 编第 2281 条第(b)款的要求,国防部还应在全球持续维护和运行用于民用、商用和科学等和平用途的全球定位系统(Global Positioning System,GPS),不向用户直接收取费用。国土安全部(DHS)通过跨部门②协调合作,负责提高美国关键基础设施的安全性和弹性,并加强美国境内 GPS 干扰源的检测,采取减轻措施。

国防部、国土安全部和交通部的主要目标是,确保各种常用(军用、民用)系统可以满足用户对精度、可靠性、可用性、连续性、完整性、覆盖范围、运行效用和成本控制的需求,确保发展能力,消除不必要的重复服务。国家 PNT 架构是协助美国政府(USG)各组织进行投资决策的框架。选择未来的 PNT 系统组合是一项复杂的任务,因为用户的需求是多种多样的,并且这种需求随着时间的变化而变化。虽然所有用户都需要安全、可信任的、随时可用以及易于使用的服务,但军事用户和民用用户都有各自独特的需求。例如,军方需求包括人为干扰下的性能要求、在高性能

① WWVB 是一个由美国国家标准与技术研究院(NIST)运行的时间信号广播电台。——译者注
② 在本文件中,跨部门是指涉及多个联邦部门或机构。

载具上的运行、全球范围覆盖,以及在恶劣环境下的作战能力。同样,民用用户也希望未来航空、公路、铁路、航海及其他事关生命安全的 PNT 应用领域中的 PNT 服务具有更高精度和更具有完整性。关键基础设施的所有者和运营商有必要增加对非 GPS PNT 服务的投资,以继续提供一个强大且有弹性的国家 PNT 架构。

成本以及用户采用率始终是基础设施所有者和运营商考虑非 GPS PNT 投资时的主要考虑因素。随着 GPS 及其增强系统在民用领域的潜能得到充分释放,各类 PNT 系统提供的服务将被重新平衡以满足需求。需求将至少部分取决于此类服务作为综合战略的一部分被依赖的程度,以确保 PNT 的弹性和关键应用或生命安全服务的可用性。

联邦政府针对联邦提供的 PNT 系统以及美国军民在全球范围内对这些系统的使用开展研发活动。民用研发活动主要侧重于民用 GPS 的增强,但也包括 GPS 的安全、安保和弹性等方面。军事研发活动主要满足军事任务需求和国家安全需要——包括美国国土安全。本版本的 FRP 中详细讨论了各机构的角色和责任、用户需求和系统描述。

本计划由以下部分组成:

第 1 部分——联邦无线电导航计划简介:界定无线电导航计划的目的、范围和目标(包括国家 PNT 架构概述),并讨论 PNT 系统选择考虑的要素。

第 2 部分——角色和职责:介绍国防部、国土安全部、交通部以及其他联邦机构在 PNT 服务计划、实施以及提供 PNT 服务方面的角色和职责。

第 3 部分——政策:针对本文件中提到的每个联邦 PNT 系统,阐述与提供这些系统有关的美国政策。

第 4 部分——PNT 用户需求:总结了联邦政府提供的民用 PNT 服务的性能需求情况。

第 5 部分——运行方案:概述了联邦政府提供民用和军用 PNT 系统或服务的方案。本部分还介绍了国防部、国土安全部、交通部以及其他联邦组织计划和已开展的研发工作。

第 6 部分——PNT 架构评估和演进:总结联邦政府实施国家 PNT 架构的活动和方案。

附录 A——系统参数和说明

附录 B——PNT 信息服务

附录 C——大地测量参考系和基准

附录 D——缩略语

附录 E——术语

附录 F——参考文件

## 第 1 部分　联邦无线电导航计划简介

本部分介绍了《联邦无线电导航计划》(FRP)的背景、目的、范围和目标,界定了有权提供 PNT 服务的法定机关,以及 PNT 系统选择考虑的要素。同时,它总结了促成本文件编撰的事件、国家在协调 PNT 服务计划方面的目标,以及 PNT 有权机关和相应的责任。

### 1.1　背景

《美国法典》第 10 编第 2281 条第(c)款提出要制订联邦无线电导航计划。第一版《联邦无线电导航计划》于 1980 年发布,根据 1978 年《国际海事卫星组织(INMARSAT)电信法》(公法 95 - 564 号,92 Stat. 2392)编制而成,作为总统报告的一部分被提交国会。这标志着美国国防部(DoD)和交通部(DOT)首次制订了 PNT 系统的联合计划。根据 2002 年《国土安全法》(公法 107 - 296 号,116 Stat. 2135),美国海岸警卫队(USCG)从交通部转入国土安全部(DHS),国土安全部也成为 FRP 的签署机构之一。2008 年 FRP 修订版将 2005 年 FRP 和 2001 年《联邦无线电导航系统》(FRS)文件合并为一个文件。2010 年 FRP 引入了国家 PNT 架构的概念,在其最终报告和实施计划中定义了 PNT 愿景、战略和行动方向。该架构为开发、实施 PNT 能力和配套基础设施提供投资决策方面的框架指导。2021 年 FRP 进一步整合了国家 PNT 架构,为评估和推进当前和未来联邦提供的 PNT 系统的政策与计划提供了架构。

FRP 阐述了联邦提供的无线电导航系统的协同计划。联邦的计划工作包括 PNT 的其他要素。

对于维持美国的安全和繁荣(包括国家安全和国土安全)而言,PNT 是不可或缺的一部分。然而,在许多情况下,它的作用并不明显。在某种程度上,PNT 信息几乎被每个关键性基础设施部门使用,将其应用在交通、通信、能源分配、生命安全和应急行动等至关重要的方面。就国家安全而言,PNT 是指挥、控制和通信能力的必要元素,也是各类精准作业、网络企业不可或缺的组成部分。

### 1.2　目的

FRP 旨在阐明美国政府(USG)在 PNT 系统方面所担任的角色、承担的职责以及制定的 PNT 系统的相关政策。它阐述了 PNT 用户的需求、运行方案，以及发展美国政府提供的 PNT 系统的国家框架结构。

本计划突出了确保 PNT 弹性，解决现有和新出现的能力差距以及明确消除这些差距（或减轻其影响）的举措的重要性。它通过确定未来 PNT 能力来实现这一点，这些能力将在 21 世纪中期或更长时间内维持美国的军事、民用和科学活动；鼓励开展 PNT 技术开发、演示、实施和安全性等方面的研究、分析和评估；并提供了协调一致的框架，指导美国政府有关 PNT 的投资决策。

### 1.3　范围

本计划覆盖了联邦运行的常用陆基 PNT 系统和天基 PNT 系统。PNT 服务由许多能够提供 PNT 的能力和基础设施支撑，并在具有挑战性的频谱、天气、财政情况和地缘政治环境下被提供。当前 PNT 应用方面的特点体现在：GPS 的广泛应用、由政府提供的针对不同用户群体优化的 GPS 增强系统、营利性商业 GPS 增强系统以及提供 PNT 服务的非天基系统。

### 1.4　定位导航授时（PNT）系统

本计划覆盖联邦政府为 PNT 提供的系统和服务。PNT 系统包括无线电导航、授时，以及其他支持 PNT 服务和应用的技术（包括基于网络的服务）。虽然 FRP 阐述了不同用户组的 PNT 性能需求，但它不是联邦政府正式要求的文件。

本计划不涉及主要用于侦测和通信（如手机）的非无线电导航电子系统。此外，参与国家 PNT 架构工作的联邦机构认为，联邦提供的服务不能满足所有 PNT 用户的需求。为了满足这些需求，补充技术正在不断发展，随着这些技术纳入联邦政府提供的服务，本计划将解决这些问题。

本版本的 FPS 涉及的系统和服务包括：

· 全球定位系统（GPS）；
· GPS 增强系统；
· 仪表着陆系统（ILS）；
· 甚高频（VHF）全向信标（VOR）；
· 测距设备（DME）；
· 战术空中导航（TACAN）；
· 无方向性信标（NDB）；
· 互联网时间服务（ITS）；
· 无线电台 WWVB 信号；

· 双向卫星时间传递(TWSTT);

· 网络时间协议(NTP);

· 精确时间协议(PTP);

· 广播式自动相关监视(ADS - B)。

### 1.5 目标

美国政府的主要目标是促进负责任地使用高效、有效和有弹性的PNT能力,以支持国家需求。

美国政府PNT系统政策的有关目标是:

· 加强、维护国家安全和国土安全;

· 促进美国经济增长和贸易发展,提高生产力;

· 提升出行安全;

· 促进交通系统高效、有效运转;

· 提高交通运输能力以及人员、产品的流动性;

· 协助保护环境。

目前预计美国PNT能力会存在不足或缺口,这将在第1.7节中描述。本文件所述的许多计划将有助于消除这些缺口,提高国家的PNT能力。

### 1.6 有权提供定位导航授时(PNT)服务的机关

有多个部门和机构提供PNT服务。本计划第2部分更详细地介绍了美国政府其他机构的角色和职责。

交通部(DOT)依据《美国法典》第49编第101条,负责确保交通运输系统的安全高效。PNT系统在交通部履行这一职责方面发挥重要作用。联邦航空管理局(FAA)、格雷特湖圣劳伦斯海道发展公司(GLS)是交通部运行PNT系统的两个主管机关。研究与技术助理部长办公室(OST - R)负责协调交通部内部的PNT规划,并协调交通部与联邦其他民事部门之间的PNT规划。

联邦航空管理局(FAA)负责开发和实施PNT系统,以满足安全高效的空中导航需求。《美国法典》第49编第44505条规定:"……联邦航空管理局局长应:开发、更改、测试和评估系统、程序、设施和设备,并定义其性能特征,以满足民用和军用航空领域安全、高效的导航和交通管制的需要,但空战所特有的、主要出于军事考虑的武装需求除外;并且选择最能满足上述需求且能促进空中交通管制和防空系统最大限度协调的系统、程序、设施和设备。"另外,联邦航空管理局负责按国际条约的规定运行空中导航设备。

GLS 在圣劳伦斯河的美国水域范围提供导航辅助，并与加拿大的圣劳伦斯航道管理公司（SLSMC）共同运行一个船舶交通控制系统。

交通部其他几个运行管理机构也参与 PNT 的规划。这些机构包括，联邦公路管理局（FHWA）、联邦汽车运输安全管理局（FMCSA）、联邦铁路管理局（FRA）、联邦公共交通管理局（FTA）、海事管理局（MARAD）、国家公路交通安全管理局（NHTSA）、管道和危险材料安全管理局（PHMSA）。

国土安全部负责提高美国关键基础设施的安全性和弹性，其中许多关键基础设施都依赖精准的、可信赖且可依赖的 PNT。国土安全部通过跨部门协调合作，还负责美国境内 GPS 干扰的检测和减轻措施。美国海岸警卫队作为国土安全部的一部分，根据《美国法典》第 14 编第 81 条的规定，负责为安全高效的海上航行提供导航，以防止船只和航空器发生碰撞和沉落等灾难。

国防部负责开发、测试、评估、实施、运行和维护国防专用的导航和用户设备。国防部还负责确保与民用车辆配合使用的军用车辆具有必要的 PNT 功能。

《美国法典》第 10 编第 2281 条第（b）款要求国防部在全球持续维护和运行用于民用、商用和科学等和平用途的 GPS 标准定位服务（SPS），且不向用户直接收取费用。国防部还须为 GPS 精确定位服务（PPS）的运行维护提供保障。

根据《1958 年美国国家航空暨太空法案》修订版（公法 85 – 568 号，72 Stat. 426）第 102 条第（d）款和第 103 条的规定，国家航空航天局（NASA）为太空运输系统的运行以及探索太空所需进行的其他活动提供保障，这些太空运输系统除了航天器外，还包括相关的设备、装置、零部件。

根据《美国法典》第 15 编第 261 条的规定，商务部长与海军部长协调，有权协调世界时间解释和修改为美国的标准时间。具体实施机关分别是国家标准与技术研究院（NIST）、美国海军天文台（USNO）。

根据《美国法典》第 33 编第 883 条第（a）—（c）款，商务部（DOC）有权开展各类调查并公布相关结果。

### 1.7　定位导航授时（PNT）系统选择考虑要素

在确定联邦 PNT 系统的最佳组合时，要考虑到很多因素。这些因素包括运行、技术、经济、体制、无线电频谱分配、国土安全、国防等方面的需求，以及国际协议与承诺。重要技术参数包括系统精度、完整性、覆盖范围、连续性、可用性、可靠性和无线电频谱利用率。某些参数，例如抗干扰性能，也会影响民用 PNT 服务的可用性。

此外，还必须考虑到当前对服务提供商设备和用户设备的投入。在某些情况下还要以各方均认可的方式履行或修改国际承诺。

在大多数情况下，现有的系统都是为了满足不同的用户需求而开发的。这导致大量 PNT 系统的涌现，并推动了早期无线电导航计划的出台。第一版 FRP 的发布，是为了规划无线电导航系统的组合，并促进它们有序地完成整个生命周期。这份文件为选择未来的无线电导航系统提供了方法，包括 1984 年版本在内的 FRP 早期版本，就体现了这种方法，只根据时间作了微小调整。到了 1986 年，人们意识到针对无线电导航系统未来组合作出最终建议显然是不合适的，需要对系统生命周期事件的时间安排进行重大修改。因此，从 1986 年版的 FRP 开始，在接下来的每个版本的导航计划中都发布关于未来无线电导航系统组合的最新建议。如今，本版 FRP 反映了美国和总统办事机构的指令、《第 7 号空间政策指令》（SPD－7）、2021 年《美国天基定位导航定时政策》、动态 PNT 技术的发展动态、不断变化的用户配置文件、预算考虑和国际活动的指示。2020 年 12 月 9 日的《美国国家空间政策》，为之前的政策提供了详细信息。

从 2010 年版的 FRP 开始，无线电导航计划所覆盖的用户需求范围已经扩大，还纳入了空间、航空、地面和地下/水下应用中的 PNT 用户需求。美国政府为满足用户需求而提供的服务会受到预算流程的影响，包括国会的授权和拨款，以及各机构对项目拨款的优先顺序。

当经过适当的分析和研究后认定对于某一特定系统或能力的需求或其经济合理性明显减弱时，运行该系统的部门将在《联邦公报》上发布拟中断服务公告，从而告知相关联邦机构和公众。

### 1.7.1 运行考虑要素

#### 1.7.1.1 军事选择要素

作战需求决定了国防部对 PNT 系统的选择。精确的 PNT 信息是推进各种系统发展和任务完成的关键因素。开展军事行动以尽可能高的可用性和信任度提供 PNT 服务是至关重要的。这些服务必须满足或超出任务的需求。为了满足这些任务需求，军事行动机构可以混合使用独立的 PNT 系统和外部 PNT 系统，但前提是，这些系统可以直接追溯到国防部参考标准 1984 年《世界大地测量系统》（WGS 84）和世界标准时间（美国海军天文台）。国防部部队和系统使用的 PNT 应用程序必须提供弹性 PNT 信息，以满足预期海军作战环境中的任务需求。军选 PNT 系统的考虑要素包括但不限于：

- 能够灵活地适应新武器系统和技术；

· 针对蓄意和非蓄意干扰或降级的弹性；

· 供应链中可以提供适当的能力；

· 防止未授权用户访问的安全网络；

· 和国防部系统、盟军系统的互操作性，以支持联合行动；

· 与通用网格参考系统和时间参考系统相关的位置和时间精度，以支持战略和战术行动；

· 获取和/或验证 PNT 数据的替代/弹性方法的可用性；

· 全球流动性需求；

· 在适当情况下，与民用系统及其操作的兼容性。

具体的军事选择标准可参阅当前版本的参谋长联席会议主席第 6130.01 号指令《国防部定位导航授时总计划》(MPNTP)。

1.7.1.2　军民两用

根据 1958 年《联邦航空法》(公法 85 – 726 号，72 Stat. 737)，FAA 应开发军用航空和民用航空的联合系统。FAA 的管理当局必须“选择最能满足上述需求且能促进空中交通管制和防空系统最大程度协调的程序、设施和设备”。PNT 系统的适当标准由国际民航组织(ICAO)制定，并供国际航空使用，以确保世界范围内的互操作性。此外，《1956 年国家州际及国防高速公路法案》(公法 84 – 627 号，84 Stat. 374)，要求美国联邦公路管理局开发军民两用州际公路系统。

根据 1999 年 2 月美国空军、美国陆军工程兵团、美国国家海洋和大气管理局、美国海岸警卫队、联邦铁路管理局、联邦公路管理局和交通部签署的《关于建立和运行全国差分全球定位系统(NDGPS)的协议备忘录》，以及 2017 年由国防部、交通部和国土安全部签署的《关于为 Navstar 全球定位系统(GPS)用户提供支持的机构间协议备忘录》，美国海岸警卫队运行和协调 PNT 系统来支持美国水道内的军用和民用交通。

军用航空器、车辆和船舶可在民用环境中运行。因此，它们可以在和平时期使用符合国防部政策的民用 PNT 系统，如果这些系统符合国际海事组织(IMO)、国际民航组织、美国海岸警卫队、联邦航空管理局或国防部制定的关于提供同等性能和安全性 PNT 系统的规范。国防部认识到，仅用于支持和平时期作业的 PNT 系统可能不支持作战。在这种情况下，国防部可能需要开发额外的 PNT 能力来对抗战时威胁。

1.7.1.3　评审和确认

国防部 PNT 系统需求评审和确认流程：

· 确定 PNT 任务需求的特别组成部分；
· 识别技术缺陷；
· 调查系统成本、用户群、候选系统与其他系统和功能之间的关系。

### 1.7.2 技术考虑要素

在评估未来的 PNT 系统时，必须考虑多个技术要素：

· 系统
  △ 精确度；
  △ 精密度；
  △ 完整性；
  △ 可靠性；
  △ 可用性；
· 通信安全；
· 频谱可用性；
· 信号覆盖；
· 接收信号强度；
· 信号
  △ 传播；
  △ 连续性；
  △ 采集和跟踪连续性；
· 多径效应；
· 噪声影响；
· 敏感性
  △ 对自然或人为干扰，如射频干扰（RFI）；
  △ 对网络威胁，包括供应链漏洞；
· 环境影响；
· 平台动态；
· 人因工程；
· 安装和操作要求（服务提供方和用户设备空间、重量、功率等考虑要素）。

### 1.7.3 国家 PNT 服务的漏洞和短板

以下是仅 GPS 可能无法满足某些应用能力的示例和其他实例，此类实例于本计划和未来版本中进行审查（关于国家 PNT 架构的更多细节，见本文件第 6 部分

“PNT 架构评估和演进”)：

· 在物理障碍环境(如室内、多层建筑、城市峡谷和地下设施)中 PNT 的保障和实时性。

· 在电磁干扰环境下的足够精度和完整性(包括电子欺骗、电子干扰、自然干扰以及非蓄意干扰等运行环境)。

· 更高的完整性和高精度(特别是未来公路和铁路应用)。

· 当 PNT 性能下降或具有误导性时及时发出通知/警告(在某些情况下短至 1 秒),特别是针对生命安全的应用或为了避免附带损害。

· 高海拔/空间定位和定向,包括实时高精度定位和定向( <10 毫角秒)。

· 用户及时获取地理空间信息(如地形、沿线条件),以便有效且高效地导航。

· 更及时的 PNT 建模和仿真能力(描绘和分析阻碍条件,以确定影响)以及预测城市环境影响的能力。

· 确保 PNT 服务,包括支持信息技术(IT)基础设施和供应链免受网络威胁的保护。

· 能够及时、准确地定位蓄意干扰和非蓄意干扰的来源。

· 在 2020 年 1 月 1 日 FAA 的装备命令生效后,广播式自动相关监视(ADS – B)已经成为 2020 年空中交通监视的首选方式。ADS – B 要求精准的 PNT 以及有保障的定位和授时服务的完整性。由于 ADS – B 依赖 GPS 或 GPS 增强系统获取来自航空器的位置数据,这些 PNT 系统的中断可能会使 ADS – B 在空中管制应用中的效用降低或无法使用。

· 当 GPS 服务不可用或不受信任(如欺骗)时,过度依赖 GPS 的国家 PNT 能力提供的弹性和生存能力不足。

### 1.7.4　经济考虑要素

美国政府必须不断审查 PNT 系统或其所提供的能力的成本和效益以提高用户的采用率。如果没有被最终用户采用,PNT 服务的提供不会改变与 GPS 丢失相关的风险。这种持续分析既可用于确定新系统投资的优先次序,也可用于确定要保留的适当系统组合。在某些情况下,出于公共安全、社会安定或经济等方面的考虑,或为了留有足够的时间使其过渡到更新的系统和用户设备,系统可能需要保留下来;但是,必须定期评估这些“已停用的”系统,以确定其继续被保留是否正当。

在很多情况下,某些空中导航从经济角度而言,不适合由联邦政府所有和运行,但却是私营部门、企业、州、部落、领土或地方政府组织所需要的。虽然这些非联邦运营的空中导航设施不能提供符合联邦政府运营条件的足够的经济效益，但它们可能会为特定的用户群体或当地经济体提供巨大的经济效益。在大多数情况下，它们也可供公众使用。FAA 可根据《联邦航空条例》(FAR)、《联邦法规》第 14 编第 171 条(14 CFR171)“非联邦航空设施”和 FAA 指令对空中导航设施进行管理和检查。

### 1.7.5 机构考虑要素

#### 1.7.5.1 PNT 服务的成本回收

根据总政策和《美国法典》第 31 编第 9701 条“用户费用规约”的规定，美国政府将回收联邦政府为特定用户群体提供服务的成本。单个用户或某一用户群体对当前联邦 PNT 服务的使用量不易估量，因此，很难直接摊派用户费用。PNT 服务的成本回收是通过一般税收收入或者资金一般来自间接用户费用的交通信托基金。就 GPS 服务而言，《第 7 号空间政策指令》规定，GPS 民用服务和 GPS 增强服务不向用户直接收费。而对于 NDGPS，公法 105 – 66 号第 346 条(111 Stat. 1449)授权交通部长管理和运行该服务，并确保提供该服务不会涉及任何用户费用估算。

#### 1.7.5.2 信号的提供

精准 PNT 信号可用、连续，且有适当方法随时确定信号的完整性，对安全导航至关重要。不过从另一方面来看，确保其发挥最佳性能可能会削弱国家安全目标，这使应急规划必不可少。美国的国家政策是，在发生战争或国家安全受到威胁时，由美国政府运行的所有 PNT 系统将继续用于和平用途，但须服从总统的指示。

为尽量减少服务中断，防止出现危及 GPS 安全或有效使用的情况，利用 GPS 频率进行的任何传输都受要到联邦法规的严格监管。这些法规要求所有利用 GPS 频率进行的传输必须与国家电信和信息管理局(NTIA)以及其他可能受到影响的联邦机构进行协调。

GPS 标准定位服务(SPS)如果计划中断(例如，计划卫星维护)，控制段应至少提前 48 小时向海岸警卫队导航中心发出通知，以及由 FAA 向航行通告(NOTAM)系统发出航行通告。中断，是指来自卫星的 SIS 不符合《GPS 标准定位服务性能标准》中定义的标准的一段时间。预定中断，是指至少提前 48 小时宣布的一段时间，在此期间，卫星的 SIS 计划不遵守《GPS 标准定位服务性能标准》定义的标准。由于系统故障或计划期外的维护而导致的计划外中断将尽快通知海岸警卫队和 FAA。根据 GPS 标准定位服务性能标准，至少提前 48 小时宣布的计划中断不构成连续性损失。计划干扰测试活动的协调通常在测试 60 天前开始。海岸警卫队在活动获得批准后立即通知用户，FAA 通常在活动开始前至少 72 小时通知用户。国防部通知将发给海岸警卫队导航中心（NAVCEN）导航信息服务（NIS）和 FAA NOTAM 系统。除了既定的 GPS 干扰测试，国防部会提前 48 小时通告可能影响和平时期向用户提供的 GPS 标准定位服务的卫星星座运行状态变化。美国政府会在出现影响向 GPS 用户提供服务或者预期存在难以满足性能标准的问题时，提供星座运行状态变化通知。当既定事项影响 GPS 向用户提供的服务时，美国政府会依据《GPS 标准定位服务性能标准》，至少提前 48 小时发布恰当的 Navstar 用户公告（NANU）。针对既定干扰测试活动的协调工作通常在测试活动 60 天前开始。一旦活动获得批准，美国海岸警卫队会立即通知用户，而联邦航空管理局通常在活动开始前 72 小时或更晚才通知用户。国防部通知会下达至美国海岸警卫队导航中心（NAVCEN）导航信息服务（NIS）系统，FAA 通知则会传至 NOTAM 系统。若有系统故障或计划外维修而导致的系统意外中断，导航信息服务系统和航行通告系统将予以宣布。国防部与其他受影响的联邦机构协调所有干扰测试，其中，FAA 的协调是这一过程的必要步骤。国土安全部与交通部、国防部以及其他部门机构协作，对联邦能力和资源的使用进行协调，从而识别、定位和减轻美国境内存在的对 GPS 及 GPS 增强系统产生不利影响的干扰。

1.7.5.3 非联邦部门的作用

无线电导航系统历来由美国政府提供，以支持公共安全、社会安定和商业发展。这些基于 PNT 或频率的服务为空中、陆地、海洋、勘测、制图、天气预报、精确农业、土木工程和科学应用等领域提供了支持。某些应用领域（例如着陆、定位和勘测）采用联邦系统不正当时，用户可以使用一些非联邦运行系统作为替代。在大多数情况下，服务提供商需要支付用户费用。

联邦航空管理局依据《联邦法规》第 14 编第 171 条对非联邦服务提供商所有、运行的空中导航设施进行管理。非联邦资助者[①]考虑到等待联邦提供的设施会错失大量商机，可以与联邦航空管理局协调采购、安装空中导航设施，并在某些情况下将合格的空中导航设施移交由该局进行运行和维护。根据非联邦资助者与联邦航空管理局签订的运行和维护协议，非联邦设施的运行和维护标准与联邦运行设施的标准相同。运行和维护协议所涉项目包括根据该协议，为确保其连续运行对

---

① 非联邦赞助人认为："非联邦设施的所有者可以是州、美国属地或领地、机场管理局、市政当局、县、公司或私人利益。"参见 USDOT FAA 6700.20B 号命令（2015 年 11 月 25 日），标题为非联邦导航辅助设备、空中交通管制设施和自动气象系统。标题为技术操作非联邦计划相关术语的定义（v.5/8/20）。

设施进行经常性的地面检查和飞行检查。

在审查非联邦服务提供商提供的空中导航服务时，需要考虑一些要素，包括：

· 将联邦运行的某个 PNT 服务剥离给非联邦运营机构，作为该服务正式停用的一种可行的替代方案；

· 联邦和非联邦设施的空中导航设备的商业性开发；

· 非联邦运行的服务对联邦运行的服务在使用和需求方面的影响；

· 即使有相关的商业服务可用，仍需要联邦提供导航安全服务；

· 开发商、服务提供商和用户责任方面的考虑要素；

· 射频（RF）频谱问题；

· 设备选型的批准，空中导航设施、服务提供商、航空运营商和航空管制员的认证。

除了为空中导航提供的这些服务外，还存在一些为陆地和海洋精确应用领域（如农业和海上建造）提供定位的商业服务。

### 1.7.6 国际考虑要素

PNT 服务和系统的提供要符合国际组织的标准和准则，这些组织包括北大西洋公约组织（NATO）和其他同盟、国际民航组织、国际电信联盟和国际海事组织。①

用户设备的性能目标、标准化和成本最小化，会影响国际上各机构组织就 PNT 系统选择达成共识。国际民航组织针对国际通用的民航 PNT 系统制定了标准。国际海事组织在国际海事界发挥类似的作用。国际航标协会（IALA）也制定了国际 PNT 指南。国际水文组织（IHO）和国际海事组织合作运行一个全球性航海导航警告系统，其中包括 PNT 系统中断警告。国际海事组织评估现有和拟运行的 PNT 系统，以确定哪些系统既能满足国际海事界成员的需求，又能被他们接受。

除了运行、技术和经济要素外，在确定最能满足民用用户需求的一个或多个系统时，还必须考虑国际问题。与 GNSS 有关的双边、多边谈判和协商由美国国务院（DOS）主办。GNSS 国际委员会（ICG）是促进使用全球和区域系统及其增强系统

---

① 联邦通信委员会（FCC）规定要求，单边接收功能的非联邦设备须获取许可后，方可在运行中采用外国卫星系统，其中单边接收功能的地球站须获取许可后，方可在运行中采用非美国授予许可证的无线电导航卫星服务（RNSS）卫星系统。2011 年 3 月 15 日，联邦通信委员会发布了一份适用于外国 RNSS 信号接收机的许可豁免程序方面的公告。2018 年 11 月 15 日，欧盟收到第一份采用该程序的联邦通信委员会许可豁免书。联邦通信委员会的豁免令允许美国只有接收功能的非联邦地球站无须获得许可或市场准入，就可以在运行中使用伽利略全球卫星导航系统（Galileo GNSS）的特定信号。

服务的主要多边谈判场所，该委员会于2006年召开了第一次会议。

#### 1.7.7 互操作性考虑要素

美国政府鼓励美国天基PNT系统与利益一致的国家就全球民用、商用和科学用途的国外天基PNT系统互操作性进行合作。《国家空间政策》(National Space Policy)规定，外国天基PNT服务可用于补充民用GPS服务。使用多种多样的PNT服务可以在用户准确性、可用性和弹性方面产生更好的性能。确保所有外国系统与GPS及其增强设备兼容，并且不干扰GPS军事信号和民用信号，是美国政策的关键组成部分。已建立了一个由GNSS供应商组成的供应商论坛，其与ICG进行联系，并被用于讨论多种民用全球卫星导航服务的兼容性和互操作性。此外，美国政府还通过遵守差分全球定位系统(DGPS)、机载增强系统(ABAS)、地基增强系统(GBAS)和天基增强系统(SBAS)[如广域增强系统(WAAS)]等服务的国际标准，推动对可互操作的增强系统的应用。

#### 1.7.8 用于应急响应行动的可互操作的美国国家网格

移动电子设备中基于位置的应用程序为大众所广泛使用，这凸显出有必要在美国政府和公众中树立一种意识，即为了应急响应，应使用标准方法来确定事故和其他突发事件的地点。缺乏一种描述突发事件发生的地点的统一方法，一直是各大城市和农村地区快速且有效应急响应的主要障碍。

美国国家网格(USNG)标准(FGDC - STD - 011 - 2001)于2001年被联邦地理数据委员会采纳为国家空间数据基础设施的一部分。它过去和现在的目标都是通过在全国范围内制定统一且优先适用的网格参考系来提高基于位置的服务的互操作性，以便能够在网格化纸质地图和数字地图上结合GPS接收器和互联网地图门户，提供对用户友好的定位。当终端用户所处的地区远离已建成的道路网，或者路标受自然灾害影响已经损坏时，USNG可能是其描述位置的唯一的明确方法。为了便于公众和应急响应人员确定事故/突发事件位置，USNG提供了多种智能手机应用程序，其被激活后可提供持续的USNG地理定位服务。

USNG是军队用于战术行动的军用网格参考系统(MGRS)的民用版，它使事件地点的地理定位精度从百米级提高到米级。参谋长联席会议主席指令3900.01D对地理配准作出了规定，“为了支持国土安全和国土防卫，USNG标准在运行上与MGRS相同”。USNG对民用和军队急救人员是可互通的，它可以帮助并提升对民事当局的军事支援，而且更重要的是，它提高了民事/军事行动效率，促进从联邦到地方各级政府的危机和灾难应对。

USNG 被《国家搜救委员会手册》指定为陆地搜救行动和陆空联合搜救行动的主要地理配准系统。联邦紧急事务管理署（FEMA）城市搜救队（USAR）采用 USNG 系统，作为对卡特里娜飓风教训的回应。2015 年 10 月，联邦紧急事务管理署发布了 FEMA 第 092－5 号指令《美国国家网格（USNG）的使用》。其中规定“联邦紧急事务管理署将使用美国国家网格（USNG）作为其陆基作业的标准地理参考系统，并鼓励全社会各界伙伴使用 USNG。联邦紧急事务管理署将在条令、相关准备，拨款计划，预期，危机行动规划，培训、演习、行动、后勤和其他适当领域参考和使用 USNG”。

联邦紧急事务管理署将 USNG 的使用确定为其国家事故管理系统（National Incident Management System）的一部分，声明“USNG 是点和区域位置参考系统，联邦紧急事务管理署和其他突发事件管理组织将其视为纬度/经度的一种替代方案。国家网格容易应用，可支持风险评估、规划、响应和恢复行动。个人、公共机构、志愿组织和商业企业可以在不同地理区域和领域使用国家网格。国家网格的使用推动了各级政府、领域、危险和威胁的统一态势感知，而不考虑个体和项目的角色”。

此外，除了在突发事件定位、急救人员行动管理方面的应用，USNG 也可广泛用于其他用途。USNG 还可以为改善许多其他关键基础设施和商业用途的位置协调提供重要支持。它是一种可互操作的实用性资源，可用于任何关键基础设施或资产的位置报告和位置标注，无论这些设施或资产是公有、私有还是商业产权。2018 年 8 月，国际自动机工程师学会（SAE International）采用 USNG 标准作为地面移动应用的系统管理标准，以及商业基础设施和关键基础设施资源调动和协调的系统管理标准。

### 1.7.9 射频频谱考虑要素

PNT 服务需要大量的射频（RF）频谱，从而支持全世界的关键基础设施，包括确保安全、有效、可靠且有弹性的交通运输系统的需要。PNT 服务需要足够的频带宽度、适当的信号可用性、连续性和完整性，以及充分的抗干扰保护，包括蓄意和非蓄意干扰。频谱工程管理是 PNT 系统政策、实施和运行的重要基础。

在规划 PNT 系统和服务时，必须在频谱分配和管理方面仔细考虑美国和国际监管环境。由于频谱共享是一个重要趋势，目前“受保护”的频段可能会受到不兼容无线电服务的无意干扰。因此，电磁兼容性分析仍然是现有的和新的 PNT 系统在规划和认证方面的关键要求。在实施新系统时，必须考虑功率水平、天线高度、信道间隔、频带总宽度、杂散发射和带外发射以及地理位置，以确保对现有服务提供适当的保护。一级和二级现有与新进入的分配者的权利义务应按具体的、技术上确定的标准加以考虑。

在美国,有两个监管机构对无线电频谱的使用进行监管。联邦通信委员会(FCC)负责监管所有非联邦使用电波,而国家电信和信息管理局负责管理联邦政府对频谱的使用。在这一过程中,国家电信和信息管理局主持部门间无线电咨询委员会(IRAC),该论坛的成员包括作为政府频谱(其中包括事关生命安全的频段)服务提供方和用户的政府行政机构。联邦通信委员会作为观察员参加。国家交通系统频谱政策通过交通部研究与技术助理部长办公室协调制定,国防部频谱则通过国防部首席信息官(CIO)协调制定。

PNT 系统的特性也要求美国监管机构超越国内地理界限,通过国际电信联盟等论坛与其他国家进行协调。国际电信联盟是联合国的一个专门技术机构,这种分配主要通过每三至四年举行一次的世界无线电通信大会(WRC)来负责在全球范围内分配频谱。世界无线电通信大会的最终决议相当于成员国之间签订的条约,全球频谱分配得以保持相对一致。这使终端用户的 PNT 设备具有相似的射频环境,且不受他们的操作地点的影响。

保护 PNT 射频频谱不受干扰非常重要。所有国内、国际 PNT 服务都依赖于安全的无线电频段内不间断地射频广播、接收和处理。由于必须要保持严格的精度、可用性、完整性和连续性参数,以满足服务提供方和终端用户在性能方面的需求,因此不受干扰地使用这些频段显得至关重要。图 1-1 显示了民用 GPS 信号及其与相邻无线电频谱整体环境中其他无线电的关系。

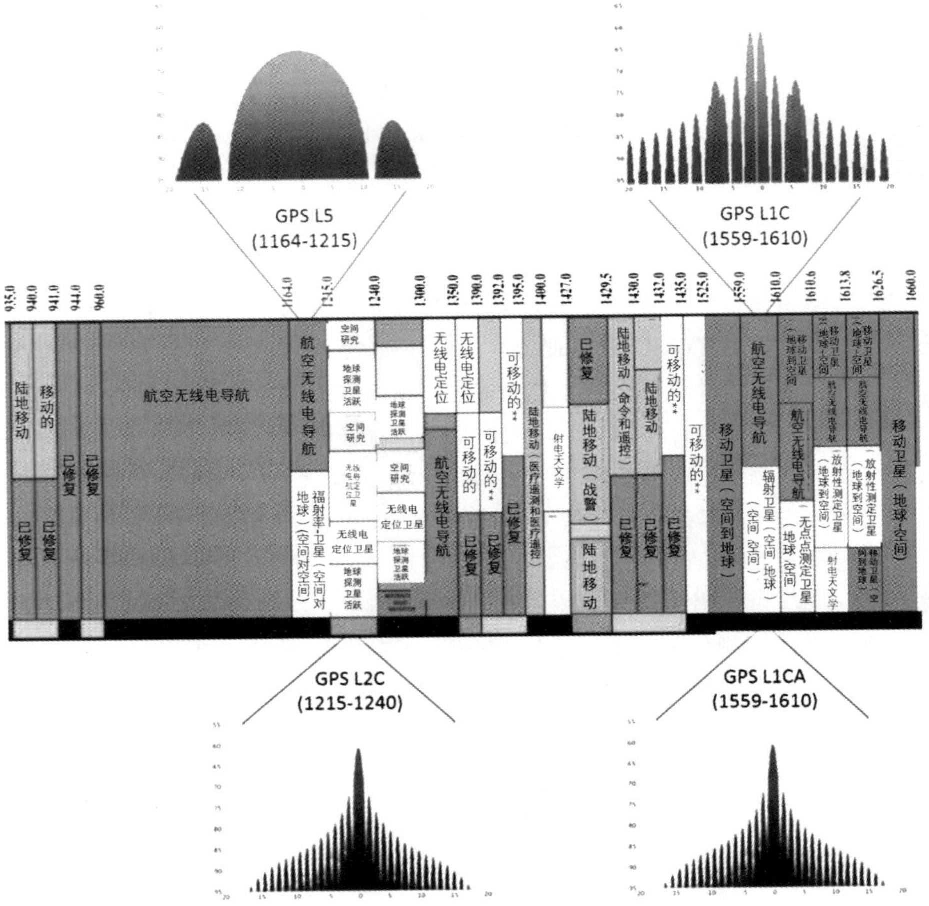


**图 1-1　民用 GPS 信号与频谱环境**

国防部、交通部和国土安全部的代表（作为美国代表团）与其他国家的政府和私营部门一起合作，共同提出 PNT 需求，并尽自己所能确保 PNT 服务在世界无线电通信大会和其他国际讨论中受到保护。国际电信联盟指定了以下频段用于美国 PNT 服务：

· 航空无线电导航服务频段（ARNS）；

· 无线电导航卫星服务频段（RNSS）；

· 无线电导航服务频段（RNS）。

国防部、国土安全部和交通部按照国家安全、公共安全方面的政府职责，负责对 PNT 申请和/或设备进行资质认证。国防部、交通部和国土安全部是联邦频谱用户，也是 PNT 系统的服务提供机构和运行机构。① 在交通部体系下，联邦航空管理局主要将频谱用于支持国家空域系统（NAS）用到的航空安全服务，圣劳伦斯海道发展公司就利用频谱来保障航海安全。在国土安全部体系下，美国海岸警卫队使用受国际保护的频谱来运行在航道上使用的 PNT 系统。

其他交通部机构（联邦公路管理局、联邦铁路管理局、联邦交通运输局、国家公路交通安全管理局、联邦机动车安全管理局、圣劳伦斯海道发展公司、研究与技术助理部长办公室）也与私营部门、州政府、部落、地区和地方政府合作，在智能交通系统（ITS）和智能铁路系统应用领域使用频谱。智能交通系统的许多应用使用 GPS、GPS 增强系统和其他无线电测定系统，并辅以汽车传感器和系统，通过在集成系统环境中提供差分校正和位置信息，使道路行驶更加安全高效。汽车防撞系统、应急服务管理和事故检测是智能交通系统应用领域的一些例子，这些应用需要车载定位系统和导航支持。

新兴的新交通系统，如网联汽车和自动化车辆，以及相关的安全、移动性和环境应用将更加依赖 PNT 服务。智能铁路系统应用和研究、列车主动控制（PTC）②安全系统、铁路缺陷检测和铁路自动化测量均依靠 GPS 和 GPS 增强系统、其他定位技术以及铁路工业电信频率来提高安全性、经济性和运行效率。由于公共安全和社会安定的需要，交通部必须保持交通、军事和国土安全领域的频谱不受干扰。

2018 年，美国交通部发布了一份关于 GPS 相邻频段兼容性评估（GPS adjacent band compatibility assessment）的报告，交通部评估了 GPS 和 GNSS 接收机在"C/N0 干扰保护标准降低 1dB"时可容忍的相邻频段射频（RF）系统最大发射功率。该报告促进了交通部了解这类相邻频段发射器对为交通安全目的而使用的 GPS/GNSS 设备以及许多其他民用设备的影响。这份报告评估了用于 GPS L1 信号，处于 1559 兆赫至 1610 兆赫无线电导航卫星服务（Radio Navigation Satellite Service，RNSS）频

---

① 根据 USCG 导航设备技术部分中的信息，"美国海岸警卫队批准的导航设备类型将获得有效期为五年的批准证书，然后进入海岸警卫队海事信息交换（CGMIX）"。See https://www.dco.uscg.mil/OurOrganization/Assistant－Commandant－for－Prevention－Policy－CG－5P/Commercial－Regulations－standards－CG5PS/Design－Engineering－Standards/Systems－Engineering－Division/navigation/.

② PTC 是一种计算机化的指挥控制系统，它可以防止列车相撞、超速脱轨、列车侵入指定的轨道工作区域以及通过偏离轨道的开关移动。这些系统在不同的铁路公司之间具有互操作性，允许火车在公司之间以轨道速度运行而不停车。

段的相邻频段的发射器,以 1575.42 兆赫为中心。①

2019 年 12 月 6 日,国家电信和信息管理局(NTIA)向 FCC 发送了一份行政部门职位,反映了国家天基 PNT 执行委员会(EXCOM)的建议,即“在 GPS 附近频段运营服务的提案不应获得批准,除非他们至少低于 DOT ABC 最终报告中所述的可接受功率传输限制”②。2020 年 4 月 10 日,国家电信和信息管理局代表联邦机构向联邦通信委员会发出了另一封信,支持 PNT 执行委员会建议的支持。③

2020 年 4 月 20 日,联邦通信委员会一致批准了一项申请,即在 1526 MHz—1536 MHz、1627.5 MHz—1637.5 MHz 和 1646.5 MHz—1656.5 MHz 频段部署一个 9.8 dBW 的全国性地面网络,该频段将主要支持物联网(IoT)服务。这些频段传统上用于卫星操作。

在对 FCC 裁决的正式回应和 2020 年 5 月 6 日在参议院军事委员会(SASC)的证词中,国防部引用了两项主要研究[美国空军(USAF)进行的 2018 年交通部 GPS 邻带兼容性评估研究和 2016 年分类研究],该两项研究形成了其对联邦通信委员会命令和授权“将造成不可接受的操作影响并对 GPS 的军事潜力产生不利影响”的观点。

交通部的结论是拟议频率下的基站必须限制在 9.8 dBW,以确保对经认证的航空电子设备的保护,前提是这些航空电子设备在操作上可以接受,在基站天线的宽度 250 ft 和高度 30 ft 范围内不受保护。应该注意的是,交通部研究发现,在所评估的七类 GPS 设备中,经认证的航空电子设备在拟议基站频率下是第二稳健的 GPS 设备类型(蜂窝接收器最稳健)。其他五类 GPS 设备的稳定性较差,该五类 GPS 设备分别是:未经认证的航空、通用定位/导航、高精度、授时和天基。该研究确定,基站功率水平必须降低到 8 毫瓦以下,以保护 100 米内的所有现场 GPS 接收器,并将其降低到 80 微瓦以下,以便保护 10 米内的全部现场 GPS 接收器。

2020 年 5 月 22 日,国家电信和信息管理局向联邦通信委员会提交了复议申

① GPS 邻带兼容性评估,最终报告,华盛顿特区:美国交通部,2018 年 4 月,https://www.transportation.gov/sites/dot.gov/files/docs/subdoc/186/dot - gps - adjacent - band - final - reportapril2018.pdf。

② 致尊敬的 Ajit Pai(联邦通信委员会主席)的信函,2019 年 12 月 6 日,华盛顿特区:国家电信和基础设施管理局,https://www.ntia.doc.gov/files/ntia/publications/ntia_letter_to_fcc_chairman_re_ligado_mss_atc_applications_dec._6_2019.pdf。

③ 致尊敬的 Ajit Pai(联邦通信委员会主席)的信函,2020 年 4 月 10 日,华盛顿特区:国家电信和基础设施管理局,https://www.ntia.doc.gov/files/ntia/publications/ntia_letter_to_fcc_chairman_re_ligado_applications_4.10.20.pdf。

请，要求联邦通信委员会撤销其最近的命令和授权。① 此外，国家电信和信息管理局已要求联邦通信委员会暂停其程序，解决 GPS 干扰问题。申请书重点关注联邦通信委员会的决定对所有联邦政府 GPS 用户以及各种公共和私人安全、经济和科学应用造成的无法弥补的伤害。2021 年 1 月 19 日，联邦通信委员会驳回了暂停申请。

2020 年，在航空无线电技术委员会（RTCA）的支持下，航空业与联邦航空管理局共同进行了一项研究，以评估计划在 3.7 GHz—3.98 GHz 频段部署 5G 网络对在 4.2 GHz—4.4 GHz 航空频段运行的雷达测高仪（RA）的潜在干扰。该研究得出结论，这一部署将对包括商用运输机在内的所有类型的民用飞机，商用、区域和通用航空飞机，以及对运输和通用航空直升机上的雷达测高仪造成有害干扰。由于无线电定位系统是飞机上唯一能够直接测量飞机在地形或其他障碍物上净空高度的传感器，其无法正常操作可能会导致灾难性的后果。此外，联邦航空管理局要求在许多类型的飞机操作中使用雷达测高仪。例如，《联邦法规》（CFR）§135.160 第 14 编规定，除非旋翼机配备了美国联邦航空管理局批准的可操作雷达测高仪，否则任何人不得为了补偿或租用而操作旋翼机。此外，Ⅱ类或Ⅲ类仪表着陆系统（ILS）进近等操作需要使用至少一个雷达测高仪。

为了降低 5G C 波段有害干扰的风险并防止飞机事故，美国联邦航空管理局发布了一系列适航指令，禁止某些飞机在低能见度天气下运行。联邦航空管理局还与无线提供商和航空利益相关者合作，制定符合适航指令的替代方法，以最大限度地减少对飞行运营的影响。联邦航空管理局已与国家电信和信息管理局和联邦通信委员会接洽，并定期与无线行业、航空界和雷达测高仪制造商联系，确保采取缓解措施以保护航空安全。

## 第 2 部分 角色和职责

本部分概述了参与规划和提供定位导航授时（PNT）服务的政府机构的角色和职责。

### 2.1 国防部（DoD）的职责

国防部负责开发、测试、评估、实施、运行和维护专用于战争和具有军事用途的

① NTIA 在 Ligado 诉讼中的暂缓和复议申请，IB Docket No. 11 - 109，IB Docket No. 12 - 340，2020 年 5 月 22 日，https://go.usa.gov/xwCwS。

导航和用户设备。此外,国防部还负责确保与民用车辆配合使用的军用车辆具有必要的 PNT 功能。《美国法典》第 10 编第 2281 条第(b)款要求国防部在全球持续维护和运行用于民用、商用和科学等和平用途的 GPS 标准定位服务,不得直接向用户收费。为此,国防部长应:

a. 保障和运行 GPS 标准定位服务,以满足国防部长、交通部长和国土安全部长共同制定的《联邦无线电导航计划》对 GPS 的性能要求。

b. 就政府开展基本 GPS 增强功能的开发和实施与交通部长进行协调,以实现或提高 PNT 系统对交通运输的支持。

c. 与国土安全部长协调有关检测、减轻 GPS 干扰的问题以及 PNT 如何向关键基础设施行业提供支持的事宜。

d. 协调商务部长、美国贸易代表和其他有关官员,促进 GPS 在民用和商用领域的全新应用和扩展应用的开发。

e. 制定措施,防止 GPS 在特定领域被敌方利用,但不妨碍民用领域和平使用该系统。

除了保障和运行 GPS 标准定位服务,国防部部长的其他职责包括:

a. 制定适当措施防止敌方使用 GPS。

b. 确保美国武装部队有能力有效使用 GPS,即使敌对势力企图阻止其使用该系统。

c. 国防部可以反对国防部以外的其他部门或机构负责人提出的、会对 GPS 的潜在军事用途产生不利影响的所有 GPS 限制建议。

d. 开发包括升级卫星系统的增强型 GPS,包括增强信号功率和其他改进功能,例如区域级别的定向信号增强功能以及能够让军事用户直接获取加密 GPS 信号的用户设备。

e. 只采购 2017 财年以后能够从 GPS 接收军事代码的用户设备,除非国防部长批准豁免可采购其他设备。

美国国家地理空间情报局(NGA)负责向国防部和情报界(IC)提供地理空间信息和情报,这些信息和情报包括地图、海图和大地测量数据与产品,例如数字地形高程数据、数字特征分析数据、数字海图数据,航行通告、航空图、飞行信息出版物、全球重力和地磁模型、大地测量以及 WGS84。美国国家地理空间情报局负责电子系统发射器和卫星系统跟踪站的大地定位、全球 GPS 监测站网络的维护以及 GPS 精密星历的生成与分发。同时,美国国家地理空间情报局负责确保 WGS 84 参考框架可与国际地球参考框架（ITRF）互操作。在 PNT 系统大地测量用途的事宜上，国家地理空间情报局是国防部与民用部门对接的主要联络点，它还为某些机载导航系统提供校准支持。其编制的非保密资料可供民用部门使用。此外，美国国家地理空间情报局海事安全办公室还担任国际航道测量组织（IHO）全球航行警告服务分委会（WWNWS）体系下的航行警告区（NAVAREA）协调者，美国国家地理空间情报局是这个国际全球海事安全信息广播服务下第Ⅳ航行警告区和第Ⅻ航行警告区的指定协调者。

美国海军天文台（USNO）负责测定天体的位置与运动、地球的运动以及精确的时间；提供美国海军、国防部其他部门和公众用于导航、精确定位和指挥、控制与通信所需要的天文数据和授时数据，并将这些数据提供给其他政府机构和公众。借助位于华盛顿特区的主时钟和位于科罗拉多州施里弗空军基地的备选主时钟，美国海军的海军天文台充当国防部的官方授时员。

国防部依据第 2.1.2 节“行政管理”所述的内部管理流程履行其 PNT 协调职责。本文没有规定国防部 PNT 系统的运行控制内容，可参见《参谋长联席会议主席第 6130.01 号指令》和其他国防部文件。

### 2.1.1　作战管理

参谋长联席会议主席（CJCS）以联合参谋部为依托，是总统和国防部长的主要军事顾问。参谋长联席会议（JCS）为作战司令部和军事部门就制订各自详细的 PNT 计划提供指导。参谋长联席会议了解联合司令部和各军事部门的作战 PNT 需求和功能，负责制定、批准和发布《参谋长联席会议主席第 6130.01 指令》。

《参谋长联席会议主席指令第 6130.01 指令》是参谋长联席会议主席有关 PNT 政策和规划的官方文件，涉及作战防御要求，因此不可公开发布。

以下机构也承担了 PNT 管理职责。

#### 2.1.1.1　联合参谋部（J－3）

联合参谋部（J－3）负责监督《参谋长联席会议主席第 3212.02D 手册》的执行情况，该手册为电子攻击（EA）测试、训练和演习（TT&E）的申请和获批提供指导，包括那些涉及 GPS 频谱的。

#### 2.1.1.2　联合参谋部（J－6）

联合参谋部指挥、控制通信、计算机（C4）和网络部门（J－6），负责分析、评估和监督 PNT 系统的计划和运行工作；联合作战人员总体 PNT 事务；撰写和发布《参谋长联席会议主席第 6130.01 号指令》，并主持 C4/网络职能能力委员会（FCB）的工作[针对国防部和跨部门 PNT 需求,对联合能力集成与开发系统(JCIDS)进行第一级审查]。

#### 2.1.1.3 联合参谋部(J-8)

联合参谋部(J-8)通过联合能力委员会和联合需求监督委员会,经 JCIDS 程序,验证来自 C4/网络功能能力委员会(FCB)提出的联合 PNT 需求。J-8 在参谋长联席会议(JCS)能力差距评估程序中,对 PNT 能力需求、差距和风险进行识别和评估。在年度计划、立项、预算和执行审查过程中,J-8 为作战司令部主张 PNT 资源分配决策方面的权益。J-8 在Ⅰ类 PNT 采办里程碑事项中,代表联合参谋部和作战司令部。

#### 2.1.1.4 联合司令部指挥官

联合司令部指挥官为作战和应急计划以及联合参谋部的演习制定必要的 PNT 要求,负责审查并执行《参谋长联席会议主席第 6130.01 号指令》。

#### 2.1.1.5 美国太空司令部司令

负责行使国防部天基 PNT 资产的作战控制指挥权,并负责倡导支持国防部 NAVWAR 作战的联合弹性 PNT 需求和能力。

#### 2.1.1.6 美国战略司令部司令

美国战略司令部指挥官负责审查所有国防部电子攻击(EA)测试、训练和演习(TT&E)方案,首先与联合频谱中心协调以保证质量,然后与国防部和跨部门利益相关者(如 FAA、USCG 等)协调最终方案。

#### 2.1.1.7 军事部门和作战司令部

军事部门和作战司令部参与制定、发布和执行《参谋长联席会议主席第 6130.01 号指令》,并管理指定 PNT 系统的开发、部署、运行和保障工作。

### 2.1.2 行政管理

多个机构向国防部长提供有关 PNT 规划和管理方面的支持,包括国防部 PNT 监督委员会、国防部 PNT 执行管理委员会以及军事部门和作战司令部(如图 2-1),现简要说明如下。成员组织的结构和职责见国防部第 4650.05 号指令和国防部第 4650.06 号指示的规定。

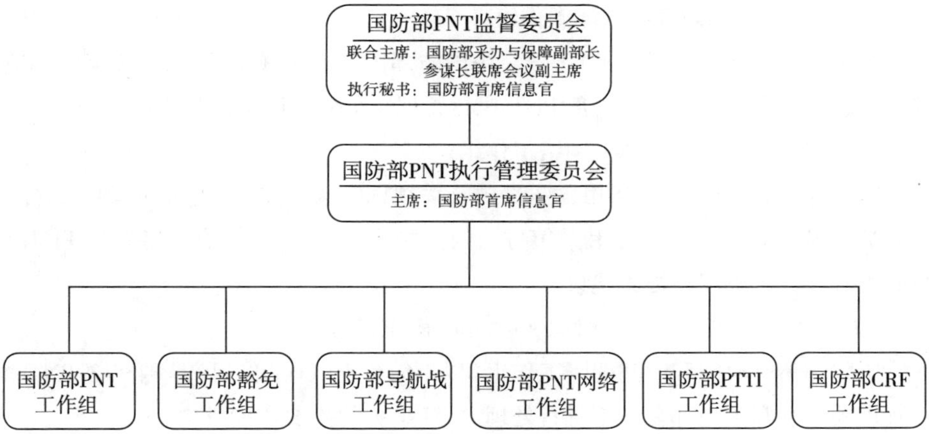


**图 2－1　国防部 PNT 管理架构**

2.1.2.1　国防部 PNT 监督委员会

PNT 监督委员会由国防部采办和保障副部长和参谋长联席会议副主席共同主持。该委员会是国防部的主要统一和综合治理机构，其主要职责是确保国防部 PNT 体系职能满足国家目标要求，与国家政策和指导保持一致，并确保相互配合的系统不断发展以应对新出现的威胁。

2.1.2.2　国防部 PNT 执行管理委员会(EMB)

国防部 PNT 执行管理委员会对治理过程进行监督，以支持国防部 PNT 监督委员会在 PNT 体系方面的工作；在所有国防部 PNT 政策事务上，国防部 PNT 执行管理委员会是国防部首席信息官的主要咨询机构，就国防部 PNT 事务的总体管理、监督和决策过程向国防部首席信息官提供建议，包括每两年对联邦无线电导航计划(FRP)以及其他需要国防部审核的计划(如与国防部 PNT 系统相关的架构产品)进行一次审查。

*2.1.2.2.1*　国防部 PNT 工作组

国防部 PNT 工作组支持 PNT 执行管理委员会履行职责。工作组的代表与执行管理委员会的代表均来自相同的国防部单位。工作组确定并分析存在问题的领域，参加交通部 PNTNT 工作组的联邦无线电导航计划(FRP)修订，并向执行管理委员会提供建议。

*2.1.2.2.2*　国防部豁免工作组

为支持国防部 PNT 执行管理委员会的目标，国防部 PNT 豁免工作组将审查豁免申请并预先调整豁免政策。

*2.1.2.2.3* 国防部导航战工作组

国防部导航战(NAVWAR)工作组由国防部内的有关领域专家组成,就导航战理论、政策、需求和实施向国防部 PNT 执行管理委员会提供支持和建议。

*2.1.2.2.4* 国防部 PNT 网络工作组

国防部 PNT 网络工作组由国防部内有关领域专家组成,为国防部 PNT 执行管理委员会提供 PNT 网络理论和政策方面的支持和建议,并就现有和潜在的 PNT 网络能力和能力短板问题提出建议。

*2.1.2.2.5* 国防部精密时间和时间间隔(PTTI)工作组

国防部精密时间和时间间隔工作组(以下简称 PTTI 工作组)是国防部 PNT 执行管理委员会和国防部首席信息官处理 PTTI 事务的主要咨询机构。

*2.1.2.2.6* 国防部天球参考架(CRF)工作组

国防部天球参考架工作组(以下简称 CRF 工作组)是国防部 PNT 执行管理委员会和国防部首席信息官在天球参考架和地球定向参数事务的主要咨询机构。

**2.2 交通部(DOT)的职责**

根据《美国法典》第 49 编第 101 条的规定,交通部负责"制定交通政策和计划,促进最低成本提供快速、安全、高效和便利的交通,以符合包括高效利用和保护美国资源在内的国家目标"。PNT 系统在履行这一职责中起重要作用。交通部运行 PNT 系统的两种模式通过美国联邦航空管理局(FAA)和圣劳伦斯海道发展公司(SLSDC)。交通部研究与技术助理部长(OST - R)负责协调交通部内部以及交通部与其他联邦民用部门之间的 PNT 规划并承担全面领导责任。

交通部的具体职责如下:

a. 为民用和军方使用的某些系统提供助航;

b. 编制并颁布美国民用部门的 PNT 计划;

c. 代表民事机构开发、获取、管理和运营 GPS 及其增强系统,并负责牵头制定所有美国政府民事机构的民用需求;

d. 与国防部长协调,确保 GPS 及其增强系统上的现代化民用信号和服务尽早可用;

e. 与国防部长和国土安全部长协调,制定并验证用于国土安全和公共安全目的的民用 GPS 和广域增强的数据和信号认证的需求和资金策略;

f. 与国防部长和国土安全部长协调,确保美国民用天基 PNT 服务的性能监测,并促进国际协调,以制定天基 PNT 服务监测标准;

g. 酌情与国防部长、国土安全部长和其他机构负责人协调，实施联邦并促进州、地方和商业能力，以监测、识别、定位和确定美国境内天基 PNT 服务中断和操纵的属性；

h. 与国务卿协调，促进国际社会使用美国天基 PNT 服务开发民用交通应用；

i. 按照第 13905 号行政命令的指示，酌情与其他机构负责人合作，促进负责任地使用美国和外国民用天基 PNT 服务和运输安全能力，并在 GPS 或其他天基 PNT 服务中断的情况下，根据 2013 年 2 月 12 日发布的《关键基础设施安全和弹性》(PPD－21)，促进采用补充 PNT 技术或服务。

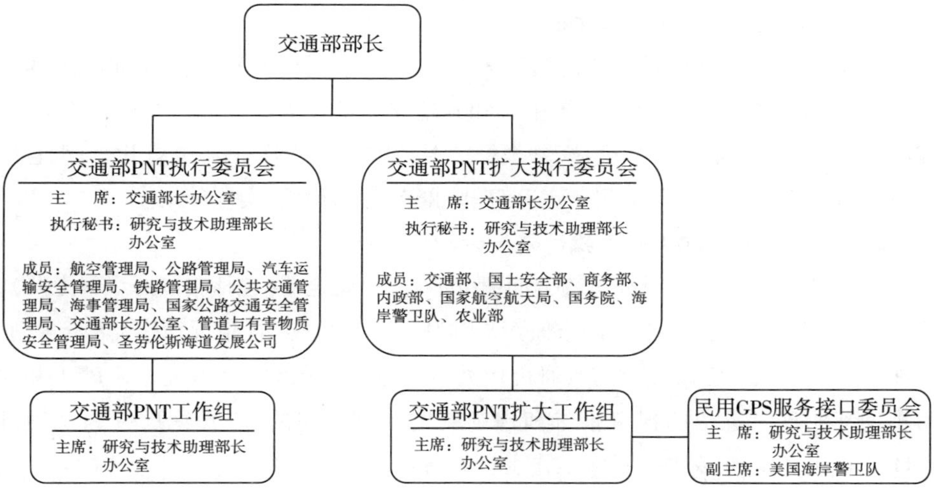


**图 2－2　交通部 PNT 管理架构**

交通部通过图 2－2 所示的内部管理架构履行其民用 PNT 系统规划职责。该架构最初是根据 1979 年 4 月 27 日交通部第 1120. 32 号命令建立的，并根据 1994 年 10 月 6 日交通部第 1120. 32C 号命令，以及 2021 年 1 月 11 日国防部第 1120. 32D 号命令进行了修改。

根据《美国法典》第 49 编第 301 条的规定，交通部长负责总体领导交通部内的导航事务并颁布 PNT 计划。研究与技术助理部长办公室负责协调影响多种运输方式(包括多式联运方式)的 PNT 问题和规划。研究与技术助理部长办公室还与交通部以外的机构就 PNT 系统的非运输用途进行接洽。

### 2.2.1　交通部 PNT 执行委员会

交通部 PNT 执行委员会负责交通部民用和两用 PNT 服务和系统的政策制定

和规划。交通部政策副部长(OST－P)担任交通部 PNT 执行委员会主席。具体政策和规划职责如下:

交通部 PNT 执行委员会由下述单位的政策级代表组成:总法律顾问办公室(OST/C)、主管预算与计划的助理部长办公室(OST/B)、联邦航空管理局(FAA)、联邦公路管理局(FHWA)、联邦汽车运输安全管理局(FMCSA)、联邦铁路管理局(FRA)、联邦公共交通管理局(FTA)、海事管理局(MARAD)、国家公路交通安全管理局(NHTSA)、管道与有害物质安全管理局(PHMSA)、格雷特湖圣劳伦斯航道发展公司(GLS)以及美国智能交通系统联合计划办公室(ITS JPO)。

2.2.1.1　交通部 PNT 工作组

交通部 PNT 工作组(WG)包括了第 2.2.1 节中列出的每个交通部组织的代表,以及来自沃尔普国家交通系统中心和其他交通部代表或顾问。交通部 PNT 工作组应至少每季度召开一次会议,并根据需要与国防部 PNT 工作组召开会议,且应促进协调交通部运营管理部门制定 PNT 要求、计划、研发和实施计划。

### 2.2.2　交通部 PNT 扩大执行委员会

交通部 PNT 扩大执行委员会会同商务部、国土安全部(包括美国海岸警卫队)、内政部、农业部、国务院、国家航空航天局和其他联邦机构(视情况而定)进行规划。PNT 扩大执行委员会应提供与政府机构委员会进行协调的协调中心,就 PNT 相关事项的其他政府机构的拟议报告和规则制定提供统一的部门意见,并为交通部 PNT 工作组和交通部 PNT 扩大工作组提供指导。

2.2.2.1　交通部 PNT 扩大工作组

交通部 PNT 扩大工作组会同商务部、国土安全部(包括美国海岸警卫队)、内政部、农业部、国务院、国家航空航天局和其他联邦机构(视情况而定)进行规划。

交通部 PNT 工作组和交通部 PNT 扩大工作组是协调向交通部 PNT 执行委员会提交 PNT 事项以进行决策的工作级组织。这两个工作组由研究与技术助理部长办公室内的 PNT 和频谱管理主任担任主席。

交通部 PNT 工作组和扩大工作组应根据交通部 PNT 执行委员会的指示,将重点关注与其他政府机构、行业和用户团体的多式联运(multimodal)PNT 问题。

2.2.2.2　民用 GPS 服务接口委员会(CGSIC)

民用 GPS 服务接口委员会是交通部与所有 GPS 用户(包括州、部落、地区、地方、国际和非政府用户)进行信息交流的官方委员会,由交通部研究与技术助理部长担任主席,美国海岸警卫队担任副主席和执行秘书处。

### 2.2.3　交通部机构

#### 2.2.3.1　联邦航空管理局(FAA)

联邦航空管理局负责开发和实施 PNT 系统,以满足所有民用和军用航空的需求,但军事机构的空战特有需求和主要出于军事考虑的需求除外。联邦航空管理局还负有按国际条约的要求提供空中导航的责任。

联邦航空管理局局长需要制定一个军民通用的空域制度。《美国法典》第 49 编第 44505 条第(a)款的规定如下:

“一般要求—

“(1)联邦航空管理局局长—

“(A)应制定、修改、测试和评估系统、程序、设施和设备,并定义其性能特性,以满足民用和军用航空对安全、有效的导航和交通管制的需求,但武装部队空战特有的需求和主要出于军事考虑的需求除外;

“(B)应选择最能满足这些需求的系统、程序、设施和设备,并促进空中交通管制和防空系统的最大限度的协调。

“(2)联邦航空管理局局长可以为执行本节内容订立合同,而无须考虑美国法典第 31 编第 34324 条(a)款和(b)款的规定。

“(3)当根据本节第(1)款所述,需要判断有关事项是否属于武装部队的主要考虑范围,联邦航空管理局局长应确定其自己或相应的军事部门部长是否负有责任。联邦航空管理局局长应获得可能适用于通用系统或与通用系统可能发生冲突的武装部队研发项目的技术信息,以确保通用系统上的潜在应用得到妥善考虑,并确保消除与通用系统的潜在冲突。”

#### 2.2.3.2　格雷特湖圣劳伦斯航道发展公司(GLS)

格雷特湖圣劳伦斯航道发展公司负责确保圣劳伦斯海道的航行安全,负责圣劳伦斯海道美国水域的导航辅助、船速监测、水文测量和航道维护,并与加拿大圣劳伦斯航道管理公司一起运营和维护船舶交通控制和自动识别系统(AIS)。

#### 2.2.3.3　海事管理局(MARAD)

海事管理局是交通部内部负责水上交通运输的机构。其项目促进了海运业发展,包括水上运输的使用及其与其他运输系统模式的整合,并提高美国商船的生存能力。海事管理局的工作涉及船舶和航运、造船、港口运营、船舶运营、国家安全、环境及安全。

海事管理局负责维护商船的性能状况,因为商船、船舶和多式联运设施对于支持国家和经济安全来说至关重要。海事管理局的海运项目对海员、商船操作员、港口和造船厂的教育以及国防目标和应急响应工作提供直接支持。

海事管理局负责国防后备役舰队(NDRF),并保留一个储备货船的快速反应子组件,称为预备役部队(RRF)。RRF 在战争和国家紧急情况下提供快速海上运输。当 RRF 和其他非战斗性政府船只达到其使用寿命时,MARAD 负责以环境无害的方式处理废弃的船只。

海事管理局是美国在北约运输委员会(海洋运输)(也称为 TGOS)内的代表。北约运输委员会(TGOS)是七个北约计划委员会之一,是北约商业运输问题的技术顾问,也是北约军事机构与国际海事行业之间的联络点,并协助北约处理民事紧急事务和危机管理计划。

作为海事管理局战略港口计划的一部分,海事管理局主持和管理国家港口战备网络(NPRN)事务。国家港口战备网络是由九个联邦机构和军事司令部组成的机构,其任务是促进通过美国海港进行军用货物运输。国家港口战备网络组织协调指定战略港口的准备情况,以在应急和其他国防/国家紧急情况下支持部队部署。

#### 2.2.3.4 交通部其他机构和部门

联邦公路管理局(FHWA)、联邦汽车运输安全管理局(FMCSA)、联邦铁路管理局(FRA)、联邦公共交通管理局(FTA)、国家公路交通安全管理局(NHTSA)和主管研究与技术助理部长办公室(OST - R)负责开展研发和示范项目,包括依赖 PNT 系统的受监管行业所使用的 PNT 系统的地面运输使用项目。这些机构还负责协助州、部落、地区、地方和非政府用户规划和实施此类系统,并就其(依法律法规)所需或潜在的用途与应用发布指导方针。由于地面运输的安全性和效率越来越受到重视,这些机构正在加大这一领域的工作力度。

## 2.3 国土安全部(DHS)的职责

根据《第 7 号国土安全总统指令》(HSPD 7,《关键基础设施识别、优先级和保护》)、《第 7 号空间政策指令》(SPD - 7,《美国天基定位导航授时政策》)和《第 21 号总统政策指令》(PPD21,《关键基础设施的安全和弹性》)的政策要求,美国国土安全部负责 5 项总体任务:

1)预防恐怖主义和加强安全防护;

2)边境的安全与管理;

3)移民法律的执法与监督;

4）网络空间的安全保护；

5）确保抵御灾难的能力。

除上述总体任务外，《第7号空间政策指令》还要求国土安全部提高国土安全要求，促进负责任地使用PNT，并确保建立中断监测、通知和应急响应机制。国土安全部监测PNT服务中断的工作具体集中在对关键基础设施的运营影响上。准确的PNT是许多关键基础设施部门正常运行所必不可少的。精确授时尤其重要，目前主要通过GPS提供。通过跨部门协调及与私营部门的合作伙伴和利益相关方的协调，国土安全部管理分布在整个部门的多个与PNT相关的项目和活动。

国土安全部应持续努力识别并减少威胁和漏洞，同时通过努力提高安全性和弹性降低风险。为了协调和配合这些工作，国土安全部副部长成立了国土安全部PNT执行督导委员会（ESC），以组织、管理和协调整个国土安全部的PNT行动和决策。PNT执行督导委员会领导国土安全部（包括国土安全部任务领域和任务伙伴）增强PNT系统和相关美国关键基础设施的能力、安全和弹性。

此外，为了解决关键基础设施中的GPS漏洞问题，国土安全部科学与技术（S&T）部门的PNT计划采用多管齐下的方法，对漏洞和影响进行评估，制定缓解措施，改进PNT设备，使授时技术多样化，并通过外联活动和培训与行业接触。通过这些持续的努力，该项目的目标是提高关键基础设施对GPS/PNT中断的恢复能力。

### 2.3.1　美国海岸警卫队（USCG）

美国海岸警卫队负责定义并提供实现安全、有效的海上航行所需的导航设备和设施。《美国法典》第14编第541条的规定如下：

“为了协助航行并防止发生船只和航空器灾难、碰撞和失事，海岸警卫队可以建设、维持和运行：

“1）海上导航设备，以满足武装部队或美国商业需求；

“2）空中导航设备，以满足国防部长或国防部内部任何部门部长确定的美国武装部队在战争中特有的、主要出于与军事有关的需求，以及这些官员所提出的需求；

“3）电子导航系统，以（a）满足国防部长或国防部内部任何部门部长确定的美国武装部队在战争中特有的、主要出于与军事考虑的需求；或（b）需要满足美国海上贸易的需要；或（c）满足美国联邦航空局局长要求的美国航空贸易的需求。

除了电子导航系统外，这些导航设备应仅在以下地点建立和运行：美国境内、大陆架上方水域、美国领土和财产、太平洋岛屿托管领土以及美国领土管辖权以外的美国海军基地或军事基地所在地。海岸警卫队可通过与个人、公共机构或机构联系从而建立、维护和运行本节第(1)款项下的海上导航设备。”

美国海岸警卫队还作为全球航行警告服务分委会(WWNWS)的国家协调员,负责校勘和发布美国国家水域沿海航海警报。美国海岸警卫队通过 VHF 海洋无线电广播的 VHF 单工 22A 频道和 NAVTEX(导航电传)广播的 518 khz,提供沿海海上安全信息(MSI)播报,以满足全球航行警告服务分委会(WWNWS)及全球海上遇险和安全系统(GMDSS)的要求。

此外,通过收集、处理和发布及时的 GPS PNT 信息以及一般海事导航信息,美国海岸警卫队导航中心(USCG NAVCEN)充当所有非航空、非军事的地面和海上 GPS 用户的民用 GPS 联络点。导航中心是民用 GPS 服务接口委员会(CGSIC)的关键组成部分,并在 GPS 系统提供商和用户之间交换信息。

## 2.4 其他政府组织的职责

### 2.4.1 国家天基 PNT 执行委员会

《第 39 号国家安全总统指令》(NSPD - 39)(由特朗普总统于 2021 年 1 月 15 日发布的《第 7 号空间政策指令》所取代)为以美国国家和国土安全、民用、科学和商业目的而开展的天基 PNT 计划、增强系统项目和活动制定了指导方针和实施措施。此项政策建立了一个永久性的国家天基 PNT 执行委员会(EXCOM),由国防部和交通部的副部长共同担任主席。其成员包括来自国务院、内政部、农业部、商务部和国土安全部以及参谋长联席会议和美国国家航空航天局(NASA)以及主席认为必要的任何其他部门或机构的与联合主席同等级别的代表。总统行政办公室(EOP)的部门以观察员身份参加,联邦通信委员会(FCC)主席以联络人身份参加。

国家天基 PNT 行政督导小组(ESG)代表国家天基 PNT 执行委员会执行任务、建立共识并解决问题。该行政督导小组由国防部和交通部的副部长/助理部长级别的官员共同担任主席。

国家天基 PNT 协调办公室(NCO)为国家天基 PNT 执行委员会(EXCOM)和国家天基 PNT 行政督导小组(ESG)配备日常工作人员。该协调办公室由全职主任领导,还包括一名由国家天基 PNT 执行委员会部门和机构提供的全职人员组成。该全职主任在职能上向国家天基 PNT 执行委员会联合主席汇报工作。

国家天基 PNT 咨询委员会就与国家和国际天基 PNT 服务当前状态有关的美国天基 PNT 政策、规划、计划管理和资金概况向国家天基 PNT 执行委员会提供独立建议。国家天基 PNT 咨询委员会由美国政府外部的专家组成，并经美国国家航空航天局（NASA）特许成为联邦咨询委员会。

有几个工作组通过工作人员在具体问题上开展跨部门合作，支持国家天基 PNT 执行委员会，其中包括 GPS 国际工作组和美国国家天基 PNT 系统工程论坛。

国家天基 PNT 执行委员会（EXCOM）的管理架构如图 2－3 所示。

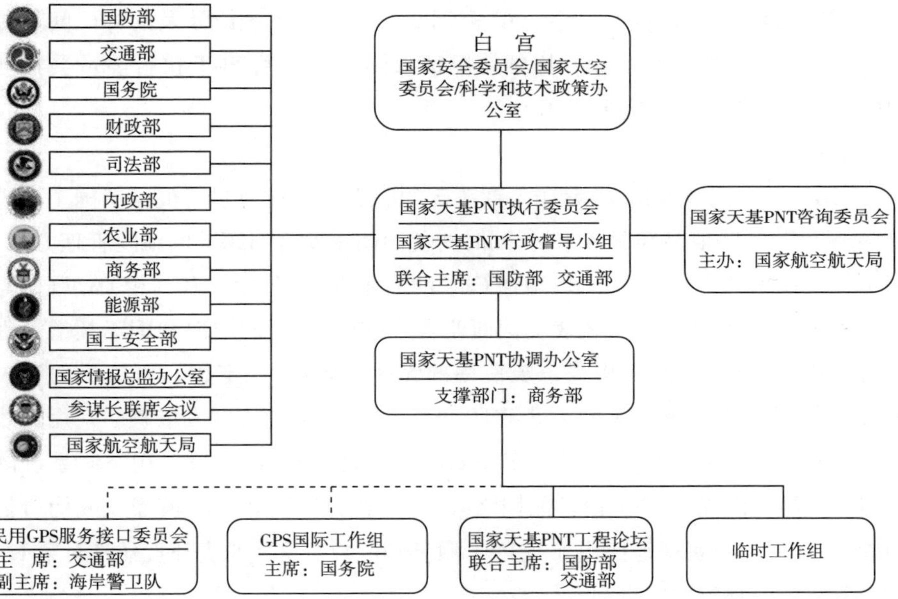


**图 2－3　国家天基 PNT 管理架构**

国家天基 PNT 执行委员会通过总统行政办公室的代表向其成员部门和机构以及总统提出建议。此外，国家天基 PNT 执行委员会为维护和改进美国天基 PNT 基础设施（包括 GPS 及其增强系统、服务的安全性以及与国外 PNT 服务的关系），与负责政策、架构、要求和分配资源的战略决策部门和机构提供咨询并居间协调。具体而言，国家天基 PNT 执行委员会致力于：

· 确保在决策过程中充分、适当地考虑国家安全、国土安全和民事需求，并按规定推动整合国家天基 PNT 能力的需求并消除冲突；

· 协调各部门和机构的 PNT 计划、要求、预算和政策，并评估资金充足性和进度是否可及时满足已确认的需求；

· 确保民用服务效用超过或至少等同于外国天基 PNT 服务常规提供的效用；

· 推进美国天基 PNT 基础设施现代化计划，包括：

1. 需要时在最大可行范围内开发、部署和运行新的和/或改进的国家安全和公共安全服务；

2. 确定 GPS 及其增强技术之间的需求分配，包括对用户设备的考量；

· 审查提案并向部门和机构提供国际合作以及频谱管理和保护等问题的建议。

国家天基 PNT 执行委员会每年就 GPS 及其增强系统所涉及的部门间资源分配问题提供建议并进行协调。详细情况请参阅国家天基 PNT 执行委员会批准的《国家天基 PNT 五年计划》。

### 2.4.2 商务部(DOC)

《第 7 号空间政策指令》赋予了商务部的职责和责任，包括：促进美国工业进入外国的天基 PNT 商品和服务市场，同时对美国国家安全问题采取风险管理方法；投资下一代技术的研究和开发，以增强 GPS 的商业应用；在 GPS 及其相关增强的需求的评审中，与其他机构一起代表美国商业利益；通过适当的国内和国际频谱管理和监管实践，保护 GPS 及其增强系统使用的无线电频谱；确定相互可接受的解决方案，以保护现有和不断发展的天基 PNT 服务应用，同时允许开发依赖于使用无线电的其他非干扰技术和服务；制定使用 GPS 及其增强系统以支持民用空间系统的要求；制定准则，以提高 PNT 设备的网络安全，包括其检测和拒绝被操纵或伪造信号的能力，并促进负责任地使用天基 PNT 服务和能力。这些职责和责任是对第 13905 号行政命令中规定的职责和责任的补充。

商务部支撑国家天基 PNT 执行委员会和国家协调办公室的工作，提供办公空间、人员、支持服务和其他资源。通过国家海洋和大气管理局(NOAA)的国家大地测量局(NGS)，商务部负责定义、维护并提供对国家空间参考系统(National Spatial Reference System，NSRS)的访问。国家空间参考系统是一个统一的坐标系，用以定义整个美国的纬度、经度、高度、比例、重力、方向和海岸线，以满足美国的经济、社会和环境需要。国家大地测量局通过其在线定位用户服务(OPUS)提供对国家空间参考系统的访问，该服务是基于国家海洋和大气管理局连续运行参考站(CORS)网络。商务部/美国国家海洋和大气管理局通过国家大地测量局负责确保国家空间参考系统与 ISO 标准 19161 - 1 中规定的国际地球参考系(ITRS)一致，并与联合国全球地理空间信息管理局(UN - GGIM)在全球大地测量参考系(GGRF)决议中的商定的一致。国家大地测量局仍然是目前服务于 IGS GNSS 轨道产品的 12 个活跃轨道分析中心之一。

商务部长会同海军部长，有权解释和修改作为美国标准时间的世界标准时间（UTC）。通过国家标准与技术研究院（NIST），商务部开展研究和测量，以开发新的高性能原子钟，支持使用 GNSS（包括 GPS）进行高精度时频应用，并开发分配高精度时频的新方法。国家标准与技术研究院运行美国时钟频率基准，为世界标准时间的国际化作出贡献，通过各种传播服务提供美国官方时间，并提供支持产业和政府应用的一系列校准和测量服务。

### 2.4.3 国务院（DOS）

《第 7 号空间政策指令》（SPD－7）规定了国务院的职责，政策规定：

国务卿应：

· 与国防部长、交通部长以及其他适当部门负责任合作，与外国政府和其他国际组织一起促进 GPS 及其增强服务和标准的使用，并鼓励发展基于 GPS 的外国民用 PNT 服务和系统；

· 牵头与外国政府和国际组织就民用（酌情）和军用（与国防部长协调确定）定位导航授时事宜进行谈判，包括协调以下跨部门审查事项：

△ 对美国代表团开展有关 GPS、其他全球和区域卫星导航系统及其相关增强系统的规划、管理和使用的双边和多边磋商的指示；

△ 与外国政府和国际组织就 GPS、其他全球和区域卫星导航系统及其增强系统的规划、运营、管理或使用达成的国际协议、安排和公开声明；

· 与国防部长一起参与同盟国的 PNT 对话，尤其是与北约的对话。

### 2.4.4 国家航空航天局（NASA）

为支持 1958 年美国国家航空暨太空法案的规定，空间活动的运行包括通过国家资产（如美国国家航空航天局地面和空间通信与跟踪网络）提供 PNT 服务，导航信号广播，以及在国家航空航天局的任务中开发和操作支持 PNT 的设备。

国家航空航天局关于使用 GPS 及其增强系统用于 PNT 和科学的国家政策立场，是由国家航空航天局总部载人探索与运行任务局（HEOMD）的空间通信和导航（SCaN）计划与国家航空航天局中心和科学任务局（SMD）协调制定的。

国家航空航天局的任务包括开拓未来的空间探索、科学发现和航空学研究，包括空间、航空和陆地环境中的许多 GPS 应用。

《第 7 号空间政策指令》指出，根据 2017 年 12 月 11 日的《第 1 号空间政策指令》（SPD－1，《振兴美国的人类空间探索计划》）和 2018 年 6 月 18 日的《第 3 号空间策略指令》（SPD－3，《国家空间交通管理政策》），PNT 服务将在空间交通管理和环月服务的未来应用中发挥重要作用,它从地球同步轨道(GEO)延伸到月球轨道。根据《第 7 号空间政策指令》,国家航空航天局局长的职责和责任包括:

· 与商务部长合作,制定并向交通部长提供使用 GPS 及其增强系统以支持民用和商用空间系统的技术要求;

· 与国防部长、商务部长和交通部长合作,制定空间服务域(SSV)内和地月空间的更高轨道上的 GPS 支持的空间操作和科学的要求;

· 与国务卿、国防部长、商务部长和国土安全部长合作,维护作为 GPS 卫星次级有效载荷运行的搜索救援、遇险警报和定位能力以及项目,并使其现代化。

#### 2.4.5 跨部门规划办公室(IPO)

《愿景 100:世纪航空再授权法案》(公法 108 - 176 号,117 Stat. 2582)第 709 条规定,联邦航空管理局应与指定机构(国防部、国土安全部、美国国家航空航天局、商务部以及交通部主管政策的副部长办公室)协调并合作,为下一代航空运输系统(NextGen)规划与发展建立跨部门支持。跨部门的协调需求最初由联合计划与发展办公室(JPDO)执行。2013 年 6 月,联邦航空管理局任命副局长为 NextGen 首席官,并任命一名主管国家空域系统现代化的 NextGen 助理局长。跨部门协调成为联邦航空管理局主管 NextGen 的助理局长的职责。

根据 2014 年的《综合拨款法案》(Consolidated Appropriations Act),国会取消了对联合计划与发展办公室(JPDO)的资助。由于撤资,联合计划与发展办公室被解散。2014 年 5 月,联邦航空管理局 NextGen 首席官和 NextGen 助理局长成立了 NextGen 跨部门规划办公室(IPO)。跨部门规划办公室旨在确保指定合作机构之间的参与和持续合作,以提高研发规划的效率,并与指定的跨部门合作伙伴协调 NextGen 的战略问题。2018 年的重新授权取消了 NextGen 首席官的职位,但跨部门规划办公室仍然存在,以支持跨部门协调。

## 第 3 部分 政　　策

本部分介绍了本文件参考的美国各州关于 PNT 的系统相关政策。

### 3.1 总则

联邦政府认识到,PNT 系统和相关技术是美国国家安全、经济增长、关键基础设施运行、运输安全和国土安全所不可或缺的,是全球经济基础设施的必要要素。美国政府的目标是尽可能以最具成本效益的方式向公众提供可靠的 PNT 服务。

根据《美国法典》第 10 编第 2281 条第(b)款,国防部应在全球范围内持续为和平的民用、商用和科学用途提供 GPS 标准定位服务（SPS），而不向用户直接收取费用。

根据《美国法典》第 49 编第 44505 条，FAA 必须运行一种通用的航空系统以满足“对民用和军用航空进行安全、高效的导航和交通管制的需求，但武装部队特定的空战和军事需求除外”。为了满足这些航空用户的需求，“联邦航空管理局局长应……选择能够最好地满足这些需求并促进空中交通管制和防空系统最大程度协调的系统”。

根据《美国法典》第 14 编第 541 条，美国海岸警卫队“可以建立、维护和运行（1）海上导航设备，以满足武装部队或美国商业的需要”。根据国防部的要求，美国海岸警卫队可以运行空中导航设备和电子导航系统，从而“……满足战争时美国武装部队和军事需求”。

美国《联邦法规》第 32 编第 245 部分“空中交通紧急安全控制计划（ESCAT）”概述了国防部、交通部和国土安全部在空中交通紧急安全控制计划的职责，包括“必要时执行阻止敌方使用导航设备（NAVAID）信号的程序……”根据美国《联邦法规》第 32 编第 245.12（e）条和《第 39 号国家安全总统指令》（NSPD－39）（被前总统特朗普于 2021 年 1 月 15 日发布的《第 7 号空间政策指令》取代），国防部联邦航空政策委员会（PBFA）将在需要时推动国防部与其他部门和机构之间达成一致，采取缓解措施减轻在加拿大和墨西哥之间的美国本土内恶意使用导航设备（NAVAID）信号的情况。

历史上，PNT 服务是从陆基系统提供的。随着 GPS 服务及其增强系统在民用领域的潜力得到全面实现，预计对联邦政府提供的其他 PNT 系统服务的需求将减少。随着对这些服务的需求下降，美国政府将减少不基于 GPS 的 PNT 服务。美国政府将根据需要对非基于 GPS 的 PNT 服务进行合理化，以在适当情况下减少基础设施，同时确保 GPS 停机期间的弹性。

提供弹性导航基础设施可能需要增加一些非基于 GPS 的 PNT 系统，同时减少其他系统，以确保安全和运营效率，但根据 PPD－2 而需要的系统除外，以在 GPS 干扰的情况下保持 PNT 弹性。美国政府的政策目标是不严重依赖单一信号系统来提供 PNT。因此，美国政府将促进充分的辅助和备用 PNT 能力的商业可用性，以满足：（1）不断增长的国家、国土和经济安全和安保需求；（2）民用需求；（3）商用和科学需求。

作战、经济、安全和安保方面的考虑将决定对补充 PNT 系统性能的需求（精度、可用性、完整性、持续性与覆盖范围）。尽管可以使用单一、有弹性的 PNT 系统（如地面测距仪、塔康导航系统、振荡器）安全地执行某些行动，但在需要时提供冗余 PNT 服务是联邦政策要考虑的范畴。与生命安全相关的导航应用或其他关键应用的 GPS 补充可以是其他 PNT 系统或操作程序，也可以是这些系统和程序的组合，以便形成安全有效的支持。美国联邦航空局（FAA）审查了替代 PNT（APNT）能力，这些能力在 GPS 服务中断的情况下可以支持通信、导航和监控应用。授时应用的 GPS 补充可以是高精度的晶体振荡器、原子钟、连接（可追溯到世界标准时间）时钟源的通信链路，或满足冗余授时要求的其他系统。

如果收益（包括 PNT 服务用户获得的安全收益）或其他美国政府机构获得的额外费用（包括 PNT 服务中止引起的系统升级换代费用）不足以支持其维护费用，则根据政策，联邦政府不能再继续提供该服务或能力。应建立撤资标准，这样当服务使用量降至维护阈值以下时，在正式停止使用之前还可向州、部落、地区、地方或其他非联邦服务提供商提供服务或能力。联邦政府使用规则制定和非规则制定流程来制定中止导航系统的政策决策，以确保所有相关方在最终决策之前都有机会发表意见。例如，作为弹性导航服务的一部分，联邦航空管理局正在努力使常规导航基础设施合理化，同时为 GPS 提供弹性备份。

2015 年，联邦航空管理局批准了一项计划，将 VOR 提供的服务转移到 MON。从 VOR 过渡到 MON 的计划对联邦航空管理局从使用 VOR 和其他传统导航设备来定义航线、航路和程序向 PBN 过渡予以支持。联邦航空管理局还增强了 DME 网络，以提高覆盖范围和可用性，使航空器在 GNSS 停用期间能够在大范围空域中继续进行 PBN 操作。VOR MON 的最终政策声明于 2016 年在《联邦公报》上发布。在撤资之前，根据用户设备的可用性、无线电频谱过渡问题、成本、用户接受度、预算考虑等因素和公共利益设立了一个合适的过渡期。为确保与国际用户的互操作性，联邦政府在国际上承诺提供某些类型和水平的 PNT 服务。

建立 PNT 系统的主要目的是出于交通运输和国防安全的考虑，也为其他民用、商用和科学用户带来了重大利益。基于这个认识，在对 PNT 系统的运营做出任何改动前，美国政府会考虑这些用户的需求。

美国的国家政策是美国政府供公众使用而运行的所有 PNT 系统将继续允许用于和平目的，但在战争或国家安全受到威胁的情况下，须服从总统的指令。在国家极端紧急情况下，运营机构可能会停止运行或更改 PNT 系统的特性和信号格式。所有通信链路，包括用于传输差分 GPS 修正信号和其他 GPS 增强信号的通信链路，也应服从总统的指令。

2020 年 2 月 12 日，总统签署了《第 13905 号行政命令》(《通过负责任地使用 PNT 服务来加强国家弹性》)。为了增强国家弹性，联邦政府必须鼓励 CI 所有者和运营商负责任地使用 PNT 服务，以确保 PNT 服务的中断或操纵不会损害其关键基础设施的可靠和高效运行。联邦政府必须提高国家对关键基础设施在多大程度上依赖 PNT 服务或通过 PNT 服务得到增强的认识，并且必须确保关键基础设施能够承受 PNT 服务的中断或操纵的风险。根据该指令，行业风险管理机构将与 CI 的所有者和运营商合作，在其使用 PNT 服务(包括其收购、整合和部署)时，进行审慎的、风险告知的脆弱性评估。

### 3.1.1　授时政策

1975 年，由包括美国在内的《计量条约》签署国的代表组成的第 15 届国际度量衡大会(CGPM)"强烈支持"使用 UTC，作为全世界的民用时间参考。2007 年，美国正式采纳该建议。国会通过《为有意义地促进一流的技术、教育与科学创造机会法》(COMPETES，公法 110 - 69 号，121 Stat. 572)，其中，将美国的标准时间重新定义为 UTC，允许美国不同时区有适当的时差。《美国竞争法案》将美国的 UTC 定义为"通过(CGPM)维护并由美国商务部长协调海军部长专为美国解析或修改的时间度量"。NIST 和 USNO 分别向这两个部长提供建议和技术支持，并代表相关部门将 UTC 作为美国官方时间进行维护和推送。国家标准与技术研究院和美国海军天文台有一个协调其计划的协议备忘录。

总体而言，USNO 关注满足国防部系统和配套的非军事系统需求，而 NIST 为私营部门提供服务。根据《参谋长联席会议主席第 6130.01 号指令》，任何参考时间的国防部信息都必须能够按主时钟所维护的 UTC 定义的标准时间参考来提供时间。USNO 主时钟是军事系统的时间参照。尽管如此，这两个组织都同意 UTC、UTC(NIST)和 UTC(USNO)在 50 纳秒的精度水平上是等效的。建议授时精度要求小于 50 纳秒的军事和民用用户分别与 USNO 和 NIST 联系以获得技术支持。

## 3.2　天基 PNT 政策

### 3.2.1　行政政策

2021 年 1 月 15 日，总统发布了《第 7 号空间政策指令》(SPD - 7，《美国天基定位导航授时政策》)，为美国国家和国土安全、民用、商业和科学目的的美国天基 PNT 计划与活动制定了实施行动和指南。该政策取代 2004 年 12 月 15 日发布的《第 39 号国家安全总统指令》(NSPD - 39，《美国天基定位导航授时政策》)。《第 7

号空间政策指令》补充了 2020 年 2 月 12 日《第 13905 号行政命令》(《通过负责任地使用定位导航授时服务来增强国家弹性》)中规定的要求,以及 2020 年 12 月 9 日《国家空间政策》中包含的 GNSS 跨部门指南。此外,《第 7 号空间政策指令》为以下方面提供了指导:

· GPS 以及联邦开发、拥有和运行的用于增强或以其他方式改进 GPS 的系统的维持和现代化。

· 实施和运行能力,以保护美国和盟国为国家、国土和经济安全获取和使用 GPS 的能力,并拒绝敌对应用使用美国天基 PNT 服务。

· 为国土安全和公共安全目的,制定并验证实施民用 GPS 和广域增强的数据和信号认证的要求和资金战略。

· 美国参与关于外国天基 PNT 服务和外国使用 GPS 及其增强系统的国际合作倡议:

△ 美国将继续鼓励发展基于 GPS 的国外天基 PNT 服务,并与盟国和志同道合的国家一起负责任地将其用于非军事应用。

△ 使用多种多样的 PNT 服务可以在用户准确性、可用性和弹性方面产生更好的性能。然而,美国政府并不保证外国 PNT 服务的可靠性或真实性。

△ 尽管国外的天基 PNT 服务可能用于补充民用 GPS 服务,但接收器制造商应继续提高安全性、完整性和弹性,以应对日益增长的网络威胁。①

· 以下列出了早期政策中提供的指导。

2010 年发布的《国家空间政策》,为天基 PNT 提供顶层指导。该政策要求美国继续在 GNSS 的服务、提供和使用方面发挥领导作用。它重申了美国现有的承诺:(1)在全球范围内持续提供民用 GPS 服务,而不直接收取用户费用。(2)开展国际 GNSS 合作;运行和维护 GPS 以满足公布的标准要求。(3)采取措施检测和减轻 GPS 干扰。此外,该政策还对以下工作提供了指导方针:

· 保护美国在全球范围内接入和运行频道的相关轨道分配,以支持美国政府、盟国和美国商业用户使用空间;

· 在将频道分配用于商业、联邦或共享用途之前,首先确定其对政府空间系统

---

① FCC 第 47 编,《联邦法规》第 25.115(b)(9)(i)款:除本节第(b)(9)(ii)款规定外,仅接收与非美国许可空间站一起运行(例如接收和/或发射)的地面站(所有地面和非地面移动和固定接收器),必须提交 FCC 表格 312,请求许可或修改以运行此类站。https://www.ecfr.gov/cgi-bin/text-idx?node=se47.2.25_1115&rgn=div8.

的影响；

· 与民用、商用和国外合作伙伴合作，提高识别、定位和溯源射频干扰源的能力和技术，并采取必要措施保障美国重要太空系统运行的射频环境。

2004 年发布的《美国天基定位导航授时政策》为美国国家和国土安全、民用、科学和商业目的的天基 PNT 计划、增强系统和活动制定了指导大纲和实施行动。该政策主要在以下几方面提供指导：

· GPS 的开发、采办、运行、维护和现代化以及美国开发、拥有和/或运行的、用于增强或改善 GPS 和/或其他天基 PNT 信号的系统；

· 对能力进行发展、部署、维持和现代化，以保护美国和盟国对 GPS 的获取与使用，从而实现国家、国防与经济安全目标，并根据冲突时期的需要，拒止敌方获得天基 PNT 服务；

· 外国对 GPS 和美国政府增强系统的接入，以及与国外天基 PNT 服务（包括增强功能）的国际合作。

在过去三十年，GPS 已发展成为一种全球性的公用设施，提供多种对美国国家安全、经济增长、运输安全和国土安全不可或缺同时还是全球经济基础设施必要要素的服务。在 2000 年 5 月 1 日，美国前总统克林顿在关于美国决定停止降低 GPS 精度的声明中提到，美国承认 GPS 对民用和商业用户的重要性日益提高，因此美国不再有意降低非军事信号的精度（SA“选择可用性”功能）。

从那时起，GPS 的商业和民用应用持续增长，其重要性也大大提高。依赖 GPS 信息的服务现在是经济增长、加强经济发展和改善生活安全的引擎，并且该系统是美国多个关键基础设施部门的关键组成部分。在 2007 年 9 月，美国政府宣布决定购买不具有 SA 功能的下一代 GPS 卫星，即 GPS Ⅲ。为此，美国政府永久保留了 2000 年的政策决定，并消除了 GPS 运行中一度使全球民用 GPS 用户担忧的不确定性。

在民用和商业应用持续增长的同时，GPS 提供的 PNT 信息对于美国国家安全仍然至关重要。虽然基于 GPS 服务的持续增长带来了机遇，但也给美国国家、国土和经济安全带来了风险和威胁。军用、民用和商用系统和基础设施对 GPS 的广泛且日益增长的依赖，使其中许多系统固有地容易受到无意干扰，并且更有可能成为对 PNT 服务蓄意攻击的目标。因此，为了满足不断增长的国家、国土和经济、安保、民用以及商业和科学需求，美国必须持续改进和维护 GPS 及其增强系统和备用能力。

美国将继续维护天基 PNT 服务及其增强、备用和服务拒止能力，包括：(1)提供不间断的 PNT 服务；(2)满足日益增长的国家、国土和经济、安保、民事以及商业和科学需求；(3)保持卓越的军事天基 PNT 服务；(4)继续提供超越国外民用天基 PNT 服务及其增强系统或与之相当的民用服务；(5)保留国际认可的 PNT 服务的基本组件；(6)促进美国在天基 PNT 服务应用中的技术领先地位。为了实现这一目标，美国政府将：

· 通过 GPS 为美国及其盟友提升国家安全能力提供不间断的美国天基全球精确 PNT 服务，而不依赖国外 PNT 服务。

· 通过 GPS 及其增强系统，为民用、商用和科研用途以及国土安全，在全球范围内提供不间断的民用天基 PNT 服务，不向用户直接收取费用，并提供开发和建造使用这些服务的设备所需的公开且免费的信息。

· 提高杜绝恶意使用天基 PNT 服务的能力，而不影响军事行动区域以外对民用 PNT 服务的民事和商业使用，以及为国土安全目的的使用。

· 训练战斗部队在 GPS 拒止或降级期间有效作战。

· 提高天基 PNT 服务的性能，包括更强大的抗干扰范围，以满足美国及其盟友的国家安全、国土安全以及全球民用、商用和科研用户的需求，并与该需求保持一致。

· 按《第 21 号总统政策指令》(PPD－21)，推动政策确保 PNT 具有弹性，以支持美国关键基础设施的运营。

· 鼓励国外开发基于 GPS 的 PNT 服务和系统。力求确保外国天基 PNT 系统可与 GPS 及其增强系统的民用服务实现互操作，从而使全球的民用、商用和科学用户受益。至少应设法确保外国系统与 GPS 及其增强系统兼容，并与外国供应商解决共同的安全问题，以防止对天基 PNT 服务的恶意使用。

· 最大限度地推进联邦、州、部落、地区和地方使用美国天基 PNT 服务和能力。

### 3.2.2 GPS 服务

#### 3.2.2.1 标准定位服务(SPS)

美国政府已向国际社会提供 GPS 标准定位服务(SPS)，供全球范围使用。海事界已在 2003 年 12 月 5 日的 A.953(23)号国际海事组织大会决议《全球无线电导航系统》中记载了这一承诺。航空界在国际民航组织的第十届空中导航大会和第二十九届国际民航组织大会上也记录了这一承诺。美国政府已明确表示，其打算在可预见的将来在全球范围内持续提供 GPS 标准定位服务，并且不直接向用户收取费用，具体视美国法律允许的可用拨款而定。这项服务将以非歧视性的方式提供给所有用户，性能级别规定在 2020 年 4 月 22 日的 GPS 标准定位服务性能标准（GPS SPS PS）。美国政府将在可预见的将来采取一切必要措施保持 GPS 标准定位服务的完整性、可靠性以及可用性。尽管美国政府可能会审查标准定位服务未来的改进情况，但将为所有民用用户提供适当的过渡规划考量。

3.2.2.2　精确定位服务（PPS）

美国政府已向得到授权的用户和盟国军方用户提供不间断的 GPS 精确定位服务（PPS）全球访问权限。

**3.2.3　导航战（NAVWAR）**

根据《第 7 号空间政策指令》，总统指示国防部长：

· 提高 NAVWAR 能力，以拒绝敌方使用美国政府的天基 PNT 服务，同时不过度干扰军事或国土安全行动区域外民用 PNT 服务的民用和商业接入。

· 开发、获取、运行、实际测试、评估和维护 NAVWAR 能力以及以下所需的其他能力：

△ 在遇到对手或其他干扰、影响或操纵时，有效利用 GPS 服务；

△ 制定有效措施，打击对手拒绝、干扰或操纵 PNT 服务的行为；

△ 酌情与其他机构协调，识别、定位并缓解对 GPS 军事行动使用产生不利影响的任何故意干扰或操纵。

· 确保现代化军事和导航战作战能力的最早作战可用性。

导航战（NAVWAR）的定义是通过协调配合使用空间、网络空间和电子战手段，为保证和保护定位导航授时信息而采取的深思熟虑的进攻和防御行动。通过协调部署信息战、太空战和网络战各部分（包括电子战、空间控制、太空部队强化和计算机网络战）实现预期效果。

国防部的导航战计划是为了确保美国在冲突领域保持军事优势，主要手段包括：保护对 GPS 的授权使用；防止恶意使用 GPS 及其增强系统或任何其他 PNT 服务；在军事行动区域以外维持对民用 GPS 的和平使用。导航战计划需要反复测试，这可能会对 GPS 民用带来影响。国防部与联邦航空管理局（FAA）密切合作，以减轻导航战测试对国家空域系统（NAS）的影响，并将国家空域系统的效率和容量保持在可接受的水平，可以满足国家训练和维持有效战斗力的军事要求。

导航战电子攻击测试、训练和演习（NAVWAR EA TT&E）活动可能影响 GPS，其必须在美国国防部内部和其他联邦部门进行协调。《参谋长联席会议主席第3212.03手册》提供了有关如何申请和获准展开电子攻击测试、训练和演习(EA TT&E)活动的指导意见。

### 3.2.4 GPS 时间和频率

GPS 向全球提供完全同步的精确时间和频率。每个 GPS 卫星都包含一个提供稳定的时间和基准频率信号的原子钟,这是 GPS 广播信号的基础。GPS 接收器处理卫星广播信号,并有效地使其与 GPS 时间同步。GPS 广播导航电文中的其他数据允许接收器将 GPS 时间与 UTC(USNO)关联。这使用户可以将 UTC 时间精确在千亿分之一秒以内,并且无须原子钟就可提供高稳定性和准确度的基准频率。

精确的时间和频率对于全球范围的各种经济活动至关重要。通信系统、电网和金融网络都依赖于精确的授时实现同步和运行的高效率。免费提供 GPS 时间和频率服务为依赖精确时间的公司节省了成本,并带来了能力上的重大进步。

美国海军天文台为 GPS 提供了基础 UTC 授时基准。美国海军天文台从华盛顿特区总部运行主时钟系统和备选主时钟系统,备选主时钟设施与 GPS 主控站(MCS)都位于科罗拉多州的施里弗空军基地。美国海军天文台主时钟系统由 100 多个精密原子钟组成,其可以完全追溯到 UTC 授时的国家和国际标准。美国海军天文台使用一组专用的 GPS 授时监控站接收器持续监视 GPS 信号,并向 GPS 主控站提供精确的授时数据。有关 GPS 授时接收器校准以及 UTC 溯源的详细信息,请访问 https://www.usno.navy.mil/USNO/time。

### 3.2.5 GPS 信号监测

卫星运营商每天 24 小时几乎实时在科罗拉多州施里弗空军基地的 GPS 主控站持续监视 GPS 精确定位服务信号。尽管没有对标准定位服务性能的连续监视,但是精确定位服务监视可以有效探测到包括用户距离误差在内的大多数服务异常情况,为卫星运营商提供必要的信息来采取行动,保护用户免受异常信号的影响。为了执行此项监测工作,GPS 控制段保有 6 个监控站,这些监控站目前与 11 个 NGA 监控站一起提供 GPS 卫星 100% 的全球覆盖。NGA 为国防部生成精确的后拟合 GPS 轨道以及预测的轨道。国家地理空间情报局与美国空军(NGA - USAF)综合 GPS 跟踪网络还可用于定义 WGS 84 参考框架,这是 GPS 以及国防部所有定位、导航和地理空间产品的标准大地测量参考系。NGA 的 GPS 数据和产品可从以下网址获得:

https://www.nga.mil/ProductsServices/Pages/default.aspx. https://earth - info. nga. mil/GandG/update/index. php? dir = gnss&action = gnss。

执行部门审查了民用信号监测规范（CMPS，第 3 版），以确定传统和现代化 GPS 信号的监测要求。确保综合 CMPS 要求的整套监控功能将通过 OCX 计划中的 GPS 控制段和 DOT 民用信号监控系统（CSMS）的组合来实现。

### 3.2.6　GPS 信号的现代化

#### 3.2.6.1　民用信号

除了 L1 粗测距/捕获（C/A）信号外，美国政府还引入了三个其他编码信号（L1C、L2C 和 L5）以支持未来的民用应用。

当前标准定位服务性能标准（SPS PS）中的性能指标适用于 L1 C/A、L2C 和 L5 信号。SPS PS 规定了 L1 C/A 信号处于完全运行能力时 L1 C/A 的准确性、完整性、连续性和可用性标准。由于 L2C 和 L5 尚未达到完全运行能力，SPS PS 仅规定的 L2C 和 L5（或这些信号的任何组合）标准仅用于准确性和完整性。此外，目前正在制定性能标准，以纳入现代化的民用信号，并将在实现完全运行能力后发布新版本。

#### 3.2.6.2　军事信号

当前，具有加密 GPS 接收器的授权用户可以接入 L1 和 L2 上的精确定位服务［PPS，P（Y）码］。未来，下一代军用 GPS 信号 M 码（M – Code）将对这些信号进行补充。第一颗 GPS Block IIR – M 卫星于 2006 年 9 月开始广播 M 码。M 码将显著提高接入的排他性，因为除了加密外，它还在频谱上与民用信号和其他无线电导航卫星服务信号相分离，以增强美国导航战（NAVWAR）作战能力。军用 GPS 接收机在追踪加密的军事信号时，比商用 GPS 设备具有更强的抗干扰能力。最新一代军用 GPS 接收机具有更强大的抗干扰能力，但是，未来仍将有必要在信号可用性和接收机性能方面进行改进。

### 3.2.7　GPS 民用信号的军事用途

国防部将 GPS L1C、L2C 和 L5 民用信号用于作战需求。由于两用装备在财政上不可行，因此军用航空接收器的选型需要获得审批，避免军用航空器配备民用 GPS 装备。这将增强军用航空跨运行环境的能力，即从和平时期的民用空域飞行到世界各地的作战飞行。一旦证明对这些飞机运行的民用机场是有益的，民用航空预备机队（CRAF）的商业运营商可以选择装备 L5/或 WAAS。

美国国防部正在对用于国家空域系统（NAS）和国际空域的军用航空接收机的选型进行审批。审批在保持了使用军事信号能力的同时按照民用和/或军用航空标准进行,具有同等安全性和性能水平。美国国防部还将与国际盟友的军事机构合作,争取批准在外国领空使用这些接收机。

### 3.2.8 中止无码和半无码 GPS 接入①

美国政府致力于保持现有的 GPS L1 C/A、L1 P(Y)、L2C 和 L2 P(Y)信号特性(这些特性使无码和半无码 GPS 接入得以实现),至少要维持到拥有 24 颗满足以下条件的运行卫星后的两年:(1)在 2020 SPS PS 中定义的健康环境下广播 L5;(2)在 1 至 32 范围内被分配 PRN;(3)位于 2020 SPS SP 中定义的主轨道平面槽中。除非国家安全要求,否则美国政府不会在此之前更改这些信号特性。估计在 2029 年将有 24 颗广播 L5 信号的卫星投入使用。在规定的时间段内保留传统信号特性将允许半无码和无码接收设备的用户有序且系统地过渡到使用支持现代化民用编码信号的设备。预计 2021 年将有 24 颗广播 L2C 信号的卫星投入运行,2023 年将具备相应的地面段控制能力,并于同年实现到 L2C 的过渡。鼓励 GPS 民用用户现在启动其过渡计划。

### 3.2.9 GPS 增强系统

根据《NDGPS 联邦公报公告 USCG-2018-0133》,截至 2020 年 6 月 30 日,所有 NDGPS 服务均已停止。随着新 GPS Ⅲ卫星的推出以及选择可用性的永久终止,DGPS 不再被视为必要的增强系统。

2007 年,美国联邦航空管理局(FAA)局长重申了美国政府为全球航空提供 GPS 标准定位服务(SPS)的承诺,并按规定的服务空域提供广域增强系统(WAAS)服务。美国政府计划在可预见的将来采取一切必要措施,保持 GPS 标准定位服务和 WAAS 服务的完整性、可靠性和可用性,并在此类运营终止或服务取消之前至少提前六年发出通知。

### 3.2.10 关键基础设施中 GPS 的脆弱性

GPS 提供的 PNT 数据广泛融入整个美国经济,包括关键基础设施的运营。《第 7 号空间政策指令》(SPD-7)指出,基于 GPS 的服务持续增长,给美国国家、国土和经济安全带来了机遇,也带来了风险和威胁。军用、民用和商业应用、系统及基础设施对 GPS 的广泛且日益增长的依赖性,已使其中许多系统的性能容易受到 GPS 信号中断或被操纵的影响。GPS 用户必须对可能的信号损失进行规划,并采取合

---

① 本段取代了先前在《联邦公报公告》第 1 卷第 185 期宣布的承诺,并在 2020 年 12 月 31 日之前保持此类信号特性。

理措施证实或验证接收到的 GPS 数据和测距信号的完整性，尤其是在即使很小的损失也可能导致生命损失的应用中。此外，无论是否为军事能力而设计，PNT 服务及其增强的信号都提供了可能被敌方（包括敌军和恐怖组织）使用的固有能力。作为协调联邦部门促进关键基础设施安全和弹性总体工作的机构，国土安全部将与 16 个关键基础设施领域中被认定为部门风险管理机构（SRMAs）的联邦部门和机构合作，以进一步采取行动，增强依赖精确 PNT 服务的业务的抗干扰能力。

GPS 和所有 GNSS 信号都容易受到干扰或操纵。作为《第 13905 号行政命令》中概述的负责任使用 PNT 概念的一部分，GPS 用户应考虑使用旨在减轻 GPS/GNSS 信号干扰和欺骗影响的 GPS 接收机。国土安全部一致性框架为设备制造商提供了有关预期性能参数的初步指导。标准开发组织预计将在 2023 年年底前发布描述终端用户设备性能参数的标准。

根据《第 13905 号行政命令》，国土安全部与部门风险管理机构（SRMAs）负责人协调，正在制订计划，以测试关键基础设施系统、网络和资产在 PNT 服务中断和被操纵时的漏洞。该计划的测试结果将用于更新 PNT 配置文件。这一持续多年的进程将以包括资金在内的现有资源为基础。PNT 配置文件将使公共和私营部门能够识别依赖于 PNT 服务的系统、网络和资产；确定适当的 PNT 服务；检测 PNT 服务的中断和被操控；并管理依赖 PNT 服务的系统、网络和资产的相关风险。

根据《第 13905 号行政命令》，商务部长必须与部门风险管理机构（SRMAs）协调，为国家标准与技术研究院（NIST）网络安全框架制定并提供 PNT 配置文件（https://www.nist.gov/cyberframework）。这一责任被委托给国家标准与技术研究院。PNT 配置文件帮助公共和私营部门用户管理使用 PNT 服务的系统、网络和资产的网络安全风险。部门风险管理机构（SRMAs）为特定需求而量身定制的 PNT 配置文件的目的在于被广泛适用。NIST 配置文件（NISTIR 8323 基础 PNT 配置文件：应用负责任地使用 PNT 服务网络安全框架）将被定期审查和更新。

### 3.2.11　干扰检测与减轻计划

《第 7 号空间政策指令》（SPD－7）规定了定位和解决干扰的职责。此外，《国家空间政策》指出，美国应在国内能力方面加大投入并支持国际活动，以检测、减小对 GPS 有害的干扰、增强抵御能力，并在必要和适当的情况下识别并实施关键基础设施和任务基本功能的冗余和备用系统或方法。

为了支持美国国家空间政策，成立了蓄意干扰响应小组（PIRT），以便快速报告、评估和解决涉及美国政府和商业空间系统、服务、能力或利益的蓄意干扰事件。

蓄意干扰响应小组执行委员会建立了一个联邦跨部门工作组，以制定和规定共同及各自承担的职责，即实时分享信息并支持美国政府对影响美国本土 GPS 提供的 PNT 服务的干扰所进行的协调响应，从而更好地保护国家关键基础设施和利益。

国土安全部制定并颁布了《定位导航授时干扰检测与减轻（IDM）计划》（2007 年 8 月 20 日）和《干扰检测与减轻（IDM）计划实施战略》（2008 年 1 月）以解决这些问题。这些文件提供了一个框架和指南，来履行《第 39 号国家安全总统指令》（NSPD－39）指令所要求的职责（由前总统特朗普于 2021 年 1 月 15 日发布的《第 7 号空间政策指令》取代）。

2021 年 1 月 19 日，联邦通信委员会拒绝了一项要求保留其一致决定的请求，即授权 Ligado Networks LLC 使用其部分许可频段部署低功率全国地面网络。作为这一行为的结果，将进行潜在干扰战略规划（SPPI）工作。

针对 Ligado 的潜在干扰战略规划（SPPI）计划的工作包括：

· 开发 GPS 设备干扰度量和设备识别；

· 通过实验室测试验证指标；

· 开发现场监测能力并将其集成到测试车辆中；

· 确定现有的 Ligado 发射机的位置并告知 GPS 用户；

· Ligado 前后的现场部署和相关数据特征。

检测和缓解与《第 7 号空间政策指令》相关的 GPS 干扰的计划工作：

· 提高 NAVWAR 能力，以拒绝敌方使用美国政府的天基 PNT 服务，同时不过度干扰军事或国土安全行动区域外民用 PNT 服务的民用和商业接入：

△ 开发、获取、操作、实际测试、评估和维护 NAVWAR 能力和其他所需的能力；

△ 在遇到敌方或其他干扰、干扰或被操纵时，有效利用 GPS 服务；

△ 制定有效措施，打击对手拒绝、干扰或操纵 PNT 服务的行为；

△ 酌情与其他机构协调，识别、定位和缓解对 GPS 用于军事行动产生不利影响的任何故意干扰或操纵。

· 提高美国天基 PNT 服务的性能，包括开发更强大的信号，以抵抗干扰和被操纵，以符合美国和盟国的国家安全、国土安全和民用目的。

· 通过系统升级和纳入空间系统的网络安全原则、接口规范和其他规定用户设备网络安全的指南，提高 GPS 及其增强系统以及美国政府拥有的以 GPS 为基础的设备的网络安全，并促进私营部门采用网络安全的以 GPS 为基础的系统。

· 保护 GPS 及其增强系统当前使用的频谱环境，并与美国行业合作调查可以提高 GPS 和 PNT 弹性的其他无线电频谱区域。

· 投资国内能力并支持国际活动，以检测、缓解 GPS 的有害干扰或操纵，并提高其抵御能力，并酌情确定和实施关键基础设施、关键资源和任务基本功能的 PNT 替代来源。

· 根据《第 21 号总统政策指令》，维护 GPS 及其增强系统，供美国关键基础设施使用，以提高生命安全功能和运营效率。

· 与国际全球导航卫星系统供应商合作，确保兼容性，鼓励与利益一致的国家实现互操作性，促进民用服务提供的透明度，并为美国行业提供市场准入。鼓励外国开发基于 GPS 的 PNT 服务和系统，并将 GPS 作为集成多个 PNT 服务的系统中的一个基本元素。至少努力确保所有外国系统与 GPS 及其增强系统兼容，不干扰 GPS 军事和民用信号，并解决相互的安全问题，以防止恶意使用美国天基 PNT 服务。

· 根据《第 13905 号行政命令》，促进在联邦、州、部落、地区和地方各级负责任地使用美国天基 PNT 服务和应用能力。

· 促进美国在提供天基 PNT 服务和开发安全、有弹性的终端用户设备方面的技术领先地位。

由于航空方面的独特安全要求，联邦航空管理局正在实施干扰源测向（IDF）系统，以便更快地做出响应。IDF 将与国土安全部 IDM 计划整合，帮助快速降低和缓解射频干扰（RFI）对当前和未来国家空域系统（NAS）无线电服务的影响。GPS 及其相关增强系统、航空数据链路系统以及广播式自动相关监视系统（ADS - B）地面段和机载段等新功能，将需要相关机构提高对射频和电磁干扰检测能力的准备以及分辨响应能力。IDF 计划要求如下：

· 开发检测、定位和缓解针对国家空域系统（NAS）单元和容量的有意和无意干扰的能力；

· 制订一个强大且经济上可行的计划，防止新的国家空域系统在预期系统收益上受到损失，同时确保终端用户从巨大投入中获益。

《第 13905 号行政命令》指示国土安全部与部门风险管理机构（SRMAs）负责人协调，制订一项计划，以在 PNT 服务中断和被操纵的情况下测试关键基础设施系统、网络和资产的漏洞。2021 年 2 月完成的漏洞测试计划确定了需要被测试的关键基础设施的系统、网络和资产。根据漏洞测试计划进行的测试结果将用于更新

PNT 配置文件。

### 3.2.12 GPS 备用/补充 PNT

美国政府认识到为美国的关键交通、国土安全以及其他民用和商业基础设施应用提供补充 PNT 能力的好处。

潜在补充 PNT 能力的研究工作包括“合作研究与发展协议”项目(CRADA)。该项目重点关注能够提供精确 PNT 数据的技术,包括验证通过光缆提供精确时间的可行性以及替代 PNT 能力的研究等。

根据《2017 财年国防授权法》第 1618 条(公法 114 - 328 号)的规定,国土安全部和交通部已经确定了关键基础设施的需求,并对国内关键基础设施的各类 GPS 互补能力进行了替代评估分析。国防部于 2017 年 12 月就这些问题向国会提交了报告。

《2017 财年国防授权法》(公法 114 - 328 号)的第 1618 条要求相关部长共同研究,以评估和确定技术中立需求,以备份和补充国家安全和关键基础设施的 GPS 的 PNT 能力。国土安全作战分析中心(HSOAC)对美国国土安全部和交通部目前使用的 PNT 系统进行了深入评估。本报告①是对该评估的总结和分析,并为联邦政府下一步努力提高美国关键基础设施对 GPS 服务中断的应对能力提供了建议。

根据《2018 财年国防授权法》(公法 115 - 91 号)第 1606 条的规定,国土安全部和交通部进行了 GPS 备份和补充 PNT 演示。该演示于2020 年3 月进行,演示了11 家不同商业供应商的六种不同技术。演示报告于 2021 年 1 月发布,同时还对接下来的措施提出了一系列建议,用于制定关键基础设施和安全关键系统使用的 PNT 替代服务的系统要求和相关标准、测试程序和监测能力。

根据《2018 财年国防授权法》的要求,交通部研究与技术助理部长(OST - R)办公室沃尔普国家交通系统中心对候选 PNT 技术进行了现场演示,这些技术可以在 GPS 中断的情况下提供补充服务。演示的目的是在高技术准备水平(TRL)下收集有关 PNT 技术的信息,该技术可以在没有 GPS 的情况下工作,且可以确定替代和互补系统。

利益相关者在演示之前、期间和之后的持续投入和反馈从演示之处就被认为是必不可少的。交通部从外部利益相关者处获得了有关 PNT 技术的投入,并做好

---

① 提交的对 GPS 的 PNT 备份和补充能力的《2017 财年国防授权法案》国会报告:《PNT 要求和替代方案分析》,2020 年 4 月 8 日,https://www. cisa. gov/sites/default/files/publications/report - on - pnt - backup - complementary - capabilities - to - gps_508_0. pdf。

了高水平的技术准备，从而为演示提供信息。演示规划过程还允许交通部重复获得参与 PNT 行业供应商的输入和反馈。这导致了对演示实施的调整，从而改善了能够展示其定位和授时性能的条件的技术。

沃尔普国家交通系统中心通过竞争性收购流程，选择了 11 种候选技术，从而在两个示范点演示在没有 GPS 的情况下的定位和/或授时功能：

· 两个供应商演示了近地轨道卫星 PNT 技术：一个 L 波段，一个 S 波段。

· 两个供应商演示了光纤授时系统，均基于白兔精确时间协议（PTP）技术。

· 一家供应商演示了本地化数据库地图匹配数据库、惯性测量单元（IMU）和超宽带（UWB）技术。

· 六家供应商演示了跨越低频（LF）、中频（MF）、超高频（UHF）和 Wi－Fi/802.11 频段的地面射频 PNT 技术。

其中五项技术于 2020 年 3 月在科德角联合基地（JBCC）演示，六项技术于美国宇航局兰利研究中心（LaRC）演示。该演示是基于场景的实施，包括在各种操作条件下根据关键基础设施用例建模的一系列场景。

基于供应商在定位授时场景中的参与情况，分析了演示结果，以提供 14 个有效性度量（MOE），以标准为结构。本报告中使用的“标准”是指设定用于评估和评分的定义水平的评分指南。14 个有效性度量及其各自的评估准则是：

有效性度量 1：技术就绪——系统（技术就绪水平 6－9）；

有效性度量 2：技术就绪——用户设备（技术就绪水平 6－9）；

有效性度量 3：作为残余误差的定时和定位精度（m，ns）；

有效性度量 4：频谱保护（保护、拥有、租借、分享）；

有效性度量 5：服务部署工作（低、中、高）；

有效性度量 6：每单位基础设施的服务覆盖率，即每覆盖面积的发射器数量（单位/平方公里）；

有效性度量 7：服务同步（UTC、级联、自同步）；

有效性度量 8：PNT 信号稳健性（强、弱）；

有效性度量 9：服务弹性（失效安全、故障恢复、故障自动缓和、硬故障）；

有效性度量 10：PNT 分布模式（地面射频、轨道射频、光纤、数据库）；

有效性度量 11：服务互操作性（高、低）；

有效性度量 12：PNT 信息安全（高、中、低）；

有效性度量 13：服务实施时间（短、中、长）；

有效性度量 14：PNT 系统/使用寿命（长、中、短）。

演示结果体现了机遇和挑战，以及为政府、行业、关键基础设施所有者和运营商以及其他利益相关者确定的下一步行动，以合作实施 GPS 对国家安全和关键基础设施的备份和补充 PNT 能力。交通部提出两条建议：

（1）交通部应为支持安全关键服务的 PNT 功能制定系统要求；

（2）交通部应制定标准、测试程序和监测能力，以确保 PNT 服务和使用这些服务的设备满足建议 1 中确定的必要安全和弹性水平。

认识到运输部门在准确性、完整性、可用性和可靠性方面有最严格的性能要求，开发侧重于安全性和弹性的系统需求将能够确定目前满足了哪些要求，以及哪些要求可能需要进一步的商业创新。交通部支持开放式安全标准，以促进私营部门创新和商业产品开发。

2018 年《弗兰克 · 洛比安多海岸警卫队授权法》（Frank LoBiondo Coast Guard Authorization Act）（公法 115 – 282 号；2018 年 12 月 4 日）包括第 514 条"国家授时备用系统"，也称为《2018 年国家授时弹性与安全法》（National Timing Resilience and Security Act of 2018）。该法案授权交通部长在两年内开发、建造和运营一个陆基备用授时系统，使用寿命 20 年，具体视可用拨款而定。

然而，这样一个系统将是可能会破坏 PNT 替代服务竞争性市场的一项糟糕的投资。这就是为什么总统预算一贯拒绝此类拨款的需要，并提议废除《2018 年国家授时弹性与安全法》。

根据最近的联邦分析、报告和技术演示，交通部发现：（1）提供备份 PNT 服务的单一解决方案无法满足关键基础设施多样性的应用需求；（2）对于联邦政府来说，为非联邦用户采购或以其他方式资助特定的备份 PNT 解决方案是低效和违反竞争原则的。

与建设或以其他方式采购新系统不同，交通部与国土安全部合作，能够更好地支持并鼓励关键基础设施的所有者和运营商负责任地使用 PNT，利用商用 PNT 技术确保获得补充 PNT 服务。然后鼓励私营部门以认识到与使用外部 PNT 服务相关的风险和对外部 PNT 的潜在依赖的方式设计关键的基础设施系统。

## 第 4 部分　PNT 用户需求

尽管本《联邦无线电导航计划》（FRP）概述了各个用户群体的 PNT 性能需求，但它并不是联邦政府的正式要求文件。本部分主要介绍美国政府 PNT 系统的背景和技术细节。在本文件中,“需求”这一术语涵盖了用户期望的、需要的和“必须拥有”的性能。并非政府的所有机构都以相同的方式达到其需求。各机构必须在其授权法规范围内考虑其所服务的民用和军用用户的需求。国防部用户需要在全球范围内使用民用和北约 PNT 系统,同时保持使用军事 PNT 信号的能力。

民用和军事用户对 PNT 服务的需求是基于军事任务、运输安全和经济效益所需的技术性能和运行效率。对于民用航空和海事用户,以及执行与民用用户相似任务(如航路导航)的军事用户,需求应按不同的“导航阶段”来明确。这些阶段的主要区别在于交通工具通过不同区域时的导航问题特征。导航阶段不适用于陆路运输,因为陆路用户有更灵活的导航方式来判断其位置。需求将根据用户的意图、所使用的交通工具类型以及用户的位置而不同。

军事任务和国家安全需求的独特性对导航提出了一系列不同的需求,对需求不能一概而论。相反,军事用户的需求更多是基于系统在相关地理区域内始终提供等于或超过战术或战略任务要求的导航服务的能力,而无论敌方采取什么行动。所有用户都要求,用于安全服务的系统能够得到充分保护。

### 4.1　普通 PNT 用户需求

PNT 需求是通过一个过程来决定的,该过程从确认某个区域或某类用户的服务需求开始。这些需求通常是为了支持商业、国防或公共安全。它们由联邦机构、用户群或应国会的要求而生成,并通过在系统的整个生命周期内不断进行成本/效益分析从而予以支持。一个区域或一类用户的需求不是绝对的。

国际民航组织(ICAO)和国际海事组织(IMO)分别为国际上使用的民用航空和海上 PNT 系统规定标准。本节讨论的 PNT 需求是根据各界专业机构确定的技术参数,而不是作为法定要求或法规等法律规定的标准。

确定需求的过程涉及对以下方面的评估:

· 作为所提供的服务的功能,美国政府、用户和公众可接受的安全风险水平。

· 为最大限度地向商业和公众提供具有成本效益的利益,该服务所具有的经济要求。这涉及对所需服务进行详细研究,并根据获得的利益进行衡量。

· 任何政府决策对 PNT 系统用户的总成本影响,包括生命周期维护。

政府提供的 PNT 服务的条件是获得足够的年度拨款,并有其他应适用的法律规定作为依据。

### 4.2　空间 PNT 用户需求

#### 4.2.1　空间 PNT 要求

国家航空航天局(NASA)空间通信和导航办公室(SCaN)是人类探索和行动任

务局（HEOMD）的一个中央组织，其职责包括管理现有的地面和空间网络，对这些网络和相关系统进行任何改进和升级。国家航空航天局与其他美国机构就地面和空间网络提供的支持达成了一致意见。

国家航空航天局地面和空间网络的通信信道跟踪是空间导航的主要手段。来自跟踪网络的测量数据和机载观测数据被发送到地面站进行分析，并生成导航产品，如轨迹分析和定轨，并为空间任务提供支持。然而，个别任务会选择将 GPS 测量作为一个附加的观测手段来支持导航。因此，国家航空航天局在空间探索、科学发现和航空研究方面的开创性任务，涉及 GPS 在空间、航空和地球环境中的大量应用。

本节列举了支持空间导航和/或空间科学的任务的当前和未来需求，见表 4－1。这些都不是对 GPS 的需求，虽然整个 GPS 地面和空间服务域提供的 GPS 能力可以支持部分需求。

**表 4－1　空间用户需求**

<table>
<tr><th rowspan="2">需求</th><th colspan="6">满足需求的最低性能标准</th></tr>
<tr><th>精度</th><th>可用性</th><th>连续性</th><th>完整性</th><th>预警时间</th><th>覆盖范围</th></tr>
<tr><td colspan="7">星载自主导航（1σ）*</td></tr>
<tr><td rowspan="4"></td><td>三维定位：误差不超过 100 米</td><td rowspan="4">N/A</td><td rowspan="4">N/A</td><td rowspan="4">N/A</td><td rowspan="4">N/A</td><td rowspan="4">地表至地球同步轨道高度</td></tr>
<tr><td>轨道半长轴：误差不超过 50 米</td></tr>
<tr><td>授时：误差不超过 500 微秒</td></tr>
<tr><td>姿态确定：每轴误差不超过 0.1°</td></tr>
<tr><td colspan="7">科学应用</td></tr>
<tr><td rowspan="4">地球观测卫星</td><td>三维定位：10cm（实时）**，5cm（事后处理）**</td><td rowspan="4">N/A</td><td rowspan="4">N/A</td><td rowspan="4">N/A</td><td rowspan="4">N/A</td><td rowspan="4">地表至海拔 3000 公里范围内</td></tr>
<tr><td>三维速度：N/A（实时和事后处理）</td></tr>
<tr><td>姿态确定：N/A（实时和事后处理）</td></tr>
<tr><td>时间：实时：N/A；事后处理：时间传递稳定性保持在 0.15 ns</td></tr>
</table>

续表

<table>
<tr><th rowspan="2">需求</th><th colspan="6">满足需求的最低性能标准</th></tr>
<tr><th>精度</th><th>可用性</th><th>连续性</th><th>完整性</th><th>预警时间</th><th>覆盖范围</th></tr>
<tr><td rowspan="3">高空任务</td><td>三维定位:垂直 3mm(事后处理)**<br>三维速度:N/A</td><td rowspan="3">N/A</td><td rowspan="3">N/A</td><td rowspan="3">N/A</td><td rowspan="3">N/A</td><td rowspan="3">地表至海拔 3000 公里范围内</td></tr>
<tr><td>姿态确定:N/A</td></tr>
<tr><td>时间:N/A</td></tr>
<tr><td rowspan="4">掩星测量</td><td>三维定位:水平 10cm(事后处理)***</td><td rowspan="4">N/A</td><td rowspan="4">N/A</td><td rowspan="4">N/A</td><td rowspan="4">N/A</td><td rowspan="4">地表至海拔 3000 公里范围内</td></tr>
<tr><td>三维速度:0.05 毫米/秒(事后处理)***<br>0.8 毫米/秒(近实时)***</td></tr>
<tr><td>姿态确定:N/A</td></tr>
<tr><td>时间:N/A</td></tr>
</table>

* 用 GNSS 测量实时过滤。

** 利用双频 GNSS 测量和 NASA 全球差分 GPS(GDGPS)网络(100 多个双频地面监测站)的差分修正进行实时定位。事后处理分析包含了额外的算法和模型。

*** 定位和速度需要精确测量 GPS 信号通过大气时的掩星折射率。

N/A 不适用。

#### 4.2.1.1 航天器导航

航天器导航由机载处理的多个源提供,以确定位置、速度和时间(PVT)。这些源可能是通信信道跟踪、GPS 和 GNSS 信号、光学图像、X 射线观测和惯性导航测量的组合。

GPS 可用于导航、精确时间和姿态确定的确定(接近实时)和预测应用。在这方面,最严格的机载导航和姿态精度需求通常是:

- 过滤后的三维定位误差不超过 100 米(1 sigma);
- (瞬时)轨道半长轴滤波误差不超过 50 米(1 sigma);
- 每个轴上的姿态确定误差不超过 0.1 度(1 sigma);
- 用户时钟和 GPS 时间之间的偏移不超过 500 微秒(1sigma)。

应注意的是,以上所列的精度来自过滤后(在车载或地面上处理过的)的 GPS 数据,不代表瞬时解算的需求。

国家航空航天局正在继续与美国空军合作,进一步确定性能参数,以支持 GPS 空间服务域(SSV)中的导航服务,该空域覆盖海拔 3000 公里和地球同步轨道高度

(约36000公里)之间的空间区域。根据当前的规定,GPS的性能与机载处理和过滤相结合,可以实现优于100米的近实时位置精度。然而,国家航空航天局和其他机构已经充分利用GPS信号来改善SSV内的导航性能。

国家航空航天局还在联合国全球卫星导航系统国际委员会(ICG)B工作组(WG－B)下进行努力,以寻求全球卫星导航服务互操作能力的发展,以支持空间用户。这使在2018年11月正式发布了一本信息手册——《全球卫星导航系统空间服务域互操作手册》,这是一本权威的公开信息手册,其中包括协调后的定义、特定星座SSV信号性能数据和示例技术数据。手册印刷版可在联合国总部和网上获取。①

4.2.1.2 科学任务支持

GPS对科学任务的支持通常包括事后处理模式下的数据分析,以准确定位空间中的仪器位置。典型的科学任务精度要求是5厘米的三维定位精度,并保持0.15纳秒的时间传递稳定性。一些任务可能需要更高的精度水平,例如测高任务要求高度测量的精度为0.3厘米。

在用于大气遥感的卫星上有GPS接收器。这些接收器需要以亚毫米精度进行双频GPS测量,以精确测量GPS信号通过大气层时的折射率。这些也被称为"掩星测量"。

4.2.1.3 天基大地测量

国家航空航天局支持国际激光测距服务(ILRS)组织对装备有激光反射器的GNSS卫星以及大量地球观测卫星进行跟踪和轨道分析,从而为维护和改进国际地球参考框架(ITRF)以及推进地球观测的精密定位技术提供支持。为满足国家航空航天局的天基大地测量需求并继续提高GPS的能力,2013年美国空军、国家航空航天局和美国战略司令部(USSTRATCOM)同意将国家航空航天局提供的激光反向反射器阵列(Laser Retro－reflector Arrays)集成到GPS IIIF卫星上,以便于ILRS对GPS卫星进行激光测距。随着美国太空司令部在美国战略司令部之外的成立,美国太空司令部将继续执行本协议。此应用的目标是提供GNSS标准允许的最高质量的数据和产品。

### 4.2.2 空间用户团体

空间用户团体包括国家航空航天局和其他美国政府机构、国际航天大国及商

① 《全球卫星导航系统空间服务域互操作手册》,联合国外层空间事务厅,维也纳,2018年,http://www.unoosa.org/res/oosadoc/data/documents/2018/stspace/stspace75_0_html/st_space_75E.pdf。

业空间团体。根据《第 7 号空间政策指令》和其他相关政策指南，当与其他新兴的 GNSS 星座服务一起用于空间操作和科学应用时，国家航空航天局将继续与美国空军、美国太空军和其他跨部门利益相关者合作，以确保 GPS 的弹性，并增强 GPS 互操作性。

国家航空航天局目前使用 GPS 支持发射场安全，在发射中止或紧急着陆、科学任务和国际空间站（ISS）运行时为人类空间飞行提供搜索和救援支持。国家航空航天局正在评估 GPS 和其他 GNSS 信号是否也能支持整个地月空间。2019 年 2 月，国家航空航天局的磁层多尺度（MMS）任务证明，GPS 信号可以跟踪到距离月球约一半的距离。这是成功使用 GPS 信号的最高速度（在近地点超过 21000 英里/小时或 35000 公里/小时）。

美国商业空间界也有许多使用 GPS 的例子，如低地球轨道（LEO）通信卫星星座、地球传感卫星，以及国家航空航天局商业载人和货运计划（Commercial Crew and Cargo Program）下的国际空间站补给任务。2014 年 12 月 5 日，猎户座飞船进行了首次无人飞行试验，探索飞行试验 1 号（EFT - 1）进行了两轨四小时飞行试验，飞行高度达到 5800 公里。这次飞行试验装备了惯性测量装置、气压高度表和带有两个导航天线的 GPS 接收器。第二次无人飞行，阿尔特弥斯 - 1（Artemis - 1，以前称为探索任务 1 号）计划在 2020 年进行，将发送猎户座飞船绕月球飞行。

美国航天界在许多航天器和科学仪器应用中使用 GPS。星载 GPS 被用来确定卫星位置，为计算和传播卫星轨道的导航软件提供数据输入。GPS 还可以为卫星和航天器姿态确定提供精确的时间同步。

由于空间生存能力问题以及信号功率水平和可用性的降低，标准 GPS 接收机不足以满足低轨道以上的某些空间应用。有专业的 GPS 接收器支持空间用户的实时星载导航。

科研卫星使用 GPS 接收机进行精确定位，以支持星载科学仪器，这需要实时水平精度 10 厘米（1sigma）的精密卫星定位，和事后处理厘米级（1sigma）数据定位精度。这种能力将使许多目前还不可行的科学测量成为可能，以支持海洋学和大地测量学等领域的研究。

利用 GPS 信号进行科学观测也是持续研究的课题。这项研究的例子包括，利用掩星测量穿过地球大气层的 GPS 信号用于大气遥感，以及观测从地球表面反射的 GPS 信号。

最新一代的国家航空航天局 GPS 星载接收器是软件可编程处理单元，能够跟踪来自多个 GNSS 卫星星座的信号。获得多组 GNSS 信号的能力将提高性能和稳键性。

### 4.3 航空 PNT 用户需求

航空导航包括确定位置、方向、航线和到目的地的距离,以及判断是否偏离航线。对导航性能的需求取决于飞行阶段、航空器与地面和其他航空器的接近程度以及空中管制过程(被编入美国《联邦法规》第 14 编),这要求航空器使用“适用于在 ATC 要求的精度范围内沿飞行路线导航飞机”(适用于商业运营商)和“适用于飞行路线”(适用于私人运营商)的系统。

目视飞行规则(Visual Flight Rules,VFR)下的导航主要通过目视参考地面特征来进行,但可以借助航空器航空电子设备。目视飞行规则下通常使用航空电子导航设备,在仪表飞行规则(Instrument Flight Rules,IFR)下操作时必须配备使用。

航空器间隔标准考虑了通信导航监视(CNS)服务和空中交通管制自动化服务的局限性,但受其他因素的影响很大,例如尾流扰动、主要天气条件和空中交通管制的干预能力。监视服务通常分为两类:

· 协同监视:目标与过程协同的监视,通过使用星载设备提供、获取或推导监视信息(位置测量、ID 等)。基于转发器的二次雷达和 ADS－B 是提供飞机合作监视的两种手段;但是,ADS－B 主要利用来自 GPS 或 GPS 增强系统的 PNT 信息,向空中交通管制(Air Traffic Control, ATC)提供航空器监视数据,用于航空器间隔和/或飞行咨询服务。

· 非协同监视:使用初始雷达监视目标,而不依赖目标提供的信息。

ADS－B 等监视服务需要高置信度的定位和授时精度以及完整性,以确保航空器在相应的时间处于所报告的位置。ADS－B 监视在一定空域内的准确性和完整性必须足以支持该空域允许的最小间隔,如在终端区 3 海里的间隔,航路区 5 海里的间隔。此外,当支持 ADS－B 的主用 PNT 系统性能下降或不可用时,必须在防空识别区提供监视数据。因此,ADS－B 在防空识别区具有补充的备用协同监视(仅次于保留的备份遗留监视雷达)系统。

间隔标准要求航空器保持在其指定的空域内是高度可信的。空域的范围在一定程度上取决于 PNT 系统的性能将保持在规定的误差估计范围内,从而达到可接受的目标安全水平。

以下是航空导航系统的基本要求(具体要求见表 4－2)。“导航系统”是指在飞行的每个阶段提供导航服务所必需的所有要素。没有一套单一的导航和运行要求，可以充分解决世界各地遇到的许多不同的运行条件，即使它们达到了基本的安全要求。因此，下列要求可能因地区不同而有所差异。一般来说，导航系统需求包括：

a. 导航系统必须适用于所有需要该服务的航空器类型，而不过度限制这些航空器类型的性能特点或效用（如操纵性、燃油经济性或作战能力）。

b. 导航系统必须可靠和可用，相应的元件必须能够在世界所有使用的空域提供服务，不受时间、天气、地形和传播异常的影响。

c. 导航系统的完整性，包括驾驶舱中的信息显示必须接近 100%，并在发生故障、失灵或中断时及时发出警报。

d. 导航系统必须可从暂时的信号丢失中恢复，而无须完全重置。

e. 导航系统本身必须提供最可行的保护，以防止输入错误、设置错误或输出数据误判的可能性。

f. 导航系统必须为飞行员提供足够的手段来确认机载和外部导航设备的性能的。

g. 系统提供的导航信息必须不存在尚未解决的操作意义上的重大模糊性。

h. 全导航系统的任何信号源单元必须能够同时和即时地向覆盖范围内所有有需求的航空器提供操作上可接受的导航信息。

i. 导航系统必须与其他飞行仪表一起，向飞行员和航空器系统提供执行下列功能的信息：

· 持续确定航空器位置；

· 持续航迹偏差引导；

· 持续测定途中距离；

· 手动或自动位置报告；

· 手动或自动飞行。

j. 导航系统必须与包括通信和监视性能要求的整个空中交通管制系统兼容。

k. 导航系统应在其设计的所有飞行阶段之间提供高效的过渡，且对驾驶舱程序、显示和工作量的影响最小。

l. 导航系统必须允许飞行员确定航空器的位置，其精度和频率应确保航空器始终在既定的保护空域范围内，并在系统不满足运行要求时发出警报。

m. 导航系统必须为适当的飞行阶段支持确定的航路系统。

n. 导航系统必须对政府和用户都具有成本效益。

o. 导航系统的设计必须降低对相邻无线电子设备干扰的敏感性，并且不得对安装在航空器或地面上的任何相关或相邻无线电子设备造成不利干扰。

p. 导航系统必须补偿作业区域内的信号衰减或其他传播异常。

q. 导航系统必须在适当的无线频谱中工作，并且必须有适当的无线频谱来支持导航系统。

对于任何仪表飞行规则航路、程序或操作，航空器都必须具备与飞行航路相对应的导航设备。在许多情况下，这需要携带特定的导航系统，如甚高频全向信标（VOR）或仪表着陆系统（ILS）。基于区域导航（RNAV）的航路（航路带“Q”、“T”和“TK”标识）在有足够的基础设施和导航系统性能的情况下，可容纳多种导航系统，如 GPS、GPS/WAAS 以及含或不含惯性参考元件（IRU）的测距设备（DME）导航。但是，运行将继续仅限于现有的合格系统。

导航系统的信号误差特性直接影响最小航路宽度的确定。必须考虑误差的分布和变化率以及误差的大小。误差分布可能包含偏差和随机成分。在某些条件下，当偏差的特性恒定且已知时，通常很容易进行误差补偿。误差评估是一个复杂的过程，基于单一误差值对系统进行比较会产生误导或不正确的结果。

### 4.3.1 空中导航用户需求和飞行阶段

美国《联邦法规》第 14 编对导航性能要求进行了规定，要求航空器使用的系统“适用于在 ATC 要求的精度范围内沿飞行路线导航”（适用于商业运营商）和“……适用于飞行路线”（适用于私人运营商）。

需求是传统导航系统能力和基于性能的导航（PBN）能力的函数，如第 4.3.2 节所述。FAA 咨询通告（AC）20 - 138《定位和导航系统的适航批准》，为安装定位和导航设备的适航性批准提供了指导材料。FAA AC 90 - 108《在常规路线和程序上使用合适的区域导航（RNAV）系统》提供了关于在国家空域系统（NAS）内的常规（非 RNAV 的）路线和程序中操作时，关于 RNAV 系统的适用性和可选用的操作指南；然而，RNAV 替代是一种可选的导航技术，但绝不允许在最后进近段中使用。

在本书中，空中导航的阶段包括离港、航路（包括海洋/偏远地区）、到达、进近和地面操作。

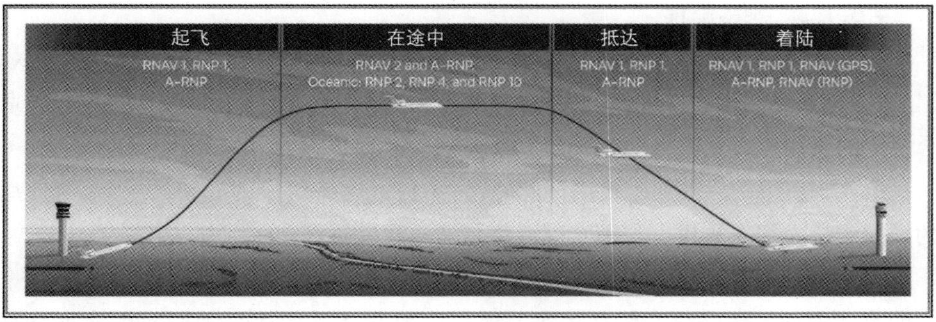


**图 4－1　空中导航的各阶段**

注:在飞行的每个阶段都使用各种 PBN 程序。

4.3.1.1　离港阶段

终端区的运营通常具有中等至高的交通密度、收敛路线和飞行高度转换的特点。

路线宽度需要狭窄。独立监视通常可用于协助地面监测飞机位置。

仪表飞行程序提供了从离港到航路以及从航路到进近飞行阶段的过渡。监视设施,包括 ADS－B、一次雷达、二次雷达和广域多点定位,为管制员提供向其控制下的 IFR 和 VFR 飞机提供雷达服务的能力,提供交通和安全咨询,并在终端区内对进出航站区机场的交通流进行排序。使用 RNAV 和 RNP 规范的飞机导航技术的进步将减少飞行员和管制员的工作量,促进更有效的空域和程序设计。这些变化将共同改善这些地区的交通、运营效率和环境影响。

离港从初始横滚开始,在跑道起飞端结束。虽然大多数起飞操作仅依靠飞行员可用的视觉线索进行,并辅之以地面视觉辅助设备(例如跑道照明),但一些离港是在非常低的能见度下依靠仪表着陆系统(ILS)进近装置的定位器部分进行横向引导进行的。该操作需要与Ⅲ类仪表着陆系统(ILS)进近类似的信号完整性和服务连续性。美国联邦航空管理局正在研究在更高能见度水平的起飞过程中扩大航向信号的使用,以代替昂贵的地面基础设施。未来的计划可能包括检查增强的 GPS 信号和/或基于 GPS 位置的合成视觉引导,以实现相同的作用。

在到达跑道的起飞端后开始起飞,一直持续到拦截航路上的航路结构或直到空中交通终端服务部门向航路空中交通服务部门移交为止。

到达开始于飞机离开航路空中交通服务时,结束于在着陆前到达最终进场定点(FAF)。

4.3.1.2　航路阶段

这一阶段是飞机起飞后飞行的一部分，此阶段飞机在前往目的地的途中空域巡航，并进入终端到达空域，然后过渡到进近和着陆。飞机可用的导航服务必须适合预定的飞行路线。

第4.3节中的一般要求适用。此外，为了促进这一阶段的航空器导航，所使用的导航系统必须在操作上与用于进近和着陆的系统兼容。

气压测量装置是保持航空器之间垂直间隔所必需的飞行仪表。其通常是一个高度表，（安全高效飞行还需要高度表信息），但某些高度测量需要空中数据计算机。这就要求航路宽度比越洋航路窄一些。虽然ADS－B是首选的监视手段，但独立的二次监视通常可用作ADS－B备份，以协助地面监视飞机位置。

*越洋/偏远地区的航路*

这一亚阶段涵盖了海上和偏远地区的飞行，这些地区的空中交通密度通常较低，但正如全球交通预测所示，交通密度正在增加。偏远地区的地理或环境一般比较特殊，其特点是地形具有挑战性，难以以成本效益高的方式实现和维护全面的地面导航和监视覆盖。典型的偏远地区包括山区、海洋地区和阿拉斯加的大部分地区。

所使用的导航系统必须具有与特定区域的需求相称的能力，以保证安全导航和横向间隔标准的应用。新的通信导航监视（CNS）航空电子设备和程序允许在没有独立监视（如雷达）的情况下减小航空器的间隔。新技术缩减了以前使用飞行员位置报告和授时技术所需要的航空器间隔，同时保持了同等的安全水平。

北大西洋组合航迹系统（North Atlantic Organized Track System）现行的最低导航性能规范（Minimum Navigation Performance Specification，MNPS）空域水平间隔名义标准为60海里。目前，在安克雷奇（PAZA）和太平洋（KZAK）海洋控制区（OCAs）中的弹性轨道或太平洋有组织轨道系统（PACOTS）之间的水平间隔为50海里，用于授权运营商执行所需导航性能（RNP）10操作。从美国西海岸到夏威夷，在美国东海岸和加勒比海地区之间的纽约西部海域（KZWY）以及墨西哥湾的休斯敦海域，已经实施了50海里的水平间隔航线系统。

安克雷奇、纽约和奥克兰还为授权RNP 4导航性能授权的运营商提供水平30海里/垂直30海里飞机间隔，以及管制员和驾驶员数据链路通信（CPDLC）所需的通信性能（RCP）240和所需的监视性能（RSP）180。从2021年开始，FAA将为具有RNP 4或RNP 2以及RCP 240和RSP 180授权的运营商实施最小23海里的水平飞机间隔。联邦航空管理局未来的计划包括为持有 RNP 4 或 RNP 2、RCP 240 和 RSP 180 授权的运营商实施 20 海里的垂直间隔。

使用先进技术海洋程序（ATOP）系统，联邦航空管理局海洋航空交通管制员目前根据运营商在其飞行计划中提出的能力进行飞机间隔。结合先进的地面系统技术与飞机导航和通信系统的技术进步，联邦航空管理局可以让更多的飞机在"用户首选"航线上自由飞行，提高安全性和效率。

4.3.1.3　到达阶段

第 4.3 节的一般要求适用于起飞和到达阶段（通常称为"终端操作"）。此外，联邦航空管理局第 8260.3 号令《美国终端仪表程序标准》（TERP）中规定了具体程序和净空区要求。

精密和非精密进近（NPA）之间的最低导航性能标准有所不同。

4.3.1.4　进近阶段

进近的基本分类包括 2D 和 3D 操作：

· 非精密进近程序：没有经批准的垂直制导的 2D 仪表进近程序，通常为最低下降高度。

· 精密进近程序：在下滑道或滑道上具有经批准的垂直制导的 3D 仪器进近程序。

· 垂直制导进近：联邦航空管理局正在逐渐淘汰对国际民航组织的进近分类的使用，该分类允许使用稳定下降，使用垂直制导，而不需要传统精密进近程序所需的精度。联邦航空管理局计划将所有当前的 APV 进近重新分类为 3D 精密或 2D 或 3D 非精密进近操作。

上述非精密进近和精密进近的定义符合美国《联邦法规》第 14 编的规定。当着陆不能安全完成时，复飞操作被视为已公布的仪表进近程序的一部分。

*非精密和水平导航（LNAV）进近*

非精密进近基于特定的导航系统。非精密进近所获得的能力差异很大，这取决于所使用的导航系统类型、系统的精度和完整性，对于传统系统而言还有相应程序操作时所处的位置。最小安全高度、避障区域、最小能见度、最终进近航段区等是可用导航精度和其他因素的函数。

安全非精密进近系统设计的示例包括警报时间要求。非精密进近的完整性警报时间要求为飞行员在发生超差情况后 10 秒内发出警报或消除信号。

非精密方法的一个示例是基于所需的导航性能（RNP），GPS 作为最小命名

LNAV、LNAV/VNAV(垂直导航)或LP(定位器性能)的所需指南。非精密RNP是一种区域导航(RNAV)系统,包括机载性能监测和警报功能。

*垂直导航进近(LNAV/VNAV ,LPV 和RNP AR )*

水平导航/垂直导航(LNAV/VNAV)和垂直制导的航向道性能(LPV)操作属于所需导航性能(RNP)进近程序,可为进近提供水平和垂直导航。LNAV/VNAV使用250英尺决断高度和3/4英里的能见度,而LPV的决断高度为200英尺,能见度为1/2英里。某些飞行管理系统(FMS)通过将水平RNP导航信息与气压垂直导航信息以及使用WAAS的LPV结合在一起来提供LNAV/VNAV能力。

但是,气压垂直导航程序精度受冷热温度的影响,因此在将其用于LNAV/VNAV操作时需要进行一些限制。WAAS LPV和LP(无垂直制导的水平精密进近)操作不受温度变化的影响。要求特殊授权的所需导航性能(RNP AR)进近程序包括带有水平和垂直路径偏差指导的三维操作程序。RNP AR以前称为要求授权的特殊航空器和机组所需导航性能(RNP special aircraft and aircrew authorization required)。为了使美国与国际民用航空组织的PBN术语保持一致,就改为需特殊授权的所需导航性能(RNP AR)。RNP AR垂直导航性能基于气压垂直导航或GPS/WAAS。RNP AR在特定位置具有特定的优势,并非适用于所有操作员或航空器。RNP AR能力需要特定的航空器性能/设计、运行流程/培训和特定的程序设计标准,才能达到所需的目标安全水平,并且需要获得联邦航空管理局飞行标准批准。

*精密进近着陆*

精确进近基于特定的导航能力,包括使用经批准的垂直制导。最后进近段需要精确的水平和垂直正航向引导/偏差信息。精密进近辅助装置为飞机提供垂直和水平导航信息,使飞机与跑道着陆区对齐。

当前的全球精密进近标准是从仪表着陆系统(ILS)发展而来的,由三类组成:Ⅰ类引导飞机达到200英尺的决策高度,Ⅱ类引导飞机达到100英尺的决策高度,Ⅲ类引导飞机到与飞机自动着陆系统向结合的低至跑道表面的高度。精密进近和着陆系统必须在6秒内自动检测并排除Ⅰ类危险误导信息,在2秒内自动检测并排除Ⅱ类、Ⅲ类危险误导信息,或宣布服务不可用。地基增强系统(GBAS)和WAAS也提供Ⅰ类服务。GBAS旨在满足所有三个类别,并已证明了Ⅰ类。WAAS通过适当的精密进近基础设施,在跑道上提供相当于Ⅰ类的LPV进近服务。

精密进近的例子包括ILS、MLS、GLS和RNP进近,使用GPS或WAAS或自给式设备飞行至Ⅰ类最小值,即LPV,或RNP 0.30或更低。

#### 4.3.1.5　地面阶段

地面操作包括在机场地面上往返于正在使用中的跑道的导航。这些操作以视觉方式进行，或辅以机场地面监控安检设备(ASDE－X)，从而在视觉条件下降时增强态势感知。

### 4.3.2　不断发展的航空导航要求

国际民航组织基于性能的导航(PBN)研究小组(以前称为所需导航性能和特殊运行需求研究小组)从2003年开始审查国际民航组织的RNP概念，对早期应用的经验和当前的行业趋势、利益相关者的需要以及现有的区域实施情况予以考量，就基于性能的导航(PBN)概念和《基于性能的导航手册》的理解达成了共识。该手册取代RNP手册(Doc 9613，第2版)。国际民航组织PBN研究小组于2013年发布了第4版，对2013年的Doc 9613进行了更新，并正在提出其他修改建议。这影响到国际民航组织的一些文件，包括：

· 附件11，《空中交通服务》

·《空中导航服务程序——空中交通管理》(PANS－ATM，Doc. 4444 ATM/501)

·《空中导航服务程序——航空器的运行》第I卷和第II卷(PANS－OPS，Doc. 8168)

·《区域补充程序》(Doc 7030)

·《空中交通服务规划手册》(Doc. 9426 AN/924)

·《确定最小间隔的空域规划方法手册》(Doc 9689)

表4－2描述了民航组织制定的RNP空间信号性能要求。符合下面描述的空间信号要求的演示系统，需要严格的安全管理系统和安全风险管理文件记录流程。以下段落描述了飞行各个阶段的飞行操作。

**表4－2　基于性能的航空导航要求***

| 需求 | 满足需求的最低性能标准 | | | | | | |
|---|---|---|---|---|---|---|---|
| | 精度(95%) | | 可用性 | 连续性 | 完整性 | 预警时间 | 覆盖范围** |
| | 水平 | 垂直 | | | | | |
| 海洋 | 10 or 4 nmi*** | N/A | 0.99—0.99999 | | $1-1\times10^{-7}$/hr | N/A | N/A |
| 航路 | 2 nmi | N/A | 0.99—0.99999 | $1-1\times10^{-4}$/hr to $1-1\times10^{-8}$/hr | $1-1\times10^{-7}$/hr | 5 min | N/A |

续表

| 需求 | 满足需求的最低性能标准 | | | | | | |
|---|---|---|---|---|---|---|---|
| | 精度(95%) | | 可用性 | 连续性 | 完整性 | 预警时间 | 覆盖范围 |
| | 水平 | 垂直 | | | | | |
| 终端区 | 1 nmi | N/A | 0.99—0.99999 | $1-1\times10^{-4}$/hr to $1-1\times10^{-8}$/hr | $1-1\times10^{-7}$/hr | 15 s | N/A |
| 非精密进近 | 220 m | N/A | 0.99—0.99999 | $1-1\times10^{-4}$/hr to $1-1\times10^{-8}$/hr | $1-1\times10^{-7}$/hr | 10 s | N/A |
| APV-Ⅰ | 16 m | 20 m | 0.99—0.99999 | $1-8\times10^{-6}$/15 s | $1-2\times10^{-7}$ 任何进近 | 10 s | N/A |
| APV-Ⅱ | 16 m | 8 m | 0.99—0.99999 | $1-8\times10^{-6}$/15 s | $1-2\times10^{-7}$ 任何进近 | 6 s | N/A |
| CAT Ⅰ | 16 m | 4—6 m | 0.99—0.99999 | $1-8\times10^{-6}$/15 s | $1-2\times10^{-7}$ 任何进近 | 6 s | N/A |

* 摘自国际民航组织附件 10 第 1 卷表 3.7.2.4-1。国际民航组织正在更改 APV 分类的进近定义，将 LPV-200 纳入精密进近。

** 国际民航组织附件 10，第 1 卷，表 3.7.2.4-1，空间信号性能要求未规定。

*** 取决于海洋区域采用的导航规范（RNP 10 或 RNP 4）。

4.3.2.1 航路阶段

在美国，RNAV2 导航规范支持航路陆地空域概念。随着联邦航空管理局咨询通告 AC 90-100A、《美国终端区和航路区域导航（RNAV）运行》的发布，RNAV 航路程序已与国际民航组织 RNAV 2 标准保持一致。RNAV 2 应用支持的空域概念包括雷达监视和管制员驾驶员直接通信（语音）。

4.3.2.2 越洋航路

海洋和偏远陆地空域概念目前采用两种导航规范，RNP 10 和 RNP 4。这两个导航规范都支持该空域概念的导航单元。在 RNP 10 中，如果实施 50 海里垂直间隔，则需要配备 ADS-C 监视和 CPDLC。在 RNP 4 中，如果采用 30 海里水平或 30 海里垂直间隔，则需要配备 ADS-C 监视和 CPDLC。

4.3.2.3 终端阶段

终端区的主要变化之一是 RNAV 和 RNP 出版物的使用增加。许多现有的和新的终端区进场和离场程序可以由通过了 RNAV 1 系统和 AC 90-100A 运行批准指南认证的飞行员执行。此外，在需要时，可以实施新的 RNP 1 进场和离场程序，且可以由通过了 RNP 1 系统及 AC 90-105A 运行批准指南认证的飞行员执行。

AC 90－105A 与国际民航组织 PBN 手册一致,为终端和航路阶段的 RNP 功能提供操作指导。

4.3.2.4　起飞和进近着陆阶段

起飞和进近着陆阶段的一个主要变化是增加了对基于性能的导航操作(如 RNAV 和 RNP)的使用,以实现最佳空域利用和噪声抑制。在离场程序中使用 PBN 可以增加离场程序设计的灵活性,并将提高程序避开噪声敏感区域的能力。

*准精密和基于性能的进近*

有了广域增强系统(WAAS),就可以在美国任何地方采用 PBN 进近至 LPV 最小值。目前,美国本土(CONUS)和阿拉斯加南部地区的 WAAS LPV 服务的名义可用性超过 99%。2020 年,以 LPV 最小值执行的进近次数超过了 NAS 中 ILS 进近次数,为适当配备了设备的航空用户提供了更多的服务。在空间信号覆盖区域内配有适当基础设施的机场,有资格采用 GPS 进近。

联邦航空管理局咨询通告 AC 90－107,《美国国家空域系统中具备垂直制导的航向道性能(LPV)和无垂直制导的航向道性能(LP)进近操作指南》为最小值的 LPV 和 LP 进近操作提供了指南。联邦航空管理局咨询通告 AC 90－105 提供了执行 LNAV 和 LNAV/VNAV RNP 仪表进近程序的运行批准指南。联邦航空管理局 AC 90－101A,《RNP AR 程序批准指南》提供了 RNP AR 的操作批准指南和标准。RNP AR 方法支持低至 250 英尺的最小值。

进近概念涵盖了仪表进近的所有环节,即起始、中间、最后和复飞。RNP 进近和 RNP AR 进近使新程序能够在从未进行过仪表进近程序的跑道上运行,根据不同的技术情况,它可以替换或作为现有仪表程序的备份,并在要求苛刻的环境中增强机场的进出交通。

*精密进近着陆*

导航性能阈值的增加提高了着陆和滑跑操作的安全级别。经过联邦航空管理局和国际社会大量的研究和原型制作工作,国际民航组织附件 10 第Ⅱ/Ⅲ类 GBAS 精密进近标准于 2016 年 12 月被国际民航组织导航系统小组认可。联邦航空管理局没有计划采办 GBAS Ⅱ/Ⅲ类地面设施;但是,与Ⅰ类 GBAS 一样,当Ⅱ/Ⅲ类 GBAS 获得联邦航空管理局系统设计批准后,采买机构可以将其作为非联邦系统安装。

如第 1.7.9 节所述,联邦航空管理局要求使用至少一个 RA 来测量Ⅱ类和Ⅲ类 ILS 进近的地形以上的高度或海拔。RA 是一种机载传感器,用于测量地形上方的高度或海拔。RA 还为其他关键机载飞机系统提供高度测量，如自动飞行导引和控制系统（AFGCS）、风切变预警系统（PWS）、发动机显示和机组警告系统（EICAS）、电子集中飞机监视系统（ECAM）、交通警报和警告系统（TAWS）和交通防撞系统（TCAS）。过去 30 年来，这些系统在减少致命航空事故方面发挥了重要作用。

民用飞机中的绝大多数 RAs 使用调频连续波（FMCW）雷达技术运行；然而，一些 RAs 使用未调制的脉冲雷达系统。在任何一种情况下，RA 通过向地面发射射频能量并接收从地面或其他障碍物反射的部分能量来测量飞机的高度。利用光速，RA 根据能量的往返传播时间确定地面以上的高度。由于 RA 以低功率（通常约为 1 瓦特）传输，因此需要高灵敏度接收器来检测返回信号，以使 RA 能够根据 TSO－C87a 工作。因此，RA 极易受到从带内和相邻带系统进入接收器的射频干扰的影响，这可能会由于完全拒绝检测返回信号或与返回信号结合而导致错误的高度读数，从而对其性能产生负面影响，从而向飞行员提供危险的误导信息。

4.3.2.5　航空地面作业

目前，大多数机场的地面作业仍主要依赖于目视参考的使用；然而，其他导航工具将越来越多地用作下一代机场高级地面移动活动的输入源。

### 4.3.3　航空定位要求

美国联邦航空管理局首选的监视技术已过渡到 ADS－B，该技术依赖于飞机的 PNT 系统，主要是基于 GPS 的 GNSS。联邦航空管理局 2010 年公布的最终规则对联邦航空管理局条例（美国《联邦法规》第 14 编第 91 部分《一般运行和飞行规则》第 91.225 条和第 91.227 条）进行了修订，增加了在 A、B 和 C 类空域及国家空域系统（NAS）内其他特定类空域，如 10000 英尺以上 E 类空域运行的航空器上的 ADS－B 发射机这一航空电子设备的装备要求和性能标准。这些规定还要求航空器配备符合 ADS－B 定位性能标准的定位源，如 GNSS，以支持飞机的安全间隔。在与国防部协调多年后，2019 年年中，美国联邦航空管理局根据美国《联邦法规》第 14 编第 91 部分 §91.225（f）（1）条发布了经修订的规则，该规则规定了出于运营安全考虑，不得在装备齐全的飞机上广播 ADS－B 的国防部救济、改变和授权。

ADS－B 发射机的使用将把空中交通管制从雷达系统转变为星载航空器定位系统。这一规则的发布有助于美国联邦航空管理局和国防部空中交通管制员使用 ADS－B 对航空器进行监视，以安全有效地满足航天器操作的需求并应对航空运输需求的预期增长。这一规则还为航空器运营商提供了一个附加飞行应用和服务的平台。ADS－B 最终规则于 2020 年 1 月 1 日生效。

ADS－B 发射机定位源的所需性能由位置导航精度类别（NACp）、速度导航精度类别（NARV）、导航完整性类别（NIC）、系统设计保证（SDA）和源完整性等级（SIL）参数表示，参见美国《联邦法规》第 91.227 条，“广播式自动相关监视（ADS－B）输出设备性能要求”。ADS－B 发射机的定位源性能要求如下：

· 位置精度必须优于 0.05 海里（NACp≥8）；

· 速度精度必须优于 10 米/秒（NACv≥1）；

· 位置完整性必须优于 0.2 海里（NIC≥7）；

· 系统设计保证必须优于或等于每小时 $1\times10^{-5}$（SDA≥2）；

· 位置完整性必须对应于真实位置位于安全壳半径外且没有警报的概率不超过每小时或每个样本 $1\times10^{-7}$（SIL≥3）；

· 这些监视性能要求确保 ADS－B 满足所有飞行阶段的性能要求，无论是航路、终端还是进近阶段，使空中交通管制能够提供所需的间隔服务。这种性能水平也为空域重新设计提供了灵活性，使监视不再是限制因素。

联邦航空管理局 AC 20－165B——《广播式自动相关监视（ADS－B）发送系统的适航批准》提供了 ADS－B 安装指南，完整描述了应满足的要求。AC 20－138D《定位和导航系统的适航批准》（第 1 次和第 2 次修订）的附录 4 提供了导航传感器安装指南和台架试验程序，可作为确定导航传感器提供 AC 20－165B 中所要求的输出性能的方法。

## 4.4　地面 PNT 用户需求

### 4.4.1　海上用户需求

#### 4.4.1.1　海上导航阶段

美国把海上导航定义为四个主要阶段：内河航道导航、进出港导航、沿岸航行导航和远洋航行导航。围绕这四个阶段，可以制定标准或要求以确保航行安全和合理的经济效益。船舶的具体活动可能产生的特殊要求必须单独处理。

##### *4.4.1.1.1*　内河航道

内河航道导航是在与进出港相似的限制水域内进行的，但在内河航道，关注的重点是非远洋船舶及其在限制水域的远航要求，尤其以美国西部河流系统和美国近岸内航道系统中的拖船和驳船为代表。

在一些地区，海船在进出港时和内河航道的内河船共用同一受限航道。这两个阶段的区别主要取决于船舶的类型。这是因为海船和内陆贸易中使用的典型船只在物理特性、人员和设备方面存在差异。这些差异使它们对助航设备的要求有重大不同。海船和内河船都会定期通过五大湖区圣劳伦斯河航道系统。海上和内陆商业交通所使用的水域中有大量休闲船和其他相对较小的船只出现，对这两类船只的要求通常没有那么严格。

*4.4.1.1.2* 进出港

进出港导航在内陆水域进行，而非沿岸阶段。对于从海上或五大湖开放水域进入的船舶，进出港导航阶段一般从适用沿岸航行要求的相对不受限制的水域与海湾、河流或港口的入口附近和/或入口内的严格受限水域（进入进出港导航阶段）之间的过渡区开始。通常情况下，进出港要求船只在明确规定的航道上航行，如果是大型船舶，则航道在向海端的宽度通常为 180 米至 600 米，但在内陆端可能会收窄至 120 米。小型船只使用的航道可以只有 30 米宽。

从建立航行安全标准或要求、提高经济效益的角度来看，进出港导航具有共性。在每种情况下，航道的性质、船舶的物理特性、船舶为避免碰撞而频繁机动的需要，以及搁浅危险，都对精确的和实时的制导信息提出了比沿岸导航阶段更严格的要求。

为便于分析，进出港导航阶段是围绕大型海船和五大湖船舶在过渡区和预定系泊区之间狭窄航道上的精密导航问题而建立的。

*4.4.1.1.3* 沿岸导航

沿岸导航是指船舶距离海岸 50 海里以内或大陆架界限（深度 200 米）以内（以较远者为准）水域的一个导航阶段，如果是单向航道，则至少有 1 海里宽的安全水道；如果是双向航道，则至少有 2 海里宽。在这一阶段，船舶处在与主要地块或岛屿群毗连的水域中，在这些水域中，各种越洋交通航线趋向于在这个目的港区域汇聚；港口间交通基本上具有与岸线平行的航线模式；航程较短的船舶通常会限制其作业。在这一阶段的导航中，会经常遇到交通航路系统和大陆架上的科学或工业活动。

五大湖开放水域上的船舶也被认定为属于沿岸导航阶段。

沿岸导航和远洋导航阶段间的边界由下列距离陆地最远的一个来确定：

· 离陆地 50 海里；

· 近海浅滩的外部界限或大陆架上的其他危险点；

· 已制定分道通航制的其他水域，其对导航精度的要求比远洋导航的安全要求更严格。

*4.4.1.1.4* 远洋导航

远洋导航阶段是指船舶处在大陆架以外(200 米深),且距离陆地 50 海里以上水域的阶段,在这一阶段,无法通过目视参照陆地或固定或浮动的助航设备来确定位置。远洋航行距离地块足够远,因此搁浅和碰撞的危害相对较小。

4.4.1.2 海上导航要求

船舶的导航要求取决于船舶的一般类型和大小、船舶从事的活动(例如点对点过境、捕鱼)、其作业的地理区域(例如海洋、沿岸)以及其他因素。航行的安全要求取决于环境和船舶的物理限制,以及避免碰撞、撞击和搁浅危险的需要。

上述对海上导航各阶段的讨论为确定航行的安全要求奠定了框架。然而,由于穿越海洋和美国水域的船只种类繁多,还需要考虑经济和运行方面的问题。例如,对于每小时运营成本较高的大型海船来说,导航精度(超出安全所需的精度)的经济性尤为重要。对于渔业和石油勘探船来说,能够精确定位并返回到有产出或有前景的区域,同时避免水下障碍物或限制区域,则是具有重要的经济价值的。搜救活动(SAR)的有效性同样高度依赖于海上遇险事件附近的精确导航。

在系统规划方面,美国政府力求满足航行每个阶段的最低安全要求,并最大限度地为用户提高服务的经济效益。由于绝大多数海上用户只需携带最低限度的导航设备,而且也只有在符合成本/效益分析的情况下才会携带,所以这项政府政策可同时提供经济激励来促进海上安全。

表 4-3、表 4-4、表 4-5 和表 4-6 确定了满足海上用户要求或实现特殊利益所需的系统性能。这些要求与航行安全有关。美国政府承认,为国家整体利益考虑有义务满足这些要求。这些利益就是为满足不同类别的海上用户利益(以及用户提供的服务可能产生的额外公共利益)而提出的专门要求或要实现的特性。美国政府不会对满足这些要求做出绝对的承诺,但如果投资它们符合国家利益,则会努力满足这些要求。为了比较系统的性能,本书根据系统性能特征对需求进行了分类,这些特征代表了满足要求或实现特殊利益所需的最低性能。

*4.4.1.2.1* 内河航道阶段

内河航道系统每年处理约 80% 悬挂美国国旗的客货船和 5.67 亿吨货物,其中大部分是缓慢移动、功率相对较低的拖船和驳船。内河航道上的拖船虽然吃水较浅,但可能比停靠在美国港口的大型海船更长、更宽。这种内陆交通使用的通航航道通常比大型船舶使用的进出港航道窄。如同对进出港导航带来的挑战一样,有限的能见度和冰盖给内河导航也带来了一些问题。典型内河航道的长带状性质,使精密陆基区域导航系统的潜在用户面临特殊的问题。在某些不稳定水域中，通航航道的持续移动给用固定坐标系提供位置测量的任何 PNT 系统的潜在用户造成了额外的问题。

圣劳伦斯河（Saint Lawrence River）和五大湖的一些航道等专用水道的划分很明确，但经常受到雾的覆盖，需要船只抛锚。除安全问题外，这还会带来严重的经济损失。如果意外出现大雾，船舶可能需要在危险条件下驶往远离航道的锚地，或冒险停在航道内。表 4－3 列出了内河航导阶段的当前要求。

**表 4－3　用于系统规划和开发的海上用户需求——内河航道阶段**

| 需求 | 满足需求的最低性能标准 | | | | | |
|---|---|---|---|---|---|---|
| | 精度（m，2 drms） | 可用性 | 连续性 | 完整性 | 预警时间 | 覆盖范围 |
| 航行安全（所有船舶和拖船） | 2—5m | 99.9% | * | N/A | N/A | 美国内河航道系统 |
| 航行安全（休闲船舶和小型船舶） | 5—10m | 99.9% | * | N/A | N/A | 美国内河航道系统 |
| 河流工程和施工船舶 | 0.1**—5m | 99.0% | * | N/A | N/A | 美国内河航道系统 |

* 取决于任务时间。

** 垂直距离。

视觉和音频辅助导航、雷达和船间通信目前用于确保这些区域的安全导航。

*4.4.1.2.2*　进出港阶段

在受限水域中，船舶的领航员必须非常准确、精密地指挥船舶的移动，以避免在浅水中搁浅、触碰水下/部分水下岩石、在拥挤的水道中与其他船舶相撞。大型船舶或拖船和驳船组合无法掉头，并且其停下来解决导航问题的能力受到严重限制。大型船舶（或拖船和驳船组合体）的领航员在这种环境下航行时，由于无法掉头，且在解决航行问题时泊船的能力受到严重限制，因此可能会发现有必要将航行的总误差控制在一米量级的限值内。

为了安全航行，领航员需要几乎不间断地高度精确的位置验证，同时还需要描述船舶偏离预定航道的任何趋势性信息，以及几乎连续和即时地指示驾驶方向的信息。表 4－4 给出了这些要求的估计值。然而，为了有效地利用表中所述的要求，用户必须能够将数据与即时定位需求联系起来。但若试图以传统方式在海图上绘制固定点则是不可行的。要利用在移动船舶上以小于 10 秒的间隔呈现的 PNT 信息,需要某种形式的自动显示。现有技术可以一起呈现 PNT 信息及其他数据。

**表 4－4　为系统规划和开发的海上用户需求/效益——进出港阶段**

(a)

| 需求 | 满足需求的最低性能标准 | | | | | |
|---|---|---|---|---|---|---|
| | 精度(m, 2 drms) | 可用性 | 连续性 | 完整性 | 预警时间 | 覆盖范围 |
| 航行安全(大型船舶和拖船) | 8—20*** m | 99.7% | ** | N/A | N/A | 美国港区 |
| 航行安全(小型船舶) | 8—20m | 99.9% | ** | N/A | N/A | 美国港区 |
| 资源勘探 | 1—5* m | 99% | ** | N/A | N/A | 美国港区 |
| 工程和建筑船舶港口阶段 | 0.1****—5m | 99% | ** | N/A | N/A | 进出港航道和码头等 |

(b)

| 效益 | 满足效益的最低性能标准 | | | | | |
|---|---|---|---|---|---|---|
| | 精度(m, 2 drms) | 可用性 | 连续性 | 完整性 | 预警时间 | 覆盖范围 |
| 捕鱼、休闲和其他小型船只 | 8—20 | 99.7% | ** | N/A | N/A | 美国港区 |

* 基于用户需求。

** 取决于任务时间。

*** 因港而异。USCG 正在审查具体要求。

**** 垂直距离。

*最低性能标准*:在出入港阶段提供有用信息所需的 PNT 系统精度因港口和船舶的大小而不同。在更严格的航道中,最大的船舶可能需要 8 米至 20 米(2 drms)的精度。在这种限制范围内操作时,需要更准确地确定对各种大小船舶的 PNT 要求。PNT 用户会议指出,对于许多海员来说,在出入港环境中,PNT 系统成为视觉航标、音响航标、雷达和船间通信的辅助工具。目前正在继续开展各项工作以核实出入港环境下用户对 PNT 系统的需求和愿望。

出入港区域的导航是通过使用固定和浮动的视觉航标、雷达和音响警报信号来完成的。在能见度有限和出现冰盖的时候,由于迫切希望减少事故发生率并加快交通流动,某些港区实施了船舶交通服务(VTS)和自动识别系统(AIS),并开展了对无线电航标使用情况的调研。

*4.4.1.2.3* 沿岸阶段

沿岸区需要持续的全天候 PNT 服务，至少要达到满足一般航行的最低安全要求所规定的定位精度。这些需求见表 4－5。此外，沿岸区总体的导航服务必须提供有用的优质服务，且在各类海员的经济可承受范围内。

沿岸阶段安全定位精度的要求应满足以下需求：

· 大型船舶在许多主要港口的出入港单向通航分道、海上油田建立的航道以及远离浅水区的安全水域内航行的需要；

· 为了遵守和执行美国法律和国际协定，准确界定渔业保护区、美国海关区和美国领水边界的需要。

*最低性能标准*：政府研究表明，如果导航系统至少每 15 分钟可以获得一次定位，则该导航系统的定位精度达到 0.25 海里(460 米)，即可满足最低安全要求。如表 4－5 所示，对于休闲船舶和其他小型船舶，这些要求可以稍微放宽。

在海洋科学研究、水文测量、商业捕鱼、石油或矿产勘探以及美国海军作战等活动中，可能需要在沿岸区建立比一般航行安全所需精度高得多的定位。在许多需要高度精确定位的特殊行动中，无线电测定的使用将被归类为无线电定位而不是 PNT。沿岸区内作业的导航服务由 GPS 服务提供。

**表 4－5 用于系统规划和开发的海上用户需求/效益——沿岸阶段**

(a)

| 需求 | 满足需求的最低性能标准 | | | | | |
|---|---|---|---|---|---|---|
| | 精度(m, 2 drms) | 可用性 | 连续性 | 完整性 | 预警时间 | 覆盖范围 |
| 航行安全(所有船舶) | 0.25 nm (460 m) | 99.7% | ** | N/A | N/A | 美国沿岸水域 |
| 航行安全(休闲船舶和其他小型船舶) | 0.25—2 nm (460—3700 m) | 99.0% | ** | N/A | N/A | 美国沿岸水域 |

(b)

| 效益 | 满足效益的最低性能标准 | | | | | |
|---|---|---|---|---|---|---|
| | 精度(m, 2 drms) | 可用性 | 连续性 | 完整性 | 预警时间 | 覆盖范围 |
| 商业捕鱼(包括商业体育捕鱼) | 0.25 nm (460 m) | 99.0% | ** | N/A | N/A | 美国沿岸渔业领域 |
| 资源勘探 | 1.0—100 m* | 99.0% | ** | N/A | N/A | 美国沿岸水域 |
| 搜查行动、执法 | 0.25 nm (460 m) | 99.7% | ** | N/A | N/A | 美国沿岸渔业领域 |
| 休闲运动、钓鱼 | 0.25 nm (460 m) | 99.0% | ** | N/A | N/A | 美国沿岸水域 |

* 基于用户需求。

** 取决于任务时间。

#### 4.4.1.2.4　远洋阶段

所有船舶在远洋阶段的航行安全要求见表4-6。这些要求必须使船长有能力避开海洋中的危险(如小岛屿、珊瑚礁),并正确规划进近陆地或受限水域的航线。对于许多海事作业来说,可重复性对于定位和安全地重返海上遇险区域以及特殊活动(如水文测量、研究)是必不可少的。远洋安全过境的经济效益取决于能否持续获得精确的位置定位,使船舶能够精确地遵循最短的安全航路,从而最大化地缩减通行时间。

在正常情况下,为了保证一般航行的安全,对公海定位的精度和频率要求不是很严格。最低要求包括2至4海里的可预测精度,以及两小时或更短的最大定位时间间隔。这些最低要求将支持合理安全的海洋航行,前提是领航员了解并考虑到导航中可能出现的误差,并且在进近陆地时导航服务将更准确。虽然这些最低要求将允许所有船只在公海上以相对安全的方式航行,但更可取的要求是,预测精度为1至2海里,定位时间间隔为15分钟或更短。导航信号应在95%的时间内可用。此外,在任何12小时内,从系统获得修复的概率应至少达到99%。

**表 4－6　为系统规划和开发的海上用户需求/效益——远洋阶段**

(a)

| 需求 | 满足需求的最低性能标准 | | | | | |
|---|---|---|---|---|---|---|
| | 精度<br>(m, 2 drms)* | 可用性 | 连续性 | 完整性 | 预警时间 | 覆盖范围 |
| 航行安全(全船) | 最小 2—4 nm(3.7—7.4 km);需要 1—2 nm(1.8—3.7 km) | 世界范围内 | *** | N/A | N/A | 99% 至少每 12 小时定位一次 |

(b)

| 效益 | 满足效益的最低性能标准 | | | | | |
|---|---|---|---|---|---|---|
| | 精度<br>(m, 2 drms)* | 可用性 | 连续性 | 完整性 | 预警时间 | 覆盖范围 |
| 大型船舶最高效率 | 0.1—0.25 nm**<br>(185—460 m) | 99% | *** | N/A | N/A | 世界范围内,极地地区除外 |
| 资源勘探 | 10—100 m* | 99% | *** | N/A | N/A | 世界范围内 |
| 搜寻作业 | 0.1—0.25 nm<br>(185—460m) | 99% | *** | N/A | N/A | 国家海上搜救区 |

* 距离均方根平方,在 95.4% 至 98.2% 的概率范围内测量准确度。

** 基于用户需求。

*** 取决于任务时间。

航行在沿岸导航系统范围之外的大型休闲船舶和小型商业渔船,为了达到合理的安全水平,需要通过一些方法以不超过几个小时的时间间隔可靠地提供定位信号。与大型船舶相比,这种能力在紧急情况或遇险时尤其重要。然而,许多船舶运营商却接受在没有可靠 PNT 的情况下进行海上航行所面临的风险,除非获得这种能力所花费的成本相对较低。

*最低性能标准*:越洋运输的经济效率、特殊海事活动和紧急情况下的安全都需要或受益于导航精度高于常规点对点海上航行的安全要求。这些要求汇总在表 4－6 中。对于特殊海事活动,可预测的精度要求可能严格到 10 米,对于大型经济型船舶,包括搜寻作业,精度可达到 0.25 海里。搜寻作业还必须具有至少 0.25 海里的重复性精度。

公海导航通过使用航位推算、天体定位、独立导航系统(如惯性系统)和 GPS 或其他 GNSS 来完成的。地面系统无法也不可能覆盖全球范围，因此现在 GPS 是首选系统。

4.4.1.3　未来的海上 PNT 需求

前面讨论和表格中提出的海上 PNT 需求是基于需求研究、用户反馈和估算得出的。然而，它们是当前技术和操作实践的产物，随着技术和操作技术的发展，需要进行修订。电子海图被广泛使用的趋势以及对电子海图显示和信息系统不断变化的监管要求，增加了对可靠、准确、可用的 PNT 服务的需求。影响未来需求的主要因素包括安全、科技进步与创新、经济性、环境和节能。

旨在减少海上船舶伤亡事件的新的环境法律法规可能产生特殊的 PNT 需求。此外，商业船在执行军事海运任务时或在电磁频谱或 PNT 服务受到影响的区域，可能需要额外的 PNT 系统能力。

*4.4.1.3.1*　安全因素

*4.4.1.3.1.1　碰撞和搁浅风险增加*

每年约有 1.6 亿吨危险货物（石油、化学品等）在美国沿岸和内陆水道上运输。此外，其他船舶的运量不断增加、以更快的速度进行作业的能力越来越高，以及越来越多的小型船舶的出现不断增加了碰撞和搁浅的风险。经济上的限制也导致船只虽然并非以不安全的方式操作，但对所有 PNT 系统提出了更严格的要求。

*4.4.1.3.1.2　船舶尺寸增大，操纵性降低*

为了最大限度地降低成本、获得海上运输的规模经济效益，设计和建造了更大的船舶及一体化的拖船/驳船组合，这两种船舶的动力和机动性都不如以前的设计。因此，需要改进 PNT 性能。

*4.4.1.3.1.3　更需要将船舶交通管理与导航监视整合在一起*

上述趋势表明，为确保美国水域合理的安全性，政府继续参与海上船舶交通管理的重要性。PNT 系统可能成为交通管理系统的重要组成部分。预计自动识别系统（AIS）将在船舶交通服务（VTS）等领域（VTS 和船内防撞）发挥越来越重要的作用。

*4.4.1.3.2*　经济性因素

*4.4.1.3.2.1　内河航道和出入港航道更加拥挤*

除了限制水道内更加拥挤所隐含的安全风险外，如果沿岸设施不能有效且高效地使用，也存在经济上的不利因素。精密 PNT 系统有助于提高生产率和减少运输延误。

*4.4.1.3.2.2　全天候运行*

目前低能见度和冰盖水域会影响海上作业。美国海岸警卫队(USCG)正致力于确定能够实现全天候运行的系统和设备组合。

*4.4.1.3.3　环境因素*

在资源勘探机会和开采能力允许的情况下,能源公司将向美国外大陆架和更恶劣且技术要求更高的环境进军。此外,预计美国专属经济区的捕鱼活动还将继续。船舶柴油机排放的国际公约和法规的合规性要求将继续要求详细报告。总之,这些活动将持续对更高质量的PNT服务和更广泛的地理覆盖范围有更大的需求,以实现资源的无害环境开发和环境保护。

*4.4.1.3.4　节能因素*

节约能源和降低成本的需要为提高运输效率提供了强有力的动力,更好的PNT系统可以实现部分目标。

### 4.4.2　陆地用户需求

#### 4.4.2.1　陆路运输要求

陆地车辆应用越来越多地要求使用PNT系统。许多使用PNT系统的民用陆地应用现在已经通过商业途径可以获得。目前可用的公路用户应用实例,包括车内导航和路线指引、自动车辆定位、自动车辆监控、防撞系统、自动巡航控制系统、自动调度、求救功能和危险品跟踪。其他应用也在继续研究和开发之中,包括资源管理、公路空间控制(highway inventory control)和主动列车控制。目前,至少有几千万个GPS接收机用于地面应用。其中许多正在寻求进入陆地车辆应用中。

为适用一些设想的应用程序,需要与各种空间和地面通信服务相结合,这些服务将信息从车辆传送到中央调度设施、紧急服务供应商或其他目的地。其中一个例子是,发送车载系统的状态和燃油消耗量以确定燃油税分配的应用程序。

陆地运输方式的导航精度、可用性和完整性、延续性和覆盖性需求和要求,以及相关的安全需求和要求(包括服务的连续性),已记录在2021年3月4日更新版GPS空间段Ⅲ卫星飞行器(SV)11至32的能力开发文件(CDD)。陆路交通定位导航系统精度要求示例见表4-7。此外,地形因素非常重要,在最后的系统分析中必须加以考虑。

结合PNT技术的使用,5.9GHz频段的无线电频谱对于交通部门在缓解交通拥堵的同时减少撞车事故、伤亡事故至关重要。它具有能够支持安全应用的独特能力,即以现有车辆技术无法提供的方式防止或显著降低车辆碰撞的严重性。

5.9GHz 频段目前正被各州交通运输部门用于车对车（V2V）和行人避碰、公交优先、交通灯控制、交通监控、旅客报警、自动收费、交通拥堵检测、紧急车辆优先通过交通信号灯控制、通过与路边检查设施进行数据传输对移动中的卡车进行电子检查，以及卡车列队行驶等。

各铁路公司和联邦铁路管理局（FRA）从 20 世纪 80 年代中期开始对 GPS 和差分 GPS 进行测试，以确定列车操作和维护作业的需求。1995 年 6 月，联邦铁路管理局向拨款委员会提交了题为《差分 GPS：列车控制系统（PTC）的辅助工具》的报告。该报告认为差分 GPS 可以满足下一代列车控制系统对定位系统的要求。1996 年 11 月，联邦铁路管理局召开了“GPS 及其在铁路运行中的应用”专题讨论会，继续就铁路应用的精度、可靠性和安全要求开展对话。

从 20 世纪 90 年代开始一直持续到 20 世纪末，开发和部署以增强型列车控制系统（ITCS）和电子列车管理系统（ETMS）为开始，基于 GPS 的列车控制系统（PTC）。开发这些基于 GPS 的技术的宗旨是：（1）防止列车碰撞；（2）防止列车超速运行导致的列车脱轨；（3）保护在铁路沿线作业区内工作的铁路工人；（4）防止列车驶过未对准的道岔。

最初，铁路公司完全凭自愿使用这些类型的系统。然而，在一系列严重的铁路事故之后，国会根据 2008 年《铁路安全改进法案》（RSIA 08）的规定，强制要求安装列车控制系统（PTC）。由于《铁路安全改进法案》，美国绝大多数依法安装列车控制系统的铁路主要采用了两类基于 GPS 的列车控制系统——增强型列车控制系统（ITCS）和可互操作电子列车管理系统（Ⅰ－ETMS）（这是早期 ETMS 的更新版本）。这些系统提供的 PTC 覆盖范围包括全美铁路系统 14 万英里中约 6 万英里。

陆地交通功能的完整性解决方案取决于具体的实施方案。完整性值取决于功能，介于 0.9 和 0.999999999 之间。要达到完整性要求，GPS 很可能不是唯一的定位来源。它将与地图匹配、航位推算和低速率导航传感器（LIDAR，激光雷达）以及其他系统相结合，形成一种综合方法，确保导航和定位解决方案具有足够的精度、可用性和完整性满足用户的需求。

大多数功能对货运、城际客运和通勤铁路系统的完整性要求为 0.99999，而对铁路的最低可用性要求估计为 99.9%。联邦公共交通管理局（FTA）仍在研究轨道交通系统中，目前还无法提供完整性需求。公路和轨道交通系统的可用性需求估计为 99.7%。

虽然美国政府没有为陆地 PNT 应用或非导航用途提供 PNT 服务的法定责任，

但联邦 PNT 系统规划过程中意识到了它的存在和要求。因此,政府将努力满足这些用户的要求。

GPS 与其他系统一起被用于陆地车辆导航。政府和行业资助了一些项目,以评估将现有和建议的 PNT 系统用于陆地导航的可行性。目前,已经完成了使用车载导航系统和电子地图系统向驾驶员提供实时路线导航信息的运行测试。GPS 还用于车辆自动定位,以支持公交车调度和车队管理。一些公共交通运行测试将使用自动车辆定位实现自动调度、车辆路线重新安排、准点公交和紧急优先通过交通信号控制。

铁路公司和联邦铁路局已经测试并将继续测试 GPS 和 GPS 增强系统,作为列车控制系统(PTC)、轨道缺陷定位(TDL)、自动资产测绘(AAM)、自动资产跟踪(AAT)、道路工人便携式远程终端和桥梁监控系统的一部分。PTC 已在所有需要配备的货运和客运路线里程上运行,下一代 PTC 正在开发中。其他系统的部署正在进行。目前正在将 GPS 和航位推算/地图匹配作为充分利用 PNT 系统的一个系统来开发,同时提高陆地导航安全性和效率。最近的研究重点关注使用低速率导航传感器来支持车辆定位,并支持先进的自动列车运行以及下一代信号和列车控制系统所必需的关键 PNT 服务。就自动列车(一个非常长期的目标)以及列车的进一步自动化而言,GPS 精度至关重要。PNT 是位置精度的关键功能(对于通过 PTC 保护重要列车来说至关重要)。

4.4.2.2　陆地交通类别

*4.4.2.2.1*　公路

PNT 在公路上的应用从精确的静态和动态测量(用于施工前和施工期间的项目控制,或在施工完成时创建竣工图)到资产跟踪和路线指导。对于精密应用,大地测量精度、适中的完整性和可靠性是必要的因素。不太严格的、非安全关键的应用程序相应地降低了准确性、完整性和可靠性。

表 4-7 和表 4-8 列出了当前公路和卡车运输用户的需求。正在开发的应用依赖 PNT 为安全应用的整体导航解决方案提供数据输入。今天,美国国家海洋和大气管理局连续运行参考站(CORS)GNSS 地面网络的 GPS 观测数据,为公路交通部门提供了建设和维护美国公路所需的关键测量级数据。此外,拥有与国家大地测量局的国家空间参考系统协调一致的大地测量实时网络,将为全美范围内智能公路上的自动车辆精确定位和控制提供机会。

在陆地交通运输系统中,联邦机构正在开发提高国家地面交通运输系统安全性和效率的方法。为了减少生命的伤亡，已在开发解决安全和效率问题的办法方面作出重大努力。近年来，GPS 系统及其增强系统，以及其他 PNT 传感器，一直是研究的重点和对象。车辆互联和自动化要取得成功，关键是使用 5.9GHz 频段为交通安全提供支持，以便自动化轻型车辆、卡车和客车、轨道交通、基础设施和所有地面模式的交通设备能够以尽可能安全的方式工作，从而减少美国（2019 年）每年 37000 人次的道路死亡人数和 270 万人次（2019 年）的受伤人数。交通部已经并将继续从车辆和基础设施系统两方面开展智能交通系统（ITS）研究，以进一步提高人员和货物流动的安全性和可靠性。国家 ITS 架构根据交通运输组织提供的公共用户服务规定了一个系统框架，并将进一步研究车联网参考实施架构（Connected Vehicle Reference Implementation Architecture）来增强该框架。

**表 4－7　公路用户需求**

| 需求 | 满足需求的最低性能标准 | | | | | |
|---|---|---|---|---|---|---|
| | 精度（m, 2 drms） | 可用性 | 连续性 | 完整性（警戒限值） | 预警时间 | 覆盖范围 |
| 导航和路线指引 | 1—20m | >95.0% | * | 2—20 m | 5 s | 全国范围/地面覆盖 |
| 自动车辆监控 | 0.1—30m | >95.0% | * | 0.—30 m | 5 s—5 min | 全国范围/地面覆盖 |
| 自动车辆识别 | 1m | 99.7% | * | 3 m | 5 s | 全国范围/地面覆盖 |
| 公共安全 | 0.1—30m | 95.0—99.7% | * | 0.2—30 m | 2—15 s | 全国范围/地面覆盖 |
| 资源管理 | 0.005—30m | 99.7% | * | 0.2—1 m | 2—15 s | 全国范围/地面覆盖 |
| 避免碰撞 | 0.1m | 99.9% | * | 0.2 m | 5 s | 全国范围/地面覆盖 |
| 地球物理勘探 | 1m | ** | * | *** | N/A | 全国范围/地面覆盖 |
| 大地测量 | 0.01m | ** | * | *** | N/A | 全国范围/地面覆盖 |
| 事故调查 | 0.1—4m | 99.7% | * | 0.2—4 m | 30 s | 全国范围/地面覆盖 |

续表

| 需求 | 满足需求的最低性能标准 | | | | | |
|---|---|---|---|---|---|---|
| | 精度（m，2 drms） | 可用性 | 连续性 | 完整性（警戒限值） | 预警时间 | 覆盖范围 |
| 应急响应 | 0.—4m | 99.7% | * | 0.2—4 m | 30 s | 全国范围/地面覆盖 |
| 车联网计划 | 0.1m | 99.9% | * | 0.2 | 5 s | 全国范围/地面覆盖 |

* 连续性适用于操作的各个阶段。对于高速公路应用，尚未定义。

** 在这些情况下，不需要提供实时解决方案，但它是有益的。

*** 这通常是使用后处理技术完成的。虽然数据的完整性很重要，但它不是用来直接支持安全性的，可以在收集数据后提供。

研究旨在开发可以提高地面交通运输系统安全性和效率的相关应用，有助于确定 PNT 系统需求。正在进行的工作是检查当前可用的技术，确定所需的准确性、完整性和可用性水平。由于这些系统集成了来自 GPS、GPS 增强系统、惯性系统、地图匹配系统、车轮计数器、定位信标等系统的解决方案，因此定义确保弹性所需的参数还必须检查每个子系统的依赖程度和相互依赖程度。

对于许多安全系统，已确定需要亚米级别的精确度以帮助提高安全性和效率。结合车辆和基础设施中的其他子系统，提出了 10 厘米范围内的水平精度（95%）建议。需要继续进行研究，从而更明确地验证准确性要求，并确定所需的完整性和可用性水平以及参考框架差异的影响。

**表 4-8　需要使用 PNT 的卡车用户服务**

| 需求 | 满足需求的最低性能标准 | | | | | |
|---|---|---|---|---|---|---|
| | 精度（m，2 drms） | 可用性 | 连续性 | 完整性（警戒限值） | 预警时间 | 覆盖范围 |
| 卡车停车 | 2—20 m | 95% | 待定 | 50 m | 5 s | 全国范围/地面覆盖 |
| 地理围栏/设施通道 | 10—20 m | 99% | 待定 | 10 m | 5 s | 全国范围/地面覆盖 |
| 危险品跟踪 | 10—20 m | 99% | 待定 | 10 m | 5 s | 全国范围/地面覆盖 |

续表

| 需求 | 满足需求的最低性能标准 | | | | | |
|---|---|---|---|---|---|---|
| | 精度(m, 2 drms) | 可用性 | 连续性 | 完整性(警戒限值) | 预警时间 | 覆盖范围 |
| 车辆/拖车跟踪 | 20 m | 95% | 待定 | 50 m | 5 s | 全国范围/地面覆盖 |
| 违反运输权 | 10—20 m | 99% | 待定 | 10 m | 5 s | 全国范围/地面覆盖 |
| 车队管理 | 20 m | 95% | 待定 | 50 m | 5 s | 全国范围/地面覆盖 |
| 商业驾驶执照(CDL)技能测试 | 5—20 m | 99% | 待定 | 10 m | 5 s | 全国范围/地面覆盖 |

*4.4.2.2.2* 公共交通

公共交通系统同样受益于基于 PNT 的技术。无线电定位与双向通信系统一起实施,为公共交通带来的便利已经在美国的许多部署中得到证明。在准时性、车队利用率和应急响应方面的改进也已记录在案。目前,有 6 万多辆公交车辆使用 GPS 自动车辆定位系统进行车队管理,且部署范围正在继续扩大。自动车辆定位技术也有助于调度、实时客户信息和紧急援助。此外,随机路线公交运营将受益于农村和低密度地区的路线引导,并且正在实施自动公交车站通知等服务。

先进公共交通服务(包括快速公交、轻轨、有轨电车、重轨交通和公交车辆)发展的一个重要环节是 GPS 技术和移动设备(如手机)的集成,以向公众提供更互联的出行信息。作为 2009—2029 年战略计划的一部分,联邦交通管理局智能交通系统项目确定了对更全面的出行数据的需求,以补充公众对不断增加的流动性的需求。

目前,公交 PNT 应用的完整性要求尚不清楚,但用户要求通常与公路用户要求相似。表 4 – 7 可作为公共交通的参考。随着公交研究开始定义当前的应用,并开发集成 GPS、差分 GPS(DGPS)和其他 PNT 解决方案的安全性和移动性新应用,有必要为公交 PNT 系统建立精度、完整性和可用性的具体要求和标准。正在进行的和未来要开展的研究还需要与联邦公路管理局(FHWA)、联邦公共交通管理局(FTA)、联邦铁路管理局(FRA)和交通部研究与技术助理部长办公室(OST – R)协调,以定义和提高这些要求。

*4.4.2.2.3* 铁路

根据目前GPS和非全国差分GPS(NDGPS)系统的性能以及正在部署的现代化GPS系统的初步性能结果,铁路行业尚未确定是否需要继续使用NDGPS。目前部署和运行的基于GPS的铁路列车控制(PTC)系统不依赖NDGPS。其他需要精确定位信息的铁路系统应用使用的是GPS或非NDGPS差分GPS系统。然而,几家美国铁路公司已经证实,需要使用美国以外的GNSS星座来增强美国GNSS星座,以满足高纬度、密集城市和山地/森林环境中PTC可用性和定位精度要求。表4-9列出了当前铁路用户的需求。

**表4-9 铁路用户需求**

| 需求 | 满足需求的最低性能标准 | | | | | |
|---|---|---|---|---|---|---|
| | 精度(m, 2 drms) | 可用性 | 连续性 | 完整性(警戒限值) | 预警时间 | 覆盖范围 |
| 列车控制系统(PTC) | 1.0 m | 99.9% | N/A | 2 m | 6 s | 50个州和哥伦比亚特区享有通行权的铁路 |
| 轨道缺陷定位(TDL) | 0.3m | 99.9% | N/A | 0.6 m | 30 s | 50个州和哥伦比亚特区享有通行权的铁路 |
| 自动资产测绘(AAM) | 0.2m | 99.9% | N/A | 0.4 m | 30 s | 50个州和哥伦比亚特区享有通行权的铁路 |
| 测绘 | 0.02m | 99.7% | N/A | 0.04 m | 30 s | 50个州和哥伦比亚特区享有通行权的铁路 |
| 桥梁与构造安全监测 | 0.002m | 99.7% | N/A | 0.004 m | 30 s | 50个州和哥伦比亚特区享有通行权的铁路 |
| 电信授时 | 340 nsec | 99.7% | N/A | 680 nsec | 30 s | 所有50个州和哥伦比亚特区 |

注:目前在夏威夷州没有需要PTC的铁路。

在定位方面,铁路具有其他交通方式不具备的“优势”。列车定位是一个一维问题,具有定义明确的离散点(道岔),在这些点(道岔)上存在分散运动的可能性。连续道岔出现的最常用间隔为15米(列车可能在道岔上偏离其当前路线的位置)。

由于列车是在轨道上，这使定位从二维或三维问题变为一维问题。该问题的一维性质为使用其他定位方法提供了机会。

例如，定位系统支持列车控制系统（PTC）运行的最严格的要求是能够以0.99999的概率确定给定列车占用的平行轨道，且最小轨道间距为3.5m。虽然单靠GPS无法始终满足这一要求，但GPS与差分修正、地图匹配、惯性导航系统（INS）、加速计以及其他设备和技术结合，可以提供所需的服务连续性和精度。

*4.4.2.2.4*　其他潜在用途

除了安全攸关的列车控制系统（PTC）运行需要定位和授时外，铁路也有广泛的定位和时间需求以支持其他铁路功能。其中包括基础设施测绘、轨道缺陷定位、天气预报、机车控制和大容量通信等。各种基于GPS和非GPS的系统也可以满足这些非PTC功能的定位和授时需求。

4.4.2.3　其他陆地用户需求

定位和导航还支持许多民用农业和自然资源应用，包括自然资源清查和监测、保护规划和应用、野生动物和湿地管理、造林和草原管理、水管理、消防和执法。GPS PNT服务与美国农业经济交织在一起。许多自然资源应用使用测距码和实时差分定位解决方案。有些应用对精度有更高的要求，并利用载波相位解决方案和从CORS或实时差分校正网络获得的事后处理数据。对于只能使用手持设备的个人用户来说，更为迫切的需求和考虑是受损地形和丛林中的信号灵敏度、恶劣环境条件下功能的正常运行以及促进更长续航时间的更高处理效率。非交通陆地用户需求见表4－10。

**表4－10　其他陆地用户需求**

| 需求 | 满足需求的最低性能标准 | | | | | |
|---|---|---|---|---|---|---|
| | 精度（m，2 drms） | 可用性 | 连续性 | 完整性（警戒限值） | 预警时间 | 覆盖范围 |
| 资源清查、土壤调查、湿地监测、水利调查和农业景观中的保护规划 | 0.03—10 m | 99% | N/A | 0.09—15 m | 5 s—5 min | 全球/地面覆盖 |
| 精密应用、采收测定和精密制导 | 0.3 m | 99% | N/A | 0.6 m | 5 s | 全球/地面覆盖 |

续表

| 需求 | 满足需求的最低性能标准 | | | | | |
|---|---|---|---|---|---|---|
| | 精度（m，2 drms） | 可用性 | 连续性 | 完整性（警戒限值） | 预警时间 | 覆盖范围 |
| 精密灌溉测量与土地平整测量 | 0.15 m | 99% | N/A | 0.25 m | 5 s | 全球/地面覆盖 |
| 搜救 | 1—5 m | 99% | N/A | 2—10 m | 待定 | 全球 |
| 消防管理与执法 | 1—5 m | 99% | N/A | 2—10 m | 待定 | 全球 |
| 地震和火山灾害监测 | 1—10 mm | 待定 | 待定 | 2—20 m | 待定 | 全球 |
| 资源管理 | 0.5—2 m | 待定 | 待定 | 1— 4 m | 待定 | 全球 |
| 野生动物研究和跟踪 | 1—10 m | 待定 | 待定 | 2—20 m | 待定 | 全球 |

## 4.5　地下/水下 PNT 用户需求

### 4.5.1　海上用户需求

水下 PNT 用户包括海军潜艇、海上石油勘探、深海打捞、跨洋电缆、深海捕鱼，甚至休闲性潜水爱好者。定位和授时要求因应用不同而有很大的差异。潜艇使用 PNT 在海底巡航，部署武器和情报收集系统。石油勘探 PNT 的需求包括遥控载具的操作、海上结构物的安装和海底测绘、水深测量、海底设备安装、钻井位置选择、管道安装和短管计量。水下环境使传统的 PNT 传感器和系统（如 GPS）的实际应用更具挑战性。水下海事用户通常依赖于更适合这种环境的系统，例如声音导航和测距（声纳）、指南针和水压传感器，但研究可能会导致诸如水下 GPS 伪卫星等系统的发展。表 4－11 列出了水下海事用户的需求。

**表 4－11　海上用户水下需求**

| 需求 | 满足需求的最低性能标准 | | | | | |
|---|---|---|---|---|---|---|
| | 精度（m，2 drms） | 可用的 | 连续性 | 完整性（警报限制） | 记录间隔时间 | 覆盖范围 |
| 水下海事应用 | 0.1—5.0 m | 90— 99% | N/A | 0.2—10 m | 1—15 s | 全球 |

### 4.5.2　陆地用户需求

地下陆地用户包括采矿作业、石油勘探、地下建筑、公用工程、安全机器人、地下隧道探测和地震活动定位。地下应用通常需要非常高的精度。地下陆地用户的需求见表 4 - 12。

**表 4 - 12　地下陆地使用要求**

| 需求 | 满足需求的最低性能标准 | | | | | |
|---|---|---|---|---|---|---|
| | 精度（m, 2 drms） | 可用的 | 连续性 | 完整性（警报限制） | 记录间隔时间 | 覆盖范围 |
| 地下陆地应用 | 0.01—2.0 m | 90— 99% | N/A | 0.02— 4.00 m | 1—15 s | 全球 |

### 4.6　其他 PNT 应用和需求

PNT 系统,特别是 GPS,在非导航应用中的应用是非常广泛和多样的。这些应用(其性质参见第 4.6.1 节至第 4.6.7 节中的讨论)可分为以下大类:

- 大地测量与测绘;
- 制图;
- 地理信息系统(GIS);
- 农业和自然资源应用(已在第 4.4.2.3 节中);
- 地球物理应用;
- 气象应用;
- 授时和频率;
- 基于位置的服务。

#### 4.6.1　大地测量与勘测

20 世纪 80 年代中期以来,大地测量界广泛使用 GPS 进行全球定位。如今,大地测量和勘测界几乎专用 GPS 来建立大地测量参考网。国家海洋和大气管理局(NOAA)的国家大地测量局(NGS)目前通过管理 NOAA - CORS 网络(NCN),使用 GPS 来提供国家空间参考系统(NSRS)的几何组成部分(纬度、经度和椭球高度坐标和速度)。NCN 为用户提供了对 NSRS 的初级接入,当国家大地测量局在 2025 年左右完成国家空间参考系统现代化,在美国和地区产生新的参考框架时,NCN 将变得尤为重要。

为了尽可能提供对现代化国家空间参考系统的最佳接入和对国际地球参考框架(ITRF)的支持,国家大地测量局启动了一个名为 Foundation CORS 的项目,与国家航空航天局(NASA)和国家科学基金会(NSF)合作,定义并建立一个可靠、高质量的联邦骨干 NOAA CORS 网络观测站网络。国家大地测量局汇集了各 NCN 站的 GPS 观测数据用于后处理应用，如 OPUS、GPS 卫星轨道确定、定义国家参考框架和支持国际地球参考框架。NCN 以与接收机无关的交换格式（RINEX）在线向 GPS 提供约 1750 个活动台站的观测数据，包括美国国家科学基金会的一些美洲观测站（前身为板块边界观测站）、美国地质勘探局（USCG）即将退役的差分 GPS（DGPS）站，以及联邦航空管理局的 WAAS 站。NOAA CORS 网络的详细情况见附录 B.6。

GPS 被广泛应用于大量的测量应用中。其中包括点的定位，以支持参考系统致密化、测绘控制、地籍测量、工程项目、交通项目、公用设施基础设施项目和地形测绘。这些应用包括不动点定位和使用运动学方法对运动的接收器进行事后定位。

近年来，GPS 的实时动态（RTK）应用已成为 GPS 在测量中最常用的方法。RTK 方法依赖于 GPS 地面站的实时网络（RTN），这些地面站发送修正值且使专门配备了接收器的测量员可以实现精确到几厘米的实时定位。国家大地测量局正在进行一个项目，该项目将允许美国众多 RTN 运营商将其网络与国家空间参考系统（NSRS）协调一致，确保独立 RTN 的准确性和兼容性。许多其他高精度（几厘米内）的大地测量和勘测活动涉及使用双频载波相位观测数据的后处理差分技术。单接收器定位软件现在可以产生亚分米级的点定位精度。各种测量应用的精度要求见表 4-13。

**表 4-13　测绘用户需求**

| 需求 | 满足需求的最低性能标准 | | | | | | |
|---|---|---|---|---|---|---|---|
| | 精度（m，2 drms） | | 可用性 | 连续性 | 完整性（观察会话持续时间） | 记录间隔时间 | 覆盖范围* |
| | 水平 | 垂直 | | | | | |
| 静态测量* | 0.015 | 0.04 | 99% | $1-1\times10^{-4}$/hr to $1-1\times10^{-8}$/hr | 4 hr | 30 s | 全球 |
| 快速测量* | 0.03 | 0.08 | 99% | $1-1\times10^{-4}$/hr to $1-1\times10^{-8}$/hr | 15 min | 30 s | 全球 |
| 运动学测量** | 0.04 | 0.06 | 99% | $1-1\times10^{-4}$/hr to $1-1\times10^{-8}$/hr | 两次 3 分钟的会话，间隔 45 分钟 | 1 s | 全球 |
| 水文测量*** | 3 | 0.15 | 99% | $1-8\times10^{-6}$/15 s | 1 s | 1 s | 全球 |

续表

| 需求 | 满足需求的最低性能标准 | | | | | | |
|---|---|---|---|---|---|---|---|
| | 精度（m, 2 drms） | | 可用性 | 连续性 | 完整性（观察会话持续时间） | 记录间隔时间 | 覆盖范围 |
| | 水平 | 垂直 | | | | | |
| 地形测绘 | 1—10 mm | 待定 | 待定 | 待定 | 待定 | 待定 | 待定 |
| 地籍测量 | 1—10 cm | 待定 | 待定 | 待定 | 待定 | 待定 | 待定 |
| 地面控制点 | 1 m | 待定 | 待定 | 待定 | 待定 | 待定 | 待定 |

* 使用 OPUS - S。

** 使用实时 GNSS 网络。

***《IHO 水文测量标准》已发布在 IHO 出版物 S - 44 中，可从 www. iho. int 网站的出版物部分免费获得。

### 4.6.2　绘图

这一类应用中几乎所有的定位都是差分 GPS 定位，包括单独或组合使用测距码和载波相位观测。许多组织、各级政府以及大学和私营企业团体，都建立了固定的参考站来支持这些应用。这些参考站中的大多数是为了支持事后压缩测距码数据，以支持几分米到几米之间水平的定位精度。此类定位应用的示例包括：(1)通过对横穿道路的车辆连续定位来定位道路；(2)通过占据特定对象类型（如井盖）的位置来定位其位置。GPS 的另一个非常重要的测绘/地理信息系统应用是在任务后确定摄影测绘航天器的位置和姿态。在这种应用中，测距码或载波相位数据的使用是根据所需的精度来定的。

水文测量船在多波束测量系统的位置和姿态确定中也有类似的应用。此外，目前正在进行的三维 GPS 水文测量，将海底高度与参考椭球潮汐基准模型（ERTDM）和 1983 年北美基准面［NAD 83，使用大地测量参考系统（GRS80）椭球］关联起来。海底深度位置最终将与低潮基准和参考椭球潮汐基准模型（ERTDM）/1983 年北美基准面（NAD 83）相关联，这将使系统可以在不应用潮汐的情况下对浅滩水域/障碍物发出警报。

### 4.6.3　地理信息系统（GIS）应用

地理信息系统应用为包括自然资源应用、人口统计学、场地规划、考古学、运输路线及许多其他应用提供记录、规划、分析和信息输出。地理信息系统是基于 GPS 提供或通过遥感获得的位置信息。GPS、GPS 增强系统和其他 PNT 服务的可用性加速了位置信息数据的收集，以支持动态和不断变化的条件。使用 PNT 导出的大多数基于位置的信息通常比地理信息系统中的其他地理空间层更精确。PNT 解决方案所需的精度级别通常由地理信息系统层的用途确定。体现精度变化的一个例子是,表示景观上的一个特征所用的精度与资产管理用的城市公用设施的精度准确性之间的差异。所需精度的这种变化意味着地理信息系统的 PNT 解决方案,从简单的 GPS 测距码观测(有或没有差分)到非常精确的载波相位观测(用于厘米级定位事后处理)不等。

### 4.6.4 地球物理应用

GPS 载波相位观测在区域和全球范围内提供厘米级差分定位的能力,催生了广泛的可以支持测量与地球构造板块运动、地震(与地震有关)运动等现象相关的地球表面运动,以及火山活动、冰期后地壳反弹和流体(如水或油)排出导致的沉降等引起的运动的应用。大地测量和地球物理界已在世界范围内建立了广泛的基础设施,以支持其高精度的定位活动。

地球物理界正迅速从事后处理走向实时应用。在南加州和整个日本,GPS 观测站网目前正将数据实时传输到一个中央数据设施,以支持地震预警系统。它还被用来测量板块边界的应变,并对地球物理学的发展作出了极大的贡献。GPS 定位测量也被广泛用于监测冰川和冰盖的运动。地壳回弹也被进行监测从而估计气候变化引起的冰川损失。

目前,国际全球卫星导航系统(IGS)实时服务在实时和低延迟 GPS 数据文件中提供卫星轨道信息、卫星时钟误差和电离层校正。国家科学基金会(NSF)、美国地质调查局(U. S. Geological Survey)、国家航空航天局(NASA)以及州、部落、地区和地方机构目前正在支持许多监测地面运动的项目。

另一个地球物理应用是确定移动平台的位置、速度和加速度,携带地球物理仪器来确定受测物体的位置并提供计算测量修正值的方法。这方面的一个例子是 GPS 与携带重力仪的航空器结合使用。GPS 此处不仅用于确定受测物体的位置,而且还用于估计速度和加速度以修正观测值。

### 4.6.5 气象应用

国际气象界每年在全球范围内发射 75 万到 100 万个气象探空仪和下投测风仪,测量气压、温度、湿度、风速和风向等大气参数。无线电测向和 GPS 是用于气象仪跟踪、风速和风向测定的方法。基于 GPS 的高空气象监测系统正在广泛使用。通过两个 GPS 载波相位来测量折射率可提供总可降水量的连续估计值。提供精确水汽信息的能力已经在研究模式中得到证明。研究型气象 GPS 站网络已经着手开发。

无线电信号从卫星处发射,经过地球的电离层,到达地面的 GPS 天线。电离层的带电等离子体导致路径延迟和相位提前。电离层总电子含量(Total Electron Content,TEC)是 GPS 定位的主要误差源。地磁风暴引入的异常能量会对地面的电信和电子设备造成损害。这些可以通过监测地面的 GPS 信号来检测。

### 4.6.6　时间和频率应用

GPS 提供的时间和频率是我们国家基础设施的一个关键组成部分,其支持无数的应用且这些应用还在继续迅速扩大。GPS 提供的时间和频率也用于许多国防应用中。

所有关键的基础设施部门都有精确的授时应用,包括通信和能源电力领域,它们是“对大多数关键基础设施部门运营至关重要”的重要部门。① GPS 广泛用于支持手机和传统电话应用的通信网络同步。电力公司使用 GPS 测量输电站之间的相位差、记录事件、干扰后分析,并测量电站的相对频率。

美国政府认识到精确授时服务(授时和频率)的重要性,并将继续与关键基础设施部门和部门风险管理机构进行协调,以确保授时操作的安全性和弹性。此外,作为专注于 GPS 补充能力的多机构工作组的一部分,国土安全部正在资助相关研究,以验证关键基础设施部门的 PNT 需求。表 4－14 给出了预计的最低要求信息,研究完成后,将与关键基础设施合作伙伴一起更新和验证这些信息。需求研究有可能确定比下面所述更严格的授时要求。

**表 4－14　生命线部门的精确授时需求(国土安全部研究 2017)**

| 关键基础设施(生命线部门) | 时间/频率稳定性要求 |
|---|---|
| 电力 | 1.0 μs－PMU's |
| 通信(有线和无线) | 1.5 μs－4G－LTE/主干网 |
| | 50－200 ppb 频率稳定性 |
| 紧急服务(FIRSTNET) | 1.5 μs：4G－LTE/主干网 |
| | 50－200 ppb 频率稳定性 |
| 金融服务 | 50ms：监管要求 |

① 2013 年国家基础设施保护计划(NIPP)。

### 4.6.7 基于位置的服务

基于位置的服务(LBS)涉及使用PNT来支持利用信息设备用户的位置情况获利的服务。例如,基于位置的定向广告或允许用户查找附近特定类型的商店。其中许多服务可能涉及室内和城市环境。基于位置的服务包括融合各种信息(导航、跟踪、底层基础设施的位置)以创建环境图片的应用。随着手机使用的大幅增长,这项技术对于支持E-911等紧急援助服务至关重要,并有助于跟踪紧急求助对象的位置,以帮助协调一线救援人员的工作。下一代911(NG911)工程架构旨在更新美国和加拿大的911服务基础设施,除了通过任何电话拨打911外,还允许通过短信、图像、视频和数据传输的方式紧急连接到公共安全响应点。高精度的基于位置的服务是实现向NG911过渡的必要条件。

## 第5部分 运行方案

本部分概述了美国政府提供民用和军用定位导航授时(PNT)系统和服务的计划。本部分聚焦于计划的三个方面:(1)为使现有系统保持令人满意的运行配置需要付出的努力;(2)在短期内改善现有系统性能或满足用户要求需要进行的开发;(3)对现有和建议的PNT系统进行评估,以满足未来的用户需求。因此,本运行方案提供了系统的运行、发展和演进框架。

### 5.1 全球定位系统

GPS是军民两用天基PNT系统,归美国政府所有,并由美国国防部(DoD)运营,可满足国防和国土安全、民用、商业和科学需求。GPS提供两种级别的服务:在L1频率上使用C/A码的标准定位服务(SPS),以及在L1和L2频率上使用P(Y)码的精确定位服务(PPS)。只有美国武装部队、美国联邦政府机构以及部分盟军和政府才有权使用PPS。这些限制出于对美国国家安全的考虑。标准定位服务可在全球范围内持续供所有用户使用,不向用户直接收取费用。

标准定位服务提供的特定功能在《GPS标准定位服务性能标准》中有详细描述,参见GPS.gov的“性能标准与规格”页面:http//www.gps.gov/technical/ps/。

除计划中的GPS干扰测试外,国防部会提前48小时通知可能影响和平时期GPS标准定位服务服务提供的星座运行状态的变化。如果卫星星座运行状态变化会影响GPS用户服务或者预计会出现性能不达标的问题,美国政府将提供通知。如果计划中的事件影响提供给GPS用户的服务,则美国政府应根据《GPS标准定位服务性能标准》在事件发生前至少48小时向导航星用户发出适当的通告咨询

(NANU)。

通常在测试事件前60天开始协调计划内干扰测试活动。在某项活动获得批准后,美国海岸警卫队(USCG)会在网上向所有用户公布批准测试的信息。美国联邦航空管理局(FAA)通常在活动开始前72小时内也公布信息。国防部通知将下到美国海岸警卫队导航中心(NAVCEN)导航信息服务(NIS)系统和美国联邦航空管理局航行通告(NOTAM)系统。NIS和NOTAM系统将宣布由于系统故障或非计划维修而导致的非计划系统中断。

在可预见的将来,GPS将成为联邦政府提供的主要PNT系统。其将得到增强和改进,以满足未来军事和民用应用对准确性、可用性、完整性、连续性和覆盖范围的要求。美国政府已声明,国防部将保持24颗卫星星座的基准。2020年4月的《GPS标准定位服务性能标准》支持国防部已部署的可扩展24颗轨位星座。如果无其他卫星来支持特定的扩展轨位,则该星座将回缩为基准的24颗轨位。

### 5.1.1　GPS现代化

GPS现代化工作的重点是提高定位和授时的精度、可用性、完整性的监测支持能力以及运行控制段的升级换代。在这些系统升级后,用户能够继续使用符合《GPS空间段与用户段接口标准》(Navstar GPS Space Segment/Navigation User Interfaces, Interface Specification, IS－GPS－200)的现有接收机,因为军事和民用用户都要求信号具有向后兼容性。尽管目前的GPS用户将能够在相同或更好的性能水平上运行,但用户需要改进现有用户设备或购买新的用户设备,才能充分利用新的信号结构增强功能。用户可通过美国空军(USAF)的接口控制工作组(ICWG)参与GPS体系的升级换代,该工作组在实施前将协调对公共GPS技术基准的所有更改。

GPS现代化是一个多阶段项目,将在未来15年或更长时间段内实施完成。美国政府对现有民用信号L1 C/A引入了三个额外的编码信号,以支持未来的民用应用:

· L1C,其中心频率为1575.42 MHz,旨在促进与其他GNSS的互操作性。该信号已被外国运营商和用户作为国际标准采用。

· L2C,中心频率为1227.6 MHz,支持双频民用PNT。

· L5,中心频率为1176.45 MHz,支持双频PNT,可满足民航等关键的生命安全攸关的应用需求。

此外,L1和L2频率上将广播安全且频谱分离的军用M码(M－Code)信号。第一颗L2C卫星(GPS Block IIR－M)于2005年首次发射,支持L5信号的第一颗卫星(GPS Block IIF)于2010年5月发射。预计到2021年7月,将有24颗L2C能力的GPS卫星在轨运行,其依赖于GPS III SV05;大约到2027财年第4季度(2027年9月),预计将有24颗支持L5信号的GPS卫星在轨,其依赖于GPS IIIF SV11。这些日期是当前根据预计的发射时间表和估算的卫星可靠性参数得出的预测,每年都会重新计算。提供第二和第三频率的民用信号将允许双频民用用户直接补偿电离层效应,从而获得比过去依靠单频能力相比更高的精度。这些附加信号还有助于促进三频GPS应用的开发。第一颗L1C卫星(GPS Block Ⅲ)于2018年12月发射。国防部将在升级后的控制段(OCX Block 1)可用后提供L1C码以控制该信号。卫星的发射将根据星座维护需求和运载火箭的可用性来实施。

美国政府致力于保持现有的GPS L1 C/A、L1 P(Y)、L2C和L2 P(Y)信号特性(这些特性使无码和半无码GPS接入得以实现),至少要维持到拥有24颗来自主插槽能够发射L5频道信号且具有全功能导航信息的卫星之后两年。除非有国家安全要求,否则美国政府不会在上述时间点之前更改这些信号特性。预计到2029年,将有24颗广播L5信号的卫星,这将允许半无码和无码接收设备的用户有序且系统地过渡到采用现代化民用编码信号的设备。预计到2022年,将有24颗广播L2C信号的卫星投入运行,2023年GPS SV06将具备相应的地面段控制能力,从而能够较早地过渡到该信号。鼓励GPS的民用用户立即着手制订其过渡计划。

在部署下一代运行控制段前,美国空军将会继续传输连续的基于CNAV电文的L2C和L5信号。这些信号的发射始于2014年4月。美国空军目前发射的L2C信号其健康状态位设为“健康”,L5的健康状态位设为“不健康”,但随着L5广播经验的日益增加和信号监测的实施,这种状态将被重新评估并重新设置。自2014年12月全面实施以来,CNAV用户测距误差应达到或超过传统信号。但在更多L2C和L5卫星投入运行之前,可用性将保持较低水平,并且CNAV派生用户的定位精度可能会较差。其余CNAV电文类型的未来测试和部署即将公布。这些填充信号的提供将促进兼容用户设备及CNAV行动概念的开发;但在宣布L2C和L5信号完全运行之前,用户不得将其用于生命安全或其他关键应用。

2008年5月,美国空军签订了10个下一代GPS卫星(GPS Ⅲ)的研发合同。首个GPS Ⅲ卫星于2018年12月发射。GPS Ⅲ卫星将改善GPS卫星星座的整体精度、可用性和完整性,并增强抗干扰性能以满足民用和军事用户的未来需求。这些卫星还将发射L1C信号,该信号是可与其他GNSS互操作的信号。

GPS ⅢF是前十颗处于不同制造阶段的GPS Ⅲ卫星的后续版本,它保留了

GPS Ⅲ现有功能和改进，并具有区域军事保护（RMP）能力。区域军事保护能力让GPS ⅢF卫星将更多的功率集中在全球选定的部分区域，以克服干扰。GPS ⅢF还将配有搜寻和救援信标中继器作为次要有效载荷。

### 5.1.2　GPS干扰减轻计划

与所有基于无线电的服务一样，GPS也会受到自然和人为因素的干扰。因此，美国政府强烈建议所有GPS用户注意GPS干扰的影响，并在需要确保持续运行时纳入或整合其他PNT源。本节讨论特定领域的干扰减少和备用能力。根据NSPD－39（被前总统特朗普2021年1月15日发布的《第7号空间政策指令》取代），交通部长应与国土安全部长协调，负责开发、采办、运行和维护备用PNT能力以支持关键交通运输、国土安全以及其他重要的民用和商业应用。

有多种减轻GPS干扰的方式。GPS精确定位服务接收器不易受到干扰。在GPS信号丢失期间，替代PNT系统可作为备用机制发挥至关重要的作用，或用于改进整个PNT应用。例如，惯性导航系统（INS）是替代PNT系统，当与GPS集成后，可提高精度和稳健性。在INS－GPS相结合的系统中，GPS信号丢失的时间过长会导致无法接受的错误。使用改进的重力模型和姿态参考系统可缓解上述问题。

为了使关键基础设施的PNT更安全、更具弹性，国土安全部正在对GPS接收器进行脆弱性和影响评估，同时也在探索如何提高识别和减少GPS信号中断的相关能力。

虽然维护GPS信号的替代备用方法对于服务使用者至关重要，但可能有必要采用法律救济措施调查可能的犯罪活动或恐怖主义行为，以防止对本国关键基础设施造成长期影响。跨部门协作可综合协调各部门关于减少GPS信号干扰的工作。政府机构相互协调，提供多种资源来定位、跟踪和减少对GPS信号的意外干扰和蓄意干扰。国土安全部通过国家网络安全与通信集成中心（National Cybersecurity and Communications Integration Center）编写并发表了一篇题为《改进关键基础设施所使用的GPS设备的运行和开发》的文章（https://www.us－cert.gov/sites/default/files/documents/Improving_the_Operation_and_Development_of_Global_Positioning_System_%28GPS%29_Equipment_Used_by_Critical_Infrastructure_S508C.pdf）。

这份指导性文件为目前的接收器和设备以及可插入新产品中的现有技术提出了22条具体建议。文件中所述的安装和运行策略及开发机会，可显著增强GNSS接收机和相关设备抵御各种干扰、拥挤和欺骗攻击的能力。如第3.2.11节所述，国土安全部作为成员参加了授权召开的蓄意干扰响应小组会议。国土安全部与部门风险管理机构（SRMAs）及其关键基础设施（CI）的所有者、运营者紧密合作，加大力度向关键基础设施部门通报与 PNT 有关的潜在弱点。最后，国土安全部还参与研发活动，以提高 GPS 用户设备的弹性。美国国土安全部科学与技术理事会开发了 Epsilon 算法套件（见 https://github.com/cisagov/Epsilon），为终端用户提供了通用欺骗检测功能的算法（例如，检测 GPS 接收机通常提供的位置、速度和授时观测值的不一致性），而无须对现有 GPS 接收机进行任何修改。此外，国土安全部开发了一个 PNT 完整性库（见 https://github.com/cisagov/PNT-Integrity），为用户提供一种验证基于 GNSS 的 PNT 源完整性的方法。它为基于 GNSS 的 PNT 操作检测提供了一个可扩展的框架，根据可用数据提供不同级别的保护。

5.1.2.1 减少固定位置授时和其他非导航应用中的干扰

精确授时应用特别容易受到干扰，因为它们通常用于无法进行近距离观测的较大的系统环境中。上文所述许多策略可用于提高精确授时应用的安全性和弹性。2015 年 1 月，国土安全部与跨部门小组合作发布了针对授时应用的最佳实践指南。如需了解《提高固定位置授时和频率源稳定性的最佳实践》，可访问 https://www.dhs.gov/sites/default/files/publications/GPS-PNT-Best-Practices-Time-Frequency-Sources-Fixed-Locations-508.pdf。其中包括用户减小干扰的最佳做法，例如定期检查 GPS 天线、拒绝在公共场所查看天线，以及如果是非移动用途，则以固定或测量模式操作接收器。

根据第 13905 行政命令的要求，国家标准与技术研究院（NIST）负责提供一个独立于 GNSS 的协调世界时源，以支持公共和私人关键基础设施所有者和运营商的需求。几十年来，国家标准与技术研究院提供了各种精度的授时服务，以满足广泛的客户需求。例如，国家标准与技术研究院的互联网时间服务每天收到 400 亿次点击，并提供独立于 GPS 的时间，精度约为 1 毫秒，足以满足许多计算机网络的要求，但远低于一些客户的需求。为了满足某些行业的更高需求，并支持弹性 PNT，国家标准与技术研究院为希望通过商用光缆接收或传播美国民用标准时间的公司、公用事业或其他组织推出了一项服务。该服务将使用商业电信网络，独立于 GPS，发布国家标准与技术研究院实现的标准时间［UTC（NIST）］，国家标准与技术研究院的光纤服务旨在比其互联网时间服务（收费）精确 1000 倍。

此外，国土安全部发布了信息技术时间指南，可在国土安全部网络安全和基础设施安全局（CISA）公共网页上找到（https://www.cisa.gov/publication/time-guidance-network-operators-cios-cisos）。这些文件为网络运营商、首席信息官

(CIO)和首席信息安全官(CISO)在企业网络和系统中的时间弹性和安全实践方面提供了关于时间是一种无形效用的信息以及实用指南和建议。该指南旨在解决可用授时测试实践中的差距,提高对授时相关系统问题的认识,以及时间与网络安全之间的联系。

5.1.2.2 减少国家航空航天局导航应用中的干扰

惯性导航系统(INS)使用多个冗余惯性测量单元(IMU)和 GPS 接收器为运载火箭提供导航。IMU 测量是主用测量技术,因此 GPS 服务中断不会对导航产生严重影响。

为满足生命安全要求,载人太空飞行通过国家航空航天局空间和地面网络以及地在环处理(ground - in - the - loop)保持地基和空基跟踪。一些 GPS 接收器已经在航天器上进行了实时导航和姿态确定测试。GPS 有助于地球轨道的自主运行,并降低运行成本和通信带宽。如果 GPS 服务中断,则可以将陆基跟踪与星载备用仪器(例如磁力计、地球传感器和定向天线)配合使用进行导航,以进行姿态确定。

5.1.2.3 减少航空导航中的干扰

在可预见的将来,美国联邦航空管理局将继续运行和维护陆基导航设备(NAVAID)网络,作为弹性导航基础设施的一部分。联邦航空管理局致力于提供基于卫星的 PNT 服务,该服务能够支持整个国空空域系统(NAS)中基于性能的导航(PBN)运行,并提供足够的备份,以确保 GPS 中断期间的连续安全操作。通用航空运营商可以依赖 WAAS 作为唯一的导航源,但在 GPS 中断期间,将保留 VOR 的最低运行网络作为备份。商用飞机必须配备双独立导航系统,以确保 GPS 中断期间的弹性。在 GPS 中断期间,大多数商用飞机可以依靠测距设备(DME)导航或 VOR 来确保至其计划目的地期间的持续运行。在支持国防部的训练或演习的 GPS 丢失或 GPS 信号被拒绝或降级的情况下,将使用程序手段来维持安全操作。弹性导航基础设施在联邦航空管理局的导航战略中进行了规定。

在强烈的太阳风暴期间,电离层闪烁也是一个问题,但预计对飞行途中、导航末端、精密和非精密进近操作的影响很小。电离层异常可能会导致使用广域增强系统(WAAS)的具备垂直制导的航向道性能(LPV)进近能力出现周期性中断,除非 L5 GPS 卫星星座可用且运营商配备了 L1 - L5 双频航空电子设备。

在没有任何其他导航手段的情况下,由于蓄意或意外干扰而导致 GPS 服务中断将对空中交通行动产生各种负面影响,可能只是需要标准恢复能力的公害事件,也可能在相当长的时间内无法在一个或多个空域内[①]提供正常的空中交通管制服务。

美国联邦航空管理局计划保留包括 VOR(甚高频全向信标)、TACAN(战术空中导航系统)、DME(测距设备)和 ILS(仪表着陆系统)设施的最小网络,以便在 GPS 中断的情况下用作备用导航手段,除此之外,还确定了其他几种解决方案来帮助缓解 GNSS 服务中断的影响:

· 作为弹性导航基础设施的一部分,联邦航空管理局将继续运营和维护一个合理的地面导航设备网络。配备 WAAS 的通用航空飞机不需要携带任何其他导航系统,但是,大多数用户可以选择保留传统导航设备,以确保在 GPS 中断期间继续运行。如果其中一个传感器是 GPS,则商用飞机需要携带双独立导航系统。未来的 GNSS 能力包括使用多个 GNSS 星座以提高准确性和可用性,包括高级接收器自主完整性监测(ARAIM)和多星座 SBAS 系统。即使这些新功能投入使用,操作员也可以保留传统导航设备,以在支持国防部的训练或演习的 GPS 丢失或 GPS 信号被拒绝或降级的情况下保持安全操作。联邦航空管理局将根据需要更新导航策略,以确保安全可靠的航空运输。下文讨论了需要解决的关键问题。

· 带有惯性系统的航空器在失去 PNT 位置更新后仍能够继续安全地航行一段时间,具体取决于飞行的航线或程序。在某些情况下,该功能足以使航空器在受到局部干扰的情况下飞离该区域,或者在适当的天气条件下,可根据视觉飞行规则进行飞行。然而,没有 PNT 更新信息,惯性性能会随着时间而下降,最终将无法满足空域要求。

· GPS/惯性航空电子设备的集成以及天线和算法的改进可提高抗干扰能力,有效地减少受 GPS 干扰或意外干扰影响的区域。行业正在开展如何增强这些技术的研究,并期望在将来的某个时刻将其推广到更广泛的航空领域。

· 若缺乏合适的机载导航功能,在能够保持监视和通信能力且不会受到干扰的前提下,可以由空中交通管制员"引导"航空器。

· 关于监视能力,美国联邦航空管理局已经实施计划,通过维护一个备用监视雷达和广域多元静态关联监视系统网络,减轻 GPS 事件影响 PNT 中断对这些服务的潜在干扰。这些系统可以提供补充的协作监视服务,这些服务与广播式自动相

① 国家空域系统(NAS)分为数百个空中交通管制"扇区"。一名空中交通管制员有责任使航空器在各个扇区内以及与其他扇区之间安全地相互隔离。扇区的大小各不相同,根据主要的交通流量、高度和管制员工作量确定。

关监视(ADS－B)数据相融合,提供无缝备用监视功能。计划对航路区和中高密度的终端空域提供备用监视,从而在GPS或GPS增强系统性能降低期间支持持续的高效运行。

5.1.2.4 减少航海导航中的干扰

美国海岸警卫队(USCG)已经确定了两个关键的航海应用:

· 内河水道和进出港导航;

· 授时和同步(航海AIS标准)。

在大多数情况下,船员会采用常规导航,并使用各种船载和外部系统,例如GPS、船载雷达、视觉航标、回声测深仪、纸质和电子海图、VTS(船舶交通管理系统)和领航设备。此外,美国海岸警卫队(USCG)在港务长的授权下对航道进行一定程度的管控,并可在恶劣情况或特殊作业时关闭航道或限制海事活动。在圣劳伦斯海道中,圣劳伦斯航道发展公司(GLS)的职责和权限与美国海岸警卫队在其他内陆水道所承担的职责和权限相同,例如在恶劣情况下有权关闭或限制圣劳伦斯航道中的商业航行。这些组合措施有助于确保海上航行安全。由于视觉导航和独立船载系统的广泛备用网络,在出入港航道和内河航道中航行的船只可在GPS中断期间继续航行,但安全和效率会出现一定程度的下降。

船舶自动识别系统(AIS)很好地展示了如何围绕GPS设计新技术,同时实施措施以减轻GPS潜在弱点所带来的影响。具体而言,AIS设计团队意识到了GPS中断的可能性。尽管AIS将GPS用作主授时源,但它可用外部同步方法提供备用授时,该方法以接收其他AIS站发射的信号为基础。可以在船上安装了此类系统的前提下使用GPS以外的电子导航系统提供的备用定位信息。尽管从技术上讲,GPS授时和定位丢失不会影响单个AIS收发器的运行,但系统会失去向数据包注入准确的“时间标签”和准确的“船只位置”的能力。除非备用船载位置传感器可正常运行并连接到AIS,否则系统将无法发挥防撞安全功能。

5.1.2.5 减少陆地导航中的干扰

地面交通运输用户目前使用基于GPS及其增强系统的PNT服务,以补充其他可用的非天基PNT系统。在这种操作模式下,用户可无缝地使用其他技术来减小由于阻碍所造成的GPS短期丢失,以及由于车载用户设备故障和不利的运行环境而引起的GPS长期丢失。未来的应用预计对精度有更加严苛的要求,这将推动辅助技术的集成,从而提供更高的精度和更高的可靠性。GPS及其增强系统的信号丢失将在整个运行环境中进行仔细评估,以确保陆路交通运输系统持续安全高效地运行。

地面交通运输机构正在与产业界合作，以确保使用 GPS 及其增强系统的安全关键系统考虑到 PNT 服务丢失的问题，并能够减轻其影响，以继续安全高效地运行美国地面交通运输基础设施。现在，通过与用户和地方交通运输机构进行联系并定义最低运行标准，上述目标得已实现。未来，可能需要对应用开发人员、州、部落、地区和地方的公路和交通运输机构以及汽车运输公司进行培训，使其了解 PNT 解决方案的运行能力以及发生故障时的处理方法。最后，当地面用户遇到树冠/城市障碍物时，GPS 的信号强度预计会出现不足情况，因此，体系配置中将集成补充或替代系统，这些系统对 GPS 导航解决方案进行验证测试，在 GPS 信号劣化时能够接替其继续运行。

定位应用也经常用于以下应用中：勘测、精准农业、应急响应和执法、消防服务、环境资源管理、公用设施的定位和管理、资产盘点和管理，以及物流。这些应用在持续时间和操作区域上是可变的。由于定位应用的灵活性，操作通常会暂停，直到某个区域内的 GPS 或 GPS 增强信号恢复。光学和惯性测量设备是可满足这些应用的精度要求的备用选项，具体取决于这些运行机构的能力和准备情况。如果 GPS 信号的中断会导致生产率降低到不可接受的程度，用户可以考虑使用其他 PNT 源与 GPS 相集成的解决方案，以提高可用性。

#### 5.1.2.6 减少铁路导航中的干扰

尽管联邦政府对美国的货运、城际和通勤铁路运行负有重大的安全监督责任，但在实际系统运行中其作用却极为有限。日常系统的运行由 460 多家铁路公司承担，其中绝大多数由私营实体拥有和运营。在 GPS 中断的情况下，提供缓解措施的主要责任在于各个铁路公司。

由于 GPS 主要被铁路用作控制列车运行的辅助技术，因此 GPS 信号丢失会增加列车事故概率，但只会是 GPS 使用前的水平。铁路只能靠其较早的非 GPS 列车控制方法，例如人工闭塞（track warrant）、闭塞信号、基于轨道电路的自动机车信号/自动速度控制、基于轨道的自动停车，以及基于轨道的自动列车控制。除了这些非 GPS 技术外，还有一套标准化规则作支持，例如《通用操作规范》（General Code of Operating Regulations，GCOR）或《东北操作规则咨询委员会》（Northeast Operating Rules Advisory Committee，NORAC）规则。这些非 GPS 控制方法创建得较早，自 20 世纪初期以来一直在使用。这些方法也是安全有效的，每百万公里行驶里程的列车事故率低于 2.4。

尽管实施 GPS 信号丢失缓解措施的主要责任在于各个铁路公司，但联邦政府仍在支持开发替代的非 GPS 干扰缓解方法。联邦铁路管理局(FRA)智能铁路系统(Intelligent Railroad Systems)计划鼓励采用综合性列车控制技术方法，将可互操作、协同和冗余且不会被干扰或阻塞的系统融合在一起。这些技术不仅包括当前使用的技术和程序，还包括惯性导航或先进的陆基传感器系统等新技术。

认识到卫星导航服务可能会受到干扰，联邦铁路管理局与各个铁路公司、铁路供应商和交通运输研究组织合作开展以下事项：

· 努力将具有抗干扰能力的接收器引入铁路行业；

· 鼓励将低成本的惯性测量元件(IMU)纳入列车控制系统；

· 制定用于铁路应用的抗干扰设备标准和架构；

· 提倡为卫星导航服务及其增强系统提供可靠的信号结构；

· 与其他联邦、州、部落、地区和地方机构以及国际组织合作，防止和减少卫星导航服务及其增强系统受到的干扰。

### 5.2　GPS 增强系统

GPS 标准定位服务无法满足民用 PNT 应用的所有用户性能需求。

各种差分技术被用于增强 GPS，以满足特定的用户性能要求。但需注意，民用差分系统和民用差分系统的用户需要能够接收 GPS 民用信号，才能使用差分技术来计算位置。如果 GPS 民用信号本身不可用，那么仅凭增强功能无法提供任何服务。

#### 5.2.1　广域增强系统(WAAS)

广域增强系统(WAAS)是美国联邦航空管理局运行的星基导航增强系统(SBAS)，在对地静止卫星覆盖内，可提高离场、航路、进场和进近操作期间航空器导航和定位的精度、可用性、完整性和连续性。WAAS 在主要覆盖范围内(包括阿拉斯加、加拿大和墨西哥的大部分地区)支持垂直引导的仪器进近操作。尽管 WAAS 主要设计用于航空应用，但它也广泛用于其他领域(如海运、汽车、农业和测绘)的导航接收器。

美国联邦航空管理局于 2003 年开始运营 WAAS，使基于性能的导航(PBN)操作能够用于航空器的离场、航路、进场和进近操作，包括非精密进近和垂直制导进近程序。WAAS 服务支持 PBN 的所有区域导航(RNAV)和所需导航性能(RNP)规范，以及 ADS－B 的所有性能级别(非精密/精密)。

WAAS 系统将进行升级，以使用现代化 GPS 卫星提供的 L5 信号，取代当前确定电离层校正所用的半无码 L2 信号。使用 L1 和 L5 的新型双频 WAAS 航空电子设备将提高 RNAV 进近的弹性和覆盖范围，但采用的是最小值 LPV 进近参数。

### 5.2.2 地基增强系统

开发地基增强系统（GBAS）是为了提供必要的精度、可用性、完整性、覆盖范围和连续性，以在初期支持Ⅰ类（CAT Ⅰ）精密进近，并最终支持Ⅱ类和Ⅲ类（CAT Ⅱ and Ⅲ）精密进近。与当前的仪表着陆系统（ILS）不同，单个 GBAS 地面站可为机场的所有跑道末端提供精密进近能力。GBAS 通过 VHF 数据广播为航空器提供局部差分改正和完整性参数，从而增强 GPS 功能。当前，GBAS 仅提供 CAT Ⅰ精密直线进近，将来可能允许装备适当的航空器执行曲线进近和分段进近。GBAS 还可提供具有高度完整性的定位服务，以潜在地支持更高效的能力，例如并行跑道操作和机场地面操作。

2009 年 9 月，美国联邦航空管理局实现了一个重要的里程碑，其认证通过了 CAT Ⅰ精密进近的首个非联邦 GBAS 系统设计。纽瓦克自由国际机场和休斯顿乔治布什洲际机场都在运营提供 CAT Ⅰ服务的非联邦 GBAS 系统。

继美国联邦航空管理局和国际社会进行了大量研究和原型制作工作后，ICAO 导航系统专家组（Navigation Systems Panel）于 2016 年 12 月批准了 ICAO CAT Ⅱ/Ⅲ GBAS 精密进近的 ICAO 附录 10 标准。美国联邦航空管理局目前无采办 GBAS CAT Ⅱ/Ⅲ地面设施的计划；然而，与 GBAS CAT Ⅰ一样，当 CAT Ⅱ/Ⅲ GBAS 获得美国联邦航空管理局系统设计批准后，购买机构可将 GBAS CAT Ⅱ/Ⅲ作为非联邦系统进行安装。

### 5.2.3 机载增强服务（ABAS）

随着 GPS 星座支持 L1 和 L5 双频，除了保持传统的单频 GPS 服务外，美国联邦航空管理局正在向提供基于双频多星座（DFMC）的导航和监视服务进行过渡。DFMC 包括使用 L1/L5 双频 GPS 以及双频 GPS 与其他被许可[①]星座的双频信号的结合使用。DFMC 模式支持飞行的所有阶段，包括航路、终端区、水平导航（LNAV）和 LPV 进近以及广播式自动相关监视（ADS-B）。

作为 DFMC 模式运行概念的一部分，美国联邦航空管理局还期望仅基于使用机载增强服务（ABAS）进行增强的 L5 信号提供航空服务。这种采用 ABAS 增强的

① 外国 GNSS 卫星服务供应商必须先获得联邦通信委员会（FCC）根据 47 CFR §25.131（j）（1）和/或 47 CFR §25.137 的许可要求豁免，然后才能获得美国联邦航空管理局的美国航空服务授权。豁免流程需通过代表行政部门的美国国家电信和信息管理局（NTIA）的审批。

纯 L5 模式提供的服务水平与航空用户当前从使用 RAIM 算法的 L1 获得的服务水平相当，并支持现有的应用。当来自 L1 的信号丢失（例如，由于干扰）时，航空用户将采用单 L5 模式。

L5 的空间信号特性和性能水平与《GPS 标准定位服务性能标准》（GPSSPS PS）中规定的 L1 信号的空间特性和性能水平相当。

### 5.2.4　全国差分全球定位系统（NDGPS）

2018 年 3 月，联邦公报发布了一份公告，宣布逐步停止 NDGPS 服务。截至 2020 年 6 月 30 日，所有 NDGPS 服务均已根据上述通知停止。随着新的 GPS Ⅲ卫星的推出，以及选择性可用性的永久终止，DGPS 不再被视为必要的增强系统。

## 5.3　仪表着陆系统（ILS）

仪表着陆系统（ILS）是一种精密进近和着陆系统，由定位器、下滑道和 VHF 指点信标或低功率 DME（或两者兼有）组成。全精密进近还包括跑道视程（RVR）设备和进近灯光系统。仪表着陆系统在航空器进近和着陆阶段提供电子垂直和水平导航（制导）信息，并与机场跑道末端连接。距离指示由指点信标或 DME 提供。根据其配置以及机场和航空器上安装的其他系统，仪表着陆系统可支持 CAT Ⅰ、Ⅱ和Ⅲ进近以及低能见度引导起飞操作。

仪表着陆系统是美国及其他国家的标准精密进近系统。美国联邦航空管理局运行着 1200 多个仪表着陆系统，其中约 150 个为 CAT Ⅱ或 CAT Ⅲ系统。此外，国防部在美国运行约 160 个仪表着陆系统设施。非联邦机构在美国运营不到 200 个 ILS 设施。

随着基于 GPS 增强系统 WAAS 被集成到国家空域系统（NAS）中，且用户设备和接受程度不断提高，CAT Ⅰ ILS 的数量可能会达到合理水平。美国联邦航空管理局没有计划淘汰任何 CAT Ⅱ或Ⅲ仪表着陆系统。

仪表着陆系统定位器与 VOR 和 GBAS VDB 共享 108—111.975 MHz ARNS 频段。即使许多 CAT Ⅰ仪表着陆系统已退役，仍需要大量 108—111.975 MHz 频段中的频谱来运行 CAT Ⅱ和Ⅲ定位器。

仪表着陆系统下滑道子系统在 328—335.4 MHz UHF 频段中运行。该频段固有的物理特性（与 108—111.975 MHz VHF 频段的物理特性一样）非常适合长距离视距地面 A/G 通信和数据链路应用［例如 GBAS、ADS - B 和交通信息服务（TIS）］。因此，该频段非常适合为此类服务提供多频段分集，或者如果这些服务不能完全容纳在其他频段中，则可用作它们的溢出频段。即使许多 CAT Ⅰ ILS 退役后,仍然需要该频段中的大量频谱才能运行 CAT Ⅱ和Ⅲ ILS 下滑道子系统。

仪表着陆系统指点信标在 74.8—75.2 MHz VHF 频段上运行。由于所有 ILS 指点信标都在一个频率(75 MHz)上运行,因此除非 ILS 被淘汰,否则对该频段的航空需求将保持不变。

### 5.4 VOR、DME 和 TACAN

#### 5.4.1 甚高频(VHF)全向信标(VOR)

VOR 提供从航空器到 VOR 发射器的方位。当前使用的 VOR 服务自 20 世纪 50 年代问世以来规定了空域结构和程序,并已在国际范围内实现了标准化。美国联邦航空管理局计划从基于 VOR 的空域和程序,过渡到基于区域导航(RNAV)和所需导航性能(RNP)的基于性能的导航(PBN)空域系统,以满足用户对下一代航空运输系统(NextGen)的容量、效率和安全性需求所需要的更严格要求。

随着越来越多的空域和程序过渡到 PBN,美国联邦航空管理局将逐步减少 VOR 站的数量至最小运营网络(MON)。最小运营网络将提供基本的 VOR 导航功能,使航空器能够在 GNSS 中断期间通过 ILS 或 VOR 进近程序飞越 GNSS 中断区域或导航到机场。在向 RNAV 和 RNP 过渡的整个过程中,将继续保持最低水平的 VOR 服务,按需支持 IFR(仪表飞行规则)操作。装有扫描测距设备(DME)的 RNAV 航空器能够在 GNSS 中断期间在高空空域和部分机场继续进行 PBN 操作。DME、VOR、战术空中导航系统(TACAN)和 ILS 将在国家空域系统中提供独立的导航源。由于双系统 VOR/TACAN(如 VORTAC)的 VOR 部分不可用,所以如果国防部需要,将保留 DME 功能和 TACAN 方位角功能。部分 VOR 台站还会在 VOR 中断后通过其他方式广播天气和空中交通信息。

美国联邦航空管理局运营约 1000 个 VOR、VOR/DME 和 VORTAC 台站。国防部拥有大约 50 个台站,主要位于美国和海外的军事设施上,所有用户均可使用。

#### 5.4.2 测距设备(DME)

测距设备(DME)提供从航空器到 DME 发射器的倾斜距离。许多站点是由 TACAN 系统提供 DME 功能,该系统还向军事用户提供方位制导。

美国联邦航空管理局计划解决 DME 扩展服务空域(ESV)的需求,并保持现有 DME 服务,以在美国本土(CONUS)上空的高空航路空域支持不受限的 RNAV 操作。美国联邦航空管理局计划扩展 DME 网络,使主要机场的终端区具有 RNAV 能力,并为 RNAV 航路和高空运行提供连续覆盖。需要继续使用 960—1215 MHz ARNS 频段。

国防部联合战术信息分发系统/多功能信息分发系统（JTIDS/MIDS）也以非干扰方式在该频段内运行。民航界将使用 DME ARNS 频段中的 978 MHz，使未配备 1090 MHz Mode－S 扩展电文的航空部门能够提供 ADS－B 服务。民航界的一些飞机运营商正在使用 978 MHz 的 DME ARNS 频段来提供 ADS－B 服务，以代替 1090 MHz 的 S 模式扩展型间歇振荡器。ADS－B 是一种让航空器将机载 PNT 系统发出的位置和速度数据传输给其他航空器和空中导航服务提供商（ANSP）网络的功能。

### 5.4.3　战术空中导航（TACAN）

TACAN 是一种用于军事服务的战术空中导航系统。它是民用 VOR/DME 系统的军事对应版。TACAN 通过共置方位角和 DME 共置天线提供方位和距离信息。TACAN 主要与民用 VOR 台站共置（VORTAC 设施），使军用航空器能够在国家空域系统（NAS）中运行，并为民事用户提供 DME 服务。

美国联邦航空管理局和国防部目前运行着 100 多个独立的 TACAN 台，支持国家空域系统内的军事飞行行动。国防部还在海外军事设施上运行着约 30 个固定 TACAN 台，还维护着 90 多个移动 TACAN 台站和两个移动 VORTAC 台站，用于支持全球部署。联邦航空管理局和国防部继续评估和更新要求，以支持从陆基导航到天基导航的过渡。

目前，联邦航空管理局没有针对 TACAN 的采购活动。现有的所有 TACAN 都已使用了 30 年，有的部件超过了 50 年。联邦航空管理局与国防部合作，正在进行分析，以使 TACAN 合理化，以制订停止不必要系统的计划。此外，联邦航空管理局正在为 DME、VOR 和 TACAN 制订长期维护计划，以确保这些系统在可预见的未来仍然是弹性导航基础设施的可行部分。

## 5.5　无方向性信标（NDB）

NDB 在部分机场充当非精密进近辅助工具；作为指南针定位器，其通常与 ILS 的外指信标放置在一起，帮助飞行员在非雷达环境使用 ILS 程序；同时还为航路导航提供辅助。国家空域系统包含 1300 多个 NDB。其中只有不到 300 个归联邦政府所有；其余的为非联邦设施，主要归州、市和机场所有。

随着用户配备 GPS，联邦航空管理局已开始停用单机 NDB。用作指南针定位器或 ILS 进近所需的其他固定点（例如初始进近固定点、复飞等待）的 NDB，在没有等效的陆基手段可用的情况下，可能需要维持，直到基础 ILS 被淘汰。可能还需要保留部分 NDB，用于促进培训和能力培养。

规定低频航线的大多数 NDB 位于阿拉斯加或为国际口岸与某些近海地区服务，如墨西哥湾。除了阿拉斯加空域外，在整个国家空域系统其余部分停用航空 NDB 系统后，这些频段将不再有民用航空用途。海洋无线电信标已被淘汰。

## 5.6 广播式自动相关监视（ADS – B）

ADS – B 是一种关键安全服务，高度依赖主要基于 GNSS 的定位和授时服务。现在飞机的 ADS – B Out 航空电子设备利用 GPS 或 GPS 增强系统提供飞机和车辆的位置和速度信息，同时提供该数据的准确适用时间。ADS – B 监视信息中包含的该位置和授时数据用于在整个 NAS 中跟踪飞机。空中交通管制员利用这些信息安全间隔飞机，并将其引导至适当的目的地。该数据也由系统中配备 ADS – B 的飞机接收，以向飞行员提供交通图像，用于增强态势感知和冲突警报应用。

配备 ADS – B 的航空器和载具会通过通用接入收发器（UAT）（978 MHz）或 1090 MHz 扩展电文（1090 MHz）数据链路定期发送其状态向量（水平位置和垂直高度、水平和垂直速度）及其他信息。ADS – B 电文广播被视线内的其他航空器以及地面上的无线电台或卫星接收器接收。这些 ADS – B 电文被处理并格式化为 ADS – B 报告。无线电台或卫星接收器将这些报告提供给空中交通管理（ATM）和自动化交通流量管理系统，供 ATC 用于提供航空器间隔服务、交通流量管理和其他服务。

ADS – B 是自动的，不需要飞行员操作或外部询问。但它也是有依赖性的，它依靠机载导航和其他系统源将 ADS – B 电文广播给其他用户。广播范围内的任何用户，无论是陆基航空器还是星基航空器，都会收到 ADS – B 电文信息。ADS – B 提供更新的监视数据速率比传统雷达监视系统更高，精度比当今的 NAS 雷达系统更高。

## 5.7 航空过渡计划

表 5 – 1 汇总了目前国家空域系统（NAS）中的导航基础设施和服务。

**表 5-1　导航基础设施单元和服务**

| 服务 | | 辅助系统/基础设施 | | | |
|---|---|---|---|---|---|
| | | 地面导航设备 | GNSS | 独立机载系统 | 机场灯光 |
| 常规导航操作 | 航路阶段 | VOR（Victor 和 Jet 航线）<br>VORTAC（Victor 和 Jet 航路）<br>TACAN*<br>DME（定位点定义）<br>NDB（在阿拉斯加和部分海上航路） | GPS、SBAS（已批准替代 NDB、DME） | 惯性系统 | N/A |
| | 进场和离场 | VOR（SID、STAR）<br>VORTAC（Victor 和 Jet 航路）TACAN*（SID、STAR）<br>DME（定位点定义）<br>NDB | GPS、SBAS（已批准替代 NDB、DME） | 惯性系统 | N/A |
| | 进近与着陆 | | | | |
| | 仪表进近 | ILS、定位器、LDAO<br>VOR<br>DME<br>NDB<br>TACAN*<br>机场监控雷达（ASR）* | N/A | 气压计 | 根据操作类型或最低要求提供灯光。参见 AC 150/5300-13 |
| | 带垂直制导的仪表进近 | ILS、PAR* | 请参阅以下的“区域导航操作” | 气压测高仪、雷达测高仪、气压 VNAV、EFVS/HUD*** | 根据操作类型或最低要求提供灯光。参见 AC 150/5300-13 |

续表

| 服务 | | 辅助系统/基础设施 | | | |
|---|---|---|---|---|---|
| | | 地面导航设备 | GNSS | 独立机载系统 | 机场灯光 |
| 基于性能的导航(PBN)操作 | 航路阶段 | DME/DME** | GPS、SBAS | 惯性(作为多传感器系统的一部分) | N/A |
| | 进场和离场 | DME/DME** | GPS、SBAS | 惯性(作为多传感器系统的一部分) | N/A |
| | 进近与着陆 | | | | |
| | RNAV 和 RNP 仪表进近(水平制导) | N/A | GPS、SBAS、GBAS | 惯性(作为多传感器系统的一部分),气压计,气压 VNAV | 根据操作类型和/或最低要求提供灯光。参见 AC 150/5300-13 |
| | RNAV 和 RNP 仪表进近(带垂直制导) | N/A | SBAS、GBAS | 气压测高仪气压 VNAV、EFVS/HUD*** | 根据操作类型或最低要求提供灯光。参见 AC 150/5300-13 |

* 主要由国防部使用。

** 传统和备用服务。

*** 尽管并非导航系统,但 EFVS/HUD 的作用是降低风险,因需审批方能运行,因此其用途值得信赖。

### 5.7.1 过渡到基于 GNSS 的 PNT

美国联邦航空管理局正在通过以下方式过渡到提供主要基于 GPS 增强系统的 GNSS 服务:

· 机载增强系统(ABAS),例如接收器自主完好性监测(RAIM);

· SBAS,如 WAAS;

· GBAS;

· 使用 GPS 或 SBAS 的 ADS-B。

过渡后的结果是,对地面导航和监视服务的需求将减少,联邦提供的地面设施的数量将相应地减少,但用户有足够的时间装备 GNSS 航空电子设备。

向 GNSS 过渡的速度和进度将取决于多个因素,其中包括:

· NAS 性能;

· 实现 GPS 和 GPS 增强系统项目里程碑的情况；

· 用户装配和接受情况。

具体要拆除哪些 NAVAID 和监视雷达设施，将根据联邦航空管理局制定的标准以及所有利益相关方的反馈意见来确定，最后只保留最小运行网络的 VOR。将继续与空域用户和航空业协调过渡计划。

### 5.7.2 GNSS 过渡问题

GPS 在航空操作方面与传统的地面导航系统有根本的不同。地面系统能够基于导航设施的固定位置实现以导航台为基准的导航。VOR/DME 和 TACAN 提供相对于设施位置的方位角和距离，但这可能无法界定两个机场之间的最直接路径。基于 GPS、WAAS 或 DME/DME 的 RNAV 和 RNP 操作，使航空器能够以最短的距离进行点对点导航飞行。

在过渡期间，需要满足两种类型的用户。只有在取消所有常规仪表飞行程序或被 PBN 程序取代后，才能中断 VORs。大多数地面系统（例如仪表着陆系统）仅向单个跑道提供服务。无论有无地面 PNT 设备，NAS 中的任何现有跑道上均可进行 GPS 进近操作。所需的地形和障碍物缓解措施以及机场改进措施均与基于 ILS 的精密进近操作的一样。GBAS 支持在机场的多个跑道末端进行精密进近操作，其最终的接受率可能会比仪表着陆系统更高，但在过渡期间必须考虑将两者混合使用。

截至 2020 年 1 月 1 日，联邦航空管理局开始将 ADS－B 作为飞机间隔服务合作监视的首选来源。目前通过备用雷达系统和广域多点定位系统（WAM）正被用于 ADS－B 的补充能力，以及在一些不需要 ADS－B 设备的空域内。联邦航空管理局将继续适应雷达和 WAM 的监视，以使用监视数据融合，对 ADS－B 监视进行补充。这种融合处理能力集成了这些不同的监视技术，为每架飞机的空中交通管制提供了一条单一的航迹，能够抵御任何单个监视源的降级或丢失。

联邦航空管理局将对一些雷达系统继续进行维护，并与 ADS－B 一起提供 WAM 服务，以保持强大而有弹性的监视能力，确保即使在 GNSS 可能的中断期间，飞机也能安全间隔。此外，联邦航空管理局正在与业界和其他合作伙伴国家合作，制定新的 PNT 定位源标准，供 ADS－B 使用，并进一步缓解对当今 GNSS 的干扰。其中包括早在 2020 年 1 月生效的用于 PNT 的双频多星座 GNSS 接收器。

## 5.8 授时方案

### 5.8.1 国家标准与技术研究院授时方案

美国国家标准与技术研究院（NIST）将在可预见的将来继续运行和维护时间发

布服务，本文件第 A. 2. 7 节附件 A 对此进行了概述。状态和变更将记录在以下网址，http://tf. nist. gov/和/或 https://www. nist. gov/pml/time – and – frequency – division/time – services。

此外，根据第 13905 号行政命令的规定，国家标准与技术研究院将开发并提供额外的独立于 GNSS 的世界标准时间（UTC）参考标准（NIST），以支持关键基础设施所有者和运营商以及其他公众人士的需求。联系方式见上述的网页。

### 5.8.2 美国海军天文台授时方案

根据国防部（DoD）政策，美国海军天文台（USNO）为国防部和大多数美国政府 PNT 系统提供精密时间和时间间隔（PTTI）参考。美国海军天文台通过各种介质发布时间，其中包括 GPS、双向卫星时间传递（TWSTT）、网络时间协议（NTP）和电话语音播报器。GPS 的世界标准时间 UTC（USNO）授时服务广播是通过向用户提供将 GPS 时间转换为 UTC（USNO）的修正参数来完成的。美国海军天文台正在改进其主时钟和 GPS 监视系统，以更好地满足未来的 GPS Ⅲ要求。有关美国海军天文台授时服务的详细信息，请访问 https://www. usno. navy. mil/USNO/time。

## 第 6 部分 PNT 架构评估和演进

国家 PNT 架构描述了满足具有扩展应用程序和用户的弹性 PNT 体系预期的未来需求所需的能力。弹性 PNT 体系包括以下内容：

· 使用多个不同的 PNT 源和数据路径；

· 选择能够最大限度地减少会降低保护或导致单点故障的攻击机会和重叠攻击向量的架构；

· 利用纵深防御（多层保护、缓解和响应）；

· 将现代网络安全原则以及其他提高弹性的关键能力整合到更大的 PNT 体系中。

根据第 13905 号行政命令（《通过负责任地使用 PNT 服务来增强国家弹性》），交通部科技政策办公室（OST – P）负责人协调开发了题为《弹性 PNT 国家研发计划》的报告/计划。

这份报告/计划有以下几项内容：

· 根据现有的倡议，研究、开发和试点测试不依赖于 GNSS 的额外、稳健和安全的 PNT 服务；

· 提出了一项国家研发活动计划，以提高关键基础设施应对 PNT 服务中断的能力；

· 符合第 13905 号行政命令的要求和 2008 年国家 PNT 架构研究的战略。

《弹性 PNT 国家研发计划》有三个总体目标：描述、改进和扩大弹性 PNT。这些目标包括支持提高 GPS 弹性的研发活动，以及开发补充 PNT 能力和服务。14 个研发目标被纳入三个总体目标中，涵盖了增强知识和能力的关键弹性领域。

对 PNT 服务及其使用描述并建模

· 描述 PNT 需求

· 提高评估设备和服务的测试能力和测试协议

· 进行建模、仿真和测试，以评估漏洞

· 开发根据功能需求确定适当 PNT 来源的工具

改进和扩展 PNT 功能

· 提高内部源的 PNT 保持能力

· 开发和改进补充 PNT 的外部来源

· 建立校准和可追溯性技术

· 改进和扩展中断检测工具和方法

· 对新的补充 PNT 服务制作原型和演示

集成和部署弹性 PNT

· 确定用于安全集成多个 PNT 源的概念和技术

· 通用硬件平台

· 开发弹性 PNT 系统架构

· 调查作为 PNT 主要来源的运行内部来源

· 制定网络安全标准、最佳实践和其他指南

弹性 PNT 国家研发计划包括整合和使用多种 PNT 服务的方法，以增强关键基础设施的弹性。白宫科学和技术政策办公室（OSTP）主管应每 4 年或视情况协调对该计划的更新。

国家 PNT 架构是一项前瞻性计划，旨在帮助美国高效地提供政府 PNT 系统和服务。该架构的指导原则体现了美国在 PNT 中角色的总体构想。《PNT 架构最终报告》及其相关的《国家 PNT 架构实施计划》提供了实现该构想的架构战略以及四个方向和原则。PNT 架构展示了未来 PNT 环境的体系级看法，可作为美国相关政府部门和机构采取单独行动的框架。自《PNT 架构最终报告》和《国家 PNT 架构实施计划》发布以来，各个部门和机构正在不同程度地实施相关构想、战略和原则，并

且该过程将继续。如果各部门的工作导致联邦提供的 PNT 系统和服务在未来发生改变,则这些变更的计划将被记录在后续版本的《联邦无线电导航计划》中。

该架构战略被称为“更大公因数”(Greater Common Denominator),因为其旨在为无限数量的用户提供更大的共同核心功能,同时通过自定义解决方案满足特殊用户的独特需求。架构研究发现,大量的 PNT 用户有一些共同的需求,这些需求可以更高效地通过标准解决方案来满足,不必使用多个定制系统。因此,PNT 架构战略的关键环节是充分利用在全球范围内为不限数量的用户提供增强功能的 GPS 现代化。支撑此战略的四个方面如下:

· 多现象学——多现象学是指各种物理现象(如无线电频率、惯性传感器和场景映射),以及使用这些物理现象(例如多个无线电频率)的各种源和数据路径,向用户提供可互换的解决方案,以确保强大的可用性。

· 可互换的解决方案——可互换的解决方案或具有高度互操作性的解决方案,是指能够将来自多个数据源的信号合并到一个 PNT 解决方案中,还能够在主用源不可用的情况下,通过替代源提供解决方案。

· PNT 与通信的协同——数据通信网络可通过提供 PNT 辅助和增强数据、地理空间信息等方式支持 PNT 功能。然而,增加与功能更强大的通信网络的连接也提供了将这些网络用作 PNT 源的机会,而不仅仅是 PNT 辅助和增强数据的数据通道。

· 合作式组织结构——促进跨部门协调与合作,确保有效的运行、高效的采办及相关的科学技术应用开发。随着 PNT 解决方案越来越倾向于集成多个 PNT 源,供应商之间的合作变得更加重要。

下面简要介绍了与架构的战略和方向相关并能予以推动的项目和计划。

### 6.1 战略实施

正在开展的 GPS 现代化工作将继续通过研发和发射 GPS Block Ⅲ卫星来维护 GPS 星座,其是“更大公因数”战略的一部分,确保 GPS 继续作为国家 PNT 架构的基石。GPS 现代化的一个结果是,GPS 卫星将融合其他频率和信号结构,以改善提供给广大用户的服务。

继《国家 PNT 架构实施计划》公布后,国防部和联邦航空管理局都进行了备选方案分析(AoA)研究工作,以进一步评估对 GPS 的增强和补充。这些研究结果将对选择候选 PNT 源和技术提供指引,经过进一步的研发和测试,这些源和技术将成为综合 PNT 服务和设备的一部分,分别用于军事和民航应用。此外,国防部的实施以《国防部 PNT 体系战略》为指导，为国防部各机构确定国防部特有的愿景、目标、目的、职责和近期实施行动。

## 6.2　多现象学

目前许多探索多种 PNT 信息源集成的工作正在开展当中。联邦航空管理局的替代 PNT(APNT)研究正在对可选择的 PNT 源和服务进行评估，以支持飞行操作，并最大限度地降低 GPS 中断对国家空域系统(NAS)造成的影响。目前正在考虑的方案包括利用现有的 NAS 系统基础设施，最大限度地减少在 NAS 中部署更多系统的需求，并最大限度地降低未来 APNT 解决方案的成本。目前纳入考虑的现有系统基础设施包括 DME 网络、ADS – B 地面站网络和/或两者的结合。

国防部正在进行或计划进行许多技术项目，以开发基于不同 PNT 源但不依赖 GPS 的自主导航功能。军队研究实验室和美国国防高级研究计划局(DARPA)支持的项目主要研究视觉辅助或成像传感器、新的惯性导航系统技术以及机会信号导航的集成。当 GPS 信号受到物理和/或电磁干扰时，所有上述技术都可提供更强大和具有弹性的 PNT 解决方案。

国防部正在努力开发和实施模块化开放系统架构，以便灵活、经济地将多种 PNT 源集成到整个部队的平台中，包括陆军的替代 PNT(APNT)、海军 GPS PNT 服务(GPNTS)和空军的高抗扰性嵌入式 GPS 惯性导航系统(R – EGI)项目。

对于精确授时应用(一天中的时间、时差和频率稳定性)，现在至少可以从一家公司获得芯片级原子钟授时，而美国和其他国家/地区的其他公司都在开展相关的研发项目。

对于海上安全信息(MSI)广播，美国海岸警卫队(USCG)已制定了合作研究与开发协议，开发海上数字广播(NAVDAT)系统原型，作为对现有 NAVTEX 系统的增强。NAVDAT 是国际海事组织(IMO)和国际电信联盟(ITU)建议的系统，可作为向全世界的船舶传输沿海紧急海洋安全信息的一种增强手段，这也是国际海事组织全球海上遇险和安全系统(GMDSS)升级换代工作的一项内容。NAVDAT 系统的频谱分配在 2012 年世界无线电通信大会上获得批准，《无线电规则》随之发生变更。

## 6.3　可互换的解决方案

国家 PNT 架构包括有关使用外国 PNT 系统和进行国际合作，以促进互操作性的建议。通用标准和参考框架是实现可互换解决方案及 PNT 互操作性的重要因素。美国在许多国内外场合提倡使用这种通用标准和参考框架。多年来，交通部和联邦航空管理局与其他国家及国际标准组织合作,在世界其他地区建立几乎相同的均基于 GPS 的交通 PNT 系统,其中包括欧洲、日本和印度的天基增强系统以及 50 多个国家的差分 GPS 网络。

美国国家海洋和大气管理局(NOAA)已扩展了自己的连续运行参考站(CORS)网络,将美国以外的站点包括在内(包括伊拉克和墨西哥),并计划帮助其他国家/地区建立推广美国 GPS 技术标准的 CORS 站点。国家海洋和大气管理局的 CORS 网络被越来越多地集成到全球和区域网络中,以确保跨国兼容性。美国参与并支持了非洲大陆参考框架(AfREF)和亚太区参考框架(APREF)项目,这是一个联合国支持的项目,它使用天基大地测量技术将非洲和亚洲的许多国家坐标参考框架统一为整个非洲大陆通用的一个参考框架。同样地,美国支持 APREF、SIRGAS(美洲和加勒比地区参考框架)以及国际地球参考框架(被联合国采用)。

美国国家空间参考系统(NSRS)将是 SIRGAS 框架的国家层面的强化,这将是国际地球参考系(ITRS)的区域强化。它们都是嵌套的。这符合联合国协议(《全球大地测量参考框架》)和近期的美国法律(《地理空间数据法案》),它们要求美国 NSRS 符合 ITRS。

在美国,联邦地理数据委员会、联邦应急管理局(FEMA)和若干州政府等组织已开始提倡更多地使用美国国家网格(USNG)作为确定位置的标准。USNG 的使用在缓慢增长,其在便携式导航设备和导航软件中也越来越多地用作帮助进行灾难响应和与其他应用实现互联互通的唯一标识位置的方式。

### 6.4 PNT 与通信的协同

PNT 架构所构想的 PNT 与通信协同工作在许多领域得到了体现,特别是在交通运输领域。基于位置的服务(LBS)的发展及商业领域的推进,使相关的能力得以实现,例如根据用户当前的位置提供交通和天气信息、路由和跟踪信息或个性化服务。将通信和 PNT 数据相融合,可提供诸如 E-911 等紧急援助服务,并有助于跟踪急救对象的位置,以帮助协调急救人员的工作。

基于 Wi-Fi 的创新室内定位系统充分利用了城市地区无线接入点的快速增长。商业领域的进展将受到密切监测,以便将其纳入联邦 PNT 相关项目。

联邦航空管理局实施的广播式自动相关监视(ADS-B)也体现了通信与导航的融合。ADS-B 允许航空器向地面站和装备了相应设备的航空器收发信息。其将自动与所有配备了相应设备的 ADS-B 航空器共享位置数据。除位置数据外,联邦航空管理局的 ADS-B 地面台站还将向飞行员提供及时的交通(在 1090MHz

和978MHz 链路上)和天气信息(仅在978 MHz 链路上)。

在海事领域中,自动识别系统(AIS)传输系统(如ADS－B)使用GPS信息和在VHF海上频段运行的转发器系统,能够在船与船之间以及船与岸之间进行通信,并实时、自动化地传输与船舶标识、地理位置、船型和货物有关的信息。

在汽车和其他陆地导航系统方面,智能交通系统计划旨在将PNT与通信协同起来应用于车联网研究等领域。根据设想,车联网体系能够通过可互通的无线通信网络改变出行方式。该技术将使汽车、卡车、公共汽车及其他车辆能够彼此"沟通交流",并使道路基础设施能够持续共享重要的安全、流动性和环境信息。随着研究人员探索将GPS集成到通信系统的方法,车对车通信系统也可能纳入列车主动控制系统计划,该系统可以提醒火车和汽车在铁路交叉口可能发生的碰撞。

### 6.5　合作式组织架构

目前的一些国家和国际组织架构及最近的一些倡议促进了合作,并符合这一方向。

在国家层面,美国国家天基PNT执行委员会及相关的行政督导小组(ESG)和国家协调办公室(NCO)提供了一个跨部门论坛来解决有关问题。国家协调办公室扩展了GPS. gov网站的内容,以改善整个PNT社区的信息共享。该网站向包括公众、专业人士和国会工作人员在内的广大受众提供有关PNT主题的信息。

正在进行的机构间合作和架构的一个例子涉及跨部门的活动,以促进在关键基础设施中负责任地使用PNT。GPS. gov网站中包含各种文件,描述负责任地使用PNT的最佳实践,以及第13905号行政命令(通过负责任地使用PNT服务来增强国家弹性)的链接。为了响应第13905号行政命令,商务部正在牵头开发和提供PNT配置文件,使公共和私营部门能够识别依赖于PNT服务的系统、网络和资产;确定适当的PNT服务;检测PNT服务的中断和被操控;并管理依赖PNT服务的系统、网络和资产的相关风险。这些努力将使多种PNT现象和可互换解决方案以更安全、更有效的方式结合起来。

在国际层面,民用GPS服务接口委员会(CGSIC)、GNSS国际委员会(ICG)和亚太经合组织(APEC)等组织积极促进国际合作与协调。民用GPS服务接口委员会是公认的全球平台,旨在促进所有民用GPS用户和美国GPS主管部门之间的有效互动。美国是GNSS国际委员会的创始成员,该委员会于2005年通过联合国外层空间事务办公室成立,旨在促进天基PNT技术在世界范围内的应用,特别是在发展中国家。美国还是 GNSS 国际委员会服务提供商论坛的成员，该论坛是全球卫星导航服务供应商之间进行多边互动的场所。

一些新的合作计划包括保护 PNT 相关频谱，特别是与 GPS 相关的频谱。在干扰检测与缓解（IDM）领域，蓄意干扰响应小组（PIRT）是由美国战略司令部（USSTRATCOM）领导的跨部门组织，旨在协调美国政府的资源，以识别和减轻对卫星通信的蓄意干扰。蓄意干扰响应小组涉及的机构包括美国国务院、国家电信和信息管理局（NTIA）、国家航空航天情报中心、国家航空航天局（NASA）、美国地质勘探局（USGS），以及其他对卫星干扰问题有责任、有能力或感兴趣的机构。

### 6.6 展望未来

两年一度的《联邦无线导航计划》（FRP）更新为 PNT 业界提供了一个机会，使其能够回顾 PNT 架构所述构想的进展情况，并评估在缩小 PNT 能力缺口方面的进步。此过程中重点实施的活动，有助于 PNT 业界将重点放在需要加大工作力度的领域。

随着 GPS 的现代化以及其他 GNSS 功能的增加，全球不限数量的用户都可使用改进后的通用核心功能。利用多个全球系统可提高可用性，并为提高可用性和完整性提供更多选择。上述计划还提高了 PNT 在城市和其他存在物理障碍的环境中的可用性。目前只能从多个方面发力来应对干扰挑战——在发射器端开发更强大的集成解决方案，同时在接收器端有更好的流程和能力来定位干扰信号。将通信与 PNT 信息融合使用户能够及时地访问诸如交通信息等地理空间信息。未来美国和全世界对 PNT 的需求和其重要性将持续增长。业界制定的原则和战略所提供的方向仍然是推进工作的有用框架。[①]

随着美国政府部门和机构不断进行分析和开发工作，体系级架构将出现进一步变化。任何影响联邦 PNT 服务的系统级变更都将包含在本计划的未来版本中。

## 附录 A 系统参数和说明

### A.1 系统参数

A.2 节所论及的系统是按以下系统参数定义的，这些系统参数确定了单个

① 本节描述和说明的美国国家 PNT 架构构想是概念性的，取决于国会的拨款以及负责 PNT 服务的美国政府机构的决策。

PNT 系统空间信号的使用和局限性。这些参数是：

- 信号特性
- 精度
- 可用性
- 覆盖范围
- 完整性
- 可靠性
- 模糊性
- 定位维度
- 定位更新频率
- 频谱
- 系统容量
- 连续性

### A.1.1　信号特性

空间信号的特性包括功率水平、频率、信号格式、数据速率和任何其他足以完全定义用户获取 PNT 信息的方式的信息。

### A.1.2　精度

在导航中，在给定时间估计或测量接收器（手持式、车载、机载或舰载）位置的精度，是指该位置的估计值或测量值与真实值的一致程度。由于精度是性能指标的统计测量值，在讨论 PNT 系统精度时，也必须同时说明应用场景位置的不确定性，否则这种讨论就毫无意义。

*精度的统计测量*

PNT 系统误差通常遵从已知的误差分布。因此，定位的不确定性可以表示为误差不超过一定量的概率。由于总的误差包括由传输信号的不稳定性引起的误差、传播介质中天气和其他物理变化的影响、接收设备误差以及用户人为误差，因此，彻底解决误差问题变得错综复杂。在规定或描述系统的精度时，通常要排除人为误差。由于有些导航系统是线性的（一维），而另一些导航系统提供二维或三维位置，因此问题进一步复杂化。

当规定线性精度时，或者当需要以正交轴（如沿轨迹或交叉轨迹）方式进行规定时，将采用 95% 的置信度。垂直精度或方位精度将以一维方式［95% 的置信水平（2 sigma）］规定。

当使用二维精度时，通常使用 2 x 距离均方根（drms）误差表征。考虑用一组测得的定位数据绘制二维误差分量图。drms 通常是通过首先定义一组任意方向的垂直轴来找到的，以真实位置点为原点。然后找到每个轴周围的方差、求和、并计算平方根。当误差分布呈椭圆形时（固定的陆基系统通常如此），为方便起见，可以将这些轴作为误差椭圆的长轴和短轴。处于半径等于 2drms 的圆内的概率取决于误差椭圆的伸长率。当误差椭圆塌缩为一条线时，概率接近 95%；当误差椭圆变为圆形时，概率接近98%。

*精度类型*

PNT系统精度的规范通常参考以下一个或多个定义：

· 预测精度：PNT系统的定位解算相对于地/海图解算的精度，二者都必须基于相同的大地测量基准。

· 重复精度：用户返回到先前用同一PNT系统测定过坐标的位置的精度。

· 相对精度：某个用户测量出的位置相对于另一个用户用同样PNT系统测量出的位置的精度。

### A.1.3 可用性

PNT系统的可用性是系统服务可用的时间百分比。可用性是指系统在特定覆盖范围内提供可用服务的能力。信号可用性是从外部源发送的PNT信号可供使用的时间百分比。可用性取决于环境的物理特性和发射设施的技术能力。

### A.1.4 连续性

连续性是指整个系统（包括在定义的空间内保持用户位置所需的所有元件）在预期操作期间不出现非计划中断的情况下执行其功能的能力。连续性风险是指系统被无意中断，并且不会为预期操作提供指导信息的概率。更具体地说，连续性是指系统在操作阶段持续时间内可用的概率，假设系统在该操作阶段开始时可用。

### A.1.5 覆盖范围

PNT系统提供的覆盖范围是指信号足以允许用户以指定的性能水平（如精确度、可用性、完整性和连续性）确定位置的表面区域或空间。覆盖范围受系统的几何结构、信号功率水平、接收器灵敏度、大气噪声状况以及影响信号可用性的其他因素的影响。

### A.1.6 可靠性

PNT系统的可靠性是系统发生故障频率的函数。系统在给定操作条件下、规定性能限值内、在规定时长执行其功能的概率。从形式上讲，可靠性是1减去系统的故障概率。

### A.1.7 定位更新频率

定位更新频率定义为单位时间系统中可用的独立定位或数据点的数量。

### A.1.8 定位维度

这个特性定义PNT系统是提供线性的一维位置线，还是二维或三维的定位，还包括系统从PNT信号得出第四维要素（例如时间）的能力。

#### A.1.9 系统容量

系统容量是系统可以同时容纳的用户数。

#### A.1.10 模糊性

当 PNT 系统使用同一组测量值确定载具的两个或多个可能位置,而没有指示哪个位置最精确时,就存在系统模糊性。应识别潜在的系统模糊性,并为用户提供识别和解决它们的方法。进一步发展,当两个 PNT 测量不一致或同一 PNT 在测量空间或时间上出现不同结果,并且在没有额外信息的情况下,无法在指定的不确定度公差内确定正确的 PNT 结果。例如,在闰秒事件期间,设备可以使用相同的时间戳 23:59:59 对两个事件进行时间戳,一个在闰秒之前,另一个在闰秒期间。

#### A.1.11 完整性

完整性是对 PNT 系统所提供信息的正确性的信任程度的度量。完整性包括当系统不应用于导航时,系统向用户提供及时警告的能力。

#### A.1.12 频谱

频谱描述了给定 PNT 系统的工作频率范围。

#### A.1.13 时间和频率

时间和频率参数为:

*频率精度*。在没有外部校准的情况下,与秒的定义的最大长期偏差。这是作为与识别和维护的信号源的频率差来测量的。

*频率稳定性*。给定时间间隔内的频率变化。

*授时精度*。从识别和维护的时间源(国家标准与技术研究院、美国海军天文台、国际度量衡局等)的绝对时间偏移。

*世界标准时间*。由国际度量衡局(BIPM)维护的原子时标,确定为国际平均值,并为可变地球自转添加闰秒。

### A.2 系统介绍

本节描述了目前正在使用或正在开发的各个 PNT 系统的特点。这些系统根据前面 A.1 节中定义的参数进行描述,我们的讨论涵盖所有的民用导航系统。《参谋长联席会议主席第 6130.01 号指令》讨论了专门用于满足国防部特殊应用需求的系统。

#### A.2.1 全球定位系统(GPS)

GPS 是美国太空军为美国政府运营的两用天基 PNT 系统。美国政府提供两类 GPS 服务:适用于授权用户的精确定位服务(PPS)和适用于所有用户的标准定位服务(SPS)。

如图 A－1 所示,GPS 主要分为三段:空间段、控制段和用户段。GPS 空间段由 6 个轨道平面上至少 24 颗卫星组成的标准星座构成。这些卫星在近似圆形的中地球轨道(MEO)上运行,高度约为 20200 公里(10900 海里),倾角为 55 度,周期约为 12 小时。

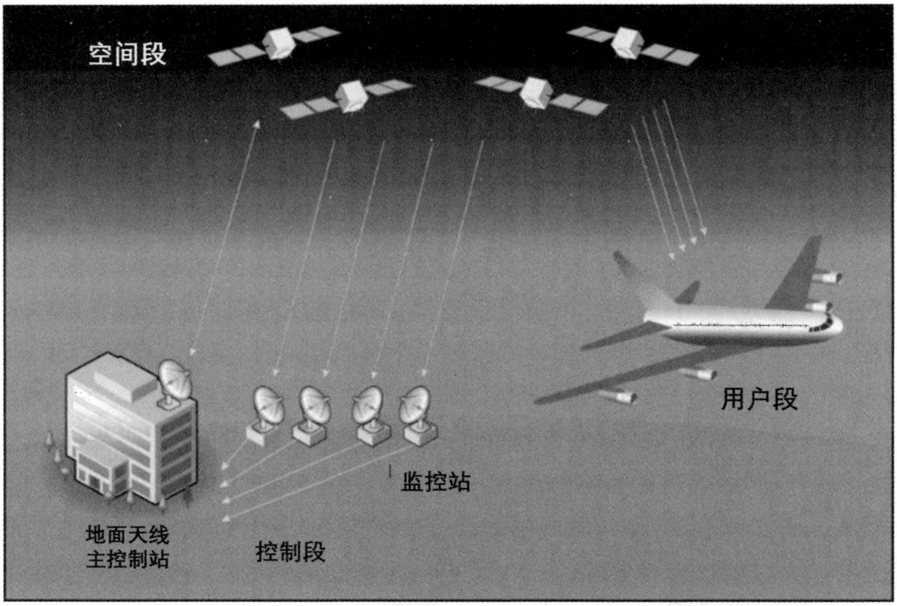


**图 A－1　GPS 架构**

GPS 控制段有一个监测站网络和四个具有上行链路功能的专用地面天线。监测站网络由美国太空军和国家地理空间情报局(NGA)的监测站组成,使用 GPS 接收机被动跟踪观测到的所有卫星,并从卫星信号中积累测距数据。监测站的信息在主控站(MCS)进行处理,以确定卫星时钟和轨道状态,并更新每颗卫星的导航电文。经过更新的信息通过地面天线发送到卫星,地面天线也用于发送和接收卫星健康和控制信息。

GPS 用户段由各种配置和集成架构组成,其中包括天线和接收器处理器,用于接收和计算导航解算,向用户提供定位、速度和精确授时。

表 A－1 汇总了 GPS 标准定位服务的特性。有关 GPS 标准定位服务性能的更多详细信息,请参见 GPS 标准定位服务性能标准(GPS SPS PS)。

**表 A－1　GPS/标准定位服务特性**

| SPS 精度(米)<br>95% * 预测精度 | 服务<br>可用性 | 覆盖<br>范围 | 服务<br>可靠性 ** | 定位<br>更新频率 | 定位<br>维度 | 系统<br>容量 | 潜在<br>模糊性 |
|---|---|---|---|---|---|---|---|
| 水平≤9<br>垂直≤15<br>时间≤40 纳秒 | 99% | 地面服务<br>空域 | $1-1\times10^{-5}$/<br>小时/SIS | 每秒 1－<br>20 次 | 3D＋时间 | 无限制 | 无 |

* 精度和可用性百分比使用 24 小时测量间隔所提供的数据来计算。统计数据代表全球服务空域的平均位置。在地面服务空域最不理想的位置,95% 预测的水平误差达到 17 米,95% 预测的垂直误差达到 37 米。精度统计不包括单频电离层模型、对流层或接收器噪声的影响。可用性统计信息适用于最不理想情况下的 95% 的预测水平或垂直定位误差值。

** 可靠性阈值是与卫星当前广播的 URA 指标“N”相对应的 URA 值上限的 ±4.42 倍。

A. 信号特性

对于 PNT 用户,每颗卫星在两个 L 波段频率 L1(1575.42 MHz)和 L2(1227.6 MHz)上发送三个扩频信号。L1 携带精确[P(Y)]伪随机噪声(PRN)码和粗测距/捕获(C/A)PRN 码,而 L2 携带 P(Y) PRN 码。

精码以 P(Y)码表示,指可以以清晰、未加密的“P”码或加密的“Y”码配置发送 PRN 代码。L1 和 L2 频率上携带的 PRN 码与卫星时钟相位同步,并通过通用 50 Hz 导航数据电文调制(使用模二加法)。如第 3.2.7 节所述,升级换代后的卫星已开始发射其他信号。其中,用户可以利用 L2C 信号减少从同一颗卫星接收的 L1 C/A 信号的电离层误差。L2C 信号的提供始于 Block IIRM 卫星。

用户接收的标准定位服务测距信号是一个以 L1 为中心的 2.046 MHz 零点到零点带宽信号。在 1559—1610 MHz ARNS/RNSS 波段,包含 GPS－标准定位服务信号的发射测距信号的中心频率为 1575.42MHz。在 SV 高于 5 度仰角、线性极化用户接收天线(位于近地处)处于常规最差不利方位、输出值为 3 dBi 时,标准定位服务最小接收功率为－158.5 dBW。信号中包含的导航数据由发射卫星的卫星时钟和星历数据以及 GPS 星座历书数据、GPS 到 UTC(USNO)的时间偏移信息和单频(SPS)用户使用的电离层传播延迟修正参数组成。整个导航电文每 12.5 分钟重复一次。在这 12.5 分钟的重复周期内,发射卫星的卫星时钟和星历数据将分别发送 25 次,也即每 30 秒重复一次。只要卫星显示状态良好,接收器就可以在数据的有效期内(最多 4 或 6 小时)继续使用这些数据来运行。每当卫星和星历信息更新时,接收器就会更新这些数据,通常每两小时更新一次。

从概念上讲,GPS 根据四个独立球体的交汇点确定位置,每个球体都有一个已知原点和量级。每个卫星的球心都根据卫星星历计算。根据从发射卫星的 PRN 码相位延迟测量的信号传递时间延迟计算距离范围。考虑到卫星信号以光速传播，并考虑到电离层传播延迟、多普勒效应、相对性影响和地球旋转系数等延迟和调整因素，接收机通过将卫星信号传播时间乘以光速，可以在单个卫星与用户之间进行测距测量。

B. 精度

标准定位服务（SPS）的定位、速度和授时精度等级按标准规定，可以连续无限制地在全球范围内提供给任何用户。标准定位服务提供的全球平均可预测定位精度为水平 9 米（95%）、垂直 15 米（95%），时间传递精度（95%）为 UTC 的 40 纳秒以内。有关更多详细信息，请参见《GPS 标准定位服务性能标准》（GPSSPS PS）。

C. 可用性

标准定位服务提供 99% 的全球平均可用性。服务可用性基于预期水平误差小于 17 米（95%）和预期垂直误差小于 37 米（95%）。预期的定位误差是一种预测统计，基于位置解算几何构形和卫星测距信号误差预算值两个因素的组合情况。

D. 覆盖范围

GPS 标准定位服务的覆盖范围按地面服务域和空间服务域描述。地面服务域覆盖整个地球表面，最高可达 3000 公里。空间服务域从地球表面上方 3000 公里延伸至地球表面上方 36000 公里（包括 36000 公里）。

E. 可靠性

正常运行的卫星的标准定位服务空间信号用户测距误差（SIS URE）不超过用户测距精度（URA）值上限（与卫星未及时告警情况下发送的 URA 指标“N”相对应）的 ±4.42 倍的概率大于 $1-1x10^{-5}$/小时。

F. 定位更新频率

定位更新频率基本上是连续的，但是需要接收器处理以从噪声中提取扩频信号，使有效用户定位更新频率达到每秒 1—20 次。首次定位的实际时间取决于用户设备的能力以及利用当前卫星年历数据进行的初始化。

G. 定位维度

当有四个或更多卫星可用时，GPS 提供三维定位和授时，而只有三个卫星可用时，GPS 提供二维定位和时间。

H. 系统容量

系统容量没有限制。

I. 模糊性

没有模糊性问题。

J. 完整性

GPS 系统架构具有许多特性，包括硬件冗余、强大的软件和严格的操作人员培训，以最大限度地减少出现完整性异常情况。处理意外的卫星完整性异常问题可能需要长达 6 个小时的时间，即使最快响应时间也要几分钟左右，这对某些应用来说是不够的。对于此类应用，可能需要像接收器自主完好性监测（RAIM）这样的增强功能，以实现必要的及时预警功能。

K. 频谱

GPS 卫星在 3 个 L 频段发送导航信号：L1，频点在 1559—1610 MHz ARNS / RNSS 频段的 1575.42 MHz；L2，频点在 1215—1240 MHz 频段的 1227.6 MHz；和 L5，频点在 1164—1215 MHz ARNS / RNSS 频段的 1176.45 MHz。

### A.2.2　GPS 增强系统

GPS 可能会显示与预测网格之间的差异，预测网格是为导航、绘图或派生制导信息而建立的。这种差异可能是由传播异常、信号授时的意外扰动或其他因素引起的。

GPS 必须增强才能满足最苛刻的航空、陆地和海洋精确性和完整性要求。差分 GPS（DGPS）是满足这些要求的一种方法。

差分 GPS 通过对卫星基础测量值实施差分修正来增强 GPS。差分 GPS 基于对一个或多个参考站地理位置的准确信息，根据其测量值计算伪距修正值，然后，将这些差分修正值发送给 GPS 用户，由用户将修正值应用在接收到的 GPS 信号或计算出的位置。对于标准定位服务的民用用户，差分修正可以将导航精度提高到优于 7 米（2 drm）。差分 GPS 参考站固定在一个大地测量位置。参考站通常从该位置跟踪所有可见卫星，并根据其测量值和大地位置计算出修正值。然后将这些修正值发送给 GPS 用户，以改进他们的导航方案。一种完善的处理办法是计算出每个卫星的伪距修正值，然后将其发送给用户，并应用于用户的伪距测量，然后接收机计算 GPS 位置，从而得到高度精确的导航解决方案。固定参考站点的接收器从所有可见卫星接收信号，并测量每个卫星的伪距。由于卫星信号包含有关卫星轨道的信息且参考接收器知道其位置，因此可以计算出每颗卫星的真实距离。通过比较计算出的距离和测得的伪距，可以为每个卫星确定一个修正项。伪距修正值将被发送并应用于每个用户位置处的卫星测量。该方法为联邦航空管理局的地基增强系统(GBAS)所采用。

联邦航空管理局广域增强系统(WAAS)在测量地点使用 GPS 参考站/测量站网络,以收集所有可见航天器的 GPS 伪距和伪距变化率的双频测量值。这些测量值经过处理,生成高度精确的星历表、电离层和对流层校准图,并生成广播航天器星历表和时钟偏移的修正值。在 WAAS 中,这些修正值和系统完整性电文将通过商用对地静止卫星上的专用转发器转发给用户。这种中继技术还支持发送额外的测距信号,从而提高整体导航系统的可用性。

GPS 非导航用户要求精度在几厘米以内,或者采用事后处理措施以达到几分米到几米精度的,通常采用与导航用户有所不同的增强功能。使用 C/A 测距码的后处理应用会将参考站的实际观测结果(而不是修正项)提供给用户。然后,用户在其还原软件中计算修正值。如果测量员和其他用户在后处理时需要亚厘米至几厘米的定位精度,则使用参考站的双频(L1 和 L2)载波相位观测值,而不是码相位测距数据。

非导航用户越来越多地采用实时载波相位差分定位。当前,这需要在用户几十公里范围内有 GPS 参考站。在许多情况下,用户都布设自己的参考站,这些参考站仅在具体项目期间运行。目前,美国主要由私营企业提供支持多用户实时载波相位定位的永久性参考站。一些州和地方政府团体正朝着提供此类参考站的方向发展。其他国家正在国家政府一级建立全国性的实时载波相位参考站网络。

A.2.2.1　广域增强系统(WAAS)

广域增强系统(WAAS)包括增强国防部提供的 GPS 标准定位服务的设备和软件。空间信号提供三种服务:(1)GPS 和地球同步轨道(GEO)卫星的完整性数据;(2)GPS 卫星的广域差分修正;(3)其他测距能力。WAAS 目前支持相当于 CAT I、RNAV 和 RNP 离场的进近航路导航。2008 年,WAAS 完成了整个 LPV 阶段的计划,从而满足了整个美国本土和阿拉斯加对具备垂直制导的航向道性能(LPV)的要求。

GPS 卫星的数据在广泛分布的参考站[称为广域参考站(WRS)]接收和处理。这个数据被转发到数据处理站,即广域主站(WMS),该站对数据进行处理,以便确定每个受监测卫星的完整性、差分修正、残差和电离层信息,并生成 GEO 卫星导航参数。这些信息被发送到地面地球站(GES),并与 GEO 导航电文一起通过上行链路上传到 GEO 卫星。然后,这些 GEO 卫星以类似于 GPS 使用的调制方式,通过

GPS 链路 1(L1)频率下传这些数据。

除了提供 GPS 完整性外,WAAS 还验证自身的完整性,并采取任何必要措施确保系统满足性能要求。WAAS 还具有向联邦航空管理局操作人员提供信息的系统操作和维护功能。

WAAS 用户接收器处理以下信息:(1)处理完整性数据,以确保所使用的卫星提供容限范围内的导航数据;(2)处理差分修正和电离层信息数据,以提高用户位置解算的精度;(3)处理一颗或多颗地球同步轨道(GEO)卫星的测距数据,用于定位,以提高可用性和连续性

A. 信号特性

WAAS 从所有支持导航服务的 GPS 和 WAAS GEO 卫星收集原始数据。WAAS 地面设备制定有关 GPS 和 GEO 卫星的测距信号和信号质量参数的电文。GEO 卫星向用户发送 WAAS 电文,并使用 GPS 类型的调制(包括 C/A PRN 码)通过 GPS L1 频率提供测距信号源。码相位授时与 GPS 时间同步以提供测距能力。

B. 精度

WAAS 在整个美国本土提供的水平和垂直精度均优于 2 米(95%)。精度要求取决于航空营运情况。对于非精密进近的航路,无增强的 GPS 精度就足够了。对于 LPV-200①,水平和垂直精度要求分别为 1.5 米和 2 米(95%)。

C. 可用性

对于非精密进近的航路,美国本土和阿拉斯加的 WAAS 可用性分别为 0.9999 和 0.999。对于在美国本土进行垂直制导进近,可用性至少为 0.99。

D. 覆盖范围

WAAS 的覆盖范围是从美国本土(CONUS)、阿拉斯加、夏威夷和加勒比海群岛的地面至 100000 英尺的空域。不同地区对可用性和连续性的服务水平期望不同,主要原因是服务水平不同,且难以在美国本土以外区域选址参考站以充分监测电离层。阿拉斯加也受到处在地球同步轨道覆盖区边缘北纬地区的影响。有关更完整的覆盖范围的说明,请参阅 2008 年 10 月的第 1 版 WAAS 性能标准。

E. 可靠性

WAAS 提供足够的可靠性和冗余性,可以满足整个国家空域系统(NAS)的需

---

① LPV-200 不符合 I 类精密进近的技术定义;但是,它可以提供 200 英尺的决断高度,相当于 I 类。

求,而不会出现单点故障。WAAS 空间信号的整体可靠性接近 99%。

F. 定位更新频率

该系统提供几乎连续的位置更新。

G. 定位维度

WAAS 提供三维定位和高度精确的授时信息。

H. 系统容量

用户容量不受限制。

I. 模糊性

系统不提供定位信息的模糊性。

J. 完整性

利用 WAAS 增强 GPS 标准定位服务的完整性是一项必备能力,其既是操作特性又是技术特性。完整性增强所要求的系统性能水平是 GPS/WAAS 可用于所有飞行阶段所必须具备的水平。

完整性通过三个参数加以规定:危险误导性信息概率(PHMI)、预警时间和预警限值。对于非精密进近航路,性能值为:

| | |
|---|---|
| PHMI | 每小时 $10^{-7}$ |
| 预警时间 | 6.2 秒 |
| 预警限值 | 为各飞行阶段规定保护限值 |

对于 LPV 进近操作,性能值如下:

| | |
|---|---|
| PHMI | 每个进近 $10^{-7}$ |
| 预警时间 | 6.2 秒 |
| 预警限值① | 水平 40 米/垂直 50 米 |
| 预警限值② | 水平 40 米/垂直 35 米 |

WAAS 提供信息,以便用户设备可以按这些等级确定完整性。

K. 频谱

WAAS 分别在 1559—1610 MHz 和 1164—1215 MHz ARNS / RNSS 频段中的 GPS L1 和 GPS L5 链路上叠加运行。

A.2.2.2 地基增强系统(GBAS)

美国版 GBAS 传统上被称为局域增强系统(LAAS)。国际社会已将 GBAS 作

① 对于上限和能见度最低值为 250 英尺和 3/4 英里的进近。

② 对于上限和能见度最低值为 200 英尺和 1/2 英里的进近。

为此类导航系统的正式术语。为了与国际社会保持一致,联邦航空管理局采纳了GBAS这一术语。GBAS是一个安全关键的精密进近导航和着陆系统,由国防部提供的GPS标准定位服务增强系统设备组成,包括差分GPS伪距修正、完整性参数和进近数据(见图A-2)。它为装备GBAS的用户提供空间信号,具体目标是通过CAT Ⅲ精密进近(包括自动着陆)支持终端区域的导航。GBAS的空间信号提供:(1)对用作测距源的GPS卫星和可选用的WAAS地球同步轨道(GEO)卫星进行局部区域差分修正;(2)相关的完整性参数;(3)精密进近最后进近段描述路径点。①

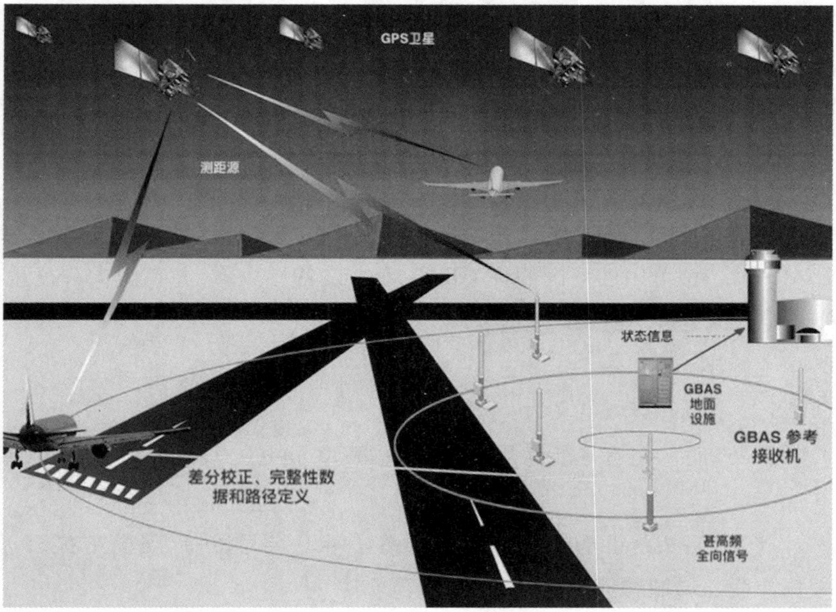


**图A-2　GBAS架构**

GBAS使用位于机场内的多个GPS参考接收机及其相关天线,以接收和解码GPS测距和导航数据。来自各参考接收器的数据通过信号质量监测、导航数据质量监测、测量质量监测和完整性监测算法处理,然后取平均值为每次测量提供最佳差分距离修正,具有满足精度、完整性、服务连续性和可用性标准所需的保真度。

① 对于GBAS设备,WAAS GEO测距源的校正是选用功能。

通过全向 GBAS VHF 数据广播传输，向正在本地终端区运行的航空器发送可用的每个跑道端的差分距离测量修正、完整性参数和最后进近段路径点描述。

机载 GBAS 接收机将差分修正应用于自己的卫星伪距测量，并根据所执行的进近类别最大允许误差范围评估误差参数。

A. 信号特性

GBAS 从支持导航服务的所有可用测距源收集原始 GPS 测距数据。

GBAS 地面设施会为每个测距值生成差分修正电文以及伪距校正误差参数。然后，GBAS VHF 数据广播发射器向用户发送 GBAS 修正电文。VHF 频段 108—117.925 MHz 用于 GBAS VHF 数据广播。

B. 精度

GBAS 精度要求是根据仪表着陆系统（ILS）的精度要求得出的。对于 Ⅰ 类精密进近，水平精度要求为 16.0 米，95%。GBAS Ⅰ 类垂直精度要求为 4.0 米，95%。

C. 可用性

GBAS 的可用性取决于地点/机场，但范围在 0.999— 0.99999（根据 ICAO 附件 10 SARPS）。该可用性范围假设 GBAS 飞机设备无故障，并在很大程度上依赖于每个特定安装处的可见 GPS 星座。

D. 覆盖范围

GBAS 最小服务空域定义为：

· 垂直方向：从跑道基准点开始，径向距离 20 nmi（0.9 度径向夹角），10000 英尺以下。

· 水平方向：从跑道基准点开始，跑道左右 450 英尺，进近路径左右 35 度，20 nmi［根据非联邦局域增强系统（LAAS）规范］。

E. 可靠性

· GBAS 地面设施的平均无故障间隔时间（MTBF）应至少为 2190 小时（引自 FAA－E－3017，非联邦导航设施规范 Ⅰ 类局域网增强系统地面设施）。

· 平均修复时间（MTTR）应小于 30 分钟，并应考虑以下因素（引自 FAA－E－3017，非联邦导航设施规范 Ⅰ 类局域网增强系统地面设施）：

△ 诊断时间；

△ 拆除故障 LRU；

△ 安装新的 LRU；

△ 初始化新 LRU；

△ 将地面设施恢复到正常/操作模式所需的所有调整。

F. 定位更新频率

GBAS 广播定位更新频率为 2 Hz。机载接收器的定位更新频率至少为 5 Hz。

G. 定位维度

GBAS 提供了三维定位和高度精确的授时信息。

H. 系统容量

GBAS 系统容量没有限制。

I. 模糊性

GBAS 没有相关位置模糊性。

J. 完整性

通过 GBAS 保证 GPS 标准定位服务的位置完整性是一种必备能力，其既是操作特性又是技术特性。支持 CAT Ⅰ类操作的系统所需的系统性能由以下参数规定：

| | |
|---|---|
| PHMI | 每次进近 $10^{-7}$ |
| 预警时间 | 6 秒 |
| 预警限值 | 水平 40 米/垂直 10 米 |

支持 CAT Ⅲ类操作的需求已经完成，旨在符合 ILS CAT Ⅲ操作的操作框架要求。

K. 频谱

GBAS 在目前被甚高频全向信标（VOR）和仪表着陆系统（ILS）占用的 108—117.975 MHz 频段广播，可以使用当前 VOR / ILS 的间隙频道，或在 VOR 和 ILS 部分退役后的频道。在美国，GBAS 频率分配限制在 112.075—117.925 MHz。

**A.2.3　仪表着陆系统（ILS）**

仪表着陆系统（ILS）是一种精密进近系统，通常由航向台设施、下滑道设施和相关 VHF 指点标组成。它在机场跑道进近着陆阶段提供垂直和水平导航（制导）信息。

目前，ILS 是国际民航组织（ICAO）批准的全球主要精密着陆系统。该系统目前可以满足需要，但是在站址、频率分配、成本和性能方面存在局限性。表 A－2 汇总了 ILS 的特性。

**表 A－2　仪表着陆系统（ILS）的特性（空间信号）**

<table>
<tr><th colspan="3">最低可应用决断高度时的精度（米－2 Sigma）</th><th rowspan="2">可用性</th><th rowspan="2">覆盖范围</th><th rowspan="2">可靠性</th><th rowspan="2">定位更新频率*</th><th rowspan="2">定位维度</th><th rowspan="2">系统容量</th><th rowspan="2">潜在模糊性</th></tr>
<tr><th>类别</th><th>方位</th><th>高程</th></tr>
<tr><td>Ⅰ</td><td>±9.1m</td><td>±4.1</td><td rowspan="3">接近99%</td><td rowspan="3">从航向台中心开始的正常限值±10°到18海里和±35°到10海里</td><td rowspan="3">当系统超出容限范围时，98.6%有正指示</td><td rowspan="3">连续</td><td rowspan="3">航向和偏差度</td><td rowspan="3">只受航空器间隔要求限制</td><td rowspan="3">无</td></tr>
<tr><td>Ⅱ</td><td>待定**</td><td>待定**</td></tr>
<tr><td>Ⅲ</td><td>待定**</td><td>待定**</td></tr>
</table>

* 覆盖范围内的信号可用性。

** 精度特性由 ILS 特有的特性规定（如光束弯曲容限、下滑航线对齐）。正在研究以获得总源精度（以米为单位）。

A. 信号特性

航向台设施和天线通常位于距跑道末端 1000 英尺以外，提供 VHF（108—111.975 MHz ARNS 频段）信号。下滑道设施位于距跑道进近端约 1000 英尺处，提供 UHF（328.6—335.4 MHz ARNS 频段）信号。指点信标位于跑道中心线的延长线上，并标识进近过程中的特定位置。通常，ILS 包含两个 75 MHz 信标：位于最终进近点的外指点信标（通常距跑道进近端 4—7 英里），和中指点信标（位于距跑道入口[①] 3500 英尺 ±250 英尺处）。中指点信标用于在Ⅰ类进近的最低能见度下注意即将出现的跑道。内指点信标位于距跑道入口约 1000 英尺处，通常用于 CAT Ⅱ和 CAT ⅢILS 进近。

B. 精度

航空公司在 10000 英尺跑道上的典型操作是使入口处的航向对准（航向台）保持在 ±25 英尺内。进近最后一段的转弯航道不得超过 ±0.06 度（95%）。在高程 100 英尺（95%）时，下滑道航向对准保持在 ±7.0 英尺之内的情况下，进近最后一段的下滑道转弯不超过 ±0.07 度（95%）。

C. 可用性

基于仪表着陆系统（ILS）的程序可用时间通常为 98% 至 99%。

D. 覆盖范围

---

① 如果有替代品，则盲降进近不再需要指点信标。允许使用现有的指点信标，并在有可接受替代品的情况下停用。

各系统覆盖范围如下：

· 航向台：与航线呈±35度10海里，呈±10度18海里。

· 下滑道：0.45到1.75倍于下滑道角度10海里。

· 指点信标：短轴±40度（大约）（沿进近航线），长轴±85度（大约）。

E. 可靠性

仪表着陆系统（ILS）的可靠性是98.6%。但是，地形和其他因素可能会限制ILS信号的使用。必须特别考虑地形因素和动态因素，如航空器滑行可能导致多点干扰。

在某些情况下，将航向台与孔径天线阵列和双频系统结合使用可以解决ILS站址问题。对于下滑道，使用大孔径捕获效应成像阵列和单频阵列可在困难的地点提供服务。

F. 定位更新频率

尽管用户以接收器/显示器确定的速率接收位置更新信息（通常每秒更新5次以上），但下滑道和航向台可提供连续的定位信息。向飞行员提供听觉和视觉指示的指点信标位于进近路径的特定点上，如表A－3所示。

**表A－3　航空器指点信标**

| 指点信标名称 | 距跑道入口典型距离 | 声音信号 | 光色 |
|---|---|---|---|
| 外指点信标 | 4—7海里 | 持续连字符（2/秒） | 蓝色 |
| 中指点信标 | 3250—3750英尺 | 持续交替（点－连字符） | 琥珀色 |
| 内指点信标 | 1000英尺 | 持续点（6/秒） | 白色 |

G. 定位维度

仪表着陆系统（ILS）通过下滑道和航向台信号提供垂直和水平制导。以周期性间隔（越过指点信标）获得距跑道入口的距离。

H. 系统容量

除航空器间隔要求所施加的限制外（航空器必须成一列纵队才能使用该系统），ILS没有任何容量限制。

I. 模糊性

如第A.2.3.E节所述，通过施加系统限制可以解决潜在的模糊性问题。

J. 完整性

当集成监控器检测到超出容限情况时，仪表着陆系统（ILS）通过取消信号来提供系统完整性。表 A－4 给出各类别关车的延迟时间。

**表 A－4　ILS 关车延迟**

| 类别 | 航向台 | 下滑道 |
|---|---|---|
| Ⅰ | <10 秒 | <6 秒 |
| Ⅱ | <5 秒 | <2 秒 |
| Ⅲ | <2 秒 | <2 秒 |

K. 频谱

仪表着陆系统（ILS）指点信标在 74.8—75.2 MHz VHF 频段工作。ILS 航向台与甚高频全向信标（VOR）共享 108—117.975 MHz ARNS 频段的 108—111.975 MHz 部分。ILS 下滑道子系统在 328—335.4 MHz UHF 频段运行。

**A.2.4　甚高频全向信标（VOR）、测距设备（DME）和战术空中导航（TACAN）**

从历史上看，VOR、DME 和 TACAN 构成了美国航空航路区域和终端区导航以及非精密进近的基本基础设施，但是随着 GNSS 的广泛实施，它们将逐渐失去优势。VOR 提供给飞行员的信息是相对于 VOR 地面站的磁方位角。DME 提供了从航空器到 DME 地面站的倾斜距离测量值。在大多数情况下，VOR 和 DME 配置为 VOR/DME 设施。TACAN 提供与 VOR/DME 类似的方位角和距离信息，主要用于军用航空器。当 TACAN 与 VOR 配置在一起时，它被指定为 VORTAC 设施。DME 和 TACAN 的距离测量功能在功能上是相同的，因此，TACAN 远程服务被民用飞机用作 DME。

A.2.4.1　甚高频（VHF）全向信标（VOR）

A. 信号特性

表 A－5 总结了甚高频全向信标（VOR）的信号特性。VOR 被分配在 108—117.975 MHz（VHF）ARNS 频段运行，间隔 50 kHz。VOR 发射两个 30 Hz 调制信号，产生与接收航空器方位角相等的相对电相角。在水平面上产生心形场图，并以 30 Hz 的频率旋转。同时，在所有方向发送非定向（圆形）30 Hz 方向图，称为参考相位信号。

**表 A－5　VOR 与 DME 系统特性(空间信号)**

| 精度*(2 Sigma) | | | 可用性 | 覆盖范围 | 可靠性 | 定位更新频率 | 定位维度 | 系统容量 | 潜在模糊性 |
|---|---|---|---|---|---|---|---|---|---|
| 预测精度 | 重复精度 | 相对精度 | | | | | | | |
| VOR：90 秒(±1.4 度**) | 23 秒(±0.35 度)*** | — | 接近 99% | 视线 | 接近 100% | 连续 | 航向角度或偏航角度 | 无限制 | 无 |
| DME：185 秒(±0.1 海里) | 185 秒(±0.1 海里) | — | | | | | 倾斜距离(海里) | 每个完全服务站点 100 个用户 | |

* VOR 和 DME 的精度不包括测量误差,因为它们适用于 RNAV 应用。

** 公布的 VOR 信号飞行检查程序为±1.4 度。如果信号超过±1.0 度,地面监测器将关闭系统。表中使用的航迹交叉误差在距 VOR 站点 2 海里处为±1.4 度。但是,在某些情况下,VOR 是在 VOR 站上空或距 VOR 台 1/2 海里的地方使用。

*** 测试数据表明,99.94% 的时间误差小于±0.35 度。这些值是在距 VOR 台 2 海里处±0.35 度的情况测量的。

可变相位图的相位变化与方位角成正比。参考相位是调频的,可变相位是调幅的。接收器检测到这两个信号,并根据相对相位差计算方位角。对于困难的定位情况,开发了一种使用多普勒效应的系统,该系统使用 50 根而不是 4 根天线来实现可变相位。两种类型的地面站均可使用相同的航空电子设备。

B. 精度(95%)

· 预测精度——地面站误差约为 ±1.4 度。当使用均方根(RSS)方法计算时,航向选择、接收机和飞行技术误差(FTE)的总和为 ±4.5 度。

· 相对精度——尽管某些折线航道会影响航空器之间的位置读数,但主要的相对误差是航道选择、接收机和飞行技术等误差分量。当结合使用 RSS 方法时,该值约为 ±4.3 度。VOR 地面站的相对误差为 ±0.35 度。

· 重复精度——地面系统和接收器的主要误差分量在短期内不会有明显变化。因此,可重复误差将主要是 ±2.3 度的飞行技术误差(飞行员驾驭系统的能力)。

C. 可用性

甚高频全向信标(VOR)的可用性通常为 99% 至 99.99%。

D. 覆盖范围

大多数提供正向航道引导的航空无线电导航设备都有指定的空间服务域(SSV),该标准服务域定义了可用于随机或微发布航路导航的无限制接收限值。在标准服务域内,NAVAID 信号受到频率保护,并且可以在表 A－6 中指示的高度和径向距离使用。除了这些标准服务域外,如果站址限制导致覆盖范围缩小,则可以定义非标准服务域。此外,可以在站址条件允许的情况下定义更大的服务域。标准服务域限制不适用于已发布的 IFR(仪表飞行规则)航路或程序。

**表 A－6　VOR/DME/TACAN 标准空间服务域(SSV)**

| SSV 等级标志符 | 高度和距离界限 |
|---|---|
| T(终端) | 从高于地面(AGL)1000 英尺到 12000 英尺(包括 12000 英尺),25 海里的径向距离。 |
| L(低空) | 从高于地面(AGL)1000 英尺到 18000 英尺(包括 18000 英尺),40 海里的径向距离。 |
| H(高空) | 从高于地面(AGL)1000 英尺到 14500 英尺(包括 14500 英尺),40 海里的径向距离。从地面以上 14500 英尺到 60000 英尺(包括 60000 英尺),100 海里的径向距离。从地面以上 18000 英尺到 45000 英尺(包括 45000 英尺),130 海里的径向距离。 |

地面以上 1000 英尺以下的信号接收受视距的考虑因素的影响,联邦航空管理局《航空信息手册》(AIM)1－1－8 节对此进行了阐述。《联邦航空管理局第 9840.1 号指令》(《VOR/DME/TACAN 系统的美国国家航空标准》)全面阐释了其功能和性能特性。

空间服务域(SSV)范围内的信号接收受到垂直角度覆盖范围的限制。在无线电地平线以上至少为 60 度的仰角范围内,通常可以使用 DME 和 TACAN 的距离信息以及 VOR 的方位角信息。在无线电地平线以上至少为 40 度的仰角范围内,通常可以使用 TACAN 的方位角信息。对于更高的仰角范围(在所谓的不定性锥区内),可能无法使用 NAVAID 信息。

E. 可靠性

由于采用先进的固态构造和远程维护监控技术,固态 VOR 进近的可靠性接近 99.7%。

F. 定位更新频率

该系统允许根据内部操作以每秒 30 次的更新速度对偏航进行基本连续的更新。初始化是在开机后一分钟内完成的，且会因接收机的设计而有所不同。

G. 定位维度

系统显示至 VOR 站的磁方位角以及与选定航线的偏航情况（以度为单位）。

H. 系统容量

VOR 站的容量没有限制。

I. 模糊性

VOR 站没有任何模糊性问题。

J. 完整性

VOR 通过在独立监控器检测到信号超容限后 10 秒内停止使用信号的方式提供系统完整性。

K. 频谱

VOR 的工作频段在 108—117.975 MHz VHF，与 ILS 共享该频段的 108—111.975 MHz 部分。

A.2.4.2　测距设备（DME）

A. 信号特性

表 A－6 汇总了测距设备（DME）的信号特性。航空器的询问器会生成一个脉冲信号（询问），该信号在具有正确的频率和脉冲间隔时会被应答器接受。反过来，应答器生成脉冲信号（答复），该脉冲信号被送回询问器并被其跟踪电路接受。然后，通过测量问答总往返时间计算距离。因此，DME 的操作是通过成对的脉冲信号完成的，并通过使用解码器实现对预期脉冲间隔的识别。应答器必须回复所有询问器。询问器必须测量询问和应答脉冲对之间经过的时间，并将其转换为距离。所有信号都是垂直极化的。这些系统被分配在 962—1213 MHz（UHF）ARNS 频段运行，间隔为 1 MHz。

B. 精度（95%）

· 预测精度——地面站误差小于 ±0.1 海里。整个系统误差（机载和地面 RSS 误差）不大于 ±0.5 海里或距离的 3%，以较大者为准。

· 相对精度——尽管反射可能会造成一些误差，但是主要的相对误差还是来自接收器和飞行技术误差。

· 重复精度——短期内，地面系统和接收器的主要误差分量不会有明显变化。

C. 可用性

DME 的可用性被认为接近 99.7%，当系统超出容限范围时给主动指示。

D. 覆盖范围

DME 的覆盖范围在前面 VOR 部分和表 A－6 中做出了阐述。由于设施布设得当，几乎所有空中航线都处于覆盖范围之内，美国本土大部分区域都处于双重覆盖下，因此可以使用 DME/DME RNAV。

E. 可靠性

通过使用固态组件和远程维护监控技术，DME 的可靠性接近 100%。

F. 定位更新频率

该系统基本上向设施发送连续距离更新信息。实际更新速率随机载设备设计和系统负荷的不同而不同，通常为每秒 10 次。

G. 定位维度

系统显示至 DME 站的倾斜距离（以海里为单位）。

H. 系统容量

以当前的交通容量，配备 110 个询问器是合理的。必要时，可以通过降低单个航空器的询问率和取消信标容量回复限制来提高未来的交通容量。

I. 模糊性

DME 系统没有模糊性问题。

J. 完整性

DME 通过在独立监控器检测到信号超容限后 10 秒内停止使用信号的方式提供系统完整性。

K. 频谱

DME 在 960—1215 MHz ARNS 频段的 960—1027 MHz、1033—1087 MHz 和 1093—1215 MHz 子频段运行。它与 TACAN 和 L5（GPS 的第三个民用频率，频率为 1176.45 MHz）共用这些子频段。此外，DME 工作频段内的 978 MHz 频率专门预留给通用接入收发器（UAT）ADS－B 系统专用。这个受保护的 ARNS 频段可满足关键生命安全应用的需要。

A.2.4.3 战术空中导航（TACAN）

A. 信号特性

战术空中导航（TACAN）系统是主要用于军用航空器的短程 UHF（962—1215 MHz ARNS 频段）PNT 系统。TACAN 发射器和应答机提供确定航空器到选定站点的磁方位角和距离①所需的数据。美国的 TACAN 站点通常与 VOR 站点并置。这些设施被称为 VORTAC。TACAN 信号特性汇总在表 A－7 中。

**表 A－7 战术空中导航(TACAN)系统特性(空间信号)**

| 精度(2 Sigma) | | | 可用性 | 覆盖范围 | 可靠性 | 定位更新频率 | 定位维度 | 系统容量 | 潜在模糊性 |
|---|---|---|---|---|---|---|---|---|---|
| 预测精度 | 重复精度 | 相对精度 | | | | | | | |
| 方位角 ±1°(3.75 公里处 ±63 米) | 方位角 ±1°(3.75 公里处 ±63 米) | 方位角 ±1°(3.75 公里处 ±63 米) | 98% | 视距 | 99% | 连续 | 与站点的距离和方位角 | 测距使用 110 个方位角没有限制 | 测距方面没有模糊性问题 40°倍数有轻微潜在模糊性问题 |
| DME：185 米(±0.1 海里) | DME：185 米(±0.1 海里) | DME：185 米(±0.1 海里) | | | | | | | |

B. 精度(95%)

· 预测精度——对于 135 Hz 元件,地面站的方位角误差小于 ±1.0 度,对于 15 Hz 元件,地面站误差小于 ±4.5 度。距离误差与 DME 误差相同。

· 相对精度——主要相对误差源于航道选择、接收器和飞行技术误差。

· 重复精度——短期内,地面站和接收器的主要误差量不会有太大变化。重复误差主要是飞行技术误差。

C. 可用性

TACAN 站预计可用时间达 98%。

D. 覆盖范围

TACAN 的覆盖范围在前面 VOR 部分和表 A－7 中做出了阐述。

E. 可靠性

预计 TACAN 站在 98% 的时间内都是可靠的。由远程监控器确定的不可靠站点将自动从服务中删除。

F. 定位更新频率

TACAN 连续更新距选定航路的偏航信息。开机后不到一分钟即可初始化。

---

① TACAN 返回一个距离,但它被称为倾斜范围或倾斜距离。

例:我家离机场 5 英里,距离 5 英里,一架飞机在 30000 英尺的高空飞行(简化为 6 英里)。

雷达返回将显示飞机距离机场 5 英里,塔康将报告飞机距离 sqrt(5^2 +6^2)0 或 7.87 英里。毕达哥拉斯定理,A^2 + B^2 = C^2;A = 距离,B = 高度,C = 倾斜范围。TACAN 如何向机组人员返回距离,与雷达距离不同。

实际更新速率随机载设备设计情况和系统负荷情况而变化。

G. 定位维度

该系统显示磁方位角、偏差度数以及距 TACAN 站的倾斜距离(以海里为单位)。

H. 系统容量

就当前交通量配设 110 个询问器处理距离信息被认为是合理的。如有必要,可以通过降低空中询问率和提高回复率的方式增加未来交通处理能力。方位角功能的容量不受限制。

I. 模糊性

TACAN 的测距信息没有模糊性问题。在 40 度的倍数处可能存在轻微方位角模糊性问题。

J. 完整性

TACAN 通过在独立监控器检测到信号超容限后 10 秒内停止使用信号的方式提供系统完整性。

K. 频谱

TACAN 的工作频率是 960—1215 MHz ARNS 频段的 960—1027 MHz、1033—1087 MHz 和 1093—1215 MHz 子频段,与 DME 和 L5(GPS 的第三个民用频率,频率为 1176.45 MHz)共用这些频段。另外,TACAN 工作频段内的 978 MHz 频率专门保留给 UAT ADS - B 系统专用。受保护的 ARNS 频段可满足关键生命安全应用的需要。

### A.2.5 非定向无线电信标(NDB)

非定向无线电信标(NDB)是在低频和中频运行的无方向无线电发射站,用于向接收器提供地波信号。航空非定向无线电信标用于补充 VOR - DME,用于从航路阶段到机场精密进近设施的过渡,且许多机场将它作为非精密进近的辅助手段。自动测向仪(ADF)用于测量发射器相对于航空器或船只的方位。海洋无线电信标已被淘汰。NDB 的特性汇总于表 A - 8 中。

**表 A－8 无线电信标(NDB)系统特性(空间信号)**

| 精度(2 Sigma) | | | 可用性 | 覆盖范围 | 可靠性 | 定位更新频率 | 定位维度 | 系统容量 | 潜在模糊性 |
|---|---|---|---|---|---|---|---|---|---|
| 预测精度 | 重复精度 | 相对精度 | | | | | | | |
| 航空 ±3—10° | 不适用 | 不适用 | 99% | 最大服务空域 75 海里 | 99% | 连续 | 每个信标一个位置线(LOP) | 无限制 | 无感应天线的反向方位存在模糊性的可能性高。 |
| 航海 ±3° | 不适用 | 不适用 | 99% | 水深线 50 或 100 海里 | | | | | |

A. 信号特性

航空 NDB 在 190—415 kHz 和 510—535 kHz 的 ARNS 频段工作。(注意:285—325 kHz 频段的 NDB 的海上无线电信标的辅助信标。)其发送内容包括用以识别电台的编码连续波(CCW)或调制连续波(MCW)信号。CCW 信号是通过 400 Hz 或 1020 Hz 音调调制单个载波进行摩尔斯码识别而生成的。MCW 信号是通过将两个载波(分别为 400 Hz 或 1020 Hz)间隔开并键入上载波进行摩尔斯码识别的方式来生成的。

B. 精度

从方位信息得出的位置精度是位置线(LOP)的几何构形、指南针航向精度、测量精度、发射器距离、信号稳定性、当日时间、信标与载具之间地形的性质以及噪声的函数。实际方位精度约为 ±3 度到 ±10 度。要达到 ±3 度的精度,自动测向仪需要在用于导航之前,通过将无线电方位与发射天线直观获得的精确方位进行比较从而进行校准。由于大多数测向仪接收器都要调谐到许多无线电频段,因此,从已知位置源[例如调幅(AM)广播电台]发送的信号也通常用于明确方位,但其精度通常比从无线电信标台获得的精度低。对于联邦航空管理局飞行检查,NDB 系统的精度通过许可针摆来表示:进近时为 ±5 度,航路区域为 ±10 度。

C. 可用性

航空 NDB 的可用性超过 99%。

D. 覆盖范围

1260 个地面站对 NDB 广泛的覆盖范围提供支持,联邦航空管理局运营其中 605 个站。

E. 可靠性

可靠性超过 99%。

F. 定位更新频率

信标连续提供方位信息。

G. 定位维度

通常,可以从单个无线电信标获得一个位置线(LOP)。如果在两个或更多信标范围内,则可能获得二维定位。

H. 系统容量

可以同时使用无限数量的接收器。

I. 模糊性

无线电信标系统中存在的唯一模糊性问题是某些不使用感应天线解算方向的接收设备所提供的反向方位。

J. 完整性

无线电信标是一种全向导航工具。对于航空无线电信标,超出容限的情况仅限于输出功率降低到操作最小值以下以及丢失发射站识别音的情况。非精密进近采用的无线电信标受到监测,并在超出容限 15 秒内关闭。

K. 频谱

航空 NDB 的工作频率为 190—435 KHz 和 510—535 kHz 频段,与海洋 NDB 共享其中一部分。

### A.2.6 广播式自动相关监视(ADS – B)

广播式自动相关监视(ADS – B)是一种先进的监视技术,可使航空器/载具发送相关信息(如标识、位置、高度、速度和其他信息)。ADS – B 自动运行,无须外部激活;它又具有依赖性,因为其依靠机载/船载导航源将信息发送给其他用户。由于航空器/载具的位置通常是从 GPS 获得的,并且每秒至少发送一次,因此发送的位置信息比目前的雷达位置信息更准确。

另外,通过监视位置广播,航空器提供具体飞行的唯一参数信息。由于除了位置数据外,ADS – B 的位置精度和提供参数的能力更强,因此 ADS – B 被定义为增强型监视。其他这些参数,如方向矢量、速度以及其他数据,仅受设备功能、通信数据链路容量和接收系统功能的限制。

ADS – B 的精度和广播特性支持众多基于驾驶舱和空中交通管制(ATC)的应用。配有 ADS – B In 模块的航空器,一些显示器可以在接收范围内从其他适当装备的航空器或载具接收 ADS－B 电文，从而实现航空器对航空器/载具和机场场面的监视功能。ADS－B 监视广播也可以通过地基收发器或天基卫星接收。这为空中交通管制和交通流量管理（TFM）服务以及其他职能（如机队运行管理、协作决策和安全职能）提供了空对地和机场场面的监测信息。

在美国，ADS－B 采用了两种不同的数据链路：1090 MHz 扩展电文（1090 ES）和 978 MHz 通用访问接受机（978 UAT）。在 A 类空域运行的航空器需要 1090 ES 链路，而 978 UAT 链路主要用于在其他受控空域运行的通用航空航空器，其高度低于 18000 英尺。载具可选配任一链路技术。广播航空器或载具不知道哪些用户正在接收其广播；在广播范围内，无论是航空器用户还是地面用户，都可以选择接收和处理 ADS－B 监视信息。与当今的 NAS 雷达系统相比，ADS－B 提供的监测数据更新速率更高，精度也更高。

选择关键 ADS－B 要求是为了使系统性能支持空中交通管制（ATC）系统监视和明确的空对空应用。这些要求包括：可用性、延迟、定位更新速率、定位精度、水平位置完整性和覆盖范围。

A. 服务的可用性

空中交通管制（ATC）监视间隔应用的 ADS－B 服务是一项安全关键操作。因此，ADS－B 服务提供的最低可用性为 0.99999。该服务可用性适用于导航源、备用监视源、ADS－B 基础设施和联邦航空管理局自动化系统的服务空域全中断的情况。它不适用于个别航空器可能发生的中断情况。

B. 延迟

ADS－B 系统延迟定义为从 ADS－B 位置数据的基准时间到 ADS－B 报告屏显给空中交通专家的时间差。从 ADS－B 电文数据的基准时间到 ATC 自动化显示之间的延迟小于或等于 2.7 秒。但是，通过补偿航空器和地面系统的已知 ADS－B 延迟，总延迟量得到降低，使 ATC 间隔服务的总延迟小于 2.2 秒。

C. 定位更新频率

系统更新频率是 ADS－B 信息交付给自动化系统进行数据处理和数据显示（向空中交通管理员）的频率。

· 对于在地面活动区移动的航空器/载具，ADS－B 报告中包含的定位信息的更新频率为平均至少每 1.0 秒一次。

· 对于在地面活动区静止不动的每架航空器/载具，ADS－B 报告中包含的定位信息的更新频率为至少每 5.5 秒一次（95%）。

· 对于在终端区或航路空域运行的每架航空器/载具，ADS－B 报告中包含的定位信息的更新频率为至少每 3.0 秒一次（95%）。

D. 定位精度

精度是对定位信息不确定性的估算值。对于基于 GNSS 定位源的 ADS－B，其精度等同于水平品质因数（HFOM）。为确保所有 ADS－B 基准组合应用都可以利用 ADS－B 服务正常运行，要求的精度值定义如下：

a. 航空器/载具应提供的水平定位最大误差小于或等于 98.4 英尺，航空器在地面可运行的概率为 95%。

b. 航空器/载具应该为空中航空器提供的定位信息最大误差小于或等于 0.05 海里的概率为 95%。

E. 水平定位完整性

水平定位完整性定义为：保证 ADS－B 电文所报告的位置一定存在的区域边界。该要求适用于航空器航空电子设备，主要是 ADS－B 的定位源。完整性等效于 GNSS 系统的水平完整性要求（HIL）（用作 ADS－B 定位主源）。航空器/载具的水平定位完整性区域边界要求小于或等于 0.2 海里。

F. 覆盖范围

ADS－B 覆盖整个美国本土，以及阿拉斯加、夏威夷、波多黎各和关岛。有关 ADS－B 在不同高度覆盖的详细信息，请参阅 https://www.faa.gov/nextgen/equipadsb/research/airspace/。

### A.2.7 授时系统

国家标准与技术研究院（NIST）和美国海军天文台（USNO）提供了与支持定位和授时的系统不同的确定时间的方法。NIST 的服务记载在 https://www.nist.gov/pml/time－and－frequency－division 和 NIST 2002 年 1 月的第 432 号特刊《NIST 授时和频率服务》，该文档可以从网站下载。

2008 年 2 月 19 日的《国防部第 4650.05 号指令：PNT》和《参谋长联席会议主席第 6130.01 号指令》责成海军天文台协调国防部的授时活动和相关国防支持活动。《国防部第 4650.06 号指示》任命海军海洋学家作为国防部的精密时间和时间间隔（PTTI）主管。海军天文台负责协调 PTTI 的要求并维护 PTTI 参考标准（天文和原子方面），供国防部的所有单位、承包商和相关实验室使用。这包括规划必要的资源，以维护参考标准并向国防部用户传播准确的时间。

过去，海军天文台通过协调美国政府导航服务间的授时参考来确保系统之间的互操作性，从而支持美国 PNT 系统。海军天文台通过各种媒介播报时间；其中包括 GPS、TWSTT、NTP 和语音播报。美国海军天文台的服务记载在 http://www.usno.navy.mil/USNO/time。

A.2.7.1　时间测量和分析服务

国家标准与技术研究院时间测量和分析服务（TMAS）的宗旨是协助实验室保持本地时间标准的精度。该服务持续将客户的本地时间标准与国家标准与技术研究院时标进行比较，并将比较结果几乎实时地报告给客户。

A. 信号特性

TMAS 的工作原理是在国家标准与技术研究院和客户实验室同时进行多达八颗 GPS 卫星的共视测量。每个客户有一个时间测量系统来执行测量，并将结果通过互联网发给国家标准与技术研究院以进行即时处理。

B. 精度

时间按大约 10 纳秒的综合标准不确定度来测量，频率在平均 1 天后按大约 $1 \times 10^{-14}$ 不确定度测量。

C. 可用性

如果 GPS 卫星在客户的视野范围内，且客户和国家标准与技术研究院之间有双向互联网数据通路，则 TMAS 可用。

D. 覆盖范围

TMAS 在全球范围内提供。当卫星不在共同视野时，TMAS 可以以全视野模式处理数据。

E. 可靠性

未作出规定，且取决于互联网的可靠性。

F. 定位更新频率

使用单拍分辨率小于 30 皮秒的时间间隔计数器进行测量。

G. 定位维度

不适用。

H. 系统容量

系统容量没有限制。

I. 模糊性

没有模糊性问题。

J. 完整性

国家标准与技术研究院的人员从科罗拉多州博尔德市对所部署的 TMAS 时间测量系统实施监控、验证和分析数据，并快速排除可能发生的任何问题。

K. 频谱

TMAS 根据需要接收 GPS L1 频率，并利用频谱连接互联网。

A. 2. 7. 2　互联网时间服务

互联网时间服务（ITS）允许数字设备通过其互联网连接获取时间。ITS 支持标准的互联网协议，主要是网络时间协议（NTP，RFC – 1305）。也支持日间协议（RFC – 867）和时间协议（RFC – 868），但强烈建议不要采用。NIST 打算在未来终止对 TIME 格式的支持。经验证的 NTP 服务也可根据请求提供。

A. 信号特性

互联网时间服务不利用空间信号，除非获取互联网连接时需要。

B. 精度

日间、时间和简单网络时间协议（SNTP）时间客户端的不确定性通常小于 100 毫秒，但结果可能会因互联网通路（如往返 NIST 的数据包传输时间不对称）和计算机类型、操作系统及客户端软件的不同而有所不同。在极端情况下，不确定性可达到 1 秒或更长。轮询多个服务器的连续运行 NTP 客户端的不确定性通常小于 10 毫秒。

C. 可用性

国家标准与技术研究院支持位于美国 4 个地点的 17 台 ITS 服务器。对能够轮询多个站点的客户端软件的可用性接近 100%。

D. 覆盖范围

互联网时间服务服务器提供全球服务。但是，在美国以外，使用本地 NTP 服务器可能会获得更好的结果。

E. 可靠性

互联网时间服务（ITS）的可靠性主要取决于客户端软件的功能。一个完全、运行良好的 NTP 客户端将轮询许多服务器，执行自我一致性校验，并尊重服务器提供的状态数据。然而，这种情况对于消费级设备并不常见。如果轮询的服务器足够多，可靠性就会受到互联网连接的限制。

F. 定位更新频率

所有用户应确保其软件查询服务器的频率绝不会超过每 4 秒钟一次。超过此速率的系统将被拒绝服务。在极端情况下，超出此限制的系统可能会被视为企图进行拒绝服务式攻击。NTP 请求之间的正常间隔（轮询间隔）取决于所使用的客户端软件和用户的需求。最先进的软件会根据统计数据自动将轮询间隔调整为 16 秒至 1024 秒。对于许多非精确应用，数小时或数天的轮询间隔就足够了。

G. 定位维度

不适用。

H. 系统容量

国家标准与技术研究院当前每天处理超过 400 亿笔 ITS 交易。该系统可以根据需求进行必要扩展。

I. 模糊性

没有模糊性问题，只有一个例外。现在仅约 1% 的 ITS 客户使用的时间协议（RFC－868）可以在 2036 年回溯到 1900 年。

J. 完整性

国家标准与技术研究院监视所有 ITS 服务器的完整性。一个完整且运行良好的 NTP 客户端会轮询许多服务器，执行自我一致性校验，并尊重服务器提供的状态数据。

K. 频谱

ITS 不使用频谱，除非用户要求实现互联网连接。

A.2.7.3　自动计算机时间服务（ACTS）

国家标准与技术研究院 ACTS 允许数字设备使用计算机调制解调器通过拨号连接获取时间。ACTS 仅适用于使用传统电话线的模拟调制解调器。数字调制解调器，如数字用户线路（DSL）、电缆和无线调制解调器，可能无法正常工作。对于可访问互联网的计算机，应改用互联网时间服务（ITS）。ACTS 从 1988 年就已投入使用，早于互联网普及使用时间。但是，ACTS 在具有安全性或文档要求的某些用户应用中仍然是首选。

A. 信号特性

当数字设备通过电话连接到 ACTS 时，它会收到一个 ASCII 时间码。ACTS 的速度可达 9600 波特，具有 8 个数据位，1 个停止位，无奇偶校验位。要接收全帧时间码，必须提供至少 1200 波特的连接速度。全帧时间码每秒发送一次，它包含的信息比每 2 秒发送一次的 300 波特时间码要多。

B. 精度

ACTS 通过协作用户客户端软件确定往返通路延迟。假设往返 NIST 的通路延迟对称，则可以确定 UTC 时间（NIST），不确定性小于 15 毫秒。

C. 可用性

对于具有拨号功能的客户端软件，ACTS 的可用性接近 100%。

D. 覆盖范围

ACTS 服务器提供全球服务。但是，具有不对称延迟的长途电话会降低精度，这可能是由卫星链路引起的。

E. 可靠性

ACTS 的可靠性取决于客户端软件的功能。运行良好的 ACTS 客户端会执行自我一致性校验，并在必要时拨入多个服务器。可靠性受到电话连接的限制。

F. 定位更新频率

全帧时间码每秒发送一次，包含的信息比每 2 秒发送一次的 300 波特时间码多。

G. 定位维度

不适用。

H. 系统容量

科罗拉多州的 ACTS 系统有 8 条电话线，平均每天接收 2000 多个电话。可以通过拨打（303）494－4774 与之建立联系。夏威夷的 ACTS 系统有 2 条电话线，平均每天接收约 100 个电话。可以通过拨打（808）335－4721 建立联系。长途电话可能会收费。夏威夷站点的营运取决于国会是否持续拨款。

I. 模糊性

没有模糊性问题。

J. 完整性

国家标准与技术研究院监视 ACTS 服务器的完整性。

K. 频谱

ACTS 不使用频谱，除非用户要求用以实现电话连接。

A.2.7.4　WWVB 无线电台

国家标准与技术研究院的 WWVB 无线电台连续从科罗拉多州柯林斯堡附近发送 60 kHz 的时频信号。载波频率提供了可溯源到国家标准的稳定频率参考。电台没有语音通知，但时间码被调制到载波上，使数字设备能够获得时间（UTC）。

A. 信号特性

时间码与 60 kHz 载波同步，并以每秒 1 个符号的速率连续发送。自 2012 年年底以来，时间码已经升级，除了传统的调幅（脉冲宽度）外，还包括相位调制。这可以大大改善用于接收的新产品的性能。先前存在的大多数无线电钟表只对信号的幅度敏感,而对信号的相位不敏感,其可以像以前一样继续服役。但是,某些锁定在载波上的传统产品因这一变化而过时。

传统调制方案通过降低和恢复载波功率来产生时间码位。每秒开始时载波功率降低 17 dB,这样每个负脉冲的前沿就可同步。对于二进制“0”,在 0.2 秒后恢复全功率,对于二进制“1”,在 0.5 秒后恢复全功率,或者在 0.8 秒后传送位标。采用二进制编码的十进制数(BCD)格式,以便组合二进制数字以表示十进制数字。时间码包含年、日、时、分、秒和表示夏令时、闰年和闰秒状态的标记。有关详细情况,请访问 https://www. nist. gov/pml/time - and - frequency - division/time - services/wwvb - time - code - format。

自 2012 年起,载波相位可以在秒开始后倒置 0.1 秒,以传输额外的 0 位(无反转)或 1 位(反转)。幅度和相位数据帧包含相似但不相同的数据字段。例如,相位数据包括一个百年纪元分钟计数器,它是带有纠错码(而不是 BCD)的二进制整数。有关更多详细信息,请参见 https://www. nist. gov/publications/wwvb - time - signal - broadcast - new - enhanced - broadcast - format - and - multi - mode - receiver。

B. 精度

传送的 WWVB 信号频率的不确定性小于 $10^{12}$ 分之一。如果消除了通路延迟,则 WWVB 可以为 UTC 提供约 100 微妙的不确定性。与 WWV 和 WWVH 无线电台相比,通路延迟的变化较小。美国本土最长通路延迟不到 15 毫秒。

C. 可用性

尽管 WWVB 连续广播,但 LF 无线电波的传播特性使信号强度在远离发射器的位置上呈现昼夜和季节性变化。在美国大部分地区,夜间接收到的信号最好。通常,在科罗拉多州柯林斯堡的发射器站点和接收位置,天色较暗时最容易接收到信号。这样的“至暗通路时刻”的长度从大约 4 个小时(安克雷奇夏季)到大约 14 小时(西雅图冬季)不等。在白天,可以使用质量好的天线和灵敏度更高的接收器接收信号。

D. 覆盖范围

尽管无线电噪声雾化和其他障碍使在美国东北部和东南部的接收更加困难,但是在北美大部分地区都可收到 WWVB 信号。

E. 可靠性

WWVB 站点有三个发射器,其中两个处于持续运行状态,一个充当备用。如果一个主发射器发生故障,则会激活备用设备。偶尔发生过的中断和功率降低情况都记录在 https://www.nist.gov/pml/time-and-frequency-division/radio-station/wwvb/wwvb-station-outages。可以在 http://tf.nist.gov/tfcgi/wwvbmonitore.cgi 查看来自监测站的近乎实时状态。

F. 定位更新频率

每帧数据传输时间需要一分钟。可以对比连续帧以进行错误检测和校正。

G. 定位维度

不适用。

H. 系统容量

系统容量没有限制。

I. 模糊性

没有模糊性问题。

J. 完整性

国家标准与技术研究院监视 WWVB 信号的完整性。在大多数情况下，用户接收器可以通过与本地“飞轮”时钟进行比较来估计信号的完整性。但是，系统的完整性可能会因故意干扰而受到损害。

K. 频谱

WWVB 使用无线电频谱 LF(低频)部分的 60 kHz 载波频率。该频率由世界无线电大会分配用于时频传播，并且也被英国 MSF 无线电台(拉格比)和日本的 JJY 无线电台(九州站)采用。

A.2.7.5 无线电台 WWV 和 WWVH

国家标准与技术研究院无线电台 WWV 和 WWVH 分别从科罗拉多州柯林斯堡附近和夏威夷的考艾岛(Kekaha)附近连续发送时间和频率信息。它们提供时间通知、标准时间间隔、标准频率、UT1 时间校正、BCD 时间码和地球物理警报。

A. 信号特性

WWV 和 WWVH 在无线电频谱的高频(HF)段运行。WWV 在 5 MHz、10 MHz 和 15 MHz 上的发射功率为 10000 W；在 2.5 MHz 和 20 MHz 时为 2500W。WWV 在 25 MHz 上的实验发射功率为 2500 W。WWVH 在 5 MHz、10 MHz 和 15 MHz 上的发射功率为 10000 W，在 2.5 MHz 上为 5000W。(主发射器发生故障时，如果没有进一步的通知，5 MHz 频率上的功率将下降 2.5 kW。)每个频率均从单独的发射器发送。尽管每个频率都携带相同的信息，但是由于接收 HF 的质量取决于许多因素(如位置、一年中的时间、一天中的时间、所使用的频率以及大气和电离层的传播条件)，因此会使用多个频率。频率的多样性使至少有一个频率始终可用。

WWV 广播的信号使用双边带调幅。对于稳定的信号音，调制水平为 50%，BCD 时间码的调制水平为 50%，对于第二个脉冲以及分钟和小时指点信标，调制水平为 100%，语音提示的为 75%。信号格式见 https://www.nist.gov/pml/time-and-frequency-division/time-services/wwv-and-wwvh-digital-time-code-and-broadcast-format。

B. 精度

WWV 和 WWVH 参考科罗拉多州博尔德的一级 NIST 频率标准和相关 NIST 原子时标。对于 UTC(NIST)，所发送的频率精度保持在 $10^{13}$ 分之几以内，而授时精度小于 100 纳秒。但是，WWV 和 WWVH 的接收性能通常不如 WWVB 的接收性能，这是因为 HF 无线电路径不如 LF 无线电路径稳定。在美国境内，延迟时间应小于 20 毫秒。

C. 可用性

尽管 WWV 和 WWVH 连续广播，但是 HF 无线电波的传播特性会导致信号强度在远离发射器的地点呈现昼夜和季节性变化。HF 的接收效果取决于许多因素，包括大气和电离层条件。

D. 覆盖范围

尽管在某些地区可能难以接收到，但这两个电台在 5 MHz、10 MHz 和 15 MHz 的覆盖范围基本上是全球范围的，因为世界其他地区的标准时频电台使用相同的频率。

E. 可靠性

偶尔发生的中断情况记录在 https://www.nist.gov/pml/time-and-frequency-division/radio-stations/wwv/wwv-and-wwvh-broadcast-outages 中。

F. 定位更新频率

广播时间表可在 https://www.nist.gov/pml/time-and-frequency-division/time-services/wwv-and-wwvh-digital-time-code-and-broadcast-format 获得。通常，每帧数据传输时间为一分钟。可以比较连续帧以进行错误检测和校正。

G. 定位维度

不适用。

H. 系统容量

系统容量没有限制。

I. 模糊性

没有模糊性问题。

J. 完整性

国家标准与技术研究院监视信号的完整性。在大多数情况下，用户接收器可以通过与本地“飞轮”时钟进行比较来估计信号的完整性。但是，系统的完整性可能会因故意干扰而受到损害。

K. 频谱

WWV 和 WWVH 使用无线电频谱 HF（高频短波）部分的频率。这些频率由世界广播大会分配用于时频传播，也被印度的 ATA（新德里）、中国的 BPM（临潼）、意大利的 IAM（罗马）和阿根廷（布宜诺斯艾利斯）LOL 等无线电台使用。

A.2.7.6 国家标准与技术研究院（NIST）的电话和基于 Web 的服务

为了公众方便，国家标准与技术研究院通过电话和互联网提供易于使用的时间服务。WWV 和 WWVH 电台的音频部分也可以通过电话收听。WWV（科罗拉多州）拨（303）499 - 7111，WWVH（夏威夷）拨（808）335 - 4363。这些不是免费电话号码；本地呼叫区域以外的主叫方按常规长途费率支付通话费用。此外，国家标准与技术研究院还在 https://time.gov/网站提供了基于网络的时间服务。该网站在屏幕上提供数字时钟和世界地图，显示白天和黑夜。

A. 信号特性

电话服务是音频。基于网络的服务使用 HTTP 和 Java。

B. 精度

使用美国本土的陆路线路时，电话服务的时间通知通常延迟不到 30 毫秒，稳定性（延迟变化）通常小于 1 毫秒。使用移动电话或 IP 网络语音时，延迟可能长达 150 毫秒。在极少数情况下，通过卫星通话时，延迟时间会超过 250 毫秒。互联网网页在美国境内的精度约为 200 毫秒。

C. 可用性

两种服务均连续运行。

D. 覆盖范围

两种服务均可在世界范围内使用。

E. 可靠性

偶尔会发生中断。

F. 定位更新频率

电话服务每分钟提供一次语音通知。网络服务通常会在几秒钟内响应，具体取决于用户的互联网连接情况。

G. 定位维度

不适用。

H. 系统容量

网页的容量是无限的。有些电话线提供音频服务。每天大约接收 2000 个电话。

I. 模糊性

没有模糊性问题。

J. 完整性

国家标准和技术研究院监测信号的完整性。

K. 频谱

这些服务不使用频谱，除非用户要求以获得电话或互联网连接。

A.2.7.7　光纤时间特殊校准服务

特殊的校准服务可以使用光纤作为客户和位于科罗拉多州博尔德或马里兰州盖瑟斯堡的国家标准和技术研究院时标之间的专用点对点链路。其目的是提供高精度（1 微秒或更高）、独立于 GNSS 的时间基准，可直接追溯到 UTC（NIST）。该链路将包括端点和兼容的端点硬件之间的商用暗光纤连接，并选择该硬件以支持用户设施处所需的时间信号精度。准确性将通过作为链路硬件一部分的诊断进行验证，也可以通过便携式原子钟或类似技术进行确认。技术方面可以根据客户要求进行调整。

A.2.7.8　合作研发

根据第 13905 号行政命令的要求，国家标准与技术研究院将与相关方合作，开发并提供其他独立于 GNSS 的 UTC（NIST）参考，以支持关键基础设施所有者和运营商以及其他公众的需求。

A.2.7.9　GPS 时间分发服务

GPS 时间传输是全球获取纳秒级精确时间的最佳方式（有关更多信息，请参见第 3.2.5 节）。美国海军天文台与 GPS 项目合作，提供世界标准时间（UTC）授时服务，该服务在全球范围内被用作授时系统的标准。

A. 信号特性

见 A.2.1.A 节。

B. 精度

见 A. 2. 1. B 节。

C. 可用性

见 A. 2. 1. C 节。

D. 覆盖范围

见 A. 2. 1. D 节。

E. 可靠性

见 A. 2. 1. E 节。

F. 定位更新频率

见 A. 2. 1. F 节。

G. 定位维度

不适用。

H. 系统容量

容量没有限制。

I. 模糊性

没有模糊性问题。

J. 完整性

见 A. 2. 1. J 节。

K. 频谱

见 A. 2. 1. K 节。

A. 2. 7. 10 网络时间协议(NTP)

网络时间协议(NTP)是一种互联网标准(RFC – 1305a),它使客户端计算机能够保持系统时间同步到位于华盛顿特区和科罗拉多州科罗拉多斯普林斯的美国海军天文台(USNO)主时钟,并通过 GPS 与 UTC 保持系统时间同步。美国海军天文台提供网络时间服务器,为互联网、非保密互联网协议路由网络(NIPRNet)和秘密互联协议路由网络(SIPRNet)上的计算机、路由器和其他硬件提供准确而可靠的同步时间。当前(2015 年)的 NTP 软件 ntpd 版本为 4. 2. 8,与所有版本的 NTP 兼容。NTP 提供了同步时间并协调计算机在局域网和广域网上的时间分配的机制。通过对远程系统之间的时钟偏移、网络延迟和网络离散性进行可靠估计,可以实现网络时间传递。

A. 信号特性

NTP 报文是由守护进程生成的用户数据报协议/因特网协议(UDP/IP)数据报,并在 NTP 客户端与其对等或更高级别的服务器之间进行交换。与 UDP、IP 和以太网头关联的标准 NTP 数据报文使用一个 90 字节的以太网帧。NTP 数据报可以通过单播、广播或多播形式传送。NTP 客户端从一台或多台服务器获取时间戳,从而得出时间源的置信区间,实现错误源检测。对响应进行过滤和合并,可获得本地系统时钟的连续调整值。

B. 精度

可达到的典型精度在 1—30 毫秒连续范围内,并且高度依赖客户端和服务器之间互联网路径的对称性和速度。从网络的角度来说,使用最接近客户端的服务器组合可获得最佳结果。

C. 可用性

提供对美国海军天文台 NTP 服务的公共访问。建议用户定期检查是否建立了新的时间服务器,或是否有由于互联网增长和重新配置而更改 IP 地址的服务器,见 http://www. usno. navy. mil/USNO/time/ntp。美国海军天文台还在 SIPRNet 上运行 NTP 服务。为支持美国政府和国防部运行,美国海军天文台提供需要身份验证的 NTP 服务。

D. 覆盖范围

美国海军天文台在华盛顿特区和科罗拉多州科罗拉多斯普林斯布设了两台 NTP 服务器。美国海军天文台 NTP 服务器提供全球服务。但是,在美国以外,使用本地 NTP 服务器可能会获得更好的结果。

E. 可靠性

NTP 的可靠性部分取决于客户端软件的正确配置。最佳配置的 NTP 客户端将轮询三个或更多服务器,执行自我一致性校验,并尊重服务器提供的状态数据。对于轮询足够多的服务器,可靠性受涉及的互联网连接的限制。

F. 定位更新频率

NTP 客户端最初以 64 秒的间隔轮询服务器,并随着同步性的提高而增加此间隔。消息传递之间的典型间隔时间是 17 分钟(1024 秒)。

G. 定位维度

不适用。

H. 系统容量

美国海军天文台当前每天处理大约5.5亿笔交易(每秒超过6000个数据包)。海军天文台华盛顿服务站每秒可以提供超过40000个数据包。

I. 模糊性

网络源地址和目的地址由NTP协议处理,以消除模糊性。NTP可以正确处理乱序传递和数据包丢失问题。

J. 完整性

美国海军天文台设计和运行NTP服务器,该服务器直接从天文台主时钟或GPS获取世界标准时间(UTC)。服务器受到保护,防止入侵,自1993年以来就一直正常运行。

K. 频谱

NTP不使用频谱。

A.2.7.11 双向卫星时间传递(TWSTT)

双向卫星时间传递(TWSTT)可以直接比较较长基线上的时间和频率信号。美国海军天文台为远程用户提供TWSTT服务,以接收参考UTC(USNO)的精确时间和频率。TWSTT的操作范围从一次性校准服务以确定国防部主时钟与用户时间参考之间的差异,到提供全方位服务的地球站以持续监视用户的参考。

A. 信号特性

TWSTT使用码分多址(CDMA)扩频信号,其带宽范围从1 MHz到几MHz。

B. 精度

使用TWSTT可以实现1纳秒的时间传递,平均1天后的相关频率不确定性小于$1 \times 10^{-14}$。

C. 可用性

TWSTT按计划全天候运行。大雨可能会降低其性能,而两年一次的日凌可能会导致信号中断,持续时间可能几分钟。

D. 覆盖范围

在使用中的对地静止卫星覆盖范围内提供TWSTT。目前,美国海军天文台Ku频段的覆盖范围仅限于美国,包括阿拉斯加和夏威夷。DSCS X频段覆盖全球。

E. 可靠性

根据地面站系统的设计,可以在每个系统建立冗余。卫星中断虽然很少见,但却是一个令人担忧的问题,并且会导致长期数据中断。

F. 定位更新频率

使用专用的时间传递扩频调制解调器进行测量,单次发射分辨率小于 10 皮秒。美国海军天文台通常每小时安排一次时间传输实验,持续 10 分钟。

G. 定位维度

不适用。

H. 系统容量

容量受卫星信号功率和带宽的限制。

I. 模糊性

绝对时间传递要求进行定期时间校正,通常是使用移动 TWSTT 系统。使用校准服务可以达到 1 纳秒的精度。

J. 完整性

美国海军天文台人员从华盛顿特区对部署的 TWSTT 系统实施监视、验证和分析数据,并快速排除可能发生的任何问题。

K. 频谱

TWSTT 通常使用由商业实体(Ku 波段)或由国防卫星通信系统(X 波段)运行的对地静止卫星。

A.2.7.12　美国海军天文台(USNO)电话和基于 Web 的服务

美国海军天文台电话报时器每秒从美国海军天文台主时钟发出一个滴答声,并每 10 秒报时一次。时间以当地时间和 UTC 时间方式公布。美国海军天文台布设两台报时器:一台位于华盛顿特区,另一台在科罗拉多州科罗拉多斯普林斯的海军天文台备用主时钟(AMC)。时间传输精度为 1 秒,可以在全球范围内使用。有三个可用的号码:(202)762－1401,(202)762－1069 和(719)567－6742。

A. 信号特性

电话报时服务是音频。基于 Web 的服务使用 HTTP 和 Java。

B. 精度

使用来自美国本土的固定电话时,电话服务中的电话报时通常会延迟不到 30 毫秒,并且稳定性(延迟变化)通常小于 1 毫秒。使用移动电话或 IP 语音网络时,延迟可达 150 毫秒。在极少数情况下,通过卫星连接电话时,时间会延迟 250 毫秒以上。互联网网页在美国境内的准确度约为 200 毫秒。

C. 可用性

两种服务都持续运行。

D. 覆盖范围

两种服务均可全世界使用。

E. 可靠性

偶尔会发生中断。

F. 定位更新频率

电话报时服务每分钟提供一次报时。Web 服务通常会在几秒钟内响应,具体取决于用户的互联网连接情况。

G. 定位维度

不适用。

H. 系统容量

网页的容量没有限制。一些电话线路可用于音频服务。

I. 模糊性

没有模糊性问题。

J. 完整性

美国海军天文台监测信号的完整性。

K. 频谱

这些服务不使用频谱,用户可能要求电话或互联网连接的情况除外。

## 附录 B　PNT 信息服务

### B.1　美国海岸警卫队导航中心导航信息服务

美国海岸警卫队导航中心(USCG NAVCEN)导航信息服务(NIS)是民用 GPS 服务的运营实体。导航信息服务的任务是及时收集、处理和发布 GPS PNT 信息以及一般的海事导航信息。导航信息服务是所有非航空、非军事地面和海上 GPS 用户的民用 GPS 联络点,还是民用 GPS 服务接口委员会(CGSIC)的一个分支,负责 GPS 供应商和用户之间的信息交换。

具体来说,导航信息服务执行的职能包括:

· 通过 NAVCEN 网站和电子邮件发布 GPS 卫星状况信息;

· 作为非航空民用用户查询或提交 GPS 服务中断报告的集中受理点;

· 与其他 GPS 机构协调,识别和解决上报的 GPS 服务中断;

· 从用户处收集信息,以支持 CGSIC 作为民用 GPS 用户与美国政府的重要纽带;

· 回答通过导航信息服务网站、书面信函、电话或电子邮件提交的 GPS 相关问题；

· 编撰美国 GPS 出版物目录；

· 向公众提供有关可用导航信息服务的服务信息；

· 提供有关获取和使用可用信息服务的说明；

· 按需开发新的用户服务。

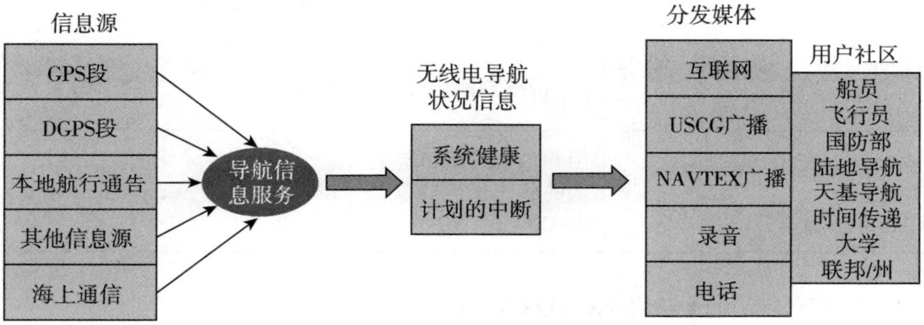


**图 B-1　民用 GPS 用户的 NIS 信息流**

如需了解有关 GPS 和 USCG 运营的 PNT 系统的信息，请联系 USCG NAVCEN：

美国海岸警卫队导航中心

7323 Telegraph Road（MS - 7310）

Alexandria，VA20598 - 7310

24 小时热线：(703)313 - 5900

电子邮件：TIS - SMB - NISWS@ uscg. mil

网站：http://www. navcen. uscg. gov/

**表 B-1　导航信息服务**

| 服务 | 可用性 | 信息类型 | 联系电话 |
|---|---|---|---|
| NIS 值守 | 24 小时 | 用户查询 | 传真：(703)313 - 5920 |
| 互联网 | 24 小时 | 状态、预测、历史记录、中断、NGA 数据、FRP 和其他信息 | http://www. navcen. uscg. gov |
| NGA 广播告警 | 24 小时，收到后广播 | 航海导航告警 | (571)557 - 5455；<br>免费电话：1 - 800 - 362 - 6289；<br>NavSafety@ nga. mil |

续表

| 服务 | 可用性 | 信息类型 | 联系电话 |
| --- | --- | --- | --- |
| NGA 每周航行通告 | 每周更新在线通告 | 状态预测中断 | (571)557 – 8383;<br>MCDNtM@ nga. mil |
| 海事安全网站 | 24 小时 | 航行通告,航海刊物 | https://msi. nga. mil/NGAPortal/MSI. portal;<br>Webmaster_NSS@ nga. mil;<br>(571)557 – 7103 |
| NAVTEX 数据广播 | 所有电台每天交替广播 6 次 | 状态预测中断 | 518kHz(703)313 – 5900 |
| 接收器自主完好性监测(RAIM)预测 | 24 小时 | 用户查询、RNAV 终端的状态预测和航路 RAIM | http://www. raimprediction. net |

### B.2 GPS 航行通告(GPS NOTAM)/航空信息系统

国防部(DoD)通过 NOTAM 系统提供 GPS 卫星中断通告。这些 NOTAM 是由第二太空作战中队(2 SOPS)在 GPS MCS(主控站)提供的重新格式化的 NANU 电文。对于计划中的中断,则至少要在中断发生的 48 小时之前通知美国航行通告办公室(U. S. NOTAM Office)。如果是意外中断,则第二太空作战中队将尽快向航行通告办公室报告。卫星 NOTAM 如果采用"KGPS"标识符,则作为国内 NOTAM 发布,如果采用"KNMH"标识符,则作为国际 NOTAM 发布。民用和军用飞行员均可获取此信息。不幸的是,除非有一种方法来解释 GPS 卫星中断对预期运行的影响,否则 NOTAM 对飞行员毫无意义。

利用 GPS 进行 IFR 空中导航,要求系统具有检测卫星异常超出容限的能力。这种能力当前由 RAIM 提供,RAIM 是 GPS 接收机中包含的一种算法。所有经 IFR 导航认证的接收机必须具有 RAIM 或同等能力。WAAS 航空电子设备主要从 WAAS 电文接收完整性信息,但在航空器超出 SBAS 覆盖范围或电文不可用时,也具有 RAIM 功能。

为了使接收器能够运行 RAIM 功能,必须至少可以看见五颗卫星,且这些卫星应呈现满意的几何结构。由于由 24 颗卫星组成的 GPS 星座并非为提供这种覆盖水平而设计,因此即使所有卫星都在运行,RAIM 也并非总是可用。

因此,如果一颗卫星发生故障或因维修而停止服务,人们无法直观地了解该国的哪些地区受到影响(如有的话)。

这些中断周期的位置和持续时间可以借助计算机分析进行预测,并在飞行前的规划过程中报告给飞行员。特定观测站的中断通告向飞行员提供有关 GPS RAIM 在飞行作业期间是否可用的信息,特别是在目的地进行非精密进近时。

特定观测站的 GPS NOTAM 根据以下标准计算:RTCA / DO – 208《使用 GPS 作为机载辅助导航设备最低运行性能标准》;联邦航空管理局技术标准命令(Technical Standard Order,TSO) – C129《使用 GPS 的机载辅助导航设备》;联邦航空管理局 TSO – C196《机载增强的 GPS 机载辅助导航传感器》。在《最低运行性能标准》(MOPS)和 TSO 中规定的基线 RAIM 算法用于计算 GPS 的 NOTAM。可从服务可用性预测工具(https://sapt. faa. gov/)获取终端区和航路区域 RNAV RAIM 预测,以核实是否满足 AC 90 – 100A 飞行前指南的要求。

联邦航空管理局提供的 GPS 中断信息类似于通过飞行服务站(FSS)、直接用户接入终端系统(DUATS)供应商和其他商业供应商发布的航空信息。48 个州以及夏威夷和波多黎各飞行服务部的 FS – 21 系统与沃尔佩中心(Volpe Center)在线 RAIM 预测算法对接,向飞行服务专业人员提供 GPS/RAIM 产品。阿拉斯加州联邦航空管理局飞行服务部通过运营和支持实施系统(OASIS)简报系统上的图形叠加产品接收 GPS/RAIM 信息。飞行员在终端区执行非精密进近时,应飞行服务部的要求提供 GPS 接入。飞行员可以请求提供预计到达时间的信息,也可以请求提供 48 小时的 GPS 接入。

**B.3 广域增强系统航行通告(WAAS NOTAM)/航空信息系统**

广域增强系统(WAAS)在整个国家空域系统(NAS)中为飞行员提供了更强的导航能力。WAAS 的可用性取决于 GPS 星座的运行状况、WAAS 资产和联邦航空管理局基础设施(参考站、主站、地面上行链路、对地静止卫星和通信网络)的运行状态,以及联邦航空管理局无法控制的电离层干扰。卫星导航与地面导航设备不同,因为无法直观了解卫星服务中断的影响,并且服务降级的区域不一定是固定的。飞行员需要知道 WAAS 何时何地不可用或将不可用。

WAAS 为广域覆盖中断发送 FDC NOTAM。短语“MAY NOT BE AVBL(可能无法使用)”与 GPS 和 WAAS NOTAM 结合使用,作为对飞行员的警告,表明可能无法达到预期的 WAAS 服务(LNAV/VNAV,LPV)水平。WAAS“MAY NOT BE AVBL” NOTAM 是为了飞行计划目的而发布的。当航空器在 WAAS NOTAM 为“MAY NOT BE AVBL”的区域开始进近时,如果 WAAS 航空电子设备显示 LNAV/VNAV 或 LPV 服务可用,则可以按显示的服务水平在引导下完成进近。如果在进近过程中发生中断，可能需要返回到 LNAV 或采用不同的进近程序或采用复飞操作。

中断信息基于 RNAV(GPS)进近图上 LNAV、LNAV/VNAV 和 LPV 进近最小值时 WAAS 服务不可用，也可为航路区域的操作提供中断信息。已确定可用性不够高的机场(98% 或平均每天信息中断一次或更多)被标记为“黑底反白的 W”(W)标识，表明那些机场的 WAAS 服务在短时间内可能并不可靠 。

当前的 WAAS NOTAM 生成器正在进行彻底检修，新的预测工具正在开发当中。由于 GPS 星座有 27 颗或更多的卫星，因此 LPV 进近的不可用时间非常短，通常不需要预测性 NOTAM。将来，中断信息将以航空信息系统(Aeronautical Information System)通告的形式显示，而不是 NOTAM。

此外，美国联邦航空管理局威廉休斯技术中心(FAA William J. Hughes Technical Center)还几乎实时地监控 GPS 和 WAAS 并通过存档位置——http://www.nstb. tc. faa. gov 提供性能分析报告。

**B.4　海事信息系统**

美国海岸警卫队(USCG)通过 VHF 单工 22A 频道的 VHF 航海无线电广播和 518 khz 的 NAVTEX 文本广播提供沿岸航海安全信息(MSI)广播，以满足全球海上遇险和安全系统(GMDSS)的要求。

国家地理空间情报局(NGA)海事安全办公室是国际水文组织(IHO)全球航行告警服务(WWNWS)系统内的航区(NAVAREA)协调机构。国家地理空间情报局是航区Ⅳ和Ⅻ的协调机构。航区Ⅳ从苏里南的东海岸边界延伸至东北 07 - 00N，东至 035 - 00W，再向北至 067 - 00N 和格陵兰岛的海岸线，沿着 067 - 00N 到达加拿大的海岸线(巴芬群岛地区)。航区Ⅻ从 03 - 24S 的海岸线延伸到 120 - 00W，然后到 00 - 00，再到 180 - 00，再向北到 50 - 00N，然后沿着国际日期变更线延伸到 67 - 00N。

作为航区协调机构，NGA 负责这两个导航航区内通过增强群呼(EGC)进行所有海上安全信息(MSI)的卫星广播。MSI 包括：

- 影响主航道的导航灯、雾灯、浮标和其他助航设施的损坏；
- 主航道内或主航道附近存在危险沉船；
- 可能误导航运的新建主要助航设施或对现有助航设施的重大改动；
- 拥挤水域中存在大型笨重拖船；
- 漂浮危险(包括废弃船只、冰块、地雷、集装箱和其他长度超过 6 米的大型物品)；

· 正在开展搜救(SAR)和清污行动的区域(以避免进入该区域)；

· 新发现的且可能对航运造成危险的岩石、浅滩、暗礁和沉船及其标记(如有关系)；

· 既定航线的意外变更或暂停；

· 电缆或管道铺设活动，为研究或勘探目的拖拽大型水下物体，使用载人或无人潜水器或其他可能在航道或航道附近构成危险的水下作业；

· 在航道内或航道附近设立科研仪表；

· 在航道内或航道附近建立海上结构物；

· 无线电导航服务和岸基海事安全信息无线电或卫星服务出现重大故障；

· 有关海军演习、导弹发射、空间飞行、核试验、军械倾倒区的信息；

· 海盗和持械抢劫船舶的行为；

· 海啸和其他自然现象，如海平面的异常变化。

NAVAREA Ⅳ和 NAVAREA Ⅻ通过国际海事卫星组织安全网和铱星安全广播发布 EGC 信息。铱星安全广播是一项低地球轨道服务，覆盖全球。SafetyNET 有四颗地球静止卫星，覆盖范围接近全球。在国际航程中，所有总吨位在 300 吨及以上的客船和货船都需要携带 EGC 收发器。国家地理空间情报局(NGA)通过 HYDROLANT、HYDROPAC 和 HYDROARC 电文提供全球广播服务，这些信号主要发送给美国海军和国家地理空间情报局的合作伙伴。

国家地理空间情报局海事安全办公室还通过其网站提供这些广播警告，用户还可以在线获取美国航行通告、航向、航标表、反舰行动消息、海上移动钻井装置、数字海图(DNC)及其矢量产品格式(VPF)数据库更新(VDU)补丁，以及其他国家地理空间情报局刊物和手册，例如《GPS 海图仪使用手册》等。

## B.5　国家航空航天局 GPS 监测和空间用户服务

### B.5.1　国际全球卫星导航系统服务(IGS)

国际全球卫星导航系统服务(IGS)，原名为国际全球定位系统服务(International GPS Service)于 1993 年得到国际大地测量协会(International Association of Geodesy)的正式认可，1994 年 1 月 1 日投入运行。它被公认为是一项国际科学服务，提倡开放数据与平等获取。目前，国家航空航天局资助了位于加州理工学院喷气推进实验室(JPL)的 IGS 中央局(IGS Central Bureau)和位于国家航空航天局戈达德太空飞行中心(GSFC)的全球数据中心。10 多年来，IGS 已从 80 个国家和地区的200个组织扩展到由350多个GPS监测站组成的协调网络。为IGS作出贡献的其他美国机构和组织包括美国海军天文台(USNO)、国家地理空间情报局(NGA)、国家科学基金会(NSF)和国家海洋和大气管理局(NOAA)下的国家大地测量局(NGS)。IGS的任务是提供最高质量的数据和产品,作为GNSS的标准,支持地球科学研究、多学科应用和教育,并促进有利于社会的其他应用。约有100个IGS监测站报告数据,延时为1小时。了解这些数据和其他信息,请访问IGS网站:http://www.igs.org/。

### B.5.2 太空运载火箭GPS测量跟踪(MT)系统

佛罗里达州的东部靶场对国防部的一些火箭发射使用基于转换器的GPS来进行测量跟踪,并且正在进行运载火箭上带基于接收器的GPS的认证飞行。加利福尼亚州的西部靶场在实际作业中使用了基于转换器和接收器的GPS。美国航空航天局的沃洛普斯(Wallops)飞行设施(WFF)也使用基于接收器的GPS,根据具体情况跟踪运载火箭。未来肯定会更多地使用GPS对太空运载火箭和其他火箭试验进行实时跟踪,因为GPS能够在世界任何地方提供精确跟踪,而无须地面支持设备。

### B.5.3 全球差分GPS系统(GDGPS)

全球差分GPS系统(Global Differential GPS)是喷气推进实验室开发的高精度GNSS增强系统,用于支持国家航空航天局科学任务的实时定位、授时和定轨要求。GDGPS系统跟踪网由200多个双频、实时GNSS参考站组成。自2000年投入使用以来,GDGPS系统实时产品还用于民用信号监测、态势评估、自然灾害监测、紧急地理定位(E911)以及其他民用和美国国防应用。全球监测的GNSS包括GPS、GLONASS、北斗、Galileo和准天顶卫星系统(QZSS)。

### B.5.4 下一代信标服务(NGBS)

下一代信标服务(Next Generation Beacon Service,NGBS)是国家航空航天局正开发的系统。它将提供独有的信号和数据,以增强用户作业并实现星载自主导航。跟踪与数据中继卫星系统(TDRSS)卫星增强服务(TASS)是个较早出现的概念,其可将GDGPS系统增强信号中继到近地航天器,精度达到分米级。卫星增强服务于2006年进行了演示。下一代信标服务扩展了这一概念,其服务可包括:

· 通过TDRSS的S波段多址前向(MAF)服务实现全球覆盖
· 计划外的按需用户命令
· TDRS星历表和机动窗口
· 空间环境/天气信息

· 地球定向参数
· PRN 测距码与 GPS 时间同步,用于时间传递、单向多普勒测量和测距
· 全球差分 GNSS 修正
· GNSS 完整性

## B.6　国家海洋和大气管理局连续运行参考站(CORS)网络

美国国家海洋和大气管理局(NOAA)的国家大地测量局(NGS)是美国商务部(DOC)的一个部门,负责建立和管理国家海洋和大气管理局连续运行参考站网络(NOAA CORS Netword,NCN)。该网络提供 GNSS 数据,包括载波相位和码距测量,以支持覆盖美国各大州、美国领土/领空和其他一些国家的星基精密三维定位、气象学、空间天气和地球物理应用。

收集 GPS 数据的测量人员、GIS/LIS 专业人员、工程师、科学家和广大公众可以通过 NCN 的在线定位用户服务(OPUS)来提高他们的定位精度。相比国家空间参考系统(NSRS),NCN 增强型事后处理坐标在水平和垂直方向均达到了几厘米的精度。

NCN 是一个多用途的合作项目,涉及联邦政府和地方政府、学术界和私人组织。这些参考站是独立拥有和运营的。每个机构都与国家大地测量局共享其数据,国家大地测量局则免费分析、分发和存档这些数据。截至 2019 年 6 月,NCN 拥有 CH 超过 1750 个活跃参考站,由 150 多个不同组织出资。NCN 归档的数据包含从服役参考站和退役参考站(总计约 1900 个)观测到的数据,文件最早可追溯到 1994 年,用于支持历史性项目以及重新处理整个网络的数据,以定义国际地球参考框架(ITRF)和国家空间参考系统(NSRS)。

国家大地测量局管理和协调这个网络中所有组织的 GPS 跟踪站提供的数据,而不是通过构建独立的参考站网络来管理,特别是使用了由交通部下属部门运行且支持实时导航要求(主要是 WAAS 和 NDGPS 增强)的观测站的数据。这两个联邦实时观测站的数据约占所有 CORS 参考站数据的 6%。

尽管国家大地测量局目前不进行实时作业,但它正致力于为实时网络创建实时校准服务,以参照国家空间参考系统(NSRS)检查其观测站的坐标精度。目前向 NCN 提供数据的其他联邦站点包括由其他联邦合作伙伴(如美国国家海洋和大气管理局、美国国家科学基金会和国家航空航天局)运营的支持全球参考框架和地球物理应用(如地震和地壳运动活动)的参考站。但是,大多数 NCN 参考站由州政府和地方政府(特别是州交通部门和州大地测量局运营,以支持测绘应用)。连续运

行参考站(CORS)合作伙伴可细分为以下几类,如图 B-2 所示。

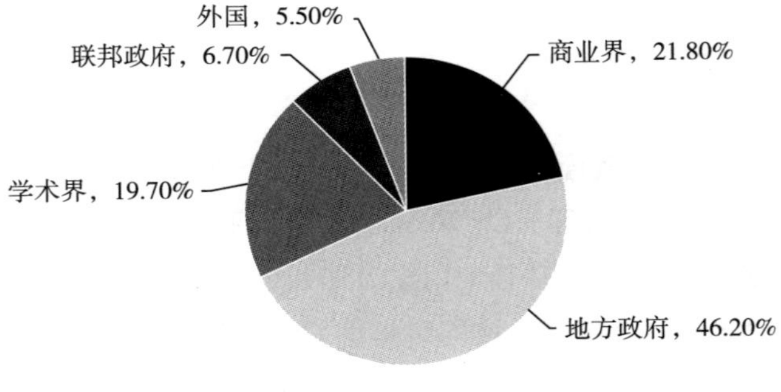


**图 B-2　CORS 系统中的合作伙伴**

CORS 系统收集参考站发送的 GNSS 数据。数据目前转换为独立于接收器的数据交换格式(RINEX)2,质量受控,并放置在互联网上可公开访问的位置。过去几年,除了 GPS 之外,GNSS 星座也开始投入运行。越来越多的参考站已进行升级,安装了具有多 GNSS 功能的设备。2021 年,52% 的 NCN 站具有多 GNSS 功能,虽然 NGS 目前仅将 GPS 用于 OPUS、计算地面站位置和确定卫星轨道。多 GNSS 原始数据正在存档,而 NGS 正在升级其系统以利用多 GNSS。

**表 B-2　各星座收集的国家大地测量局 CORS 数据分布**

| 星座 | 2016 年 | 2018 年 | 2019 年 |
| --- | --- | --- | --- |
| 仅 GPS | 38% | 30% | 24% |
| GPS + GLONASS | 61% | 58% | 56% |
| GPS + GLONASS + GALILEO | 1% | 12% | 20% |

NCN 提供的精确定位数据每天都会被严格计算,时间序列也会被严格监测,以判断是否有任何错误。使用 NCN 数据,国家大地测量局可以通过 OPUS 简化对高精度坐标的访问。当用户通过 OPUS 的网络界面提交测量级双频 GPS 接收器采集的 GPS 数据时,国家大地测量局使用附近的 NCN 数据计算接收器的坐标,然后将计算结果报告通过电子邮件发送给用户,对于 GPS 数据所采集的位置的坐标,其精度为几厘米。

国家海洋和大气管理局空间天气预报中心使用 CORS 数据绘制地图,每 15 分钟显示一次美国本土(CONUS)上方电离层自由电子含量的空间分布。1 分钟电离层数据产品预计将于 2019 年上市。

# 附录 C 大地测量参考系和基准

## C.1 地球参考系(Terrestrial Reference Systems)

大地测量定位是指在广义的地球参考系中参照特定的地球参考框架来定义地球。参考系定义了明确且一致地界定某个点的坐标所需的物理常数、模型、约定和坐标系。例如,坐标系通常抽象地定义为一个三维笛卡尔(x、y、z)坐标系,以地球质心为原点,三个坐标轴与赤道和地球旋转轴重合,并随着地球自转而旋转。常数包括重力常数(GM)、最佳拟合的参考椭球的半长轴和光速等,而模型则包括潮汐校正、引力模型和构造板块运动模型。

地球参考系的科学标准是国际地球参考系统(ITRS)。ITRS 包含了一组代表大地测量与地球之间最新参照技术的约定。这些约定是由国际地球自转和参考系服务(IERS)中心制定的。该系统的物理体现(或物化)就是一个全球地面站网络(在地壳上),其三维坐标和线性速度来自空间观测。

这些观测数据是利用特长基线干涉仪(VLBI)、卫星激光测距(SLR)、GPS 及卫星多普勒轨道确定和无线电定位组合系统(DORIS)收集的。这些空间大地测量观测站的坐标和运动速度解算符合 ITRS/IER 约定,定义了国际地球参考框架(ITRF)。ITRF 定期用定义观测站的最新坐标和运动速度解算进行优化,并应用 ITRS 中采用的任何更改。参考框架的当前版本为 ITRF 2014。ITRF2020 参考框架预计于 2021 年 11 月发布。

国防部(DoD)使用的地球参考系是 WGS84。WGS84 由一个以地球为中心的地固坐标系和一组规定的大部分采用自国际地球参考系(ITRS)的常量、模型和约定组成。确保 WGS 84 框架与国际地球参考框架(ITRF)一致,才可以支持 GPS 与其他 GNSS 的互操作性。WGS 84 参考框架是分布在全球的 GPS 监测站网络,其坐标与 ITRF 紧密对齐。

与 ITRF 一样,WGS 84 参考框架会定期更新精化,并由新参考框架生效时的 GPS 周记数(如时间)指定。WGS 84(G2139)是当前的参考框架,与 ITRF2014(IGb14)一致,总精度误差优于 1 厘米。GPS 的操作参考框架为 WGS 84,因此卫星导航电文参考 WGS 84,直接从导航电文中导出的位置也参考 WGS 84。请参见国家地理空间情报局标准 00036_1.0_ 1984 年全球大地测量系统。

为了用经度、纬度和椭球高度等大地测量术语来表示坐标,必须定义一个双参数扁圆参考椭球。对于地心地球参考系,椭球选择应使其中心与地球质心重合,其轴位于 ITRS 坐标轴上，其半长轴、半短轴和旋转速率与地球近似。椭球的半长轴与 ITRF 的 z 轴重合，而 ITRF 的 x 轴和 y 轴位于参考椭球的赤道面上。z 轴以接近地球自转的速度旋转。

在大多数实际应用中，WGS 84 参考椭球和 GRS 80（1980 年大地测量参考系统）椭球是一样的，有相同的半长轴和轴向，但对于 ITRF 来说它们是有区别的，它们的扁率有细微差别，前 8 位数字都是吻合的。ITRS 在定义中不直接采用参考椭球，但建议 GRS 80 将 ITRF 笛卡尔坐标转换为大地测量坐标。椭球和地球参考系的这种关系就构成了基准的定义，参见下一节“大地基准”。

在美国，1983 年北美基准（North American Datum 1983，NAD 83）是定义国家三维控制的标准大地参考系统。美国国家海洋和大气管理局的国家大地测量局创建、维护 NAD 83，并对外提供该基准。然而，国家大地测量局将于 2025 年用一套新的以板块为锚点的地球参考框架替换 NAD 83——美国及其领土所在的每个构造板块都有一个参考框架。这些参考框架将是北美参考框架（NATREF）、太平洋参考框架（PATREF）、加勒比海参考框架（CATREF）和马里亚纳地球参考框架（MATREF）。GRS 80 椭球被用作 NAD 83 的参考椭球面，并仍是 * TRF 的参考椭球面。椭球高度还与传统的水平控制点相关联，以定义一组严格的三维坐标。

附录 B.6 中规定的 NOAA CORS 网络包括 NAD 83 和 ITRF14 中的坐标数据库。

### C.2 大地基准

由于地球的物理形状非常接近椭球面，因此通常选择椭球作为大地坐标系统的参考面。定义特定参考椭球和地球参考系之间关系的一组参数被称为大地基准。全球大地基准由最佳拟合地球的椭球定义，其原点与地球质心重合，且与所采用的参考框架具有已知关系。WGS 84 和 NAD 83 的基准定义都使用全球参考椭球（分别是 WGS 84 椭球和 GRS 80 椭球，这二者几乎完全相同）。全球大地基准对于使用卫星观测进行定位和导航也必不可少。使用 GPS 及其广播卫星轨道计算的三维大地坐标（纬度、经度和椭球高度）是以 WGS 84 椭球为参考的。因此，WGS 84 椭球作为卫星导出的曲线大地坐标的三维参考椭球面。在调用地图投影时，即以数学方式将地球的三维椭球体渲染到平面上（二维地图），也需要用参数来定义特定的参考椭球。

在卫星数据出现之前，每个国家或地区都建立了一个一般不以地心为中心的本地大地基准，参考椭球仅最佳拟合“本地”大陆区域。现在许多地图仍然基于这些本地基准面。在这些情况下,参考椭球仅用作本地平面(二维)基准,其原点和方向由六个地心参数定义。1927 年北美基准(North American Datum,NAD 27)就是一个例子。NAD 83 移除了 NAD 27 中的许多重大本地畸变,更改了参考椭球,原点尽可能靠近地心,而不是预选的堪萨斯州的测量点。1989 年 6 月 14 日,《联邦注册公告》(第 54 卷,第 113 期,第 25318 页)将 NAD 83 确认为美国的官方平面基准。请注意,尽管 NAD 83 和 WGS 84 使用几乎相同的参考椭球,仅有 0.1 毫米的半短轴差异,由于参考系实现上的差异,NAD 83 和 WGS 84 的原点偏移了约 2 米。2022 * TRF 对 NAD 83 的替换将纠正该偏移,届时将与 WGS 84 和 ITRF 的最新版本更加一致。

在许多情况下,转换参数均已经计算出来了,其可以将本地基准坐标转换为全球基准坐标。这至少涉及坐标系原点从本地基准椭球定义的坐标移到(或转换)到全球基准椭球定义的坐标。实际上,本地椭球可能与全球基准所基于的地心地球参考框架不完全吻合,因此转换坐标时除了移动原点外,可能还需要旋转和缩放本地坐标系。国际标准化组织地理信息技术委员会(ISO/TC 211)已建立了 ISO 大地测量注册系统(ISO 19111),其中包括国际大地测量参考系统和区域大地测量参考系统及其转换。ISO 19111 描述了使用参数值或函数定义各种类型空间参照系所需的元素。

### C.3 高程基准和大地水准面

高程基准通常通过正高来定义。与纯几何性质的椭球高度不同,正高与地球的重力场有关,具有物理性。正高是沿着铅垂线在本地重力方向上测量的。高程基准通常与平均海平面(MSL)或基于低水位或高水位(例如,平均较低低水位)的平均潮汐观测结果相关联。由于理想意义上的海洋表面只受重力的影响,因此可以定义一种平衡状态,使其代表地球重力场的水平面。然后使用此平均状态有效地定义零高程。陆地上的所有高程均参考此零值。

1988 年的北美高程基准(North American Vertical Datum 1988,NAVD 88)应用了这一概念,以加拿大魁北克省里穆斯基点的单潮位计高程作为大陆高程参考点,基本上美国的所有其他高程均以它为参考。1993 年 6 月 24 日,美国《联邦注册公告》(第 58 卷,第 120 期,第 34325 页)将 NAVD 88 确认为美国的官方高程基准。相比之下,1929 年的美国大地测量高程基准(NGVD 29)锚定在一组参考潮位计上,作为确定高程基准的方法,没有对海况进行本地修正。美国地形图产品和数据可以根据其产生的年代参考 NAVD 88 或 NGVD 29。

大陆和全球范围内的平均海平面的“最佳拟合”近似或实现是地球重力场的地势面，其被定义为大地水准面。受大气压力、温度、盛行风和洋流以及盐度变化等影响，平均海平面将偏离此水准面 1 米或更多。一旦确立，大地水准面就成为高程予以参考的起始面。注意，以大地水准面为参考的高度和以椭球面为参考的高度之差可能高达 100 米。

许多国家和地区的高程基准与本地平均海平面（LMSL）关联，因此由于本地影响（例如河流径流和沿岸潮汐效应的极端影响），本地平均海平面可能与全球海平面有显著差异。因此，全球的国家和地区高程基准都与本地平均海平面相关，各个国家和地区的差别迥异。另外，由于实现各种高程基准的方式不同，在将高程与全球大地水准面参考进行比较时，会发现高达数米或更高的偏离。

美国已开发了混合型大地水准面模型 GEOID 18，其直接将 NAD 83 基准的椭球高度与 NAVD 88 正高联系起来。控制数据由基准点组成，其中 GPS 导出的 NAD 83 椭球高度和 NAVD 88 正高基准都是已知的。GPS 椭球高度到正高的转换通常可以在美国本土完成，精度大约为 2.5cm（1 - sigma）；但是，由于原始推导中未计算 GPS 椭球高度误差，无法真正测量 GEOID 18 的精度。

美国的高程基准也将在 2025 年更新，不采用定义了 NAVD 88 的调整位势数所定义的参考面，而是使用完全基于重力数据的大地测量模型（称为重力大地水准面）来定义新的高程基准。通过 GNSS 技术获得的大地坐标将输入模型中，以确定到正高必要的转换。这样一来，在使用同一模型的任何地方，正高都是一致的。规划的模型预计将覆盖阿拉斯加、夏威夷、波多黎各和格陵兰。只有美属萨摩亚、关岛和马里亚纳群岛联邦将使用单独的大地测量模型，但也将使用类似的技术导出（也就是说，它们应非常类似）。

从全球来看，WGS 84 2008 年地球重力场模型（EGM 2008）是最新、最精确和最完整的重力场模型，从中可导出全球大地水准面。它取代了先前的 EGM 96 模型。如果模型中包含测量区域的高精度重力数据，则 WGS 84（EGM 2008）大地水准面的精度优于 15cm（均方根误差）。在美国本土，根据与独立 GPS 和水准测量数据的比较，EGM 2008 的精度约为 5cm（1 - sigma）。[①]

---

① Pavlis, N. K., S. A. Holmes, S. C. Kenyon and J. K. Factor (2013), “对《2008 年地球重力场模型的开发和评估（EGM 2008）》的修正”，《地球物理研究——固体地球》杂志（J. Geophys. Res. Solid Earth）, 118, 2633, doi:10.1002/jgrb.50167 (Ref. 66)。

## C.4　地图

如前所述,联邦大地测量控制小组委员会采纳 NAD 83 和 NAVD 88 基准作为联邦民用测绘机构使用的官方基准,并基于这些基准编制了新地图,如美国地质勘探局的地形图。除了最大的地图比例尺外,WGS 84 和 NAD 83 的平面部分是等效的。旧的美国地图是在旧的基准上编制的,例如 1927 年的北美基准(NAD 27)和 1929 年的国家大地测量高程基准(NGVD 29)。使用从基于这些基准和其他旧基准创建的地图中获取的坐标和高度时,应注意在 NAD 27 基准和 NAD 83 基准以及 NGVD 29 基准和 NAVD 88 基准之间进行坐标和高度转换。国家大地测量局的 NCAT 和 VDATUM 工具提供了基准转换,这些工具关联了 NAD 27 基准和 NAD 83 基准。

如第 1.7.8 节所述,美国国家网格(USNG)添加了以下功能:扩展了地形图、街道图和其他大型地图的效用;提供了跨管辖区无缝对接的网格参考系统;为通用地图索引建立了基础;而且它可以使用全球定位系统(GPS)接收器和互联网地图门户,在网格化的纸质和数字地图上便捷地提供位置参考。USNG 是一种表示标准。它不能代替工程和测量应用的地理信息系统(GIS)或国家平面坐标系统(SPCS)采用的数据存储格式。USNG 是一个叠加在通用横轴墨卡托投影(UTM)数字网格上的字母数字点参考系统。通常,分散区域(城市)中的任意批量区段都可以用 8 位数字(例如 12345678)来描述。数字前面带两个字母前缀(例如 XX 1234 5678),可以在全国范围内对某个位置进行唯一标识。为了方便公众和紧急救援人员使用,USNG 提供了多种智能手机应用,这些应用在激活后持续提供 USNG 地理位置。

## C.5　海图

如前所述,联邦大地测量控制小组委员会采纳 NAD 83 和 NAVD 88 基准作为联邦民用测绘机构使用的官方基准。在全球范围内,国际海道测量组织(IHO)指定使用 WGS 84 作为通用基准。自此,平面特性一直基于 WGS 84 或其他兼容的大地测量参考系统,例如 NAD83。所有的电子海图都必须基于 WGS 84。

所有的高程特性和深度仍然是相对于潮汐基准面来定义的,不同的海图在定义上可能有所不同。国际海道测量组织(IHO)已同意将最低天文潮位和最高天文潮位作为航海制图中使用的首选潮汐基准。

## C.6　航图

如前所述,联邦大地测量控制小组委员会采纳 NAD 83 和 NAVD 88 基准作为联邦民用测绘机构使用的官方基准。在全球范围内,国际民航组织(ICAO)指定使用 WGS 84 作为通用基准。自此,平面特性一直基于 WGS 84 或其他兼容的大地测量参考系统,例如 NAD 83 或 ITRF 与 GRS 80 椭球的组合。

所有的高程特性和高程仍然是相对于本地高程基准确定的,这些本地高程基准与全球大地水准面参考[例如,WGS 84(EGM08)大地水准面]相差一米或更多。

### C.7 地图和海图的精度

在比较 GPS 定位与地图或海图定位时,了解影响地图和海图精度的因素非常重要。有几个因素与产品的比例尺直接相关。地图或海图制作需要在制作过程中应用某些制图标准。由于制图误差是根据地图的网格来评估的,因此评估只表示单个特性的相对精度,而不是特性间的相对精度。这是“特定的地图或海图的精度”。

另一个因素是特性的符号化。由于符号的物理特性(例如,某特性用线条来表示时,以线的宽度来显示多少距离)而产生位置误差。换句话说,地图或海图上能显示的最小物体的尺寸和位置是多少?它的大小和位置是否与地图或海图上的比例和位置相符?同样,影响精度的一个限制因素是地图或海图用户无法精确地按网格给出的比例来绘制地图坐标或准确绘制位置。随着向电子海图的过渡,电子海图数据中可以包含特性的精确位置,从而避免了制图人员手工绘图的不精确性。

制图呈现或“地图绘制许可”也是一个误差源。当尝试在地图或海图上显示两个或多个非常接近的重要特性时,制图人员可能会稍微移动一个特性以获得最佳呈现效果或清晰度。地图或海图上各特性的基础测量数据中的误差也会影响精度。例如,海图上的一些危险点不一定得到准确的测量,因此在海图上的位置就不精确。

最后要提醒的是,一定要认识到地图和海图是基于各种基准绘制的。一个基准中某个点的坐标不一定与该点在另一基准中的坐标匹配。忽略基准偏移且不应用适当的基准转换可能会导致显著误差。这不仅适用于比较两个不同地图或海图上某个点的坐标,还适用于比较 GPS 接收器接收的某个点的坐标和地图或海图上的坐标。

## 附录 D 缩 略 语

本无线电导航计划中使用的组织名称和技术术语的缩写:

| | |
|---|---|
| AAM | Automated Asset Mapping 自动资产测绘 |
| ABAS | Aircraft – Based Augmentation System 机载增强系统 |

| | |
|---|---|
| AC | Advisory Circular　咨询通告 |
| ACTS | Automated Computer Time Service　自动计算机时间服务 |
| ADF | Automatic Direction Finder　自动测向仪 |
| ADS – B | Automatic Dependent Surveillance – Broadcast　广播式自动相关监视 |
| ADS – C | Automatic Dependent Surveillance – Contract　合同式自动相关监视 |
| AFSPC | Air Force Space Command　空军太空司令部 |
| AGL | Above Ground Level　高于地面 |
| AIM | Aeronautical Information Manual　《航空信息手册》 |
| AIS | Automatic Identification System　自动识别系统 |
| AM | Amplitude Modulation　调幅 |
| AMC | Alternate Master Clock　备用主时钟 |
| ANSP | Air Navigation Service Provider　空中导航服务提供商 |
| AoA | Analysis of alternatives　备选方案分析 |
| APNT | Alternative PNT　替代 PNT |
| APV | Approach Procedure with Vertical Guidance　垂直制导进近程序 |
| ARNS | Aeronautical Radionavigation Service　航空无线电导航服务 |
| ASR | Airport Surveillance Radar　机场监控雷达 |
| ATC | Air Traffic Control　空中交通管制 |
| BCD | Binary Code Decimal　十进制数 |
| BIPM | International Bureau of Weights and Measures　国际度量衡局 |
| BRT | Bus Rapid Transit　快速公交 |
| BTS | Bureau of Transportation Statistics　交通统计局 |
| CAPE | Cost Assessment & Program Evaluation　成本评估与项目评估 |
| C/A | Coarse/Acquisition　粗测距/捕获 |
| CAT | Category　类别 |
| CCW | Coded Continuous Wave　编码连续波 |
| CDD | Capability Development Document　能力开发文件 |
| CDL | Commercial Driver's License　商业驾驶执照 |
| CDMA | Code Division Multiple Access　码分多址 |

| | |
|---|---|
| CEP | Circular Error Probable　圆概率误差 |
| CES | Coast Earth Station　海岸地球站 |
| CFR | Code of Federal Regulations　《联邦法规》 |
| CGPM | Conférence Générale des Poids et Mesures　国际度量衡大会 |
| CGS | Civil GPS Service　民用 GPS 服务 |
| CGSIC | Civil GPS Service Interface Committee　民用 GPS 服务接口委员会 |
| CI | Critical infrastructure　关键基础设施 |
| CIO | Chief Information Officer　首席信息官 |
| CJCS | Chairman, Joint Chiefs of Staff　参谋长联席会议主席 |
| CNS | Communication, Navigation and Surveillance　通信导航监视 |
| COMPETES | [The] Creating Opportunities to Meaningfully Promote Excellence in Technology, Education, and Science [Act]　为有意义地促进一流的技术、教育与科学创造机会法 |
| CONUS | Conterminous United States　美国本土 |
| CORS | Continuously Operating Reference Stations　连续运行参考站 |
| COTS | Commercial Orbital Transportation Services　商业轨道运输服务 |
| CPDLC | Controller Pilot Data Link Communications　管制员和驾驶员数据链路通信 |
| CRADA | Cooperative Research and Development Agreement　合作研究与发展协议 |
| CRAF | Civil Reserve Air Fleet　民用航空预备机队 |
| DGPS | Differential Global Positioning System　差分 GPS |
| DHS | Department of Homeland Security　国土安全部 |
| DIA | Defense Intelligence Agency　国防情报局 |
| DME | Distance Measuring Equipment　测距设备 |
| DNI | Director of National Intelligence　国家情报总监 |
| DOC | Department of Commerce　商务部 |
| DOD | Department of Defense　国防部 |
| DOI | Department of Interior　内政部 |

| | |
|---|---|
| DORIS | Doppler Orbitography and Radiopositioning Integrated by Satellite　卫星多普勒轨道确定和无线电定位组合系统 |
| DOS | Department of State　国务院 |
| DOT | Department of Transportation　交通部 |
| drms | Distance root mean square　距离均方根 |
| DSCS | Defense Satellite Communications Systems　国防卫星通信系统 |
| DSL | Digital Subscriber Line　数字用户线路 |
| DUATS | Direct User Access Terminal System　直接用户接入终端系统 |
| EA | Electronic Attack　电子攻击 |
| EFVS | Enhanced Flight Vision System　增强飞行视觉系统 |
| EGM | Earth Gravitational Model　地球重力场模型 |
| EOP | Executive Office of the President　总统行政办公室 |
| ESG | Executive Steering Group　行政督导小组 |
| ESV | Extended Service Volume　扩展服务空域 |
| EXCOM | Executive Committee　执行委员会 |
| FAA | Federal Aviation Administration　联邦航空管理局 |
| FAF | Final Approach Fix　最终进场定点 |
| FAR | Federal Aviation Regulations　《联邦航空条例》 |
| FCB | Functional Capabilities Board　功能能力委员会 |
| FCC | Federal Communications Commission　联邦通信委员会 |
| FDC | Flight Data Center　飞行数据中心 |
| FDE | Fault Detection and Exclusion　故障检测与排除 |
| FHWA | Federal Highway Administration　联邦公路管理局 |
| FL | Flight Level　飞行高度层 |
| FMCSA | Federal Motor Carrier Safety Administration　联邦汽车运输安全管理局 |
| FMS | Fight Management Systems　飞行管理系统 |
| FR | Federal Register　联邦公报 |
| FRA | Federal Railroad Administration　联邦铁路管理局 |
| FRN | Federal Register Notice　联邦注册公告 |

| | |
|---|---|
| FRP | Federal Radionavigation Plan 《联邦无线电导航计划》 |
| FRS | Federal Radionavigation Systems 《联邦无线电导航系统》 |
| FSS | Flight Service Station 飞行服务站 |
| FTA | Federal Transit Administration 联邦公共交通管理局 |
| FTE | Flight Technical Error 飞行技术误差 |
| GBAS | Ground – Based Augmentation Systems 地基增强系统 |
| GDGPS | Global Differential GPS 全球差分 GPS |
| GEO | Geosynchronous Earth Orbit 地球同步轨道 |
| GES | Ground Earth Station 地面地球站 |
| GIS | Geographic Information Systems 地理信息系统 |
| GLS | Great Lakes St. Lawrence Seaway Development Corporation 格雷特湖圣劳伦斯海道发展公司 |
| GMDSS | Global Maritime Distress and Safety System 全球海上遇险和安全系统 |
| GNSS | Global Navigation Satellite System 全球卫星导航系统 |
| GPS | Global Positioning System 全球定位系统 |
| GRS | Geodetic Reference System 大地测量参考系 |
| HAZMAT | Hazardous Materials 有害物质 |
| HEA | Harbor Entrance and Approach 出入港 |
| HEOMD | Human Exploration and Operations Mission Directorate 人类探索和行动任务局 |
| HSPD – 7 | Homeland Security Presidential Directive – 7 第 7 号国土安全部总统指令 |
| HUD | Head – up Display 平视显示器 |
| IALA | International Association of Marine Aids to Navigation and Lighthouse Authorities 国际航标协会 |
| IC | Intelligence Community 情报界 |
| ICAO | International Civil Aviation Organization 国际民航组织 |
| ICG | International Committee on GNSS GNSS 国际委员会 |
| IDF | Interference Direction Finding 干扰测向 |

| | |
|---|---|
| IDM | Interference Detection and Mitigation　干扰检测与减轻 |
| IERS | International Earth Rotation and Reference Systems Service　国际地球自转和参考系统服务 |
| IFR | Instrument Flight Rules　仪表飞行规则 |
| IGS | International GNSS Service　国际 GNSS 服务 |
| IHO | International Hydrographic Organization　国际水文组织 |
| ILS | Instrument Landing System　仪表着陆系统 |
| IMO | International Maritime Organization　国际海事组织 |
| INMARSAT | International Maritime Satellite Organization　国际海事卫星组织 |
| INS | Inertial Navigation System　惯性导航系统 |
| INU | Inertial Navigation Unit　惯性导航装置 |
| IOC | Initial Operational Capability　初始作战能力 |
| IP | Internet Protocol　互联网协议 |
| IRAC | Interdepartment Radio Advisory Committee　跨部门无线电咨询委员会 |
| IRP | Interagency Requirements Process　跨部门需求流程 |
| IRU | Inertial Reference Unit　惯性参考单位 |
| ISS | International SpaceStation　国际空间站 |
| ITRF | International Terrestrial Reference Frame　国际地球参考框架 |
| ITRS | International Terrestrial Reference System　国际地面参考系统 |
| ITS | Intelligent Transportation Systems　智能交通系统 |
| ITS | Internet Time Service　互联网时间服务 |
| ITS – JPO | Intelligent Transportation Systems Joint Program Office　智能交通系统联合项目办公室 |
| ITU | International Telecommunication Union　国际电信联盟 |
| JCB | Joint Capabilities Board　联合能力委员会 |
| JCIDS | Joint Capabilities Integration and Development System　联合能力整合与发展系统 |
| JCS | Joint Chiefs of Staff　参谋长联席会议 |
| JPDO | Joint Planning and Development Office　联合计划与发展办公室 |

| | |
|---|---|
| JPL | Jet Propulsion Laboratory　喷气推进实验室 |
| JPO | Joint Program Office　联合项目办公室 |
| JROC | Joint Requirements Oversight Council　联合需求监督委员会 |
| JTIDS | Joint Tactical Information Distribution System　联合战术信息分发系统 |
| LAAS | Local Area Augmentation System　局域增强系统 |
| LBS | Location – Based Services　基于位置的服务 |
| LEO | Low Earth Orbit　低地球轨道 |
| LF | Low Frequency　低频率 |
| LMSL | Local Mean Sea Level　本地平均海平面 |
| LNAV | Lateral Navigation　水平导航 |
| LOP | Line of Position　位置线 |
| LP | Localizer Performance　航向信标性能 |
| LPV | Localizer Performance withVertical Guidance　垂直制导的航向道性能 |
| MARAD | Maritime Administration　海事管理局 |
| MCS | Master Control Station　主控站 |
| MCW | Modulated Continuous Wave　调制连续波 |
| MDGPS | Maritime Differential GPS Service　海上差分 GPS 服务 |
| MEO | Medium Earth Orbit　中地球轨道 |
| MIDS | Multi – function Information Distribution System　多功能信息分发系统 |
| MOA | Memorandum of Agreement　协议备忘录 |
| MON | Minimum Operating Network　最小运营网络 |
| MOPS | Minimum Operational Performance Standards　最低运行性能标准 |
| MPNTP | Master Positioning, Navigation, and Timing Plan　定位导航授时总计划 |
| MSC | Military Sealift Command　军事海运司令部 |
| MSK | Minimum Shift Keying　最小移位键控 |
| MSL | Mean Sea Level　平均海平面 |

| | | |
|---|---|---|
| N/A | Not Applicable　不适用 |
| $NAC_p$ | Navigation Accuracy Category for Position　定位导航精度类别 |
| $NAC_v$ | Navigation Accuracy Category for Velocity　速度导航精度类别 |
| NAD | North American Datum　北美基准(面) |
| NANU | Notice Advisories to Navstar Users Navstar　用户公告 |
| NAS | National Airspace System　国家空域系统 |
| NASA | National Aeronautics and Space Administration　国家航空航天局 |
| NATO | North Atlantic Treaty Organization　北大西洋公约组织 |
| NAVAID | Navigation Aid　导航设备 |
| NAVCEN | Navigation Center（USCG）　导航中心(USCG) |
| NAVD | North American Vertical Datum　北美高程基准 |
| NAVTEX | Navigational telex　导航电传 |
| NAVWAR | Navigation Warfare　导航战 |
| NCIS | Net – Centric Information Sharing　以网络为中心的信息共享 |
| NCO | National Coordination Office　国家协调办公室 |
| NDB | Nondirectional Beacon　无方向性信标 |
| NDGPS | Nationwide Differential Global Positioning Service　全国差分全球定位服务 |
| NDRF | National Defense Reserve Fleet　国防后备舰队 |
| NextGen | Next Generation Air Transportation System　下一代航空运输系统 |
| NG911 | Next Generation 911　下一代 911 |
| NGA | National Geospatial – Intelligence Agency　国家地理空间情报局 |
| NGS | National Geodetic Survey　国家大地测量局 |
| NGVD | National Geodetic Vertical Datum　国家大地高程基准面 |
| NHTSA | National Highway Traffic Safety Administration　国家公路交通安全管理局 |
| NIC | Navigation Integrity Category　导航完整性目录 |
| NII | Networks and Information Integration　网络与信息集成 |
| NIPRNet | Non – classified Internet Protocol Router Network　非保密互联网协议路由网络 |

| | | |
|---|---|---|
| NIS | Navigation Information Service　导航信息服务 |
| NIST | National Institute of Standards and Technology　国家标准与技术研究院 |
| NOAA | National Oceanic and Atmospheric Administration　国家海洋和大气管理局 |
| NOTAM | Notice to Airmen　航行通告 |
| NPA | Nonprecision Approach　非精密进近 |
| NSA | National Security Agency　国家安全局 |
| NSF | National Science Foundation　国家科学基金会 |
| NSRS | National Spatial Reference System　国家空间参考系统 |
| NTIA | National Telecommunications and Information Administration　国家电信和信息管理局 |
| NTM | Notice to Mariners　航行通告 |
| NTP | Network Time Protocol　网络时间协议 |
| OASIS | Operational and Supportability Implementation System　运营和支持实施系统 |
| OCS | Operational Control System　运行控制系统 |
| OPUS | Online Positioning User Service　在线定位用户服务(系统) |
| ORD | Operational Requirements Document　作战需求文件 |
| OST | Office of the Secretary of Transportation　交通部长办公室 |
| OST/B | Assistant Secretary for Budget and Programs and Chief Financial Officer　预算和计划助理部长兼首席财务官 |
| OST/C | Office of the General Counsel　总法律顾问办公室 |
| OST/M | Assistant Secretary for Administration　行政助理部长 |
| OST/P | Under Secretary of Transportation for Policy　主管政策的交通部副部长 |
| OST – R | Office of the Assistant Secretary for Research and Technology　研究与技术助理部长办公室 |
| PAR | Precision Approach RADAR　精密进近雷达 |
| PBN | Performance Based Navigation　基于性能的导航 |

| | |
|---|---|
| PHMI | Probability of Hazardously Misleading Information　危险误导信息概率 |
| PHMSA | Pipeline and Hazardous Materials Safety Administration　管道和危险材料安全管理局 |
| PIRT | Purposeful Interference Response Team　蓄意干扰响应小组 |
| PNT | Positioning, Navigation, and Timing　定位导航授时 |
| POS/NAV | Positioning and Navigation　定位与导航 |
| PPS | Precise Positioning Service　精确定位服务 |
| PRN | Pseudo – Random Noise　伪随机噪声 |
| PS | Performance Standard　性能标准 |
| PTC | Positive Train Control　列车控制系统 |
| PTP | Precision Time Protocol（IEEE – 1588 – 2019）　精确时间协议 |
| PTTI | Precise Time and Time Interval　精密时间和时间间隔 |
| R&D | Research & Development　研究和开发 |
| RADAR | Radio Detecting and Ranging　无线电探测与测距 |
| RAIM | Receiver Autonomous Integrity Monitoring　接收机自主完整性监测 |
| RCP | Required communication Performance　所需通信性能 |
| RF | Radio Frequency　无线电频率 |
| RFI | Radio Frequency Interference　射频干扰 |
| RINEX | Receiver Independent Exchange　接收机自主交换 |
| RNAV | Area Navigation　区域导航 |
| RNP | Required Navigation Performance　所需导航性能 |
| RNP AR | RNP Authorization Required　需特殊授权的所需导航性能 |
| RNPSORSG | Required Navigation Performance and Special Operational Requirements Study Group RNP　特别运行需求研究委员会 |
| RNS | Radionavigation Service　无线电导航服务 |
| RNSS | Radionavigation Satellite Service　无线电导航卫星服务 |
| RRF | Ready Reserve Force　预备役部队 |
| RSP | Required Surveillance Performance　所需监测性能 |
| RSS | Root Sum Square　平方根 |

| | |
|---|---|
| RTCM | Radio Technical Commission for Maritime Services 海事无线电技术委员会 |
| RVR | Runway Visual Range 跑道视距 |
| SA | Selective Availability 选择性可用性 |
| SAR | Search and Rescue 搜救 |
| SARPS | Standards and Recommended Practices 标准和推荐做法 |
| SBAS | Space – Based Augmentation System 天基增强系统 |
| SBIR | Small Business Innovative Research 小企业创新研究 |
| SCaN | Space Communications and Navigation Program 空间通信和导航计划 |
| SCUBA | Self Contained Underwater Breathing Apparatus 独立水下呼吸器 |
| SDA | System Design Assurance 系统设计保证 |
| SID | Standard Instrument Departure 标准仪表离场 |
| SIL | Source Integrity Level 源完整性水平 |
| SIPRNet | Secret Internet Protocol Router Network 秘密互联协议路由网 |
| SIS | Signal – In – Space 空间信号 |
| SLR | Satellite Laser Ranging 卫星激光测距 |
| SLSMC | Saint Lawrence Seaway Management Corporation 圣劳伦斯航道管理公司 |
| SNTP | Simple Network Time Protocol 简单网络时间协议 |
| SONAR | Sound Navigation and Ranging 声音导航和测距 |
| SPC | Senior Policy Committee 高级政策委员会 |
| SPS | Standard Positioning Service 标准定位服务 |
| SRMA | Sector Risk Management Agency 部门风险管理机构 |
| SSV | Space Service Volume 空间服务域 |
| STAR | Standard Terminal Arrival Route 标准终端区进场程序 |
| Stat. | [Federal] Statute 法令 |
| TACAN | Tactical Air Navigation 战术空中导航 |
| TASS | TDRSS Augmentation Service Satellites TDRSS 增强服务卫星 |
| TBD | To Be Determined 待定 |

| | |
|---|---|
| TBO | Trajectory Based Operations　基于轨迹的运行 |
| TDL | Track Defect Location　轨道缺陷定位 |
| TDRSS | Tracking and Data Relay Satellite System　跟踪与数据中继卫星系统 |
| TDWR | Terminal Doppler WeatherRadio　终端多普勒气象广播 |
| TERPS | Terminal Instrument Procedures　终端仪表程序 |
| TIS | Traffic Information Services　交通信息服务 |
| TMAS | Time Measurement and Analysis Service　时间测量和分析服务 |
| TRSB | Time Reference Scanning Beam　时间基准波束扫描 |
| TSO | Technical Standard Order　技术标准规范 |
| TT&E | Tests, Training, and Exercises　测试、训练和演习 |
| TWSTT | Two – Way Satellite Time Transfer　双向法卫星时间传递 |
| UAT | Universal Access Transceiver　通用接入收发器 |
| UHF | Ultra High Frequency　甚高频 |
| U. N. | United Nations　联合国 |
| UNAVCO | University NAVSTAR Consortium NAVSTAR　大学联盟 |
| URA | User Range Accuracy　用户测距精度 |
| URE | User Range Error　用户距离误差 |
| USACE | U. S. Army Corps of Engineers　美国陆军工程兵团 |
| USAF | United States Air Force　美国空军 |
| USC | United States Code　美国法典 |
| USCG | United States Coast Guard　美国海岸警卫队 |
| USDA | U. S. Department of Agriculture　美国农业部 |
| USD(I) | Under Secretary of Defensefor Intelligence　国防部主管情报的副部长 |
| USD(P) | Under Secretary of Defense for Policy　国防部主管政策的副部长 |
| UDP | User Datagram Protocol　用户数据报协议 |
| USG | United States Government　美国政府 |
| USMC | United States Marine Corps　美国海军陆战队 |
| USN | United States Navy　美国海军 |
| USNO | United States Naval Observatory　美国海军天文台 |

| | | |
|---|---|---|
| USSF | United States Space Force | 美国太空军 |
| USSPACECOM | United States Space Command | 美国太空司令部 |
| USSTRATCOM | United States Strategic Command | 美国战略司令部 |
| UTC | Coordinated Universal Time | 世界标准时间 |
| US - TEC | United States Total Electron Content | 美国电子总含量 |
| VFR | Visual Flight Rules | 目视飞行规则 |
| VHF | Very High Frequency | 甚高频 |
| VLBI | Very Long Baseline Interferometry | 超长基线干涉仪 |
| VNAV | Vertical Navigation | 垂直导航 |
| VOR | Very High Frequency Omnidirectional Range | 甚高频全向信标 |
| VORTAC | Collocated VOR and TACAN | VOR 和 TACAN 并置 |
| VTS | Vessel Traffic Services | 船舶交通服务 |
| WAAS | Wide Area Augmentation System | 广域增强系统 |
| WG | Working Group | 工作组 |
| WGS | World Geodetic System | 全球大地测量系统 |
| WMS | Wide Area Master Station | 广域主控站 |
| WRC | World Radiocommunication Conference | 世界无线电通信大会 |
| WRS | Wide Area Reference Stations | 广域参考站 |
| 2 SOPS | 2ndSpace Operations Squadron | 第二太空作战中队 |
| 3D | Three Dimensional | 三维 |
| 4D | Four Dimensional | 四维 |

整个计划中使用的单位列表：

| | |
|---|---|
| bps | 比特/秒 |
| dBW | 分贝瓦（相对于 1W 的分贝数） |
| deg | 度 |
| drms | 距离均方根 |
| ft. | 英尺 |
| hr | 小时 |

| | |
|---|---|
| Hz | 赫兹(每秒的周期数) |
| GHz | 千兆赫 |
| kHz | 千赫 |
| MHz | 兆赫 |
| m | 米 |
| cm | 厘米 |
| km | 公里 |
| mm | 毫米 |
| min | 分钟 |
| mi | 英里 |
| NM | 海里 |
| s | 秒 |
| ms | 毫秒 |
| μs | 微秒 |
| ns | 纳秒 |
| ps | 皮秒 |
| W | 瓦特 |
| mW | 毫瓦 |
| μW | 微瓦 |

## 附录 E　术　　语

精度:平台在特定时间估计或测量的位置和/或速度与真实位置或速度的一致性程度。PNT 系统精度通常以系统误差的统计测量表示,具体如下:

· 预测精度:PNT 系统的位置解相对于图表解的精度。位置解和图表解都必须基于相同的大地测量基准。

· 重复精度:用户返回到先前用同一导航系统测定过的位置的精度。

· 相对精度:某个用户测量出的位置相对于另一个用户同时用导航系统测量出的位置的精度。

空中交通管制(ATC):由有关当局运营的服务,以促进空中交通的安全和有效流动。

区域导航(RNAV):一种导航方法,允许航空器在地基或天基导航设备覆盖范围内、在自给式导航设备能力范围内或在两者配合下按任何希望的飞行路径运行。

沿航迹距离:飞机当前位置与区域导航系统测量的固定点之间的水平距离,不受倾斜范围误差的影响。

模糊性:当导航系统使用同一组测量值确定载具的两个或多个可能位置,而没有指示哪个位置最精确时,就存在系统模糊性。应识别潜在的系统模糊性,并规定用户如何识别并解决。

可用性:导航系统的可用性是系统服务可用的时间百分比。可用性显示系统在特定覆盖范围内提供可用服务的能力。信号可用性是指从外部源发送的导航信号可供使用的时间百分比。可用性是环境的物理特性和发射设施的技术能力的函数。

无码或半无码处理:无须密码即可获取 L2 Y 码伪距和载波相位测量值,从而完全接入某信号的技术。无码技术仅利用 Y 码信号的已知 10.23 MHz 码片速率,以及在 L1 和 L2 上都广播相同的 Y 码信号这一事实。半无码技术使用 Y 码的一些已知特性。

通用系统:军民两用的系统。

美国本土(CONUS):48 个毗连的州和哥伦比亚特区。

连续性:系统的连续性是整个系统(包括在规定空域内保持航空器位置所需的所有要素)在预定运行期间不间断地执行其功能的能力。更具体地说,连续性是指在一个运行阶段的持续时间内,假定系统在该运行阶段开始时可用,系统保持特定性能的概率。

世界标准时间(UTC):一种原子时标,也是民用时间的基础。UTC 偶尔会以一秒为增量进行调整,以确保原子钟定义的统一时间刻度与地球自转的时间相差不会超过 0.9 秒。

覆盖范围:PNT 系统提供的覆盖范围是指信号足以允许用户以指定精度水平确定位置的表面区域或空间。覆盖范围受系统的几何结构、信号功率水平、接收器灵敏度、大气噪声状况以及其他影响信号可用性的因素的影响。

差分:通过确定已知位置的定位误差,然后将确定的误差或校正因子发送给在相同区域使用同一 PNT 系统运行的用户来提高 PNT 系统精度的技术。

转让:当联邦 PNT 设施无法继续满足联邦服务的持续性标准时,将其移交给非联邦服务供应商。如果无法移交 PNT 设施,则服务终止,设施将停用。

飞行途中/航路：导航的一个阶段，包括从出发点到任务结束之间的运行。对于空中飞行任务，航路导航分两个小类，即国内航路和海洋航路。

定位维度：这个特性定义导航系统是提供线性的一维位置线，还是二维或三维的定位，还包括系统从导航信号获取第四维要素（例如时间）的能力。

定位更新频率：定位更新频率定义为每单位时间系统中可用的独立位置定位或数据点的数量。

全球卫星导航系统（GNSS）：GNSS 统称为一个或多个卫星星座提供的全球定位导航授时（PNT）确定能力。每个 GNSS 系统都采用一个卫星星座，与地面站网络一起工作。

初始运行能力（IOC）：与系统相关的状态，其当特定系统能够为其设计用途提供预定义的一套服务时发生。

完整性：完整性是对导航系统所提供信息的正确性的信任程度的度量。完整性包括当系统不应用于导航时，系统向用户提供及时警告的能力。

跨部门：正如本文中所用，跨部门是指涉及多个联邦部门或机构的任何 PNT 论坛或活动。

电磁干扰[Interference（electromagnetic）]：任何干扰、阻碍或以其他方式降低或限制用户设备性能的电磁干扰。

电磁干扰[Jamming（electromagnetic）]：为了防止或减少信号的有效使用而故意对电磁能量进行的辐射、再辐射或反射。

多径：导致信号通过两条或多条路径到达接收天线的传播现象。当两个或多个信号同时到达时，就会产生电磁波干扰。如果电磁波干扰随着时间变化或一个终端处于运动状态，则接收到的信号就会衰减。

纳秒（ns）：十亿分之一秒。

国家空域系统（NAS）：NAS 包括美国空域、空中导航设施、设备和服务、机场或着陆区、航图和数字导航数据、信息和服务、规则、条例和程序、技术信息，以及用于管制和/或管理美国管辖下的飞行活动的劳动力和材料。包括与军方共享的系统组件。

导航：计划、记录和控制船只、车辆和航空器从一个地方移动到另一个地方的过程。

NAVDAT：由国际海事组织（IMO）和国际电信联盟（ITU）指定的拟议导航数据海事广播（Navigational Data Maritime Broadcast）系统，作为国际海事组织全球海上遇险和安全系统(IMO's GMDSS)现代化工作的一部分,是向全世界船舶传送沿岸紧急海事安全信息的增强手段。

NAVTEX:被国际海事组织指定为向全球船舶传输沿岸紧急海事安全信息的主要手段。NAVTEX 系统广播海事安全信息,例如无线电导航告警、风暴/大风告警、气象预报、海盗行为告警和遇险警报。有关该系统的完整详细信息,请参见国际海事组织刊物 IMO – 951E – NAVTEX 手册。

非精密进近(NPA):基于水平路径而无垂直引导路径的仪表进近程序。该程序通过导航系统执行,该导航系统提供水平(但非垂直)路径偏离指南。

PNT 配置文件:对负责任地使用 PNT 服务的描述,符合为特定系统选择的标准、指南和行业特定要求,以解决 PNT 服务潜在的中断或被操纵问题。

PNT 服务:提供计算或增强经度、纬度、高度计算参考的任何系统、网络或能力,或规划、记录和控制航天器或车辆从一个地方到另一个地方的移动过程,或时间或频率数据的传输,或其任何组合的过程。

精确时间:精确到 10 毫秒内的时间要求。

精度:指各个 PNT 测量结果的一致性程度。

精密进近:基于水平路径和垂直下滑道的仪表进近程序,可以满足垂直导航性能和机场基础设施的特定要求。

无线电测定(Radiodetermination):通过无线电波的传播特性确定位置或获取与位置有关的信息。

无线电定位(Radiolocation):用于非 PNT 目的的无线电定位。

无线电导航:利用无线电波的传播特性,为导航确定位置或获取与位置有关的信息。

可靠性:在特定条件下,在规定时间内无故障执行规定功能的概率。

所需导航性能(RNP):在规定空域内运行所需的导航性能,包括该空域内使用的导航系统的运行参数,集成了相关的机载性能监控和警报功能,以在特定阶段或航段的 RNP 无法满足需求时通知飞行员。

负责任地使用 PNT 服务:在风险知情的情况下审慎地使用 PNT,包括其采办、整合和部署,以使 PNT 服务的中断或被操纵对国家安全、经济、公共卫生和联邦政府的关键职能的影响最小。

部门风险管理机构(SRMA):联邦执行部门或机构,负责提供机构知识和专业知识,并领导、促进或支持其指定的关键基础设施部门在所有危险环境中的安全和恢复计划及相关活动。SRMA 是 2013 年 2 月 12 日第 21 号总统政策指令《关键基础设施安全和弹性》中确定的。

监视:为了确定船只、车辆和航空器在某个区域或空间的位置和移动而对该区域或空间进行的观察。

测量:观察以确定点的地面或三维位置以及它们之间的距离和角度的行为,包括确定大小和形状、绝对和/或相对位置、线的长度和方向、地球的重力场、一天的长度等。

系统容量:系统容量是系统可以同时容纳的用户数。

导航末端:导航的一个阶段,包括在适当的设施启动或终止计划任务或功能所需的操作。对于空中飞行任务,导航末端用于描述提供进近管制服务或机场交通管制服务的空域。

终端区:通用术语,用于描述提供进近管制服务或机场交通管制服务的空域。

一类世界时(UT1):基于地球相对于太阳的自转而不是原子钟的时间尺度。UT1 考虑极运动。在 UTC 时间刻度中使用闰秒,从而将 UTC 与 UT1 的差保持在 0.9s 之内。

1984 年全球大地测量系统(WGS 84):以地球为中心的地固系地球参考系统和大地测量基准。WGS 84 基于一组一致的常数和模型参数,这些参数描述地球的大小、形状、重力场和地磁场。WGS 84 是美国国防部对地理空间信息全球参考系统的标准定义,也是 GPS 的参考系统。它与 ITRS 一致。

## 附录 F 参考文件(略)

# 第四部分　美国卫星导航相关失效重要文件

1980年以来,美国总统发布了多项GPS相关的总统政策。随着GPS的不断发展,以及美国外交、国防、外空等领域政策的调整,GPS相关的总统政策也随之更新。以下介绍三项重要的GPS相关总统政策,虽然这三项政策已经失效,但是能够反映美国政府在发展GPS方面,所保持的政策延续性和生命力。

**1. 2010年《美国国家空间政策》**。2010年6月28日,美国白宫新闻办公室发布了奥巴马政府版的《美国国家空间政策》。目前该政策已被特朗普政府于2020年发布的《国家空间政策》所取代。2010年版的空间政策系统阐述了奥巴马政府在空间领域的目标、原则和政策取向,试图作为“和平利用外空”的代言人要求其他国家负责任地从事外空活动,继续维持美国在外空的领导地位,保护美国的国家安全和国家利益。

该政策明确了美国空间活动的五项基本原则:一是采取负责任的空间活动;二是支持美国商业空间活动的开展;三是和平利用外层空间;四是任何国家不得对外空主张主权、不得对他国的空间系统进行有意干扰;五是美国将全力保护其空间系统不受他方的干扰与攻击。

该政策确立了六项目标:一是鼓励国内企业参与全球市场并促进卫星制造、以卫星为基础的服务、空间发射、地面应用以及日趋增加的创业;二是加强国际合作并促进外空的和平利用;三是采取多种措施加强外空的稳定;四是增强各种用途的航天器及配套设施的可靠性和恢复能力;五是实施载人和机器人项目;六是提高对地球和太阳的天基观测能力。

该政策制定了跨部门的指导方针,要求所有的部门和机构均应遵循。分别从基础活动与能力、国际合作、保护空间环境并负责任地使用太空、出口政策、太空核能、无线电频谱和抗干扰、基本任务能力的保障和抗风险能力增强等七个方面提出了要求。该政策制定了部门指导方针。其中,该政策要求维护并增强天基定位导航授时系统,提出美国必须在全球卫星导航系统的服务、提供和使用方面保持领导地位，并提出了具体举措。此外，该政策还制定了部门指导方针，分别由商业空间活动指导方针、民用空间活动指导方针和国家安全空间活动指导方针组成。

**2. 2004年《美国天基定位导航授时政策》**。2004年12月15日，美国总统行政办公室发布了总统指令《美国天基定位导航授时政策》，取代了1996年美国总统发布的《美国全球定位系统政策》，采用PNT概念取代GPS，标志着美国的全球卫星导航系统进入以PNT为基本要素的新时代。该政策由六部分组成，分别为：适用范围和定义、背景、宗旨和目标、天基PNT服务的管理、外国接入美国天基PNT能力、机构角色和职责。

该政策的宗旨是确保美国保持天基PNT服务能力、相关增强系统和备份系统能力，以及拒绝服务的能力。该政策确立了六项目标：一是提供不间断的PNT服务接入；二是满足日益增长的国家安全、国土安全、经济安全需求，以及民用、科学和商用需求；三是保持军用天基PNT服务的卓越性；四是继续提供先进的民用天基PNT服务；五是继续作为国际认可的PNT服务的基本组成部分；六是提升美国在天基PNT服务应用领域的技术领先地位。

最具深远影响的是，该政策建立一个常设的国家天基PNT执行委员会（以下简称执行委员会）。该执行委员会将由国防部和交通部的副部长或其指定的代表共同担任主席，成员由国务院、商业部、国土安全部、参谋长联席会议、国家航空航天局和其他必要的部门和机构同级别的代表组成。该执行委员会负责就天基PNT相关事项向总统、成员部门和机构提供建议，并就维护和改进美国天基PNT基础设施的政策、架构、要求和资源分配等问题，向决策部门和机构提供建议并协调相关事务。同时，该政策还明确了国防部、交通部、商务部、国务卿、国土安全部关于天基PNT的职责分工。从而搭建了美国天基PNT管理的基本架构。

此外，该政策表明了美国关于外国接入美国天基PNT能力的政策立场，即总的指导方针是，将继续对目前已在或拟在全球市场上提供的民用或其他非《美国军需品清单》上的天基PNT能力的出口予以支持；而出口敏感或先进的PNT信息、系统、技术和部件，将依据现行法律法规以及相关的国家安全和对外政策目标及考虑事项进行逐案审批。

**3. 1996年《美国全球定位系统政策》**。1996年3月28日，美国总统行政办公室发布了总统决策指令《美国全球定位系统政策》。这是1995年GPS全面投入使用后，美国发布的首部系统阐述美国运行管理GPS的总统政策文件。这是美国政府适应GPS从主要用于军用向民用商用迅速发展、从主要用于美国向迅速成为全球信息基础设施发展趋势的重要举措，也标志着 GPS 的开发和应用进入新的发展阶段。该政策由五部分组成，分别为：背景、政策目标、政策指南、机构角色和责任、报告要求。

该政策的六大目标是：加强和维护国家安全，鼓励 GPS 和平应用，鼓励私营部门投资和使用美国 GPS 技术和服务，促进交通等领域的安全和效率，促进为和平目的使用 GPS 的国际合作，提高美国的科学技术能力。

该政策阐明了七项 GPS 运行管理准则：一是承诺免费为全球用户提供 GPS 标准定位服务；二是计划在 10 年内停止使用 GPS 的 SA 功能；三是 GPS 及美国政府的增强系统将继续响应国家指挥机构；四是保持 GPS 在用户需求和国家安全利益之间的平衡；五是推动 GPS 和美国政府的增强系统成为国际标准；六是不会排除或阻止商业 GPS 活动；七是常设的跨部门 GPS 执行委员会，负责管理 GPS 及美国政府的增强系统。其中，免费服务、停用 SA、推动国际标准、鼓励商业发展等准则，刺激了 GPS 民用和商用的快速发展，使美国获取了巨大的经济利益。

该政策还明确了国防部、交通部、国务院、商务部、中央情报局等部门在运行管理 GPS 及美国政府的增强系统方面的职责。其中，国防部负责运行、维护基本 GPS，按照标准要求提供标准定位服务、精确定位服务，评估使用 GPS 及其增强系统、替代系统对国家安全的影响，制定措施防止敌方使用 GPS 及其增强系统等。该政策指定交通部作为美国政府内联邦民用 GPS 事务的牵头机构，明确了其促进 GPS 在交通领域开发应用并成为国际标准的职责。该政策还明确了国务院在推动 GPS 多双边合作方面的职责。跨部门 GPS 执行委员会的成立和相关部门管理 GPS 职责分工的明确，确立了这一时期美国 GPS 的管理体制。这一管理体制一直延续到 2004 年，为 GPS 在民用商用领域的发展，以及在全球的广泛应用提供了组织基础。

## 美国卫星导航相关失效重要文件

- 2010 年《美国国家空间政策》
- 2004 年《美国天基定位导航授时政策》
- 1996 年《美国全球定位系统政策》

# 2010 年《美国国家空间政策》

# 2010年美国国家空间政策

2010年6月28日

## 一、简介

“探索外太空的奥秘比任何其他奇思妙想都更能激发人的斗志。通过这样的探索，人类希望开阔视野、增长知识、让生活变得更美好。”

——德怀特·艾森豪威尔总统，1958年6月20日

“国家航空航天局(NASA)成立50年后，我们的目标不再仅仅是到达太空某处，而是希望人类能在地球之外的地方长时间地、安全地工作、学习和生活，最终达到一种可持续甚至无限的程度。在完成这项使命的过程中，我们不仅能够扩大人类在太空的活动范围，而且还能增强美国在地球上的领导地位。”

——巴拉克·奥巴马总统，2010年4月15日

太空时代始于两个超级大国之间为争夺安全和荣誉而展开的竞赛。太空蕴含无穷的机会，在此后的几十年里，我们看到人类的日常生活方式发生了根本性的转变，这在很大程度上归因于我们对太空的利用。空间系统将我们带到其他天体，并将人类的视野从宇宙形成之际，拓展到宇宙尽头的星系。人造卫星为提高各国的透明性和稳定性贡献良多，并为避免潜在冲突提供了重要的通信途径。空间系统增加了我们在许多科学领域的知识，人类在地球上的生活也因之更美好。

人类对太空的利用创造了新的市场；通过预报自然灾害，提高搜救行动的速度，更快更高效地开展灾后恢复工作，帮助挽救生命；它可以提高农业和自然资源管理的效率和可持续性；可以拓展我们的疆域；可以为全球提供先进医疗、天气预报、地理空间信息、金融业务、宽带和其他通信，以及全球许多其他活动。空间系统使世界各地的人民和政府看得更清晰、交流更明确、航行更精确、作业更有把握。

空间利用的成果和空间探索行动的不断转变也带来了新挑战。太空时代开始之初，仅有少数几个国家有机会利用太空，不负责任或无意的行为所产生的后果是有限的。而现在，空间利用带来的便利几乎已经渗透到了生活的方方面面。随着全

球经济的增长和发展，能够利用太空的国家和组织越来越多。空间能力现在无处不在并且相互关联，世界对其依赖性也不断加深，这意味着不负责任的空间行为可能会给全人类带来灾难性的后果。例如，数十年的空间活动导致地球轨道上布满了太空垃圾；随着全球的航天开发国不断增加空间活动，发生碰撞的概率也相应增加。

作为领先的航天国家，美国致力于应对这些挑战。但这并不仅仅是美国的责任。所有国家都有使用和探索太空的权利，但权利和责任是相伴的。因此，美国呼吁：所有国家共同努力，采取手段，确保负责任的空间活动，慎用这项权利，为子孙后代造福。

自从人类进入太空的那一刻起，美国就承诺：与其他国家合作维护太空自由，增进人类福祉。

美国在此重申合作承诺，我们相信随着国际合作的加强和美国领导力的重振，所有的国家和人民，无论是航天国家还是航天受益国家，将发现他们的视野更为开阔，知识更加丰富，生活也将得到巨大的改善。

**二、原则**

本着这种合作精神，美国将坚持并提议其他国家也认可并秉持以下原则：

· 以负责任的态度开展空间活动，避免发生事故灾害，避免产生误解和猜忌，是所有国家的共同利益。美国认为，空间的可持续性、稳定性、自由进入和使用对其国家利益至关重要。空间活动的开展应强调公开性和透明性，以提高公众对政府活动的认识，并使更多人能够分享空间利用所带来的惠益。

· 一个强大且有竞争力的商业航天产业对于空间事业的持续发展至关重要。美国致力于鼓励和促进美国商业航天产业的发展，使其满足美国本国的需求，具有国际竞争力，并提升美国在培育新市场、创新驱动创业方面的领导地位。

· 所有国家都有权根据国际法、为了和平目的以及全人类的福祉探索和利用空间。根据“和平目的”原则，太空可用于开展国家和国土安全活动。

· 根据国际法，各国不得对外层空间或天体提出主权主张。美国认为，任何国家的空间系统都有权在不受干扰的情况下在空间通行和作业。蓄意干扰空间系统，包括其配套基础设施，都将被视为对国家权利的侵犯。

· 美国将采取各种措施，帮助确保所有负责任方能够使用太空，并根据固有的自卫权，阻止他国的干扰和攻击，以捍卫本国的空间系统，并为盟国空间系统防御提供援助，如果防御失效，则对攻击者予以坚决打击。

**三、目标**

根据上述原则，美国将通过国家空间计划努力达成以下目标：

· 激励国内具有竞争力的产业参与全球市场，推动卫星制造、卫星服务、太空发射、地面应用以及创业领域的发展。

· 在互利空间活动方面拓展国际合作，扩大和深化空间利益；促进对空间的和平利用；加强空间信息收集，增强信息共享伙伴关系。

· 加强空间的稳定性，采取国内和国际措施促进安全负责任的空间活动；加强信息收集和共享，避免太空物体碰撞；保护关键空间系统和配套基础设施，特别关注空间和信息系统的关键依赖关系；加强措施，减少轨道碎片。

· 增强关键任务功能的保障和抗风险能力，提高商用、民用、科学和国家安全航天器及配套基础设施抵御中断、性能退化和毁坏的能力，无论此类中断、性能退化和毁坏是由于环境、机械、电子或是敌方原因造成。

· 发展载人和机器人计划，开发创新技术、培育新产业、加强国际合作、激励美国和其他国家、增进人类对地球的了解、加强科学发现、探索太阳系及以外的宇宙。

· 提高天基地球和太阳观测能力，满足科学研究，预测地面和近地空间天气，监测气候和全球变化，管理自然资源以及灾难响应和恢复的需求。

为落实本政策，各部门和机构应根据总统提供的整体资源和政策指导采取行动；所有行动应遵守美国的法律法规，美国签署的国际条约和其他协议，其他适用的国际法，与美国国家和国土安全要求、美国外交政策和国家利益保持一致；同时还应符合《关于透明和开放政府的总统备忘录》。

**四、各部门通用的指导方针**

为了实现上述目标，所有的部门和机构均应遵循以下指导方针。

（一）基础活动和能力

· 加强美国在空间相关科学、技术和产业基础方面的领导地位。各部门和机构应：开展基础研究和应用研究，提高能力并降低成本，使相关研究得到政府的最佳支持；鼓励商业空间产业的创新和创业；确保政府重要职能得到空间产业能力的支持。

· 增强进入太空的能力保证。美国进入太空首先取决于发射能力。除非得到国家安全顾问、总统科学与技术事务助理和白宫科技政策办公室主任的豁免，否则，美国政府的有效载荷应在美国制造的运载工具上发射并符合现有的跨部门工作标准和协作准则。相关责任部门和机构应：

△ 共同努力采办可靠的、符合美国政府需求且具有成本效益的空间发射服务及共享搭载服务；

△ 投资建设现代化的航天发射基础设施，提高运营效率和产能，降低发射成本；

△ 在商业能力和服务无法满足需求的情况下，与美国产业界合作，开发必要的发射系统和技术，以保障未来可靠且高效地进入太空。

· 维护并增强天基定位导航授时系统。美国必须在全球卫星导航系统（GNSS）的服务、提供和使用方面保持领导地位。为此，美国应：

△ 对于和平的民事应用，允许全球社会持续接入全球定位系统（GPS）及政府提供的增强系统，且不向用户直接收取费用；

△ 与国外 GNSS 供应商合作，鼓励兼容和互操作，提高民事服务的透明度，并使美国工业能够进入市场；

△ 根据已发布的性能标准和接口规范运行和维护 GPS，满足民事和国家安全需求。可使用国外的定位导航授时（PNT）服务增强 GPS 和强化 GPS 的弹性；

△ 投资国内能力并支持国际活动，探测并减少对 GPS 的有害干扰，提高 GPS 抗干扰的能力，并在必要和适当的情况下，为关键基础设施、关键资源和任务的关键功能确定和实施冗余和备份系统或方法。

· 培养并留住航天专业人才。培养并留住航天专业人才的主要目标包括：在空间运行和空间采办任务上取得成功；激励创新以提高商用、民用和国家安全空间能力；推进科学探索和发现。为了实现这些目标，各部门和机构应与产业界和学术界合作，制定行动标准，设法为当前的航天人才队伍创造机会，并采取措施来培养、维护和留住技术娴熟的航天专业人才，包括政府和商业领域的工程和科学人才以及经验丰富的空间系统开发和运营人才。各部门和机构还应促进和扩大公私合作，为科学、技术、工程和数学（STEM）项目提供专项资金，推动此类教育项目取得成果。

· 为了改进空间系统的开发和采办，各部门和机构应：

△ 加强成本估算，提高技术风险和成熟度评估能力，夯实工业基础，从而提高空间系统及时采办、快速部署的能力；

△ 加强需求管理，充分利用在空间及相关环境中测试高风险组件、有效载荷和技术的低成本机会，降低项目风险；

△ 鼓励创新，培育并保持具有创业精神的美国研发环境；

△ 与产业界建立合作关系，以改善流程并有效管理供应链。

· 加强机构间的合作关系。各部门和机构应通过合作、协作、信息共享或共同追求来改善伙伴关系。各部门和机构应在能力和专长方面取长补短,实现共享,增强实现国家目标、确定预期成果、发挥美国实力以及制定实施和响应策略的能力。

（二）国际合作

加强美国的空间领导地位。在国务卿的协调下,各部门和机构应:

· 展示美国在空间相关论坛和活动中的领导作用:重申美国对盟国集体自卫的承诺;明确共同利益和互利领域;推行美国商业航天法规,并鼓励各国规范与这些法规的互通。

· 领导各国增强空间安全与稳定,负责任地开展空间活动。

· 协助美国商业航天能力和服务获得新的市场机会,包括那些依赖政府提供的空间系统的商业地面应用。

· 促使国际社会采用有助于全面、公开和及时获取政府环境数据的政策。

· 促进参与国际合作的国家之间适当分担成本和风险。

· 利用盟国和空间伙伴的现有及计划中的空间能力来增强美国自身的能力。

确定潜在的国际合作领域。各部门和机构应确定可能开展国际合作的领域,包括但不限于:航天科学;包括载人飞行活动在内的太空探索;支持空间科学和探索的太空核能;空间运输;用于碎片监测和感知的空间监测;导弹预警;地球科学与观测;环境监测;卫星通信;全球卫星导航系统;地理空间信息产品和服务;减灾救灾;搜寻和救援;用于海域感知的空间技术;长期保护空间环境供人类活动和使用。

国务卿在与有关部门和机构负责人磋商后,应开展外交和公共外交努力,以增强各方对美国国家空间政策和计划的了解与支持,并鼓励外国利用美国的空间能力、系统和服务。

制定透明度和建立信任措施。美国将通过采取双边和多边透明度与建立信任的措施,鼓励各方负责任地开展空间活动及和平利用太空。美国将考虑那些公平的、可有效核查的、有助于加强美国及其盟国国家安全的军备控制措施建议和概念。

（三）保护空间环境并负责任地利用太空

保护空间环境。为了最大限度地减少碎片,保护空间环境,使所有各方负责任、和平、安全地利用太空,美国应:

· 继续领导国际和行业标准与政策的制定和部署,以减少空间碎片,如《联合国空间碎片减缓准则》;

· 开发、维护和使用来自商业、民用和国家安全部门的空间态势感知(SSA)信息，以探测、识别并追踪那些违反负责任利用太空原则以及不利于长期、可持续利用太空环境的行为；

· 按任务需求和成本效益要求，在航天器的采办和运营、发射服务以及在空间测试和实验活动中，继续遵循《美国政府轨道碎片减缓标准实践》的相关规则；

· 通过国家航空航天局（NASA）局长和国防部长，开展技术和工艺研发，以减少和清除轨道上的碎片，减少危害，并增进对当前和未来碎片环境的了解；

·《美国政府轨道碎片减缓标准实践》的例外行动需得到主管部门或机构的负责人的批准，并通知国务卿。

促进空间碰撞预警措施的制定。国防部长在与国家情报总监、国家航空航天局局长以及其他部门和机构协商后，可与产业界和外国开展合作，维护和完善空间物体数据库；推行国际通用数据标准和数据完整性措施；向商业和国际机构提供服务和发布轨道跟踪信息，包括空间物体交汇的预报。

（四）有效的出口政策

在不违反美国出口管制审查规定的前提下，各部门和机构应努力提高美国航天产业基础的竞争力，满足国家安全需求。

美国将努力阻止先进空间技术流向非授权方。各部门和机构有责任在实施其项目时防止对美国不利的技术转让。

美国政府将根据《国际武器贸易条例》《出口管理条例》和其他适用的法律、条约和条例，逐案签发与空间相关的出口许可证。如果判定上述空间相关物项确实可在全球市场上普遍获得，那么相关出口通常符合美国的国家利益。

与敏感或先进航天器相关的出口可能需要政府之间达成协议或其他可接受的协定。

（五）太空核能

美国应开发并使用太空核能系统，此类系统可安全地确保或显著增强太空探索或行动能力。根据现行机构间审批程序，携载核能系统的美国政府航天器，如可能达到或超过最低放射性阈值，则其发射和使用必须得到总统或其指定官员的批准。在作出相关决定之前，能源部长应通过特设的跨部门核安全审查小组进行核安全分析，评估与发射和空间作业相关的风险。

能源部长应：

· 协助交通部长批准涉及核动力系统航天器空间运输活动；

· 提供核安全监测，以确保空间作业与核安全评估结果相一致；

· 保持所需的能力和基础设施，以便开发和提供可用于美国政府空间系统的核动力系统。

（六）无线电频谱和抗干扰

美国政府应：

· 致力于保护美国在全球范围内正常使用所分配的无线电频谱和相关轨道，支持美国政府、其盟友和美国商业用户的空间利用活动；

· 在批准获取空间能力之前，明确解决无线电频谱和轨道分配的要求；

· 在系统的整个生命周期内，确保相关国家和国际监管框架的有效性；

· 在重新分配商业用、联邦政府用或共用无线电频谱之前，先确定其对政府空间系统的影响；

· 通过提升能力、技术以及与民用、商业和外国合作伙伴合作，来确认和判定电磁干扰的源头，并采取必要措施维持美国关键空间系统运行所需要的射频环境；

· 根据美国国内法规，为使用商业卫星运行的美国政府地面站寻求适当的监管批准，并与授予类似商业地面站的监管批准保持一致，美国国内法规范围内寻求相应的审批程序。

（七）基本任务能力的保障和抗风险能力

美国应：

· 开发相关技术和措施，确立合作关系，打造连续提供服务的能力，确保执行空间任务的基本能力；

△ 包括加强对特定航天器和配套基础设施的保护，提升其抗风险能力；

· 开发和演练即使处于或穿过恶劣、被中断或被阻止的太空环境时，仍可保持系统正常运行的能力和计划；

· 在采办未来空间能力和配套基础设施时，必须满足基本任务能力保障要求和空间系统抗风险能力要求。

**五、部门指导方针**

美国的空间活动是在三个不同但却相互依赖的部门中进行的：商业部门、民用部门和国家安全部门。

（一）商业空间活动指导方针

本政策所指“商业”是指由私营企业提供的空间商品、服务或活动。这些私营企业对此类商品、服务或活动承担合理的投资风险和责任，按照控制成本和优化投资回报等典型的市场激励措施来开展这些活动，并具备向现有或潜在的非政府客户提供这些商品或服务的法定资格。为了促进国内空间事业的蓬勃发展，各部门和机构应：

· 尽量购买和使用可在市场上获得并满足美国政府要求的商业空间能力和服务；

· 如现有的商业空间能力和服务不能完全满足要求标准，但具备改进潜力，且相关改进更具成本效益、不影响空间能力和服务采办进度，则应推动相关商业空间能力和服务的改进，以满足政府的要求；

· 积极探索使用创造性的、非传统的方式来获取空间商品和服务以满足美国政府的要求，包括建立公私合作关系、将政府空间能力搭载到商业航天器上以及向商业卫星运行者购买科学或运算数据产品支持政府任务等措施；

· 只有在出于国家利益考虑并且没有合适的、具有成本效益的美国商业空间服务或系统，也没有合适的外国商业服务或系统可供选择时，才发展政府空间系统；

· 除非国家安全或公共安全确有需要，否则应避免开展对美国商业空间活动有排斥、阻碍作用或与其形成竞争关系的美国政府空间活动；

· 创造潜在的机会，将日常运行的空间活动职能转由成本效益更高的商业空间部门执行，但因法律、安保或安全需要而禁止商业化的情况除外；

· 利用奖励和竞赛等激励措施，进一步培育商业空间部门的技术创新和创业精神；

· 确保美国政府的空间技术和基础设施在有偿、互不干涉和公平的基础上，尽最大可能被商业部门所用；

· 尽可能减少商业空间活动的监管负担，并确保发放空间活动许可证的监管环境是及时和灵活的；

· 推行根据美国产业界意见而制定的相关标准和法规，以促进公平开放的全球贸易和商业环境；

· 在国际合作活动中，鼓励购买和使用美国的商业空间服务和能力；

· 在符合美国技术转让和不扩散目标的情况下，积极促进美国商用空间产品和服务的出口，包括由中小企业开发的空间产品和服务。

美国贸易代表办公室（USTR）在联邦政府中对美国作为缔约方的国际贸易协定负有主要责任。美国贸易代表办公室会同其他相关部门和机构，牵头空间有关的货物和服务贸易相关的贸易规则的谈判和实施。

（二）民用空间活动指导方针

1. 空间科学、探索与发现

国家航空航天局局长应：

· 设定太空探索远期目标。2025年前，启动月球外载人飞行任务，包括载人探索小行星计划。到21世纪30年代中期，实现将人类送入火星轨道并安全返回地球。

· 与国际伙伴合作，确保国际空间站（ISS）到2020年或以后一段时期继续运行，并拓展其任务：将国际空间站用于科学、技术、商业、外交和教育目的；支持人类太空探索活动；保持人类在地球轨道上的存在；支持未来人类太空探索目标。

· 寻求与私营部门合作，打造安全、可靠、具有成本效益的商业空间运输能力和服务，用于将人员和货物运抵和运离国际空间站。

· 实施新的空间技术开发和试验计划，与产业界、学术界和国际合作伙伴共同努力，以构建、试飞和测试若干可以提高空间活动能力、降低空间活动成本并为未来空间活动提供更多机会的关键技术。

· 研发下一代发射系统，包括新型火箭发动机技术。

· 在太阳系空间保持机器人探测系统：对其他行星进行科学考察；演示新技术；为人类未来空间任务建立前哨阵地。

· 继续开展强有力的空间科学项目，对太阳、太阳系和宇宙进行观测、研究和分析，从而进一步丰富人类的宇宙知识，深化人类对基础自然科学和物理科学的了解，明晰生命演化所需的条件，寻找新行星和围绕其他恒星运行的类地行星。

· 与其他部门、机构和商业伙伴合作，发展探测、跟踪、分类和描述近地空间天体的能力，以降低地球遭遇意外撞击对人类造成伤害的风险，并寻找潜在的资源富集型行星天体。

2. 环境地球观测及气象

为了继续开展并完善一系列项目，对地球陆地、海洋和大气层天基观测、研究和分析：

· 国家航空航天局局长应协调其他相关部门和机构执行一项计划，增强美国对全球气候变化的研究和持续监测能力，加快发展新型地球观测卫星以推进地球研究，深化地球科学认知，开发和测试可供其他民事部门和机构运用的能力；

· 商务部长应通过国家海洋和大气管理局（NOAA）局长，并与国家航空航天局局长及其他相关部门和机构进行协调，开展以下工作，为运行提供支持：

△ 将成熟的研发用地球观测卫星转为长期运行的生产型地球观测卫星；

△ 利用国际伙伴维持并提高对天气、气候、海洋和海岸的天基观测能力；

△ 负责民用环境卫星的需求确定、投资、采办和运行工作，以支持天气预报、气候监测、海洋和海岸观测及空间天气预报。国家海洋和大气管理局（NOAA）将主要通过国家航空航天局为上述活动和项目采办环境卫星；

· 商务部长通过国家海洋和大气管理局局长、国防部长通过空军部长，与国家航空航天局局长及其国际伙伴一起合作，确保不间断进行极地轨道环境卫星观测。国防部长应负责上午在轨运行，商务部长应负责下午在轨运行。各部门将在国家海洋和大气管理局负责的项目下，继续参与开发和部署一个共享地面系统。此外，各部门应确保继续全面共享所有系统中的数据。

3. 陆地遥感

通过地质勘探局（USGS）局长，内政部长应：

· 对自然和人为原因造成的地球陆地、陆地覆盖物和内陆地表水的变化进行研究，并管理全球地表资料国家档案及数据分发。

· 确定收集、处理、归档以及向美国政府和其他用户分发地表数据的操作要求。

· 与国防部长、国土安全部长和国家情报总监进行协调，负责向其他民事机构提供从国家安全空间系统获取的与环境和灾难有关的遥感信息。

为了支持这些关键需求，内政部长应与地质勘探局局长和国家航空航天局局长共同努力，持续开展地面遥感观测项目。

国家航空航天局局长、国家海洋和大气管理局局长和地质勘探局局长应：

· 确保民用空间采办程序和能力避免不必要的重复；

· 继续根据地球观测卫星收集的数据开发民用应用和信息工具。这些民用能力应尽可能地利用已知标准和开放协议进行开发，并提供给公众使用。商务部长将通过国家海洋和大气管理局局长，对商业部门的遥感系统制定监管法规并发放许可证。

（三）国家安全空间活动指导方针

经与其他相关部门和机构领导协商，国防部长和国家情报总监应开展以下活动：

· 开发、采办和运行空间系统及其配套信息系统和网络，支持美国国家安全，并在和平、危机和冲突时期开展国防和情报行动；

· 确保空间能力（包括配套信息系统和网络）能够以符合成本效益的方式持续保持运行，与其计划的用途相符，能够应对能力丧失或功能受损或遭受威胁所造成的后果，并能够通过其他手段执行任务；

· 促进技术发展、提高工业能力并维持支持美国最关键的国家安全利益所必需的强大供应基础，重振美国的领导地位；

· 制定并实施必要的计划、程序、技术和能力，为关键的国家安全空间任务提供保障，保障手段包括空间资产的迅速修复，以及利用盟国、外国和/或商业空间和非空间能力执行相关任务等；

· 维护并整合空间监测、情报和其他信息，以开发准确及时的空间态势感知信息。空间态势感知信息可用于支持国家和国土安全和民用航天机构，特别是载人太空飞行活动以及商业和外国航天活动；

· 与有关部门和机构以及商业和外国实体合作，改进、开发和演示快速探知、预警、表征和判定自然和人为干扰与美国利益相关的空间系统的能力；

· 根据威胁环境的变化，开发和应用先进技术和能力。

国防部长应：

· 在国家情报总监的协助下，负责空间态势感知能力的开发、采办、运行、维护和现代化改造；

· 发展能力、制订计划和采用各种手段，以威慑、防御并在必要时挫败干扰或攻击美国或盟国空间系统的行为；

· 保持空间支援、力量增强、空间控制和武力运用的能力；

· 作为国防和情报部门的发射代理人，为国家安全目的提供可靠、经济、及时的空间通道。

国家情报总监应：

· 加强基础情报收集及单一和综合来源情报分析能力；

· 开发、采办和运用空间能力，以支持战略目标、重点情报工作和分派的其他任务；

· 可靠、及时、有效地收集、处理、分析和发布有关外国空间及其配套信息系统活动的信息；

· 开发和增强创新型分析工具和技术，使用并分享传统和非传统来源的信息，以了解其他国家的相关空间活动；

· 识别并表征美国空间任务的当前和未来威胁，从而进行有效的保护、威慑和防御；

· 运用空间监测信息，整合各渠道有关外国空间能力和意图的情报，为支持空间态势感知能力提供优质的情报产品；

· 以支援国防和国土安全计划和满足作战需求为主要情报任务；

· 采取监督、遵守及核查透明度和信任建立措施，以支持军备控制协定（若适用）；

· 协调美国政府部门或机构开展的任何空间射频调查，并酌情审查由拥有许可证的私有运行者或州和地方政府开展的任何空间射频调查。

# 2004年《美国天基定位导航授时政策》

# 2004年美国天基定位导航授时政策

2004年12月15日

2004年12月8日,总统批准了新的《美国天基定位导航授时政策》,为美国国家安全、国土安全、民用、科学和商用等目的的天基定位导航授时(PNT)计划及增强系统、活动提供指导和执行指南,取代1996年3月28日发布的总统决策指令《美国全球定位系统政策》(PDD/NSTC－6)。

## 一、适用范围与定义

本政策在以下方面提供指导:(1)全球定位系统(GPS),美国政府研发、拥有或运行的GPS增强系统和改进系统,以及其他天基PNT信号的系统的研发、采办、运行、维护和现代化改造;(2)研发、部署、维护和现代化保护美国和盟国获得和使用GPS的能力,保障国家安全、国土安全和经济安全,并阻止敌方获得任何天基PNT服务;(3)外国接入GPS和美国政府运行的增强系统,以及美国与国外天基PNT服务及其增强系统的国际合作。

本文件对下列术语进行了定义:

·“互操作”,是指美国与外国的天基PNT服务的民用服务一起使用,从而在用户层面实现比依赖单一服务或信号效果更好的能力;

·“兼容性”,是指美国和外国的天基PNT服务能够单独或一起使用,服务或信号不会彼此形成干扰,也不会对导航战构成不利影响的能力;

·“增强系统”,是指为使用天基PNT信号用户提供补充信息的天基和/地基系统,这些信息使用户能够获得与单独的未经增强的天基信号相比增强的性能。这些性能的改进包括更好的精度、可用性、完整性和可靠性,针对关键应用还可提供独立的完好性监视和预警功能。

## 二、背景

在过去的十年里,GPS已经发展成为一个全球性的公用事业,它所提供的多用途服务是美国国家安全、经济增长、交通安全和国土安全不可或缺的组成部分,同时也是全球经济基础设施的一个重要组成部分。2000年,美国认识到GPS对民用和商用用户日益重要，不再有意降低非军事信号的精度，即不再使用选择性可用性功能（Selective Availability）。从那时起，GPS 在商用和民用领域的应用突飞猛进，其重要性也显著提升。当前，基于 GPS 信息的服务成为经济增长的引擎，促进了经济发展，并提高了生命安全，GPS 是美国多个领域的关键基础设施的重要组成部分。

在民用和商用领域的应用继续拓展的同时，GPS 提供的 PNT 信息对美国国家安全仍然至关重要，其应用几乎融入了美国军事行动的方方面面。美国及其盟国的军队将继续依靠 GPS 的军用服务提供军事级的 PNT 服务。

基于 GPS 的服务不断发展，既给美国的国家安全、国土安全和经济安全带来了机会，同时也带来了风险和威胁。军用、民用、商业系统和基础设施对 GPS 的依赖程度和广度都在不断增长，使许多这些系统本身就易受到 PNT 服务意外中断的影响。此外，无论是否为军事能力而设计，空间系统及其增强系统提供的所有 PNT 信号能力本身都可为敌方（包括敌军和恐怖组织）所用。最后，新涌现的国外天基 PNT 服务可能会增强或削弱 GPS 的未来效用。

美国必须继续提升和保持 GPS 及其增强系统和备份系统能力，以满足日益增长的国家安全、国土安全和经济安全需求，以及民用、商用和科学需求。与此同时，我们必须继续提高能力，阻止敌方获得任何天基 PNT 服务，特别是公开提供的、敌方和恐怖分子随时可以用来威胁美国安全的服务。此外，天基 PNT 服务的多样化需求和多种应用也需要稳定、灵活应变的政策和管理机制。必须修改 GPS 及其增强系统的现有管理机制，以适应多用途的项目规划、资源分配、系统开发和运行。因此，美国政府必须完善 GPS 及其增强系统的政策和管理框架，以支持它们继续满足日益增长和多样化的国内和全球需求。

**三、宗旨和目标**

本政策的基本宗旨是确保美国保持天基 PNT 服务能力、相关增强系统和备份系统能力，以及拒绝服务的能力，并实现以下目标：(1)提供不间断的 PNT 服务接入；(2)满足日益增长的国家安全、国土安全、经济安全需求，以及民用、科学和商用需求；(3)保持军用天基 PNT 服务的卓越性；(4)继续提供先进的民用天基 PNT 服务，性能应该优于或至少与外国民用天基 PNT 服务及其增强系统相当；(5)继续作为国际认可的 PNT 服务的基本组成部分；(6)提升美国在天基 PNT 服务应用领域的技术领先地位。

为实现这一宗旨，美国政府应：

· 通过 GPS 提供不间断的、覆盖全球的精确 PNT 服务接入，使美国及盟国的国家安全系统和能力不依赖外国的 PNT 服务。

· 通过 GPS 及其增强系统，在全球持续为民用、商用和科学等用途以及国土安全提供民用天基 PNT 服务，不向直接用户收取费用，并提供必要的、免费开放的信息接入，促进开发和构建使用这些服务的设备。

· 提高阻止敌方使用天基 PNT 服务的能力，同时不过度影响军事行动区以外地区的民用、商用领域使用民用 PNT 服务，亦不过度影响出于国土安全目的使用此服务。

· 提高天基 PNT 服务的性能，包括更强大的抗干扰能力，满足美国和盟国的国家安全、国土安全目的以及全球民用、商用和科学用户的需求。

· 保持 GPS 作为根据 2003 年 12 月 17 日发布的第 7 号国土安全总统指令《关键基础设施识别、优先级和保护》认定的美国多个领域关键基础设施的组成部分。

· 鼓励外国开发基于 GPS 的 PNT 服务及系统。力求确保外国天基 PNT 系统与 GPS 及其增强系统的民用服务能够实现互操作，以造福全球民用、商用和科学领域的用户。至少力求确保外国系统与 GPS 及其增强系统兼容，并与外国供应商解决共同关注的安全问题，阻止敌方使用天基 PNT 服务。

· 最大限度地促进联邦、州和地方各级政府使用美国天基 PNT 服务及能力。

**四、天基 PNT 服务的管理**

本政策要求建立一个常设的国家天基 PNT 执行委员会（以下简称执行委员会）。该执行委员会将由国防部和交通部的副部长或其指定的代表共同担任主席。成员由国务院、商业部、国土安全部、参谋长联席会议、国家航空航天局和其他必要的部门和机构同级别的代表组成。总统行政办公室的成员，包括管理和预算办公室、国家安全委员会工作人员、国土安全委员会工作人员、科学和技术政策办公室以及国家经济委员会工作人员，作为执行委员会的观察员。应邀请联邦通信委员会主席作为执行委员会的联络员。执行委员会每年至少召开两次会议。国防部长和交通部长应制定该委员会的运作程序。

执行委员会应向其成员部门和机构提出建议，并通过总统行政办公室的代表向总统呈送建议。此外，执行委员会还将就维护和改进美国天基 PNT 基础设施（其中涉及 GPS 及其增强系统、服务的安全性，以及与外国 PNT 服务的关系）的政策、架构、要求和资源分配等问题，向决策部门和机构提供建议并协调相关事务。具体而言，执行委员会应：

· 确保国家安全、国土安全和民用需求在决策过程中得到充分、合理的考虑，并根据需要，整合这些领域对天基 PNT 能力的不同需求，并消除这些需求之间的冲突。

· 协调各个部门和机构天基 PNT 项目的计划、需求、预算和政策，评估投资和进度的合理性，及时满足经确认的需求。

· 确保民用服务的效用超过或至少相当于外国天基 PNT 服务的常规效用。

· 制订相关计划，推动美国天基 PNT 基础设施的现代化，包括：(1)在需要时，如果可行，可研发、部署和运行新的和改进型国家安全和公共安全服务；(2)确定 GPS 及其增强系统之间的需求分配，包括用户设备的考虑。

· 审查各部门和机构有关国际合作以及频谱管理和保护方面的方案，并提供相关建议。

· 建立天基 PNT 咨询委员会。该咨询委员会应由美国政府以外的专家组成，并特许为联邦顾问委员会。

执行委员会应设立国家天基 PNT 协调办公室。该办公室作为执行委员会的办事机构，由执行委员会选定的专职主任领导，并向执行委员会报告工作。执行委员会还应包括各相关部门和机构向执行委员会指派的全职工作人员。

执行委员会应根据本政策方针确定国家天基 PNT 协调办公室的资源，包括经费、地点、人员配置和人员结构。

国家天基 PNT 协调办公室应起到执行委员会秘书处的作用，并履行执行委员会授权的职能。各部门和机构应向国家天基 PNT 协调办公室提供适当信息，以保证各部门间 PNT 计划、政策、预算和活动的透明度，避免对相互利益或部门间依存关系产生影响。现撤销 GPS 系统机构间执行委员会，根据具体情况，由国家天基 PNT 执行委员会或国家天基 PNT 协调办公室按照本政策确定的方针承担《PNT 执行委员会章程》规定的职责。

执行委员会应每年就 GPS 及其增强系统的部际资源分配提供建议和协调。国防部长主要负责为 GPS 的研发、采办、运行、维持和现代化提供资源。交通部长应向国防部长提供资源，用于评估、研发、采办、实施、运行和维护当前 GPS 项目中已包含的第二民用信号和第三民用信号以外的其他指定 GPS 民用能力。GPS 民用信号性能监测、增强和其他独特的 PNT 能力将由需要这些服务或能力的单一机构或多个机构提供资金，包括预算覆盖的每个财政年度的采办费用和运行费用。由民事机构提出和资助的任何新技术特性不得削弱、取代 GPS 现有的和计划中的国家安全功能。如果执行委员会建议应加速提供GPS能力，那么，执行委员会将就加速提供这些能力所需的资源提出建议。资源问题将通过常规的预算流程进行解决。

以下费用分摊信息应根据本政策的指导方针在《国家天基PNT五年计划》中详细描述：(1)国防部和交通部关于GPS的费用分摊；(2)各部门和机构在资助增强系统、独特能力或加速提供能力等方面的费用分摊。

**五、外国接入美国天基PNT能力**

《美国军需品清单》或《美国商业管制清单》所涵盖的美国PNT能力的出口，将继续酌情根据《国际武器贸易条例》或《出口管理条例》以及所有现行法律法规获得许可证。

总的指导方针是，将继续对目前已在或拟在全球市场上提供的民用或其他非《美国军需品清单》上的天基PNT能力的出口予以支持。而出口敏感或先进的PNT信息、系统、技术和部件，将依据现行法律法规以及相关的国家安全和对外政策目标及考虑事项进行逐案审批。为支持此类审批，国务卿应与国防部长、商务部长、能源部长、国家航空航天局局长和中央情报局局长协商，按2003年4月25日颁布的《美国商业遥感空间政策》调整和维护《敏感技术清单》，包括PNT应用的敏感技术产品或技术领域。国务卿和商务部长应参照该清单评估出口申请。

**六、机构角色和职责**

各部门和机构应配置实现本政策目标所需的资源。本政策的内容不应削弱各部门和机构的运作和预算权限。

国防部长应：

· 负责GPS的研发、采办、运行、安全和持续现代化，同时促进民事和国土安全部门和机构在这些活动中以及在影响民事和国土安全权益的任何决策中有充分的代表性和参与性。

· 研发、采办、运行、实测、评估和维护导航战能力和其他能力，以实现以下目标：

△ 在面临敌方干扰或其他干扰的情况下，保持GPS服务的有效使用；

△ 阻止敌方从GPS及其增强系统或任何其他天基PNT系统获得PNT服务，同时不过度影响军事行动区以外地区的民用、商用和科学使用民用PNT服务，亦不过度影响出于国土安全目的使用此服务；

△ 根据情况与各部门和机构协调，识别、锁定和减轻全球范围内对GPS军用产生不利影响的干扰。

· 确保现代化军事和导航战能力尽早投入使用。

· 在实战条件下(包括 GPS 拒止情况下),训练、装备、测试和演习美国军事力量和国家安全能力。与交通部长和国土安全部长合作,并酌情与国务卿合作,制定指导方针以便于开展这些活动,并推动导航战的训练、测试、演示和演习,同时不会在国际或国内不适当地中断或降低国土安全和民用领域的服务和运行。

· 促进盟国军队使用 GPS 国家安全服务,以加强美国和盟国军事力量和能力之间的互操作性,并保持 GPS 作为军用天基 PNT 能力的卓越性。

△ 依据本政策第五节的指导方针,向盟军提供 GPS 国家安全服务、用户设备、信息和技术;

△ 与盟国合作监视国家安全服务和用户设备的使用情况,以限制敌方使用这些能力对抗美国和盟国军事力量。

· 继续承诺停止使用“选择性可用性”功能,避免在全球范围内降低 GPS 标准定位服务的性能。

· 促进联邦政府访问适当级别的国家安全服务和用户设备,以满足应急响应和其他国土安全目的的关键需求,并在特殊情况下用于包括州或地方政府的应急响应需求在内的民用目的。

· 发展更为强大的国家安全专用 PNT 能力,包括但不限于更灵活多样、功能更强大的信号和服务。

· 继续牵头与外国国防组织就 GPS 军事服务的获取或信息事宜开展各项合作谈判。

· 与其他部门和机构合作,评估在 GPS 卫星上搭载辅助有效载荷的效用和可行性,包括但不限于,为所有用户提供更强大的全球搜救能力的辅助有效载荷。辅助有效载荷不得对 GPS 及其信号或服务的性能、进度或成本产生不利影响。辅助有效载荷的评估、研发、采办、整合和运行所需的资源应由发起机构负责。

交通部长应:

· 牵头开发美国政府所有民事部门和机构提出的民用需求。

· 与国防部长和国土安全部长合作,确保对美国民用天基 PNT 服务的性能进行监测。

· 依据本政策第五节的指导方针,在与商务部长和国务卿进行协调的情况下,促进:(1)外国开发基于 GPS 的民用 PNT 服务及系统;(2)国际组织参与美国天基 PNT 服务的民事应用的开发。

· 与国防部长协调，确保天基 PNT 公共安全服务达到或超过国际性能标准，包括但不限于，航空、航海应用中的服务标准。

· 与其他部门和机构合作，促进美国民用天基 PNT 服务及能力在交通安全领域的应用。

· 代表民事部门和机构开发、采办、管理和运行 GPS。

· 开发、采办、运行和维护用于民用交通的 GPS 空间或地面增强系统。

· 与国防部长协调，确保 GPS 及其增强系统上更新换代的民用信号和服务尽早投入使用。

· 与国土安全部长协调，按照 2003 年 12 月 17 日发布的第 7 号国土安全总统指令《关键基础设施识别、优先级和保护》要求，研发、采办、运行和维护 PNT 备份系统能力，以备 GPS 或其他天基 PNT 服务中断时，为美国境内重要交通、国土安全和其他重要民用和商用基础设施提供应用支持。

· 与国防部长合作，对国际上接受在民用空域内使用 GPS 军用 PNT 服务，提供评估和适当协助。

商务部长应：

· 代表美国商业领域的利益与其他部门和机构一起对 GPS 和相关天基增强系统的需求进行评审；

· 与国务卿、国防部长、交通部长和国家航空航天局局长协调，通过适当的国内、国际频谱监督管理办法，力求保护 GPS 及其增强系统使用的无线电频谱；

· 与国防部长、交通部长和国家航空航天局局长协调，推进美国政府与美国产业界之间的适当合作，找到双方都能接受的解决方案，以维持现有的和不断发展的天基 PNT 服务用途，同时开发基于无线电频谱的其他技术和服务；

· 与国家航空航天局局长合作，制定并向交通部长提交 GPS 及其增强系统的使用要求，为民用空间系统提供支持；

· 与其他部门和机构合作，在最大可行范围内促进联邦、州和地方各级政府采用美国民用天基 PNT 服务及能力。

国务卿应：

· 与国防部长、交通部长以及其他部门和机构合作，促进外国政府和国际组织在民用领域使用 GPS 及其增强系统的服务及标准。

· 牵头与外国政府和国际组织就民用 PNT 事宜进行谈判，并在与国防部长协调的情况下，还可就军用 PNT 事宜开展对外谈判，包括但不限于，协调多个部门审议以下事项：

△ 在美国代表团就 GPS 和相关增强系统的规划、管理和使用进行双边和多边磋商时，对代表团提出的指示；

△ 就 GPS 及其增强系统的规划、运行、管理及使用，与外国政府和国际组织签署的国际协议。

· 与国防部长、商务部长、能源部长、中央情报局局长和国家航空航天局局长协调，调整和维护 2003 年 4 月 25 日颁布的《美国商业遥感空间政策》的《敏感技术清单》，特别是与 PNT 应用相关的敏感技术产品和信息。

国土安全部长应：

· 向交通部长确认国土安全方面的天基 PNT 需求，并协调联邦、州、地方政府和主管部门在国土安全领域使用 PNT 能力和备份系统。

· 与交通部长及其他部门和机构协调配合，促进负责公共安全和应急响应的联邦机构以及州和地方主管机构采用 GPS 定位和授时标准。

· 与国防部长协调，并与交通部长和商务部长合作，确保：

△ 建立各种机制，及时识别、掌握和发布有关天基 PNT 服务在美国境内有可能被敌方使用的情报；

△ 制定、实施并定期演练相关程序，即在有必要阻止敌方在美国境内使用天基 PNT 服务时请求国防部长予以协助的程序。

· 与国防部长、交通部长和商务部长协调，开发并维护能力、程序和手段，并定期演练民用应急响应，以确保在 GPS 访问被中断或阻止的情况下系统运行的连续性。

· 与交通部长和国防部长协调并与其他部门和机构合作，通过协调利用现有的和计划中的联邦能力，对美国境内影响国土安全、民用、商用和科学领域使用 GPS 及其增强系统的任何干扰进行识别、锁定和追踪。

· 与交通部长、国防部长及中央情报局局长协调，并与其他部门和机构合作：(1)建立中央存储数据库，对国内和国际干扰国土安全、民用、商用和科学领域使用 GPS 及其增强系统民用服务的行为上报入库；(2)及时将天基 PNT 服务受到国内或国际干扰的信息告知国家电信和信息管理局局长、联邦通信委员会主席、国防部长、中央情报局局长以及其他部门和机构，以便他们启动适当调查、通报或采取执法行动。

国家航空航天局局长应与商务部长合作，制定并向交通部长提交使用 GPS 及其增强系统支持民用空间系统的需求。

中央情报局局长应识别、监测和评估影响 GPSPNT 架构及相关服务使用的国外威胁的发展态势；提供情报以协助国防部长制定对策。

各部门和机构若发现干扰，或收到国内或国际关于美国天基 PNT 服务性能产生不利影响的干扰报告，应及时向国土安全部长、国防部长和中央情报局局长提供报告。在收到国土安全部长的通知后：

· 商务部长应与其他部门和机构合作，并会同联邦通信委员会主席，采取适当且法律允许的行动，以减轻美国境内发生的对美国天基 PNT 服务的干扰；

· 在美国天基 PNT 服务受到外国政府或外国商业活动干扰时，国务卿应视情况通知或协调通知外国政府和国际组织。

# 1996年《美国全球定位系统政策》

# 1996 年美国全球定位系统政策

1996 年 3 月 28 日

**为副总统、国务卿、财政部长、国防部长、内政部长、农业部长、商务部长、劳工部长、卫生与公共服务部长、交通部长、能源部长、教育部长、环境保护局局长、美国贸易代表、管理和预算办公室主任、经济顾问委员会主席、中央情报局局长、总统国内政策助理、总统经济政策助理、美国军控与裁军署署长、参谋长联席会议主席、国家航空航天局局长、联邦通信委员会主席、国家科学基金会主任、国家卫生研究院院长提供的备忘录。**

该指令为管理和使用美国全球定位系统(GPS)及相关美国政府的增强系统制定国家政策。

**背景**

GPS 被设计为军民两用系统,主要目的是提高美国和盟国的军事效能。GPS 提供了巨大的军事优势,现在几乎被整合到我们军事行动的方方面面。GPS 还迅速成为新兴的全球信息基础设施的一个组成部分,其应用范围从制图和测量到国际空中交通管理和全球变化研究。军事、民用、商业和科学用户不断增长的需求使美国的商用 GPS 设备和服务产业处于世界领先地位。增强基本 GPS 服务的增强系统可以进一步扩大这些民用和商业市场。

基本 GPS 被定义为卫星星座、产生 GPS 信号的导航有效载荷、地面站、数据链路,以及由国防部运行和维护的相关指挥和控制设施;标准定位服务(SPS)是由基本 GPS 提供的民用和商用服务;增强系统是基于 GPS 来提供比 SPS 更高的实时精度的系统。

该政策提出了未来管理和使用 GPS 的战略愿景,涉及广泛的国内和国际军事、民用、商业和科学利益。

**政策目标**

在 GPS 的管理和使用中,我们寻求支持和提高我们的经济竞争力和生产力,同时保护美国国家安全和外交政策利益。

我们的目标是：

1. 加强和维护我们的国家安全。

2. 鼓励 GPS 被接受和整合到和平的民用、商业和科学应用中。

3. 鼓励私营部门投资和使用美国 GPS 技术和服务。

4. 促进交通和其他领域的安全和效率。

5. 促进为和平目的使用 GPS 的国际合作。

6. 提高美国的科学和技术能力。

**政策指南**

我们将按照以下准则运行和管理 GPS：

1. 我们将继续在全球范围内持续为和平的民用、商业和科学用途提供 GPS 标准定位服务，不向用户直接收取费用。

2. 我们计划在十年内停止使用 GPS“选择性可用”（SA）功能，以使我们的军队有足够的时间和资源为没有 SA 功能的作战做好充分准备。为支持此类决定，受影响的部门和机构将根据本政策中概述的报告要求提交建议。

3. GPS 及美国政府的增强系统将继续响应国家指挥机构。

4. 我们将与其他政府和国际组织合作，确保国际民用、商业和科学用户的需求与国际安全利益之间的适当平衡。

5. 我们将鼓励接受 GPS 和美国政府的增强系统作为国际使用的标准。

6. 在最大可行范围内，我们将购买符合美国政府要求的商用 GPS 产品和服务，不会排除或阻止商业 GPS 活动，国家安全或公共安全原因除外。

7. 由国防部和交通部共同主持的常设跨部门 GPS 执行委员会将管理 GPS 和美国政府的增强系统。其他部门和机构将酌情参与。GPS 执行委员会将与参与导航和定位系统研究、开发、运行和使用的美国政府机构、美国工业界和外国政府进行磋商。

该政策将在总统提供的资源和政策指导下实施。

**机构角色和责任**

国防部：

1. 继续掌握、运行和维护基本 GPS。

2. 维护标准定位服务（按照《联邦无线电导航计划》和《GPS 标准定位服务信号规范》中的定义），使服务在全球范围内持续可用。

3. 维护精确定位服务，供美国军方和其他授权用户使用。

4. 与中央情报局局长、国务院和其他相关部门和机构合作，评估使用 GPS、其增强系统以及替代卫星定位导航系统对国家安全的影响。

5. 制定措施防止 GPS 及其增强系统被敌方使用，确保美国在不过度干扰或削弱民用用途的情况下保持军事优势。

交通部：

1. 作为美国政府内所有联邦民用 GPS 事务的牵头机构。

2. 为交通应用开发和实施对基本 GPS 的美国政府的增强系统。

3. 与商务部、国防部和国务院合作，牵头促进 GPS 技术的商业应用和促进 GPS 和美国政府的增强系统被接受作为国内和国际交通系统的标准。

4. 与其他部门和机构合作，协调美国政府提供的 GPS 民用增强系统，以最大限度地减少成本和重复工作。

国务院将：

1. 与有关部门和机构合作，与外国政府和其他国际组织协商，评估制定关于提供和使用 GPS 服务的双边或多边指南的可行性。

2. 协调对美国代表团参加与 GPS 和相关增强系统的规划、运行、管理和使用有关的双边磋商和多边会议的指示进行跨部门审查。

3. 协调与外国政府和国际组织就 GPS 和相关增强系统的国际使用达成的国际协议的跨部门审查。

**报告要求**

从 2000 年开始，总统将对继续使用 GPS 的 SA 功能作出年度决定。为支持这一决定，国防部长应与交通部长、中央情报局局长以及其他相关部门和机构的负责人合作，就继续使用 SA 功能提供评估和建议。该建议应经由负责国家安全事务的总统助理和负责科学技术的总统助理提供给总统。

# 做法治北斗追梦人

## （代后记）

本书成稿之时，正值北斗全球服务开通一周年。两年前，北斗三号系统最后一颗全球组网卫星成功发射，习总书记向世界宣布北斗三号全球卫星导航系统正式开通。为北斗成就所激励，历经反复修改，书稿终于付梓出版。

20 世纪 90 年代，为了摆脱时空信息受制于人的被动局面，党中央、国务院、中央军委决策建设中国人自己的卫星导航系统。一代代北斗人披荆斩棘，克服了各种难以想象的艰难险阻，在陌生的领域从无到有、白手起家。仅用 26 年，就走完了其他卫星导航系统半个世纪走过的历程，成为世界上第三个独立拥有全球卫星导航系统的国家，终于把国家时空信息安全牢牢掌握在了自己手中。如今的北斗，已成为战略性新型基础设施，成为中国向世界贡献的全球公共服务产品，成为彰显我国综合实力的重要标志，在世界上发挥着重大影响力。

北斗系统建设发展的过程，也是不断探索实践卫星导航法治工作的过程。2016 年，《中华人民共和国卫星导航条例》列入国务院立法工作计划，卫星导航立法正式启动。这是我国卫星导航法治建设的里程碑。出台专门的卫星导航法律法规，既是北斗系统发展到一定阶段的客观要求，也是我国参与卫星导航国际竞争与合作的迫切需要。孙家栋院士提出“法治护航北斗”的殷切希望，北斗卫星导航系统工程总设计师、中国工程院院士杨长风担任条例起草工作组组长。

顺应中国卫星导航事业发展要求，我们北京航空航天大学北斗政策法规研究中心开始了卫星导航立法研究工作。然而，当时国内卫星导航的法学研究尚处于空白，国内法学界对卫星导航还涉之不深，对于法学研究者而言，“北斗系统”“卫星导航”还是较陌生的术语，卫星导航立法研究任务艰巨。由于当时世界上仅有美、俄和欧拥有全球卫星导航系统，我们便将法学研究的参考借鉴对象聚焦于这些国家和国际组织。

撰写“卫星导航法治文库”的想法，也就在这一研究过程中萌生。通过研究，我们认识到，法治建设与卫星导航建设密不可分、相生相长。美国1994年全面建成了GPS，1996年出台了《美国全球定位系统政策》总统令，目前已形成相对完善的卫星导航法律制度体系；俄罗斯1996年投入使用格洛纳斯系统，1999年年初出台专门的总统令，并制定了多部卫星导航相关法律；欧盟自伽利略系统开发建设之初，制定了规范卫星导航活动的法律。我们深切感受到，我国卫星导航法治建设应当与卫星导航大国的地位相匹配，“中国的北斗，世界的北斗，一流的北斗”，必然也是“法治的北斗”。同时深刻地意识到，未来，卫星导航领域的大国合作竞争，不仅是技术之争、服务之争、应用之争，还体现为制度之争、治理权之争、软实力之争。我感受到一种深深的使命感，那就是，作为北斗法治工作者，我们应主动作为、积极探索，让更多人开展卫星导航法治研究、参与卫星导航法治工作，为卫星导航的法治建设作贡献。

撰写书稿的过程，得到杨长风总设计师的有力支持和指导，正是这种充分的信任、严格的要求和热情的鼓励，给了我们撰写这套文库的动力和勇气。卫星导航法律制度研究，具有很强的跨专业和跨领域性，要感谢来自中国法学会、中国卫星导航系统管理办公室、北京航空航天大学、国防大学、西北政法大学等单位的专家学者的专业帮助，特别感谢王其江、陶智、李祖洪、杨军、李小历、陈谷仓、李作虎、王慧林、傅达林、杜英杰、毛国辉、郭树人、高为广、卢鋆、王莉、舒洪水、闫欢等领导和专家对我们工作的支持和对该套文库撰写提供的专业帮助，特别感谢王黎红、丁向荣、刘宇等有关部门的领导和同志对我们的热情鼓励和悉心指导帮带。我们这个团队是一个团结战斗的集体，主要包括北京航空航天大学北斗政策法规研究中心的杨静帆、张文清、于辰，他们承担了全书的资料搜集、整理统稿和校对工作，以及北京航空航天大学北斗政策法规研究中心博士后方宇菲，硕士研究生牛琳琳、樊小萌、闻玉颖、朱晴，实习生魏宇辰，他们参与了本书部分的资料收集、整理和校对工作。最后，感谢法律出版社慕雪丹、章雯编辑，如非得益于她们的认真、专业和细致，本书亦难以如期呈现。

本书所有收录的美国政策法规文件均通过国内外公开渠道获取。这只是开启了我们关于美国卫星导航法律制度研究的一个窗口，很多问题还有待更加深入的研究讨论。受限于能力水平，缺陷和不足一定存在，敬请各位同仁批评指正！

仰望星空，北斗璀璨；展望未来，征途漫漫。千淘万漉虽辛苦，吹尽狂沙始到金。道阻且长，行则将至；行而不辍，未来可期。我们将不懈努力！

杨君琳

2022年6月